Sven Hille

Die Kündigung bei häufigen Kurzerkrankungen

Sven Hille

Die Kündigung bei häufigen Kurzerkrankungen

Eine kritische Auseinandersetzung mit aktuellen Problemen

Tectum Verlag

Sven Hille
Die Kündigung bei häufigen Kurzerkrankungen
Eine kritische Auseinandersetzung mit aktuellen Problemen

ISBN 978-3-8288-4154-3
eISBN 978-3-8288-7005-5

Zugleich: Dissertation am Fachbereich Rechtswissenschaften
der Philipps-Universität Marburg, 2017

Umschlaggestaltung: Tectum Verlag, unter Verwendung des Bildes # 126219580
von Ralf Geithe | www.fotolia.de

Druck und Bindung: CPI buchbuecher.de, Birkach
Printed in Germany

Besuchen Sie uns im Internet
www.tectum-verlag.de

Bibliografische Informationen der Deutschen Nationalbibliothek
Die Deutsche Nationalbibliothek verzeichnet diese Publikation
in der Deutschen Nationalbibliografie; detaillierte bibliografische
Angaben sind im Internet über http://dnb.d-nb.de abrufbar.

Vorwort

Die vorliegende Untersuchung wurde vom Promotionsausschuss des Fachbereichs Rechtswissenschaften der Philipps-Universität Marburg im Wintersemester 2017/2018 als Dissertation angenommen. Sie berücksichtigt den Stand der Literatur und Rechtsprechung bis einschließlich Februar 2018.

Für mich war die Erstellung dieser Arbeit eine Erfahrung, die mich in jeglicher Hinsicht und in gleichen Teilen herausgefordert und bereichert hat. Bei der Erstellung dieser Arbeit haben mich zahlreiche Menschen begleitet, denen mein tiefempfundener Dank gilt.

Zunächst möchte ich ganz besonders meinem Doktorvater, Herrn Professor Dr. Markus Roth, danken, welcher mich bei der Verwirklichung meines Promotionsvorhabens in herausragender Weise betreut hat. Herr Professor Roth ließ mich meine Vorstellungen im Rahmen dieser Arbeit einschränkungslos verwirklichen. Darüber hinaus habe ich in den vergangenen Jahren als Mitarbeiter an seinem Lehrstuhl sowohl fachlich als auch persönlich von ihm lernen dürfen. Hierfür und für seine uneingeschränkte Unterstützung bei allen meinen Projekten und Anliegen bin ich ihm sehr dankbar.

Frau Professorin Dr. Christine Budzikiewicz danke ich für die zeitnahe Übernahme der Erstellung des Zweitgutachtens. Herrn Professor Dr. Constantin Willems danke ich für sein Mitwirken in der Prüfungskommission im Rahmen meiner Disputation.

An dieser Stelle möchte ich mich auch bei Herrn Prof. Dr. Friedhelm Rost bedanken, der mich wesentlich zu meinem Promotionsvorhaben motiviert hat und mir jederzeit mit seinem fachlichen Rat zur Seite stand.

Mein herzlicher Dank gilt darüber hinaus in besonderem Maße auch Michael Till, der durch konstruktive Anregungen und überaus sorgfältiges Korrekturlesen zum Gelingen der Arbeit entscheidend beigetragen hat. Auch möchte ich ihm für seinen motivierenden Zuspruch danken.

Mein größter Dank gilt an dieser Stelle meiner Familie, insbesondere meinen Eltern, die mir meine Ausbildung ermöglicht haben und mich sowohl auf meinem beruflichen als auch privaten Lebensweg immer vorbehaltslos unterstützen. Der Rückhalt, Zuspruch und die bedingungslose Liebe meiner Familie bildet das Fundament des Gelingens meiner Dissertation. In größter erdenklicher Weise danke ich meiner Mutter, Magdalena, die mir durch ihre hingebungsvolle Unterstützung, insbesondere während der Schul- und Studienzeit, die Weichen für meine berufliche Zukunft gestellt hat.

Meiner wunderbaren Verlobten, Danijela, möchte ich für ihre wertvollen Anregungen, ihre unermüdliche Geduld und ihre motivierende und liebevolle Art von ganzem Herzen danken. Ohne sie wäre die Erstellung meiner Dissertation in dieser Form nicht möglich gewesen.

In liebevoller Widmung an meine Familie und meine Verlobte.

Marburg an der Lahn, im März 2018 Sven Hille

Inhaltsübersicht

Inhaltsverzeichnis

Literaturverzeichnis

Adam, Roman F., Abschied vom "Unkündbaren"?, NZA 1999, 846 - 850 (zit.: *Adam*, NZA 1999, 846).

Adam, Roman F., Unkündbare Arbeitsverhältnisse, MDR 2008, 605 - 608 (zit.: *Adam*, MDR 2008, 605).

Aden, Menno, Die Kündigung bei langandauernder Krankheit im Großbetrieb, RdA 1981, 280 - 285 (zit.: *Aden*, RdA 1981, 280).

Angel, Erik, Probleme der Arbeitsunfähigkeitsbescheinigung, Saarbrücken, 1999 (zit.: *Angel*, Probleme der Arbeitsunfähigkeitsbescheinigung, S.).

Arnold, Christian/ Fischinger, Philipp, Kündigungsschutz und § 84 SGB IX - der Nebel lichtet sich!, BB 2006, 1894 - 1898 (zit.: *Arnold/ Fischinger*, BB 2006, 1894).

Ascheid, Reiner/ Preis, Ulrich/ Schmidt, Ingrid, Großkommentar zum Kündigungsrecht, 4. Auflage, München 2012 (zit.: *Bearbeiter*, in: APS Großkommentar, §, Rn).

Aszmons, Mattis/ Lackschewitz, Merle, Fallstricke beim Umgang mit erkrankten Arbeitnehmern, NJW 2016, 2070 - 2076 (zit.: *Aszmons/ Lackschewitz*, NJW 2016, 2070).

Backmeister, Thomas/ Trittin, Wolfgang/ Mayer, Udo, Kündigungsschutzgesetz, 4. Auflage, München 2009 (zit.: *Bearbeiter*, in: BTM KSchG, §, Rn).

Badura, Bernhard/ Schröder, Helmut/ Klose, Joachim/ Macco, Katrin (Hrsg.), Fehlzeiten-Report 2010, Vielfalt managen: Gesundheit fördern - Potenziale nutzen, Berlin, Heidelberg, New York, 2010 (zit.: *Bearbeiter*, in: Fehlzeiten-Report 2010, S.).

Balders, Sven-Frederik/ Lepping, Christian, Das Betriebliche Eingliederungsmanagement nach dem SGB IX Arbeits- und schwerbehindertenrechtliche Fragen, NZA 2005, 854 - 857 (zit.: *Balders/ Lepping*, NZA 2005, 854).

Bauer, Jobst-Hubertus/ Röder, Gerhard/ Lingemann, Stefan, Krankheit im Arbeitsverhältnis, 3. Auflage, 2006 (zit.: *Bauer/ Röder/ Lingemann*, Krankheit im Arbeitsverhältnis, S.).

Baumeister, Peter/ Richter, Hanns-Uwe, Das betriebliche Eingliederungsmanagement und die krankheitsbedingte Kündigung, ZfA 2010, 3 - 26 (zit.: *Baumeister/ Richter*, ZfA 2010, 3).

Bayreuther, Frank, Thesen zur Reform des Kündigungsschutzes, NZA 2006, 417 - 421 (zit.: *Bayreuther*, NZA 2006, 417).

Becker, Ulrich/ Kingreen, Thorsten (Hrsg.), SGB V, Gesetzliche Krankenversicherung, Kommentar, 5. Auflage 2017 (zit.: *Bearbeiter*, in: Becker/ Kingreen, SGB V, §, Rn).

Berkowsky, Wilfried, Die personenbedingte Kündigung – Teil 1, NZA-RR 2001, 393 – 405 (zit.: *Berkowsky*, NZA-RR 2001, 393).

Berkowsky, Wilfried, Die personen- und verhaltensbedingte Kündigung, 4. Auflage, München 2005 (zit.: *Berkowsky*, Die personen- und verhaltensbedingte Kündigung, §, Rn).

Berkowsky, Wilfried, Die betriebsbedingte Kündigung, 6. Auflage 2008 (zit.: *Berkowsky*, Die betriebsbedingte Kündigung, S.).

Betz-Rehm, Christian/ Schiepel, Andre A./ Kanne, Katharina, Rechtliche und praktische Probleme der krankheitsbedingten Kündigung, ZTR 2016, 239 – 251 (zit.: *Betz-Rehm/ Schiepel/ Kanne*, ZTR 2016, 239).

Bezani, Thomas, Die krankheitsbedingte Kündigung, Köln 1994 (zit.: *Bezani*, Die krankheitsbedingte Kündigung, S.).

Birkner-Kuschyk, Monika/ Tschöpe, Ulrich, Neue Aspekte zur krankheitsbedingten Kündigung, DB 1981, 264 – 267 (zit.: *Birkner-Kuschyk/ Tschöpe*, DB 1981, 264).

Bitter, Walter/ Kiel, Heinrich, Von angeblichen und wirklichen Wertungswidersprüchen, von Mindest- und Höchststandards: Die BAG-Rechtsprechung zur außerordentlichen Kündigung sog. unkündbarer Arbeitnehmer, in: Festschrift für Peter Schwerdtner zum 65. Geburtstag, 2003, S. 13 – 35 (zit.: *Bitter/ Kiel*, in: FS Schwerdtner 2003, S.).

Boecken, Winfried/ Düwell, Franz Josef/ Diller, Martin/ Hanau, Hans (Hrsg.), Gesamtes Arbeitsrecht, Nomos Kommentar, Band 3, KschG – ZPO, 1. Auflage 2016 (zit.: *Bearbeiter*, in: Gesamtes Arbeitsrecht, §, Rn).

Brandenburg, Uwe/ Nieder, Peter, Betriebliches Fehlzeiten-Management, Wiesbaden 2003 (zit.: *Brandenburg/ Nieder*, Betriebliches Fehlzeiten-Management, S.).

Braun, Stefan, Betriebliches Eingliederungsmanagement gem. § 84 Abs. 2 SGB IX, ZTR 2005, 630 – 633 (zit.: *Braun*, ZTR 2005, 630).

Bredemeier, Jörg/ Neffke, Reinhard/ Cerff, Gabriele/ Weizenegger, Wolfgang (Hrsg.), Kommentar zum BAT/BAT-O, 2. Auflage 2003 (zit.: *Bearbeiter*, in: Kommentar BAT/BAT-O, §, Rn).

Britschgi, Sigrid, Betriebliches Eingliederungsmanagement, Aktiv im Betriebsrat, 2. Auflage, 2011 (zit.: *Britschgi*, Betriebliches Eingliederungsmanagement, S.).

Britschgi, Sigrid, Betriebliches Eingliederungsmanagement, AiB 2005, 284 – 288 (zit.: *Britschgi*, AiB 2005, 284).

Bröhl, Knut, Aktuelle Tendenzen der BAG-Rechtsprechung zu ordentlich unkündbaren Arbeitnehmern, RdA 2010, 170 – 177 (zit.: *Bröhl*, RdA 2010, 170).

Bröhl, Knut, Die außerordentliche Kündigung mit notwendiger Auslauffrist, 2005 (zit.: *Bröhl*, Die außerordentliche Kündigung mit notwendiger Auslauffrist, S.).

Bröhl, Knut, Die Orlando-Kündigung, Zwischenwort zur außerordentlichen ordentlichen Kündigung tariflich unkündbarer Arbeitnehmer, Tarifautonomie für ein neues Jahrhundert, in: Festschrift für Günter Schaub zum 65. Geburtstag, 1998, S. 55 – 73 (zit.: *Bröhl*, in: FS Schaub 1998, S.).

Brose, Wiebke, Das betriebliche Eingliederungsmanagement nach § 84 II SGB IX als eine neue Wirksamkeitsvoraussetzung für die krankheitsbedingte Kündigung?, DB 2005, 390 – 394 (zit.: *Brose*, DB 2005, 390).

Brose, Wiebke, Psychische Beeinträchtigungen und Suchterkrankungen: Besondere Anforderungen an das BEM?, DB 2013, 1727 – 1730 (zit.: *Brose*, DB 2013, 1727).

Brose, Wiebke, Die Auswirkungen des § 84 Abs. 1 SGB IX auf den Kündigungsschutz bei verhaltensbedingten, betriebsbedingten und personenbedingten Kündigungen, RdA 2006, 149 – 159 (zit.: *Brose*, RdA 2006, 149).

Brox, Hans/ Rüthers, Bernd/ Henssler, Martin, Arbeitsrecht, 18. Auflage 2010 (zit.: *Brox/ Rüthers/ Henssler*, Arbeitsrecht, Rn).

Buse, Sandra, Die Unkündbarkeit im Arbeitsrecht – Neue Akzente durch das AGG, Frankfurt am Main 2011 (zit.: *Buse*, Die Unkündbarkeit im Arbeitsrecht, S.).

Conze, Peter, Die Rechtsstellung der unkündbaren Arbeitnehmer im öffentlichen Dienst – am Beispiel von § 55 BAT, ZTR 1987, 99 – 104 (zit.: *Conze*, ZTR 1987, 99).

Däubler, Wolfgang/ Hjort, Jens Peter/ Schubert, Michael/ Wolmerath, Martin (Hrsg.), Handkommentar Arbeitsrecht, 3. Auflage, 2013 (zit.: *Bearbeiter*, in: HK Arbeitsrecht, §, Rn).

Deinert, Olaf, Kündigungsprävention und Betriebliches Eingliederungsmanagement, NZA 2010, 969 – 975 (zit.: *Deinert*, NZA 2010, 969).

Denck, Johannes, Kündigung wegen häufiger Kurzerkrankungen, JuS 1978, 156 – 161 (zit.: *Denck*, JuS 1978, 156).

Dütz, Wilhelm, Kirchliche Festlegung arbeitsvertraglicher Kündigungsgründe?, NJW 1990, 2025 – 2031 (zit.: *Dütz*, NJW 1990, 2025).

Dütz, Wilhelm/ Thüsing, Gregor, Arbeitsrecht, 20. Auflage, München 2015 (zit.: *Dütz/ Thüsing*, Arbeitsrecht, §, Rn).

Düwell, Franz Josef, Das Gesetz zur Förderung der Ausbildung und Beschäftigung schwerbehinderter Menschen, FA 2004, 200 – 202 (zit.: *Düwell*, FA 2004, 200).

Eichenhofer, Eberhard/ Wenner, Ulrich (Hrsg.), Kommentar zum Sozialgesetzbuch V, 2. Auflage 2016 (zit.: Bearbeiter, in: SGB V Kommentar, §, Rn).

Etzel, Gerhard, Kündigung bei Krankheit, AuR 1981, 280 – 286 (zit.: *Etzel*, AuR 1981, 280).

Feichtinger, Peter/ Malkmus, Hans (Hrsg.), Handkommentar zum Entgeltfortzahlungsrecht, 2. Auflage, 2010 (zit.: *Bearbeiter*, in: Entgeltfortzahlungsrecht, §, Rn).

Feldes, Werner, Rehabilitation vor Entlassung, Soziale Sicherheit 2004, 270 – 278 (zit.: *Feldes*, Soziale Sicherheit 2004, 270).

Fritsche, Marius/ Fähnle, Patrick, Betriebliches Eingliederungsmanagement – Tipps für die Praxis, BB 2013, 3001 – 3005 (zit.: *Fritsche/ Fähnle*, BB 2013, 3001).

Fritz, Hans-Joachim/ Renz, Hartmut T., Unzuverlässigkeit als Kündigungsgrund? Einfluss außerdienstlichen Verhaltens auf compliancerelevante Pflichten, CCZ 2015, 229 – 236 (zit.: *Fritz/ Renz*, CCZ 2015, 229).

Fuhlrott, Michael/ Mückl, Patrick (Hrsg.), Praxishandbuch Low-Performance, Krankheit, Schwerbehinderung, 2015 (zit.: *Bearbeiter*, in: Fuhlrott/ Mückl, Praxishandbuch Low-Performance, Kapitel, Rn).

Gagel, Alexander, Betriebliches Eingliederungsmanagement, Rechtspflicht und Chance, NZA 2004, 1359 – 1362 (zit.: *Gagel*, NZA 2004, 1359).

Gallner, Inken/ Mestwerdt, Wilhelm/ Nägele, Stefan (Hrsg.), Handkommentar zum Kündigungsschutzrecht, 5. Auflage, Baden-Baden 2015 (zit.: *Bearbeiter*, in: HK Kündigungsschutzrecht, § Teil, Rn).

Galperin, Hans, Der wichtige Grund zur außerordentlichen Kündigung, DB 1964, 1114 – 1117 (zit.: *Galperin*, DB 1964, 1114).

Gamillscheg, Franz, Zur Abfindung bei Verlust des Arbeitsplatzes, in: Festschrift für F.W. Bosch, 1976, S. 209 ff. (zit.: *Gamillscheg*, in: FS Bosch 1976, S.).

Ganz, Wilfried, Das Krankengeld läuft aus – und jetzt? (Teil 2), ArbRAktuell 2013, 438 – 441 (zit.: *Ganz*, ArbRAktuell 2013, 438).

Gerauer, Alfred, Keine Vergütungsfortzahlung bei Verletzungsfolgen beim Bungee-Springen, NZA 1994, 496 – 497 (zit.: *Gerauer*, NZA 1994, 496).

Greiner, Stefan, Störungen des Austausch- und Äquivalenzverhältnisses als Kündigungstatbestand, RdA 2007, 22 – 32 (zit.: *Greiner*, RdA 2007, 22).

Hamann, Petra, Die Kündigung wegen häufiger Kurzerkrankungen, Dissertation, Frankfurt/M. 2009 (zit.: *Hamann*, Die Kündigung wegen häufiger Kurzerkrankungen, S.).

Heider, Benjamin, Wirksame Maßnahmen des Arbeitgebers zur Verringerung von Fehlzeiten, NJW 2015, 1051 – 1057 (zit.: *Heider*, NJW 2015, 1051).

Heidsiek, Volker, Krankheitsbedingte Kündigung einer ordentlich unkündbaren Arbeitnehmerin, BB 2001, 419 – 420 (zit.: *Heidsiek*, BB 2001, 419).

Henssler, Martin/ Willemsen, Heinz Josef/ Kalb, Heinz-Jürgen (Hrsg.), Arbeitsrecht Kommentar, 6. Auflage, Köln 2014 (zit.: *Bearbeiter*, in: Arbeitsrecht Kommentar, §, Rn).

Herbst, Jens/ Wohlfarth, Hans Dieter, Die Entscheidung des Bundesarbeitsgerichts im Jahr 1989 zur Kündigung wegen häufiger Krankheit, DB 1990, 1816 – 1823 (zit.: *Herbst/ Wohlfarth*, DB 1990, 1816).

Hillmann, Anja/ Gagel, Alexander, Die Ermittlung des Zeitpunkts für die Einleitung eines betrieblichen Eingliederungsmanagements (BEM) nach § 84 Abs. 2 SGB IX, Diskussionsbeitrag Nr. 1/2009, S. 1 – 4 (zit.: *Hillmann/ Gagel*, Diskussionsbeitrag Nr. 1/2009, S. 1).

Homuth, Marc-Patrick, Bewegung im Recht der krankheitsbedingten Kündigung, SchlHA 2007, 404 – 408 (zit.: *Homuth*, SchlHA 2007, 404).

Honstetter, Johannes A., Die Prognoseentscheidung des Arbeitgebers im Kündigungsrecht, Bonn 1989 (zit.: *Honstetter*, Die Prognoseentscheidung des Arbeitgebers, S.).

Houben, Christian-Armand, Tarifliche Einschnitte in betriebliche Altersversorgungszusagen, AuR 2007, 239 – 243 (zit.: *Houben*, AuR 2007, 239).

Houben, Christian-Arnold, Die Rückwirkung von Tarifverträgen, 2006 (zit.: *Houben*, Die Rückwirkung von Tarifverträgen, S.).

Houben, Christian-Arnold, Formelle Aspekte tarifvertraglicher Rückwirkung, NZA 2007, 130 – 135 (zit.: *Houben*, NZA 2007, 130).

Howald, Bert, Krankheits-/ Personenbedingte Kündigung im öffentlichen Dienst, öAT 2015, 140 – 144 (zit.: *Howald*, öAT 2015, 140).

Howald, Bert, Die außerordentliche (personenbedingte) Arbeitgeberkündigung bei Unkündbarkeit, öAT 2013, 1 – 4 (zit.: *Howald*, öAT 2013, 1).

Hueck, Alfred/ Nipperdey, Hans Carl, Lehrbuch des Arbeitsrechts, Bd.1, 7. Auflage 1966 (zit.: *Hueck/ Nipperdey*, Lehrbuch des Arbeitsrechts, §, I).

Hüther, Kai, Arbeitsrechtliche Implikationen des Betrieblichen Eingliederungsmanagements, Koblenz 2011 (zit.: *Hüther*, Arbeitsrechtliche Implikationen des BEM, S.).

Ide, Günter, Die krankheitsbedingte Kündigung, Arbeit und Recht Jg. 28, 1980, 225 – 230 (zit.: *Ide*, AuR 1980, 225).

Joussen, Jacob, Abmahnung und Krankheit – Das Abmahnerfordernis bei Therapieverweigerung, NZA-RR 2016, 1 – 6 (zit.: *Joussen*, NZA-RR 2016, 1).

Junker, Abbo, Grundkurs Arbeitsrecht, 15. Auflage 2016 (zit.: *Junker*, Grundkurs Arbeitsrecht, Teil, Rn).

Just, Katrin/ Schneider, Egbert, Das Leistungsrecht der gesetzlichen Krankenversicherung, 2. Auflage 2016 (zit.: *Just/ Schneider*, Leistungsrecht der GKV, Rn).

Kaiser, Heinrich/ Dunkl, Hans/ Hold, Dieter/ Kleinsorge, Georg (Hrsg.), Kommentar zum Entgeltfortzahlungsgesetz, 5. Auflage 2000 (zit.: *Bearbeiter*, in: EFZG Kommentar, §, Rn).

Kamann, Jannis, Der Unkündbaren Zähmung – Die Arbeitgeberkündigung bei bestehendem Sonderkündigungsschutz, ArbRAktuell 2016, 491 – 493 (zit.: *Kamann*, ArbRAktuell 2016, 491).

Kania, Thomas/ Kramer, Michael, Unkündbarkeitsvereinbarungen in Arbeitsverträgen, Betriebsvereinbarungen und Tarifverträgen, RdA 1995, 287 – 298 (zit.: *Kania/ Kramer*, RdA 1995, 287).

Kasper, Franz, Die Kunst forensischer Prophetie als Darlegungs- und Beweismittel bei krankheitsbedingten Kündigungen des Arbeitgebers. Ein Beitrag zur Auslegung des § 1 II 1, 4 KSchG 1969 durch den 2. Senat des BAG, NJW 1994, 2979 – 2988 (zit.: *Kasper,* NJW 1994, 2979).

Kiel, Heinrich, Die Kündigung unkündbarer Arbeitnehmer, NZA 2005, Beilage zu Heft 1, S. 18 (zit.: *Kiel,* NZA- Sonderbeilage 01/2005, 18).

Kittner, Michael/ Däubler, Wolfgang/ Zwanziger, Bertram (Hrsg.), Kündigungsschutzrecht, 9. Auflage, 2014 (zit.: *Bearbeiter,* in: KSchR Kommentar, §, Rn).

Knickrehm, Sabine/ Kreikebohm, Ralf/ Waltermann, Raimund (Hrsg.), Kommentar zum Sozialrecht, 4. Auflage 2015 (zit.: *Bearbeiter,* in: KKW Kommentar SozialR, §, Rn).

Knickrehm, Sabine/ Kreikebohm, Ralf/ Waltermann, Raimund (Hrsg.), Kommentar zum Sozialrecht, 4. Auflage 2015 (zit.: *Bearbeiter,* in: KKW Kommentar SozialR, §, Rn).

Kohte, Wolfhard, Betriebliches Eingliederungsmanagement und Bestandsschutz, DB 2008, 582 – 587 (zit.: *Kohte,* DB 2008, 582).

Körner, Anne/ Leitherer, Stephan/ Mutschler, Bernd (Hrsg.), Kasseler Kommentar zum Sozialversicherungsrecht, 88. Ergänzungslieferung, 2015 (zit.: *Bearbeiter,* in: Kasseler Kommentar, §, Rn).

Kramer, Michael, Kündigungsvereinbarung im Arbeitsvertrag, Baden-Baden 1994 (zit.: *Kramer,* Kündigungsvereinbarung im Arbeitsvertrag, S.).

Krause, Rüdiger, Arbeitsrecht, 2. Auflage 2011 (zit.: *Krause,* Arbeitsrecht, §, Rn).

Küttner, Wolfdieter, Personalbuch, 23. Auflage 2016 (zit.: *Bearbeiter,* in: Küttner Personalbuch, §, Rn).

Lepke, Achim, Krankheitsbegriff im Arbeitsrecht, NZA-RR 1999, 57 – 63 (zit.: *Lepke,* NZA-RR 1999, 57).

Lepke, Achim, Kündigung bei Krankheit, 14. Auflage, Berlin 2012 (zit.: *Lepke,* Kündigung bei Krankheit, Rn).

Lingemann, Stefan, Kündigungsschutz, Berlin 2011 (zit.: *Lingemann,* Kündigungsschutz, Teil, Rn).

Lingemann, Stefan/ Ludwig, Gero, Die „krankheitsbedingte Kündigung" – Rechtfertigung der Kündigung wegen häufiger Kurzerkrankungen, ArbRAktuell 2010, 409 – 412 (zit.: *Lingemann/ Ludwig,* ArbRAktuell 2010, 409).

Löw, Stefan, Betriebliches Eingliederungsmanagement – Die Auswirkungen auf krankheitsbedingte Kündigungen, MDR 2005, 608 – 609 (zit.: *Löw,* MDR 2005, 608).

Löw, Stefan, Erkrankung als Grund für eine personenbedingte Kündigung, MDR 2004, 1340 – 1343 (zit.: *Löw,* MDR 2004, 1340).

Löwisch, Manfred/ Caspers, Georg/ Klumpp, Steffen, Arbeitsrecht, 9. Auflage 2012 (zit.: *Löwisch/ Caspers/ Klumpp,* Arbeitsrecht, §, Rn).

Löwisch, Manfred/ Rieble, Volker, Kommentar zum Tarifvertragsgesetz, 3. Auflage, 2012 (zit.: *Bearbeiter*, in: Löwisch/ Rieble, Tarifvertragsgesetz, §, Rn).

Löwisch, Manfred/ Spinner, Günther/ Wertheimer, Frank (Hrsg.), Kommentar zum Kündigungsschutzgesetz, 10. Auflage 2013 (zit.: Bearbeiter, in: Löwisch/ Spinner/ Wertheimer, Kündigungsschutzgesetz, §, Rn).

Mauer, Reinhold/ Schüßler, Antje, Zulässigkeit und Grenzen der Orlando-Kündigung, BB 2001, 466 – 471 (zit.: *Mauer/ Schüßler*, BB 2001, 466).

Mohr, Bernhard, Krankheitsbedingte Kündigung – Unkalkulierbares Risiko?, DB 1984, 43 – 46 (zit.: *Mohr*, DB 1984, 43).

Moll, Wilhelm (Hrsg.), Münchener Anwaltshandbuch Arbeitsrecht, 3. Auflage, München 2012 (zit.: *Bearbeiter*, in: Münchener Anwaltshandbuch zum Arbeitsrecht, § Rn).

Müller, Gerhard Maria, Gedanken zum arbeitsrechtlichen Kündigungsrecht, ZfA 1982, 475 – 504 (zit.: *Müller*, ZfA 1982, 475).

Münchener Kommentar, Münchener Kommentar zum Bürgerlichen Gesetzbuch: BGB, Band 4: Schuldrecht, Besonderer Teil II, 7. Auflage 2016 (zit.: *Bearbeiter*, in: MüKo BGB, Bd.4, §, Rn).

Namendorf, Annette, Betriebliches Eingliederungsmanagement – neue Wunderwaffe im Kündigungsrechtsstreit?, FA 2005, 162 – 164 (zit.: *Namendorf*, FA 2005, 162).

Namendorf, Annette/ Natzel, Ivo, Betriebliches Eingliederungsmanagement nach § 84 Abs. 2 SGB IX und seine arbeitsrechtlichen Implikationen, DB 2005, 1794 – 1798 (zit.: *Namendorf/ Natzel*, DB 2005, 1794).

Nehring, Linda, Die krankheitsbedingte Kündigung im Lichte neuerer Gesetzgebung, Hamburg 2013 (zit.: *Nehring*, Die krankheitsbedingte Kündigung, S.).

Neufeld, Tobias, Abmahnung bei krankheitsbedingter Kündigung – steuerbares Verhalten, Anmerkung zum Urteil v. 18.03.2014 des LAG Frankfurt, BB 2014, 2942 – 2944 (zit.: *Neufeld*, BB 2014, 2942).

Neumann, Christian/ Hampe, Ingrid-Beate, Die Abmahnung – eine unendliche Erfindung der Arbeitsgerichtsbarkeit, DB 2014, 1258 – 1262 (zit.: *Neumann/ Hampe*, DB 2014, 1258).

Oetker, Hartmut, Arbeitsrechtlicher Kündigungsschutz und Tarifautonomie, ZfA 2001, 287 – 340 (zit.: *Oetker*, ZfA 2001, 287).

Oetker, Hartmut, Das Dauerschuldverhältnis und seine Beendigung, 1994 (zit.: *Oetker*, Das Dauerschuldverhältnis und seine Beendigung, S.).

Oppolzer, Alfred, Zum Management-Charakter des BEM, AiB 2007, 37 – 43 (zit.: *Oppolzer*, AiB 2007, 37).

Pachtenfels, Jürgen, Der Grundsatz der Verhältnismäßigkeit im arbeitsvertraglichen Kündigungsrecht, BB 1983, 1479 – 1482 (zit.: *Pachtenfels*, BB 1983, 1479).

Panzer-Heemeier, Andrea/ Grobys, Marcel (Hrsg.), Stichwortkommentar Arbeitsrecht, 2. Auflage, Baden-Baden 2014 (zit.: *Bearbeiter*, in: Grobys/ Panzer-Heemeier, Stichwortkommentar Arbeitsrecht, Rn).

Pape, Robert, Die tarifvertragliche Unkündbarkeit – Zugleich ein Beitrag zu den Grenzen der Tarifautonomie im Kündigungsschutzrecht und zum partiell zweiseitig-zwingenden Charakter des § 1 Abs. 2 und 3 KSchG, Dissertation, Universität Kiel, 2002 (zit.: *Pape*, Die tarifvertragliche Unkündbarkeit, S.).

Papier, Hans-Jürgen, Der verfassungsrechtliche Rahmen für Privatautonomie im Arbeitsrecht, RdA 1989, 137 – 144 (zit.: *Papier*, RdA 1989, 137).

Pieper, Wolfgang, Die Systematik des „wichtigen Grundes" zur außerordentlichen Kündigung, insbesondere beim Arbeitsverhältnis, Dissertation, Köln 1956 (zit.: *Pieper*, Die Systematik des „wichtigen Grundes", S.).

Plocher, Maria, Kündigung des Arbeitsverhältnisses bei Krankheit, DB 2015, 2083 – 2090 (zit.: *Plocher*, DB 2015, 2083).

Pohen, Josef/ Esser, Walter, Fehlzeiten senken, Taschenbücher für die Wirtschaft, Band 35, 2. Auflage, Heidelberg, 1995 (zit.: *Pohen/ Esser*, Fehlzeiten senken, S.).

Popp, Klaus, Lohnfortzahlungskosten als Kündigungsgrund?, DB 1986, 1461 – 1468 (zit.: *Popp*, DB 1986, 1461).

Popp, Klaus, Häufige Kurzerkrankungen als Kündigungsgrund, AuR 1979, 42 – 50 (zit.: Popp, AuR 1979, 42).

Preis, Ulrich, Neuere Tendenzen im arbeitsrechtlichen Kündigungsschutz (II), DB 1988, 1444 – 1451 (zit.: *Preis*, DB 1988, 1444).

Preis, Ulrich, Prinzipien des Kündigungsrechts bei Arbeitsverhältnissen, Düsseldorf 1987 (zit.: *Preis*, Prinzipien des Kündigungsrechts, S.).

Preis, Ulrich/ Greiner, Stefan, Krankheitsbedingte Kündigung – negative Gesundheitsprognose Anmerkung zu BAG v. 12.04.2002 (2 AZR 148/01), SAE 2004, 12 – 19 (zit.: *Preis/ Greiner*, SAE 2004, 12).

Pusch, Cornelia, BB-Kommentar, Hohe Anforderungen an die prognostizierten Arbeitsunfähigkeitszeiten bei häufigen Kurzerkrankungen im Rahmen einer außerordentlichen krankheitsbedingten Kündigung, BB 2014, 2877 – 2880 (zit.: *Pusch*, BB 2014, 2877).

Reifelsberger, Christina/ Hennig, Michael, Entgeltfortzahlung, Krankengeld, Arbeitslosengeld – Mogelpackung oder durchdachtes System der sozialen Absicherung?, BB 2015, 1589 – 1595 (zit.: *Reifelsberger/ Hennig*, BB 2015, 1589).

Reinecke, Gerhard, Krankheit und Arbeitsunfähigkeit – die zentralen Begriffe des Rechts der Entgeltfortzahlung; DB 1998, 130 – 133 (zit.: *Reinecke*, DB 1998, 130).

Richardi, Reinhard/ Wißmann, Helmut/ Wlotzke, Otfried/ Oetker, Hartmut (Hrsg.), Münchener Handbuch zum Arbeitsrecht, Band 1, 3. Auflage 2009 (zit.: *Bearbeiter*, in: Münchener Handbuch zum Arbeitsrecht, §, Rn).

Richter, Tim, Die krankheitsbedingte Kündigung im Spiegel der Rechtsprechung, ArbRAktuell 2015, 237 – 240 (zit.: *Richter*, ArbRAktuell 2015, 237).

Rolfs, Christian, Studienkommentar Arbeitsrecht, 4. Auflage, München 2014 (zit.: *Rolfs*, Studienkommentar Arbeitsrecht, § Rn).

Rolfs, Christian/ Kreikebohm, Ralf/ Giesen, Richard/ Udsching, Peter (Hrsg.), Beck'scher Online-Kommentar Arbeitsrecht, 41. Edition 2016 (zit.: *Bearbeiter*, in: Beck'scher Online-Kommentar Arbeitsrecht, §, Rn).

Roos, Bernd, Die Rechtsprechung zur Kündigung wegen Krankheit, NZA-RR 1999, 61 – 622 (zit.: *Roos*, NZA-RR 1999, 617).

Rüthers, Bernd/ Henssler, Martin, Die Kündigung bei kumulativ vorliegenden und gemischten Kündigungssachverhalten, ZfA 1988, 31 – 44 (zit.: *Rüthers/ Henssler*, ZfA 1988, 31).

Säcker, Franz Jürgen/ Rixecker, Roland/ Oetker, Hartmut/ Limperg, Bettina, Münchener Kommentar zum Bürgerlichen Gesetzbuch, Band 4, 6. Auflage 2012 (zit.: *Bearbeiter*, in: MüKo BGB, §, Rn).

Schäfer, Horst, Pflicht zu gesundheitsförderndem Verhalten?, NZA 1992, 529 – 534 (zit.: *Schäfer*, NZA 1992, 529).

Schaub, Günter (Hrsg.), Arbeitsrechts-Handbuch, 16. Auflage 2015 (zit.: *Bearbeiter*, in: Schaub Arbeitsrechts-Handbuch, §, Rn).

Schiefer, Bernd, Kündigung wegen häufiger Kurzerkrankungen, BB 2015, 2613 – 2619 (zit.: *Schiefer*, BB 2015, 2613).

Schiefer, Bernd, Die Abmahnung – Aktuelle Brennpunkte, DB 2013, 1785 – 1791 (zit.: *Schiefer*, DB 2013, 1785).

Schiefer, Bernd/ Borchard, Axel, Betriebliches Eingliederungsmanagement (BEM) – "Erste Eckpunkte", DB 2010, 1884 – 1887 (zit.: *Schiefer/ Borchard*, DB 2010, 1884).

Schleusener, Axel Aino, Tariflicher Ausschluss der ordentlichen Kündigung, SAE 1998, 218 – 222 (zit.: *Schleusener*, SAE 1998, 218).

Schlewing, Anja, Das betriebliche Eingliederungsmanagement nach § 84 II SGB IX – keine Wirksamkeitsvoraussetzung für die Kündigung wegen Krankheit, ZfA 2005, 485 – 503 (zit.: *Schlewing*, ZfA 2005, 485).

Schmitt, Jochem, Entgeltfortzahlungsgesetz und Aufwendungsausgleichsgesetz: EFZG AAG, 7. Auflage, München 2012 (zit.: *Schmitt*, in: EFZG und AAG, §, Rn).

Schukai, Manfred, Kündigung wegen häufiger Fehlzeiten, DB 1976, 2015 – 2019 (zit.: *Schukai*, DB 1976, 2015).

Schulte Westenberg, Michael, Die außerordentliche Kündigung im Spiegel der Rechtsprechung, NZA-RR 2016, 337 – 344 (zit.: *Schulte Westenberg*, NZA-RR 2016, 337).

Schulte Westenberg, Michael, Die außerordentliche Kündigung im Spiegel der Rechtsprechung, NZA-RR 2014, 225 – 234 (zit.: *Schulte Westenberg*, NZA-RR 2014, 225).

Schunder, Achim, Kündigung wegen Krankheit, NZA-Beilage 2015, 90 – 96 (zit.: *Schunder*, NZA-Beilage 2015, 90).

Schwerdtner, Peter, Unzumutbar hohe Lohnfortzahlungskosten und krankheitsbedingte Kündigung, DB 1990, 375 – 379 (zit.: *Schwerdtner*, DB 1990, 375).

Sodan, Helge (Hrsg.), Handbuch des Krankenversicherungsrechts, 2. Auflage 2014 (zit.: *Bearbeiter*, in: Sodan, Handbuch des Krankenversicherungsrecht, §, Rn).

Staudinger, Julius/ Richardi, Reinhard/ Fischinger, Philipp (Hrsg.), Staudinger, Dienstvertragsrecht 2, Buch 2, 2011 (zit.: *Bearbeiter*, in: Staudinger, Dienstvertragsrecht 2, §, Rn).

Straube, Gunnar, Abmahnung bei krankheitsbedingter Kündigung, ArbRAktuell 2014, 392 (zit.: *Straube*, ArbRAktuell 2014, 392).

Stück, Volker, Betriebliches Eingliederungsmanagement (BEM) – aktuelle Anforderungen in Recht und Praxis, ArbRAktuell 2015, 169 – 172 (zit.: *Stück*, ArbRAktuell 2015, 169).

Stückmann, Roland, „Krankfeiern" und „Krankschreiben" – Überlegungen zur Entgeltfortzahlung im Krankheitsfalle, NZS 1994, 529 – 537 (zit.: *Stockmann*, NZS 1994, 529).

Stürner, Rolf (Hrsg.), Jauernig, Kommentar zum Bürgerlichen Gesetzbuch: BGB; 16. Auflage 2015 (zit.: *Bearbeiter*, in: Jauernig, Kommentar zum BGB, §, Rn).

Subatzus, Volker, Das Fehlverhalten des Arbeitnehmers bei Arbeitsunfähigkeit, Hamburg 2007 (zit.: *Subatzus*, Das Fehlverhalten des Arbeitnehmers bei Arbeitsunfähigkeit, S.).

Thome, Martin, Lohnfortzahlung bei Arbeitsverhinderung, Frankfurt/M. 1987 (zit.: *Thome*, Lohnfortzahlung bei Arbeitsverhinderung, S.).

Thüsing, Gregor/ Laux, Helga/ Lembke, Mark (Hrsg.), Praxiskommentar zum Kündigungsschutzgesetz, 3. Auflage 2014 (zit.: *Bearbeiter*, in: Thüsing/ Laux/ Lembke, KSchG, §, Rn).

Tschöpe, Ulrich, Die krankheitsbedingte Kündigung in der Rechtsprechung des BAG, DB 1987, 1042 – 1045 (zit.: *Tschöpe*, DB 1987, 1042).

Tschöpe, Ulrich (Hrsg.), Anwaltshandbuch Arbeitsrecht, 8. Auflage, Köln 2013 (zit.: *Bearbeiter*, in: Anwaltshandbuch Arbeitsrecht, Teil, Rn).

Volz, Norbert Heinrich, Die Kündbarkeit tariflich unkündbarer Arbeitnehmer, 2001 (zit.: *Volz*, Die Kündbarkeit tariflich unkündbarer Arbeitnehmer, S.).

Vom Stein, Jürgen/ Rothe, Isabel/ Schlegel, Rainer (Hrsg.), Gesundheitsmanagement und Krankheit im Arbeitsverhältnis, 2015 (zit.: *Bearbeiter*, in: vom Stein/ Rothe/ Schlegel, Gesundheitsmanagement und Krankheit im Arbeitsverhältnis, S.).

Von Koppenfels, Katharina, Die Entgeltfortzahlung im Krankheitsfall an der Schnittstelle von Arbeits- und Sozialrecht, NZS 2002, 241 – 247 (zit.: *von Koppenfels*, NZS 2002, 241).

Von Koppenfels, Katharina, Die außerordentliche arbeitgeberseitige Kündigung bei einzel- und tarifvertraglich unkündbaren Arbeitnehmern, Münster 1998 (zit.: *von Koppenfels*, Die außerordentliche arbeitgeberseitige Kündigung, S.).

Von Steinau-Steinrück, Robert/ Hagemeister, Volker, Das neue betriebliche Eingliederungsmanagement, NJW-Spezial 2005, 129 – 130 (zit.: *von Steinau-Steinrück/ Hagemeister*, NJW-Spezial 2005, 129).

Von Tiling, Christian, Die Kündigungserklärungsfrist des § 626 Abs. 2 BGB bei krankheitsbedingter Kündigung und tariflicher Unkündbarkeit, ZTR 2013, 595 – 599 (zit.: *von Tiling*, ZTR 2013, 595).

Wagner, Regine/ Knittel, Stefan (Hrsg.), Krauskopf Soziale Krankenversicherung, Pflegeversicherung, Loseblatt-Kommentar, 92. Auflage 2016 (zit.: *Bearbeiter*, in: Krauskopf, Soziale Krankenversicherung, §, Rn).

Waltermann, Raimund, Arbeitsrecht, 17. Auflage, München 2014 (zit.: *Waltermann*, Arbeitsrecht, § Rn).

Weber, Ulrich/ Hoß, Axel, Die krankheitsbedingte Kündigung im Spiegel der aktuellen Rechtsprechung des BAG, DB 1993, 2429 – 2434 (zit.: *Weber/ Hoß*, DB 1993, 2429).

Weisemann, Ulrich, Krankheit und Kündigungsschutz, BB 1977, 1767 – 1771 (zit.: *Weisemann*, BB 1977, 1767).

Wollenschläger, Michael, Arbeitsrecht, 3. Auflage 2010 (zit.: *Wollenschläger*, Arbeitsrecht, Rn).

Zöllner, Wolfgang/ Loritz, Karl-Georg/ Hergenröder, Curt Wolfgang, Arbeitsrecht, 7. Auflage, München 2015 (zit.: *Zöllner/ Loritz/ Hergenröder*, Arbeitsrecht, S., Rn).

Abkürzungsverzeichnis

%	Prozent
a.A.	anderer Ansicht
a.F.	alte Fassung
AAG	Aufwendungsausgleichsgesetz
Abs.	Absatz
AGG	Allgemeines Gleichbehandlungsgesetz
AiB	Arbeitsrecht im Betrieb
Anm.	Anmerkung
ArbG	Arbeitsgericht
ArbRAktuell	Arbeitsrecht Aktuell
ArbRB	Arbeits-Rechtsberater
AuR	Arbeit und Recht
BAG	Bundesarbeitsgericht
BAT/ BAT-O	Bundesangestelltentarifvertrag
BB	Betriebsberater
Bd.	Band
BDSG	Bundesdatenschutzgesetz
BEM	Betriebliches Eingliederungsmanagement
BetrVG	Betriebsverfassungsgesetz
BGB	Bürgerliches Gesetzbuch
BuW	Betrieb und Wirtschaft
bzw.	beziehungsweise
CCZ	Corporate Compliance Zeitschrift
d.h.	das heißt
DB	Der Betrieb
Diss.	Dissertation
DÖV	Die Öffentliche Verwaltung

EFZG	Entgeltfortzahlungsgesetz
f.	folgende
FA	Fachanwalt Arbeitsrecht
ff.	folgende
Fn	Fußnote
FS	Festschrift
gem.	gemäß
GewO	Gewerbeordnung
GKV	Gesetzliche Krankenversicherung
HK	Handkommentar
Hrsg.	Herausgeber
Hs.	Halbsatz
idR.	in der Regel
IfSG	Infektionsschutzgesetz
iHv.	in Höhe von
iSd.	im Sinne des
iVm.	in Verbindung mit
Jg.	Jahrgang
JuS	Juristische Schulung
KSchG	Kündigungsschutzgesetz
KSchR	Kündigungsschutzrecht
LAG	Landesarbeitsgericht
MDR	Monatsschrift für Deutsches Recht
mind.	mindestens
MüKo	Münchener Kommentar
MuSchG	Mutterschutzgesetz
n.F.	neue Fassung
NJOZ	Neue Juristische Online Zeitschrift
NJW	Neue Juristische Wochenschrift
Nr.	Nummer
NZA	Neue Zeitschrift für Arbeitsrecht
NZA-RR	Rechtsprechungs-Report Arbeitsrecht
NZS	Neue Zeitschrift für Sozialrecht

o.Ä.	oder Ähnliches
o.g.	oben genannt
öAT	Zeitschrift für das öffentliche Arbeits- und Tarifrecht
RAG	Reichsarbeitsgericht
RdA	Recht der Arbeit
RL	Richtlinie
Rn	Randnummer
S.	Seite
SAE	Sammlung Arbeitsrechtlicher Entscheidungen
SchlHA	Schleswig-Holsteinische Anzeigen
SGB	Sozialgesetzbuch
sog.	Sogenannt
SozialR	Sozialrecht
TV-AVH	Tarifvertrag für die Arbeitsrechtliche Vereinigung Hamburg e.V.
TVG	Tarifvertragsgesetz
TVöD	Tarifvertrag für den öffentlichen Dienst
u.a.	unter anderem
Urt.	Urteil
v.	vom
z.B.	zum Beispiel
ZfA	Zeitschrift für Arbeitsrecht
ZIP	Zeitschrift für Wirtschaftsrecht
zit.	zitiert
ZPO	Zivilprozessordnung
ZTR	Zeitschrift für Tarifrecht

A. Einleitung

Die Kündigung wegen häufiger Kurzerkrankungen ist ein fester Bestandteil der an den Arbeitsgerichten geführten Kündigungsschutzprozessen. In der Bevölkerung besteht meist die Vorstellung, dass der Arbeitnehmer[1] bei Krankschreibung keinerlei Konsequenzen seitens des Arbeitgebers zu befürchten habe. Diese Überzeugung lässt sich auch auf das Arbeitsgesetzbuch der ehemaligen DDR zurückzuführen, nach welchem ein erkrankter Werktätiger einem besonderen Kündigungsschutz unterstand und somit während der Krankheitsphase nicht fristgemäß gekündigt werden konnte.[2] Allerdings belasten krankheitsbedingte Fehlzeiten den Arbeitgeber in erheblichem Maße. Arbeitnehmer, die uneingeschränkt arbeitsfähig und der Arbeit niemals krankheitsbedingt fernbleiben, sind sehr selten.[3] Im Jahr 2015 betrug die durchschnittliche krankheitsbedingte Fehlzeit eines Arbeitnehmers etwa 19,5 Tage.[4] Dies entspricht bei einer Fünftagewoche Fehlzeiten von etwa vier Wochen.

Nach aktuell geltendem Recht kann gegenüber einem Arbeitnehmer, der häufig für kurze Zeiträume erkrankt, eine krankheitsbedingte Kündigung ausgesprochen werden. Dabei stellt sich in Bezug auf den Krankheitsbegriff unter anderem die Frage, ob und vor allem wann eine Behandlungsbedürftigkeit erforderlich ist. Eine Behandlungsbedürftigkeit liegt dann vor, wenn durch den regelwidrigen Gesundheitszustand die körperlichen oder geistigen Funktionen in einem derartigen Maße eingeschränkt sind, dass ihre Wiederherstellung einer ärztlichen Behandlung bedarf.[5] Aktuell stellt sich die Behandlungsbedürf-

1 Aus Gründen der Vereinfachung wird ausschließlich die maskuline Form verwendet. Personen weiblichen sowie männlichen Geschlechts sind darin gleichermaßen eingeschlossen.

2 Siehe dazu *Löw*, MDR 2004, 1340 (1340).

3 *Drebes*, RP Online v. 10. Dezember 2014, Zahl der Krankheitstage stark gestiegen.

4 AOK Fehlzeitenreport 2016 v. 12.09.2016.

5 *Schramm/Peick*, in: Sodan, Handbuch des Krankenversicherungsrechts, § 10, Rn 24.

tigkeit nicht als Teil des Krankheitsbegriffs dar, weshalb über eine Integration nachgedacht werden muss. Da die krankheitsbedingte Kündigung wegen häufiger Kurzerkrankungen in den Bereich des personenbedingten Kündigungsgrundes fällt, besteht keine Pflicht zur vorherigen Abmahnung. In den vergangenen Jahren ist die Anzahl psychisch erkrankter Menschen enorm gestiegen, weshalb ein Urteil des Landesarbeitsgerichts Hessen eine ausgesprochene Kündigung aufgrund einer fehlenden Abmahnung als unverhältnismäßig ansah.[6] Dieses Urteil hat eine genaue Betrachtung solcher Angelegenheiten nach sich gezogen, da ein völliger Ausschluss eines Abmahnungserfordernisses im Bereich der krankheitsbedingten Kündigung nicht geboten erscheint.[7] In dieser Hinsicht ist zu untersuchen, unter welchen Umständen ein solches „Abmahnungserfordernis" durchgesetzt werden könnte.

Im Rahmen des § 1 KSchG bestehen mit der verhaltens-, personen- und betriebsbedingten Kündigung drei Kündigungsgründe, die voneinander abzugrenzen sind. Dass die Fallgruppe der häufigen Kurzerkrankungen den personenbedingten Kündigungsgründen zugeordnet werden kann, bedarf keiner näheren Begründung. Die Annahme einer persönlichen „Unzuverlässigkeit", könnte sich aus häufig auftretenden Kurzerkrankungen ableiten lassen und würde folglich die Annahme dieser Fallgruppe als verhaltensbedingten Grund rechtfertigen. Inwieweit eine solche Annahme dogmatisch sinnvoll ist, muss einer Lösung zugeführt werden.

Nach aktueller Rechtslage besteht keine Erkundigungs- oder Auskunftspflicht seitens des Arbeitgebers und Arbeitnehmers, sodass der Arbeitgeber meist kaum Kenntnis über den Gesundheitszustand des Arbeitnehmers hat. Aber auch aufgrund einer fehlenden Auskunft durch den Arbeitnehmer kann es zu erheblichen Missverständnissen führen, die bis zum Ausspruch einer Kündigung reichen können. Um die Zahl „missverständlich" ausgesprochener Kündigungen zu minimieren, besteht an dieser Stelle Handlungsbedarf. Ein besonderes Problem liegt darin, dass der Sechswochenzeitraum des § 3 Abs. 1 EFZG bei häufigen Kurzerkrankungen immer wieder von neuem beginnt, wenn es sich um verschiedene Kurzerkrankungen

6 LAG Hessen, Urt. v. 18.03.2014 – 13 Sa 1207/13, in: ArbRAktuell 2014, 392.
7 LAG Hessen, Urt. v. 18.03.2014 – 13 Sa 1207/13, in: ArbRAktuell 2014, 392.

handelt. Der Neubeginn dieses Zeitraums bewirkt eine Besserstellung der Arbeitnehmer auf Kosten der Arbeitgeberinteressen. Durch diesen ständigen Neubeginn könnte es zu einer ausufernden Entgeltfortzahlungspflicht des Arbeitgebers kommen, die ruinöse Folgen für den Arbeitgeber haben kann. Um einen angemessenen Ausgleich zwischen Arbeitnehmer- und Arbeitgeberinteressen zu erreichen, besteht an dieser Stelle Handlungsbedarf.

Fraglich ist zudem, ob das Betriebliche Eingliederungsmanagement als solches noch seinem Sinn und Zweck folgend zur Wiedereingliederung der Arbeitnehmer angewandt wird oder vielmehr nur noch, um einer wirksamen Kündigung den Weg zu ebnen. Da dies dem ursprünglichen Willen des Gesetzgebers, nämlich der erfolgreichen Wiedereingliederung in den Betrieb, zuwiderläuft, wird im Rahmen dieser Dissertation ein einschlägiger Lösungsweg aufgezeigt, der dem ursprünglich verfolgten Zweck des Betrieblichen Eingliederungsmanagements entspricht. Auch wenn die Durchführung des Betrieblichen Eingliederungsmanagements keine formelle Wirksamkeitsvoraussetzung im Rahmen der Rechtmäßigkeitsprüfung darstellt, so hat die Unterlassung dennoch Auswirkungen auf die Darlegungs- und Beweislast des Arbeitgebers. Diese verschärfte Darlegungs- und Beweislast erfordert eine detaillierte Begründung der nicht in Betracht kommenden milderen Maßnahmen. Dabei sind vor allem Bedenken dahingehend aufgekommen, dass die Verschärfung der Darlegungs- und Beweislast die Durchführung des Betrieblichen Eingliederungsmanagement zu einer Wirksamkeitsvoraussetzung statuiert, da der Arbeitgeber kaum noch eine Chance hat, seiner Darlegungs- und Beweislast nachzukommen. Die Vorteile, die der Arbeitgeber durch ein unterlassenes Betriebliches Eingliederungsmanagement hat, müssen in der Interessenabwägung berücksichtigt werden. Allerdings soll das Betriebliche Eingliederungsmanagement wieder seinem ursprünglichen Zweck zur Eingliederung eines erkrankten Arbeitnehmers genutzt werden.

Die im Rahmen der krankheitsbedingten Kündigung durchzuführende Interessenabwägung erfolgt anhand einzelfallbezogener Kriterien. Inwieweit soziale Faktoren (z.B. Unterhaltspflichten) dabei zu beachten sind, ist in der Literatur und Rechtsprechung umstritten. Grundsätzlich erlangen soziale Faktoren lediglich bei der betriebsbedingten Kündigung im Rahmen der Sozialauswahl Bedeutung. Dass ein Arbeitnehmer ein Arbeitsverhältnis unter anderem genau deshalb eingeht, weil er dadurch seinen sozialen Verpflichtungen nachkommen kann, muss Berücksichtigung finden.

Die außerordentliche Kündigung eines ordentlich unkündbaren Arbeitnehmers unterliegt seit geraumer Zeit heftigen Diskussionen in der Rechtsprechung und innerhalb der Literatur: Fällt im Alltag die Begrifflichkeit der Unkündbarkeit eines Arbeitnehmers, so wird daraus zunächst grundsätzlich eine Besserstellung des Arbeitnehmers und eine damit einhergehende Belastung der Arbeitgeberseite suggeriert. Aus einer genauen Untersuchung geht jedoch hervor, dass die Begrifflichkeit der Unkündbarkeit irreführend gewählt wurde, da der Arbeitnehmer trotz dieser Unkündbarkeit außerordentlich gekündigt werden kann. Krankheiten können allerdings lediglich in Ausnahmefällen einen wichtigen Grund iSd. § 626 Abs. 1 BGB darstellen. Mit dem Urteil des Bundesarbeitsgerichts vom 23. Januar 2014, das die außerordentliche Kündigung einer ordentlich unkündbaren Arbeitnehmerin zum Inhalt hat, wird keine hinreichend konkretisierte Fehlzeitenschwelle dargestellt. Vielmehr entschied das Bundesarbeitsgericht, dass ein wichtiger Grund iSd. § 626 Abs. 1 BGB nicht vorlag, da die Arbeitnehmerin noch zu zwei Drittel der Jahresarbeitszeit arbeitsfähig war. Da eine Fehlzeitenschwelle weder in der Literatur noch in der Rechtsprechung konkretisiert ist, besteht die Notwendigkeit, eine Schwelle zu entwickeln.

Mit dem Urteil des Bundesarbeitsgerichts vom 23. Januar 2014 wurde erstmals auch die Frist des § 626 Abs. 2 BGB praktisch entwertet, sofern – wie vom zweiten Senat angenommen – die auf den häufigen Fehlzeiten basierende Krankheitsanfälligkeit einen Dauertatbestand darstellt. Diese Annahme würde den Arbeitgeber aber quasi dazu berechtigen, dem Arbeitnehmer gegenüber zu einem willkürlich gewählten Zeitraum die außerordentliche Kündigung auszusprechen. Grundsätzlich kann der Arbeitgeber die außerordentliche Kündigung iSd. § 626 BGB nur bis zwei Wochen nach Kenntniserlangung der kündigungsrelevanten Tatsachen aussprechen. Inwiefern die Entscheidung des Bundesarbeitsgerichts einem angemessenen Interessenausgleich entspricht, ist zu untersuchen.

Ein Dauertatbestand ist gegeben, wenn fortwährend neue kündigungsrelevante Tatsachen eintreten, die zur erneuten Störung des Arbeitsverhältnisses beitragen. Er beginnt also zu dem Zeitpunkt, zu dem die häufigen Kurzerkrankungen den Schluss auf eine dauerhafte Krankheitsanfälligkeit das erste Mal zulassen. Problematisch erscheint allerdings die Aussage des Bundesarbeitsgerichts, dass der Dauertatbestand erst dann endet, wenn über eine ausreichend lange Zeitspanne keine Arbeitsunfähigkeitszeiten entstanden sind. In der Praxis besteht dahingehend eine große Unsicherheit, da nicht bekannt ist, wie lange eine Krankheitsphase zurückliegen muss, damit eine Krankheitsanfälligkeit nicht mehr angenommen werden kann. Aufgrund dieser Unkenntnis wird es in der Praxis vermehrt zu frühzeitig ausgesprochenen Kündigungen kommen, da die Arbeitgeber aus Angst vor einer möglichen „Verfristung" den Weg der Kündigung vergleichsweise zügig einschlagen werden. Dieser Problematik muss entgegengewirkt werden.

Abschließend werden im letzten Kapitel die Auswirkungen der diskutierten Änderungsvorschläge aufgezeigt. Den Schluss der Arbeit bildet eine Zusammenfassung in Thesen. Sie sollen die einschlägigen Untersuchungsergebnisse der Dissertation komprimiert zusammenfassen.

B. Einführung in die Thematik

Um einen sinnvollen Einstieg in die Problematik bezüglich der Kündigung wegen häufiger Kurzerkrankungen zu erhalten, bedarf es zunächst der Erklärung der wichtigsten Begrifflichkeiten. Im Folgenden wird deshalb der Krankheitsbegriff näher definiert.

I. Krankheitsbegriff

Einleitend wird bestimmt, wie sich der Krankheitsbegriff rechtlich zusammensetzt und in welcher Weise eine Beziehung zur Arbeitsunfähigkeit vorliegen muss. Als Hauptfall der personenbedingten Kündigung iSd. § 1 Abs. 2 KSchG bedarf die krankheitsbedingte Kündigung des Vorliegens einer Arbeitsunfähigkeit.[8] Gemäß § 3 Abs. 1 EFZG muss der Arbeitnehmer gerade infolge einer Erkrankung arbeitsunfähig sein. Bevor also eine Aussage dahingehend getroffen werden kann, ab wann eine Kündigung aufgrund häufiger Kurzerkrankungen in Betracht zu ziehen ist, bedarf es der Klärung des Krankheitsbegriffs. Eine krankheitsbedingte Kündigung kann nur dann einschlägig sein, wenn gewisse Fehlzeiten, basierend auf einer oder mehrerer Krankheitsphasen, vorliegen.[9] In der deutschen Rechtsordnung existiert trotz fehlender Legaldefinition des Krankheitsbegriffs eine Vielzahl an Rechtsnormen, die für das Eintreten ihrer Rechtsfolge eine Krankheit bzw. daraus resultierende Fehlzeiten voraussetzen.[10] Somit treten durch diese Rechtsnormen unterschiedliche Rechtsfolgen ein, obwohl der Krankheitsbegriff aufgrund der immer weiter fortschreitenden Entwicklung von Medizin und sozialrechtlichem Denken weder von der Rechtspre-

---

8 *Berkowsky*, NZA-RR 2001, 393 (395).

9 *Berkowsky*, NZA-RR 2001, 393 (395).

10 *Angel*, Probleme der Arbeitsunfähigkeitsbescheinigung, S. 39; *Lepke*, NZA-RR 1999, 57 (57).

chung noch in der Literatur einheitlich verwendet wird.[11] Eine für jedes Rechtsgebiet festgelegte Legaldefinition fehlt hingegen vollends, woraus sich folgern lässt, dass die Auslegung des Begriffs der Literatur und der Rechtsprechung übertragen wurde.[12] Eine einheitliche Definition könnte deswegen nachteilig sein, weil sie die immer weiter fortschreitende Entwicklung der Medizin und des sozialrechtlichen Bereichs außer Acht lassen würde.

1. Abgrenzung des arbeitsrechtlichen vom medizinischen Krankheitsbegriff

Im Folgenden werden verschiedene Krankheitsbegriffe unterschieden, die sich im Laufe der Zeit durch die Rechtsprechung und innerhalb der Literatur herausgebildet haben.

a. Medizinischer Krankheitsbegriff

Die Bestimmung des Krankheitsbegriffs muss ihren Ursprung in der Medizin finden, weil sich diese mit der Krankheitslehre auseinandersetzt. Fraglich ist allerdings, ob der medizinische Krankheitsbegriff im Rahmen arbeitsrechtlicher Fragestellungen überhaupt herangezogen werden kann. Gemäß dem medizinischen Krankheitsbegriff muss ein ärztlich diagnostizierbarer, nach außen in Erscheinung tretender, auf die Funktionstauglichkeit abgestellter Körper-, Geistes- oder Seelenzustand vorliegen, der durch eine ärztliche Heilbehandlung behoben, erträglich gemacht und die Folgen gelindert oder zumindest vor einer drohenden Verschlimmerung bewahrt werden kann.[13] Aus dieser Definition ergeben sich eine objektive (sichtbare Krankheit), subjektive (Wahrnehmung der Krankheit) und eine soziale (Verhalten des Er-

11 *Lepke*, NZA-RR 1999, 57 (57); *Lepke*, Kündigung bei Krankheit, Rn 75; *Subatzus*, Das Fehlverhalten des Arbeitnehmers bei Arbeitsunfähigkeit, S. 9.

12 *Nolte*, in: Kasseler Kommentar, § 27 SGB V, Rn 9; *Lepke*, Kündigung bei Krankheit, Rn 75.

13 *Angel*, Probleme der Arbeitsunfähigkeitsbescheinigung, S. 39; *Lepke*, NZA-RR 1999, 57 (57).

krankten) Betrachtungsweise.[14] Im Arbeitsrecht wird hingegen nur die objektive Sichtweise zugrunde gelegt.[15] Die medizinische Lehre definiert den Krankheitsbegriff folglich als einen Zustand, der durch verschiedenartige Ursachen entsteht und aufgrund einschlägiger Symptome nach außen in Erscheinung tritt. Davon erfasst ist überdies ein nach subjektivem Empfinden medizinisch feststellbarer regelwidriger Zustand, wodurch somit auch rein seelische Erkrankungen vom medizinischen Krankheitsbegriff erfasst werden, soweit sie klinisch erkannt werden und Beschwerden bewirken.[16] Die Einordnung von Aids oder Krebs als Krankheit steht daher nicht zur Diskussion, da die Heilbarkeit der Erkrankung keine Voraussetzung im Sinne des medizinischen Krankheitsbegriffs darstellt. Irrelevant für das Vorliegen einer Krankheit ist hingegen der Ursprung der Krankheitsursache, welcher sowohl im beruflichen als auch im privaten Bereich liegen kann.[17]

Aufgrund der Unbestimmtheit des medizinischen Krankheitsbegriffs – insbesondere im Hinblick auf arbeitsrechtliche Gegebenheiten – bedarf es einer Prüfung dahingehend, ob im Rahmen des medizinischen Krankheitsbegriffs eine arbeitsrechtliche und sozialversicherungsrechtliche Konkretisierung vonnöten ist. Dieser Konkretisierung wird im Folgenden durch die Abgrenzung zum sozialversicherungsrechtlichen sowie dem arbeitsrechtlichen Krankheitsbegriff eine Lösung zugeführt.

b. Sozialversicherungsrechtlicher Krankheitsbegriff

Der Bestimmtheit des Krankheitsbegriffs wird im Sozialversicherungsrecht eine herausragende Bedeutung zugesprochen. Nach ständiger Rechtsprechung des Bundessozialgerichts ist eine Krankheit im Sinne der gesetzlichen Krankenversicherung dann anzunehmen, wenn ein regelwidriger geistiger oder körperlicher Zustand vorliegt, der eine Behandlungsbedürftigkeit und/oder eine Arbeitsunfähigkeit zur Folge

14 *Lepke*, NZA-RR 1999, 57 (58).
15 *Lepke*, NZA-RR 1999, 57 (58).
16 *Feichtinger*, in: Entgeltfortzahlungsrecht, § 3 EFZG, Rn 22.
17 *Bezani*, Die krankheitsbedingte Kündigung, S. 6; *Oetker*, in: Staudinger, Dienstvertragsrecht 2, § 616 BGB, Rn 201; *Lepke*, Kündigung bei Krankheit, Rn 77.

hat.[18] Regelwidrig ist ein Zustand dann, wenn dieser von dem Gesundheitszustand eines normalen Menschen abweicht. Dabei exkludiert „normal" im Sinne von „gesund sein" das Vorliegen einer Krankheit, sodass die Begrifflichkeiten „normal" und „gesund sein" disjunkt zueinander sind und sich zur Menge aller Zustände vereinigen. Die Regelwidrigkeit impliziert also eine Abweichung von dem Gesundheitszustand eines normalen Menschens. Folglich liegen die prägnanten Unterschiede zum medizinischen Krankheitsbegriff darin, dass im Rahmen des Sozialrechts zusätzlich eine Behandlungsbedürftigkeit oder Arbeitsunfähigkeit erforderlich wird.[19]

c. Arbeitsrechtlicher Krankheitsbegriff

Der arbeitsrechtliche Krankheitsbegriff hat sich aus den Grundzügen des medizinischen Krankheitsbegriffs entwickelt, betont jedoch für das Arbeitsrecht relevante Kriterien.[20] Nach dem arbeitsrechtlichen Krankheitsbegriff ist eine Krankheit ein regelwidriger körperlicher oder geistiger Zustand, der einer Heilbehandlung bedarf und die Arbeitsunfähigkeit verursacht.[21] Regelwidrig ist ein körperlicher oder geistiger Zustand, wenn er nach allgemeiner Erfahrung unter Berücksichtigung des natürlichen Verlaufs des Lebens nicht bei jedem Menschen gleichen Alters und Geschlechts zu erwarten ist.[22] Daraus folgt – mit Ausnahme des Erfordernisses einer Heilbehandlung – eine gewisse Gleichstellung zum sozialversicherungsrechtlichen Begriff.

Des Weiteren ist eine etwaige Heilbarkeit oder Ursächlichkeit der Krankheit – wie bereits bezüglich des medizinischen Begriffs – auch für den arbeitsrechtlichen Krankheitsbegriff unbeachtlich.[23] Die Betrachtung erfolgt also unabhängig davon, ob die Krankheit der priva-

18 *Angel*, Probleme der Arbeitsunfähigkeitsbescheinigung, S. 41.
19 *Angel*, Probleme der Arbeitsunfähigkeitsbescheinigung, S. 41.
20 *Lepke*, NZA-RR 1999, 57 (58).
21 BAG, Urt. v. 05.04.1976 – 5 AZR 397/75, in: EZA § 1 LohnFG Nr. 48; *Glaser*, in: Münchener Anwaltshandbuch zum Arbeitsrecht, § 22, Rn 11.
22 *Glaser*, in: Münchener Anwaltshandbuch zum Arbeitsrecht, § 22, Rn 11; *Lepke*, Kündigung bei Krankheit, Rn 76.
23 *Glaser*, in: Münchener Anwaltshandbuch zum Arbeitsrecht, § 22, Rn 12.

ten oder beruflichen Sphäre entsprungen ist.[24] Daraus folgt, dass auch die durch einen Arbeitsunfall herbeigeführte körperliche oder gesundheitliche Beeinträchtigung unter den arbeitsrechtlichen Krankheitsbegriff zu subsumieren ist. Ebenfalls unbeachtlich und somit unter den Krankheitsbegriff zu fassen, sind die durch sportliche Aktivitäten ausgelösten regelwidrigen Zustände, also Sportunfälle.[25] Im Bereich des Entgeltfortzahlungsrechts ist die Krankheitsursache jedenfalls nicht von Bedeutung.[26] Ein Verschulden der Krankheit kann jedoch zum Ausschluss der Zahlungen führen. Auf Arbeits-[27] und Sportunfälle wird im weiteren Verlauf der Arbeit eingegangen,[28] da hier ein etwaiges Verschulden des Arbeitgebers oder Arbeitnehmers entscheidende Auswirkungen auf kündigungsrechtliche Gegebenheiten haben können. Nach der objektiven Betrachtungsweise ist ebenfalls zu überprüfen, ob zwischen der Erkrankung und der Arbeitsunfähigkeit ein Kausalzusammenhang besteht.[29] Somit muss die Erkrankung eine kausale Ursache für das Eintreten der Arbeitsunfähigkeit sein. Im Rahmen des arbeitsrechtlichen Krankheitsbegriffs muss die Krankheit folglich stets zur Verhinderung oder zumindest zur Verminderung der Leistungsfähigkeit des Arbeitnehmers führen, worin der entscheidende Unterschied zum medizinischen Krankheitsbegriff liegt.

d. Ergebnis

Trotz angeführter Gemeinsamkeiten unterscheiden sich die drei dargestellten Krankheitsbegriffe in ihrer generellen Zielrichtung. Der Wandel und Fortschritt der Medizin und des sozialrechtlichen Denkens sorgt für eine ständige Entwicklung des Begriffsinhalts. Dies lässt sich insbesondere anhand eines Beispiels veranschaulichen: Als die Medizin im Bereich der Behandlungsmöglichkeiten von Geburtsfehlern

24 *Hamann*, Die Kündigung wegen häufiger Kurzerkrankungen, S. 11.
25 *Schmitt*, in: EFZG und AAG, § 3 EFZG, Rn 50.
26 *Oetker*, in: Staudinger, Dienstvertragsrecht 2, § 616 BGB, Rn 201.
27 Unter einem Arbeitsunfall versteht man gem. § 8 I SGB VII ein körperlich schädigendes, zeitlich begrenztes Ereignis, das mit der unfallversicherten Tätigkeit in einem inneren Zusammenhang steht.
28 Siehe hierzu unten, S. 100 ff.
29 *Oetker*, in: Staudinger, Dienstvertragsrecht 2, § 616 BGB, Rn 229.

neue Entwicklungen gemacht hatte und somit im medizinischen Bereich fortschrittlich agierte, folgte kurz darauf die Anerkennung dieser Krankheit aus arbeits- und sozialrechtlicher Sicht.[30] Somit ergänzen sich die jeweiligen Begriffe permanent. In Abgrenzung zum medizinischen Krankheitsbegriff verlangt der arbeitsrechtliche Krankheitsbegriff jedoch eine Einschränkung der Arbeitsfähigkeit, also eine Arbeitsunfähigkeit. Diese Einschränkung stellt die arbeitsrechtlich geprägte Komponente dar. Wenn aus medizinischer Sicht bereits eine Krankheit vorliegt, hat dies arbeitsrechtlich noch keinerlei Konsequenzen. Im Hinblick auf arbeitsrechtliche Fragestellungen bedarf es der arbeitsrechtlichen Komponente, weshalb der Einbezug einer Arbeitsunfähigkeit nötig erscheint. Aus diesen Gründen wird im Folgenden der arbeitsrechtliche Krankheitsbegriff zugrunde gelegt, welcher jedoch basierend auf der medizinischen Komponente einer ständigen Novellierung unterliegt.

2. Notwendigkeit einer Arbeitsunfähigkeit und Arbeitsverhinderung

Die Begriffe Krankheit und Arbeitsunfähigkeit werden im alltäglichen Sprachgebrauch meist als Synonym zueinander verwendet, was sich z.B. an der umgangssprachlichen Bezeichnung „krankgeschrieben" erkennen lässt. Mit einer solchen Krankschreibung ist der Zustand der Arbeitsunfähigkeit gemeint. Nach Darstellung der verschiedenen Krankheitsbegriffe ist jedoch einleuchtend, dass die beiden Begriffe rechtlich nicht einheitlich verwendet werden können. Nach der zuvor erfolgten Abgrenzung lässt sich allerdings eine grundlegende Vergleichbarkeit der Krankheitsbegriffe erkennen. Bezüglich des in dieser Arbeit heranzuziehenden arbeitsrechtlichen Krankheitsbegriffs besteht jedoch zusätzlich die Voraussetzung der Arbeitsunfähigkeit. Eine Krankheit wird arbeitsrechtlich lediglich dann bedeutsam, wenn dadurch die Fähigkeit zur Erbringung der vertraglich geschuldeten Arbeitsleistung beeinträchtigt wird.[31] Im Rahmen der Kündigung wegen

30 *Subatzus*, Das Fehlverhalten des Arbeitnehmers bei Arbeitsunfähigkeit, S. 9; BSG, Urt. v. 10.02.1993 – 1 RK 14/92, in: NJW 1992, 2398.

31 *Nehring*, Die krankheitsbedingte Kündigung, S. 26; *Bezani*, Die krankheitsbedingte Kündigung, S. 6; *Lepke*, Kündigung bei Krankheit, Rn 80.

häufiger Kurzerkrankungen können folglich solche Fehlzeiten berücksichtigt werden, bei denen der Arbeitnehmer arbeitsunfähig erkrankt war.[32]

Eine Arbeitsunfähigkeit ist dann gegeben, wenn die Krankheit den Arbeitnehmer außer Stand setzt, die geschuldete Arbeitsleistung zu erbringen oder die Verrichtung der Arbeit in absehbar naher Zukunft den Krankheitszustand verschlimmern würde.[33] Das Vorliegen einer Arbeitsunfähigkeit wird demzufolge durch zwei prägnante Voraussetzungen geprägt: Zum einen muss ein regelwidriger körperlicher oder geistiger Zustand vorliegen, zum anderen muss die Krankheit überdies zur Arbeitsunfähigkeit führen. Die Frage der Arbeitsunfähigkeit richtet sich ausschließlich nach objektiven Gesichtspunkten.[34] Maßgebend ist die aus ärztlicher Sicht nach medizinischen Kriterien vorzunehmende gesundheitliche Bewertung des Zustands, weshalb auch die tatsächliche Erbringung der Arbeitsleistung der Annahme einer Arbeitsunfähigkeit nicht entgegensteht.[35] Die Arbeitsfähigkeit des Arbeitnehmers muss durch die Krankheit aufgehoben oder teilweise gemindert sein. Entscheidendes Kriterium für die Arbeitsunfähigkeit ist also genau genommen nicht die Erkrankung an sich, sondern vielmehr die kausalen Auswirkungen auf das Arbeitsverhältnis.[36] Eine Einzelfallbetrachtung erscheint geboten, da eine Krankheit bei jedem Menschen individuell je nach Schwere und Art ihrer Ausprägung abhängig von der Arbeitspflicht zu einer Arbeitsunfähigkeit führen kann.[37] Bei einem häufig für kürzere Zeiträume erkrankten Arbeitnehmer belasten den Arbeitgeber ausschließlich die Arbeitsunfähigkeitszeiten, aber nicht die mögliche Tatsache, ob der Arbeitnehmer trotz Krankheit ar-

32 *Hamann*, Die Kündigung wegen häufiger Kurzerkrankungen, S. 12.

33 *Waltermann*, Arbeitsrecht, § 12, Rn 220; *Angel*, Probleme der Arbeitsunfähigkeitsbescheinigung, S. 62; *Bauer/ Röder/ Lingemann*, Krankheit im Arbeitsverhältnis, S. 5; BAG, Urt. v. 23.01.2008 – 5 AZR 393/07, in: NZA 2008, 595; Urt. v. 07.08.1991 – 5 AZR 410/90, in: NZA 1992, 69; Urt. v. 07.08.1991 – 5 AZR 410/90, in: BB 1991, 2224.

34 *Feichtinger*, in: Entgeltfortzahlungsrecht, § 3 EFZG, Rn 27.

35 *Feichtinger*, in: Entgeltfortzahlungsrecht, § 3 EFZG, Rn 27.

36 *Hamann*, Die Kündigung wegen häufiger Kurzerkrankungen, S. 11.

37 *Schmitt*, in: EFZG und AAG, § 3 EFZG, Rn 64; *Hamann*, Die Kündigung wegen häufiger Kurzerkrankungen, S. 12; vgl. *Stückmann*, NZS 1994, 529 (530); *Feichtinger*, in: Entgeltfortzahlungsrecht, § 3 EFZG, Rn 28.

beitsfähig sei.[38] Eine Arbeitsunfähigkeit liegt zusätzlich vor, wenn der Gesundheitszustand zwar generell noch keine Unfähigkeit zur Verrichtung der Arbeitsleistung zulässt, jedoch absehbar ist, dass die Ausübung der vertraglich geschuldeten Tätigkeit sich nachteilig auf den Gesundheitszustand auswirken würde.[39]

Fraglich ist jedoch, ob eine Notwendigkeit besteht, die Arbeitsunfähigkeit und den Krankheitsbegriff als zusammengehörig zu verstehen. In der Literatur hat sich dahingehend eine kritische Ansicht entwickelt, nach welcher die Arbeitsunfähigkeit nicht zum Krankheitsbegriff gehört, sondern vielmehr eine eigene Tatbestandsvoraussetzung des Arbeitsrechts darstellt.[40] Eine solche Aufzählung der Arbeitsunfähigkeit nennt der Wortlaut des § 3 Abs. 1 S. 1 EFZG, der nach seiner Systematik die Arbeitsunfähigkeit als selbstständiges Tatbestandsmerkmal ansieht.[41] Dagegen könnte jedoch anzuführen sein, dass eine Krankheit nicht automatisch die Arbeitsunfähigkeit impliziert, sie muss vielmehr erst dazu führen.[42] Eine Krankheit kann demnach nicht unmittelbar mit der Arbeitsunfähigkeit gleichgesetzt werden. Die Arbeitsunfähigkeit muss sich vielmehr erst als Folge der Krankheit manifestieren, da eine Erkrankung erst durch eine eintretende Arbeitsunfähigkeit arbeitsrechtlich relevant wird.

Zu untersuchen ist zudem, welche inhaltlichen Differenzen zwischen den beiden in Rede stehenden Begriffen liegen. Unproblematisch lässt sich anführen, dass die Krankheit zu einer Verhinderung oder zumindest Verminderung der Arbeitsleistung führen muss. An dieser Stelle ist zu beachten, dass eine Arbeitsunfähigkeit ausschließlich dann anzunehmen ist, wenn der Arbeitnehmer seine vertraglich geschuldete Leistung aufgrund der Krankheit nicht mehr oder nur unter der Gefahr der Verschlimmerung des Gesundheitszustandes erbringen kann.[43] Die Feststellung der Arbeitsunfähigkeit erfolgt objek-

---

38 *Hamann*, Die Kündigung wegen häufiger Kurzerkrankungen, S. 12.

39 *Lepke*, NZA-RR 1999, 57 (59).

40 *Lepke*, NZA-RR 1999, 57 (57).

41 *Lepke*, Kündigung bei Krankheit, Rn 82; siehe auch *Schulin*, ZfA 1978, 215 (248), *Lepke*, NZA-RR 1999, 57 (58).

42 *Reinhard*, in: Erfurter Kommentar, § 3 EFZG, Rn 9.

43 *Subatzus*, Das Fehlverhalten des Arbeitnehmers bei Arbeitsunfähigkeit, S. 12.

tiv nach den konkret-individuellen Bedürfnissen jedes Arbeitsplatzes bzw. dessen Leistungserwartung.

Inwieweit die Motivation des Arbeitnehmers innerhalb des Arbeitsunfähigkeitsbegriffs eine Rolle spielt, wird nachfolgend untersucht. Eine fehlende Motivation kann den Arbeitnehmer dazu bringen, der Arbeit trotz medizinisch nicht vorliegender Krankheit, fernzubleiben. Diese mangelnde Motivation beeinflusst jedoch das persönliche Empfinden auftretender Symptome und verstärkt somit das subjektive Krankheitsgefühl. Dieses Empfinden führt zu einem subjektiven Entschluss der Arbeitsunfähigkeit.[44] Insbesondere im Rahmen der Fallgruppe häufiger Kurzerkrankungen war diese Problematik von Bedeutung, da der Arbeitnehmer für kurze Ausfallzeiten erst am vierten Tag seine Arbeitsunfähigkeit gegenüber dem Arbeitgeber bescheinigen musste. Eine entscheidende Wende brachte das Urteil des Bundesarbeitsgerichts vom 14. November 2012, durch welches der Arbeitgeber schon ab dem ersten Tag der Arbeitsunfähigkeit die Vorlage einer Bescheinigung verlangen kann.[45] Somit sind Krankheit und Arbeitsunfähigkeit innerhalb der Systematik des Kündigungsrechts derart miteinander verzahnt, dass eine einzelne Betrachtung sinnlos wäre.

Obwohl § 616 S. 1 BGB und § 3 Abs. 1 S. 1 EFZG gemeinsam das Tatbestandsmerkmal der Arbeitsunfähigkeit voraussetzen, genügt allein dieses Vorliegen im Falle des § 3 Abs. 1 S. 1 EFZG nicht, da gemäß § 3 Abs. 1 S. 1 EFZG die Krankheit zur Arbeitsunfähigkeit und diese wiederum zur Arbeitsverhinderung geführt haben muss. Die Begrifflichkeiten der Arbeitsunfähigkeit sowie der Arbeitsverhinderung sind nicht einheitlich zu verstehen. Krankheiten, die ausschließlich eine Arbeitsverhinderung hervorrufen, werden von § 3 Abs. 1 S. 1 EFZG nicht berücksichtigt, können allerdings unter Umständen eine Fortzahlungspflicht aus § 616 S. 1 BGB auslösen. Eine Verhinderung der Arbeitsleistung ist dann gegeben, wenn der Arbeitnehmer aufgrund der Erkrankung verhindert ist, die geschuldete Arbeitsleistung zu erbringen.[46] Ein solch gelagerter Fall liegt beispielsweise dann vor, wenn der

44 *Brandenburg/ Nieder*, Betriebliches Fehlzeiten-Management, S. 24; *Subatzus*, Das Fehlverhalten des Arbeitnehmers bei Arbeitsunfähigkeit, S. 13; *Pohen/ Esser*, Fehlzeiten senken, S. 60.

45 BAG, Urt. v. 14.11.2012 – 5 AZR 886/11, in: MDR 2013, 414 (415).

46 *Oetker*, in: Staudinger, Dienstvertragsrecht 2, § 616 BGB, Rn 222.

Arbeitnehmer während der Arbeitszeit einen Arzttermin wahrnimmt, nach diesem aber wieder beschwerdefrei weiterarbeiten kann.

Fraglich ist aber, ab wann im Einzelfall eine Arbeitsunfähigkeit vorliegt. Stellt sich der Sachverhalt so dar, dass beispielsweise ein Dachdecker ein gebrochenes Bein hat, so ist die Arbeitsunfähigkeit ohne Zweifel direkt anzunehmen. Andererseits müssen auch alternative Einsatzfelder betrachtet werden. Besteht in dem Fall des Dachdeckers die Möglichkeit ihn für die Zeit seines Handicaps in einer überwiegend sitzenden Tätigkeit im Rahmen eines Bürojobs einzusetzen, so kann lediglich von einer Arbeitsunfähigkeit hinsichtlich der körperlichen Tätigkeit gesprochen werden. Wie wirkt es sich jedoch aus, wenn dieser Dachdecker anstatt eines gebrochenen Beines eine Mittelohrentzündung oder Erkältungserkrankung aufweist? Eine solche Erkrankung würde ihn ohne weiteres nicht in seiner grundlegenden Tätigkeit einschränken. Aus diesem Grund ließe sich auf den ersten Blick eine Arbeitsunfähigkeit ablehnen. Es muss jedoch beachtet werden, dass bei einer uneingeschränkten Weiterarbeit mit großer Wahrscheinlichkeit eine Verschlimmerung der Krankheit bzw. des Gesundheitszustandes zu erwarten sei. Sicherlich würde eine Weiterarbeit in der ursprünglichen Tätigkeit allerdings zu einer Verlängerung des Genesungsprozesses führen. Um dies zu verhindern, muss auch eine solche Erkrankung, die den Arbeitnehmer grundsätzlich nicht in seiner vertraglich geschuldeten Tätigkeit einschränkt, sondern nur Auswirkungen auf seinen Gesundheitszustand hat, von dem Begriff der Arbeitsunfähigkeit erfasst werden.

Eine Arbeitsfähigkeit ist selbst dann anzunehmen, wenn die Erkrankung derart schwerwiegend ist, dass der Arbeitnehmer die Arbeitsleistung zukünftig überhaupt nicht mehr ausführen kann.[47] Ein Arbeitnehmer ist berufsunfähig, wenn seine Erwerbsfähigkeit aufgrund der Erkrankung im Vergleich zu gesunden Arbeitnehmern mit ähnlicher Ausbildung auf weniger als die Hälfte gesunken ist.[48] Eine zeitliche Begrenzung der Erkrankung bleibt für den Arbeitsunfähigkeitsbegriff in rechtlicher Hinsicht ohne Bedeutung.[49]

47 *Lepke*, NZA-RR 1999, 57 (59).
48 Vgl. § 43 II SGB IV; *Lepke*, NZA-RR 1999, 57 (59).
49 *Lepke*, NZA-RR 1999, 57 (59).

Praktisch gesehen stellt die Arbeitsunfähigkeit keinen absoluten Zustand dar, weil nur selten derartige Erkrankungen vorliegen, die jede Beschäftigungsmöglichkeit ausschließen.[50] Daher bezieht sich die Arbeitsunfähigkeit zumeist nur auf die eigens ausgeübte Tätigkeit. Die Arbeitsunfähigkeit bleibt jedoch bestehen, wenn der Arbeitnehmer eine andere Tätigkeit in vollem Umfang erbringen kann (qualitative Abweichung) oder er die eigens ausgeübte Tätigkeit nur in zeitlich verringertem Umfang erfüllen kann (quantitative Abweichung).[51] Eine teilweise Arbeitsunfähigkeit wird hingegen bislang vom Arbeitsrecht nicht unterstützt. Gemäß § 266 BGB ist der Arbeitgeber weiterhin nicht zur Annahme einer angebotenen Teilleistung verpflichtet. Keine Auswirkungen hat dies jedoch auf die Möglichkeit des Arbeitgebers im Sinne seines Direktionsrechts (§ 106 GewO), dem Arbeitnehmer eine teilweise Tätigkeit zuzuweisen und somit eine Arbeitsunfähigkeit ausscheiden zu lassen.[52] Diese Teiltätigkeit setzt eine Teilbarkeit der vertraglich geschuldeten Arbeitsleistung und somit den Verbleib einer Teilarbeitsfähigkeit voraus, worauf im Rahmen dieser Arbeit allerdings nicht näher eingegangen wird.

Zusammenfassend ist an dieser Stelle festzuhalten, dass die beiden Begriffe Arbeitsunfähigkeit und Krankheit nicht synonym verwendet werden können. Des Weiteren ist im Rahmen einer arbeitsrechtlichen Betrachtungsweise die Arbeitsunfähigkeit als Tatbestandsvoraussetzung zu beachten.

3. Behandlungsbedürftigkeit

Fraglich ist zudem, ob die medizinische Behandlung für die Annahme einer Krankheit unerlässlich ist und welche Auswirkungen eine derartige Behandlungsbedürftigkeit mit sich bringt. Unter Zugrundelegung der Medizin muss die Krankheit nicht heilbar, allerdings behandlungs-

50 *Subatzus*, Das Fehlverhalten des Arbeitnehmers bei Arbeitsunfähigkeit, S. 15.

51 *Schmitt*, in: EFZG und AAG, § 3 EFZG, Rn 65; *Subatzus*, Das Fehlverhalten des Arbeitnehmers bei Arbeitsunfähigkeit, S. 15.

52 *Feichtinger*, in: Entgeltfortzahlungsrecht, § 3 EFZG, Rn 36.

bedürftig sein.[53] Eine Behandlungsbedürftigkeit liegt dann vor, wenn durch den regelwidrigen Gesundheitszustand die körperlichen oder geistigen Funktionen in einem derart ausschlaggebenden Maße eingeschränkt sind, dass ihre Wiederherstellung der Mithilfe einer ärztlichen Behandlung bedarf.[54] Einer solchen Mithilfe bedarf es nicht, wenn der Arbeitnehmer die Regelwidrigkeit durch Anpassung seiner Lebensführung ohne größere Anstrengungen beseitigen kann.

Andererseits lässt sich die Ansicht vertreten, dass die Krankheit nicht behandlungsbedürftig sein müsse, da etwa eine leichte Erkrankung zwar zu einer punktuellen Arbeitsunfähigkeit führe, nicht aber behandlungsbedürftig sei. Das Erfordernis einer Behandlungsbedürftigkeit setzt hingegen grundsätzlich eine Behandlungsfähigkeit voraus, d.h. die Krankheit muss durch eine Behandlung behebbar sein.[55] Die Annahme einer Behandlungsbedürftigkeit als festen Bestandteil des Krankheitsbegriffs zu etablieren, würde einigen Krankheitsbildern deshalb widersprechen, als bestimmte Krankheiten keiner ärztlichen Behandlung bedürfen, um eine Heilung zu erreichen. Solche Krankheiten bedürfen beispielsweise lediglich einiger Ruhe und Schonung, sodass eine medizinische Behandlung die Genesung weder beschleunigen noch verbessern würde. Des Weiteren würde das aktuelle Gesundheitssystem durch das Erfordernis einer Behandlungsbedürftigkeit infrage gestellt. Bedürfe es für die Annahme einer Krankheit einer generellen Behandlungsbedürftigkeit, so müssten Arbeitnehmer, die sich geringfügige Verletzungen zugezogen haben oder an einer harmlosen Krankheit leiden, umgehend einen Arzt aufsuchen, um der Definition gerecht zu werden. Dadurch würde es zu einer Überforderung der Arztpraxen und Krankenhäusern kommen, was zur Folge hätte, dass Patienten, welche tatsächlich behandlungsbedürftige Leiden haben, lediglich eine unzureichende Behandlung erführen. Außerdem erscheint es nicht zielführend, den Krankheitsbegriff durch eine Behandlungsbedürftigkeit zu bedingen, da diese – anders als die Arbeitsunfähigkeit

53 *Schramm/Peick*, in: Sodan, Handbuch des Krankenversicherungsrechts, § 10, Rn 24.

54 *Schramm/Peick*, in: Sodan, Handbuch des Krankenversicherungsrechts, § 10, Rn 24.

55 *Schramm/Peick*, in: Sodan, Handbuch des Krankenversicherungsrechts, § 10, Rn 24.

– grundsätzlich keinen Einfluss auf die Arbeitsleistung des Arbeitnehmers hat.[56] Eine solche Entwicklung kann nicht die Intention des Gesetzgebers gewesen sein, weshalb die Behandlungsbedürftigkeit nicht Teil des Krankheitsbegriffes sein darf.

Diese These unterstützend spricht sich *Oetker* dafür aus, dass das Erfordernis einer Heilbehandlung nicht im medizinischen Krankheitsbegriff impliziert sei.[57] Vielmehr verneint er eine solche Notwendigkeit für § 3 Abs. 1 EFZG vollkommen, indem er dem Erfordernis der Behandlungsbedürftigkeit im Entgeltfortzahlungsrecht keine Bedeutung zuspricht, sondern diesem lediglich im Krankenversicherungsrecht eine Rolle beimisst.[58] Die Behandlungsbedürftigkeit sei von der Art und Schwere der Erkrankung abhängig, sodass eine solche Entscheidung ausschließlich im Einzelfall getroffen werden könne.[59] Die bloße Erstellung einer ärztlichen Diagnose fällt nicht unter den Heilbehandlungsbegriff. Daher sei eine Gleichsetzung des Begriffs aus dem Krankenversicherungsrecht mit dem Entgeltfortzahlungsrecht nicht zielführend und somit entbehrlich. Folglich erscheint es sinnvoll, die Behandlungsbedürftigkeit in solchen Fällen nicht als notwendige Voraussetzung im Sinne des Krankheitsbegriffs anzunehmen.

4. Eigene Stellungnahme

Grundsätzlich ist eine Behandlungsbedürftigkeit als Voraussetzung des Krankheitsbegriffs abzulehnen. Um einen angemessenen Interessenausgleich zwischen Arbeitnehmer und Arbeitgeber zu schaffen, könnte die Implementierung einer nach Art der Krankheit abgestuften Behandlungsbedürftigkeit zielführend sein. Dies könnte allein deshalb sinnvoll sein, damit das Risiko eines Arbeitsunfalls bzw. einer berufsbedingten Erkrankung nicht allein dem Arbeitnehmer auferlegt wird. Generell müssen dafür verschiedene Stufen von Krankheiten dargestellt werden. Eine solche Darstellung wird im Rahmen eines dreistufigen Modells vorgeschlagen, wobei diese abfallend nach der Schwere

56 *Subatzus*, Das Fehlverhalten des Arbeitnehmers bei Arbeitsunfähigkeit, S. 10.
57 *Oetker*, in: Staudinger, Dienstvertragsrecht 2, § 616 BGB, Rn 199.
58 *Oetker*, in: Staudinger, Dienstvertragsrecht 2, § 616 BGB, Rn 199.
59 *Oetker*, in: Staudinger, Dienstvertragsrecht 2, § 616 BGB, Rn 199.

der Krankheit geregelt werden könnten. Von der ersten Stufe – und damit eine Behandlung zwingend erfordernden Erkrankung – werden schwere Krankheiten erfasst. Unter einer schweren Krankheit wird ein Zustand verstanden, der bei natürlichem Verlauf der Erkrankung schwere oder sogar nachhaltige Schäden zur Folge haben kann. Aus diesem Grund ist innerhalb dieser Stufe eine Behandlungsbedürftigkeit zwingende Voraussetzung. Eine ausbleibende Behandlung würde auf lange Sicht zudem den Arbeitgeber belasten, da dieser aufgrund der mit der Krankheit verbundenen Ausfallzeiten erhebliche Kosten zu tragen hätte. Generell hat sich der Arbeitnehmer so zu verhalten, dass er schnellstmöglich wieder genesen an seinen Arbeitsplatz zurückkehren kann. Die zweite Stufe erfasst sinnvollerweise Krankheiten mittlerer Intensität, die durch den Einsatz verschreibungspflichtiger Medikamente einer Heilung zugeführt werden können aber nicht zwangsläufig müssen. Innerhalb dieser Stufe muss im Rahmen einer Abwägung entschieden werden, inwieweit eine Behandlung notwendig erscheint. Die letzte und somit dritte Stufe beinhaltet die am häufigsten vorkommenden Standarderkrankungen, z.B. Erkältungen, grippale Infekte o.Ä. Verlaufen diese Erkrankungen ohne erhebliche Besonderheiten, bedarf es für die Heilung weder der Einnahme verschreibungspflichtiger Medikamente noch einer ärztlichen Heilbehandlung. Liegt eine Erkrankung innerhalb der dritten Stufe vor, so ist eine generelle Behandlungsbedürftigkeit abzulehnen.

Um dieses Dreistufenmodell innerhalb des Arbeitsrechts zu etablieren, ist jedoch ein umfangreiches medizinisches Wissen erforderlich, das allerdings weder von Arbeitnehmern noch von Arbeitgebern erwartet werden kann. Das Arbeitsrecht soll sowohl für Arbeitgeber als auch Arbeitnehmer transparent bzw. verständlich ausgestaltet sein, sodass es auch juristischen Laien ermöglicht wird, einen Einstieg in das Arbeitsrecht zu erhalten. Eine Auflistung bzw. Einteilung der bekannten Krankheiten innerhalb des Stufenmodells wird sich in der Praxis jedoch nur äußerst schwer durchsetzen lassen. Logisch erscheint, also eine zwingende Behandlungsbedürftigkeit im Rahmen sehr schwerer Erkrankungen anzunehmen, damit der Arbeitnehmer nicht aufgrund eigenwilliger Entscheidungen den Genesungsprozess verlängert bzw. Langzeitschäden der Gesundheit größtenteils vermieden werden. Eine solche Abgrenzung zu Krankheiten mittlerer Intensität ist aufgrund der Gefahr von Langzeitschäden vergleichsweise leicht zu treffen. Folglich ist die Einführung eines Dreistufenmodells in der Praxis nicht umsetzbar. Eine Behandlungsbedürftigkeit ist bei schweren Erkrankungen allerdings anzunehmen.

II. Rechtsfigur der häufigen Kurzerkrankungen

1. Definition

Der Fokus wird in dieser Dissertation auf die Kündigung wegen häufiger Kurzerkrankungen gelegt. Häufige Kurzerkrankungen liegen grundsätzlich dann vor, wenn der Arbeitnehmer der Pflicht zur Erbringung seiner Arbeitsleistung aufgrund häufiger Erkrankungen für kürzere Zeiträume nicht nachkommt.[60] Das sind Leistungsausfälle, die jeweils von kurzer Dauer sind und sich häufig wiederholen, ohne dass die Ausfallzeiten für den Arbeitgeber voraussehbar bzw. planbar wären.[61] Der fehlenden Voraussehbarkeit bzw. Planbarkeit für den Arbeitgeber wird im Rahmen der Fallgruppe eine besondere Bedeutung zugesprochen. Zusammenfassend ist an häufige Kurzerkrankungen insbesondere dann zu denken, wenn sich Arbeitsfähigkeits- und Arbeitsunfähigkeitsphasen häufig abwechseln. Charakteristisch für eine Kündigung wegen häufiger Kurzerkrankungen ist, dass der Arbeitgeber durch Kalkulationsschwierigkeiten belastet wird. Häufige Kurzerkrankungen liegen dann vor, wenn der Arbeitnehmer Arbeitsunfähigkeitszeiten von einer bis mehreren Wochen aufzeigt und daher eine generelle Grenzziehung unmöglich erscheint. Auf den Prüfungsverlauf der Kündigung wegen häufiger Kurzerkrankungen wird im Rahmen der Arbeit in einem weiteren Kapitel gesondert eingegangen.

60 *Hamann*, Die Kündigung wegen häufiger Kurzerkrankungen, S. 16.

61 *Oetker*, in: Erfurter Kommentar, § 1 KSchG, Rn 138; *Aszmons/ Lackschewitz*, NJW 2016, 2070 (2073).

2. Einordnung in die Systematik der krankheitsbedingten Kündigung

Im Folgenden wird untersucht, wie sich die Fallgruppe der häufigen Kurzerkrankungen in die Systematik des Kündigungsrechts, insbesondere der krankheitsbedingten Kündigung einordnet. Eine Krankheit kann für sich genommen eine personenbedingte Kündigung nicht sozial rechtfertigen.[62] Eine Kündigung durch den Arbeitgeber ist hingegen nicht bereits deshalb unwirksam, weil er sie auf eine vergangene oder gegenwärtige Krankheit stützt.[63] Vielmehr kann eine Krankheit eine Kündigung dann rechtfertigen, wenn infolge der Krankheit eine Arbeitsunfähigkeit eingetreten ist, die wiederum zu der unbesetzten Arbeitsstelle geführt hat.[64] Somit kann eine Krankheit eine Kündigung nur dann mittelbar sozial rechtfertigen, wenn sie zur Arbeitsunfähigkeit sowie zu einem unbesetzten Arbeitsplatz führt. Entscheidender Kündigungsgrund sind daher ausschließlich die auf der Krankheit basierenden Fehlzeiten.[65] Daraus lässt sich folgern, dass der Begriff der krankheitsbedingten Kündigung durch den einer fehlzeitenbedingten Kündigung ersetzt werden muss, da nur die Fehlzeiten innerhalb der Prognose von Bedeutung sind. Die Krankheit ist als Ursache des unbesetzten Arbeitsplatzes kündigungsrechtlich von Bedeutung. Im Folgenden wird aus Gründen der Einheitlichkeit dennoch von der krankheitsbedingten Kündigung gesprochen.

a. Aufbau der krankheitsbedingten Kündigung

Entgegen einer weit verbreiteten Ansicht in der Bevölkerung kann und darf wegen arbeitsrechtlich relevanter Erkrankungen eine Kündigung ausgesprochen werden. Dieses Recht ist Ausdruck des synallagmatischen Charakters des Arbeitsverhältnisses. Um den Rahmen dieser Dissertation zweckmäßig zu halten, begrenzen sich die nachfolgenden Ausführungen auf Arbeitsverhältnisse, die dem Kündigungsschutzgesetz unterfallen. Die krankheitsbedingte Kündigung ist im Sinne des

---

62 *Berkowsky*, Die personen- und verhaltensbedingte Kündigung, § 4, Rn 19.
63 *Berkowsky*, Die personen- und verhaltensbedingte Kündigung, § 4, Rn 22.
64 *Berkowsky*, Die personen- und verhaltensbedingte Kündigung, § 4, Rn 22.
65 *Plocher*, DB 2015, 2083 (2083).

Kündigungsschutzgesetzes als personenbedingter Grund von Rechtsprechung und in der Literatur anerkannt.[66] In diesem Rahmen stellt die Fallgruppe der häufigen Kurzerkrankungen den Hauptanwendungsfall in der Praxis dar.[67] Nach der Systematik des Gesetzes müssen die personenbedingten Kündigungsgründe von solchen, die verhaltens- oder betriebsbedingt sind, abgegrenzt werden. Betriebsbedingte Gründe beziehen sich ausschließlich auf den Arbeitsplatz, verhaltensbedingte Gründe umfassen vertragswidrige Handlungen und Unterlassungen.[68] Ein personenbedingter Grund liegt dann vor, wenn der Arbeitnehmer dauerhaft nicht mehr die Fähigkeit und Eignung besitzt, die arbeitsvertraglich geschuldete Leistung zu erbringen.[69] Insbesondere darf der Arbeitnehmer die Quelle der in Rede stehenden Störung nicht mehr willentlich steuern können. Personenbedingte Kündigungsgründe können in verschiedenen Formen auftreten. In der Praxis am häufigsten und für die nachfolgende Ausarbeitung essentiell ist die krankheitsbedingte Kündigung. Deshalb wird der krankheitsbedingte Kündigungsgrund zunächst genauer dargestellt. Der krankheitsbedingte Kündigungsgrund umfasst alle arbeitgeberseitigen Kündigungen aufgrund einer Erkrankung des Arbeitnehmers.[70] Der Arbeitsvertrag ist als synallagmatisches Schuldverhältnis von den sich jeweils gegenüberstehenden Leistungen abhängig. Danach ist der Arbeitgeber zur Vergütung verpflichtet. Der Arbeitnehmer hat die Pflicht zur Erbringung der vereinbarten Arbeitsleistung.[71]

Die krankheitsbedingte Kündigung ist keine Sanktion für Vergangenes, sondern wirkt vielmehr im Sinne einer Prognose (Prognoseprinzip) zukunftsbezogen.[72] Gerade aufgrund der Konzeption als Dauerschuldverhältnis bedarf es notwendigerweise einer Lösungsmöglichkeit vom Arbeitsverhältnis, die einseitig ausgeübt werden kann.[73] Durch das Kündigungsschutzgesetz, welches nach § 13 Abs. 1

66 *Hamann*, Die Kündigung wegen häufiger Kurzerkrankungen, S. 10; *Berkowsky*, NZA-RR 2001, 393 (395).
67 *Hamann*, Die Kündigung wegen häufiger Kurzerkrankungen, S. 10.
68 *Griebeling/ Rachor*, in: KR Gemeinschaftskommentar, § 1 KSchG, Rn 265.
69 *Griebeling/ Rachor*, in: KR Gemeinschaftskommentar, § 1 KSchG, Rn 266.
70 *Berkowsky*, Die personen- und verhaltensbedingte Kündigung, § 4, Rn 17.
71 Vgl. § 611 Abs. 1 BGB.
72 *Zöllner/ Loritz/ Hergenröder*, Arbeitsrecht, S. 365, Rn 12.
73 *Zöllner/ Loritz/ Hergenröder*, Arbeitsrecht, S. 340, Rn 1.

S. 1 KschG ausschließlich für ordentliche Kündigungen gilt, soll der Arbeitnehmer vor Nachteilen aus der einseitigen Kündigungsmöglichkeit des Arbeitgebers geschützt werden. Eine Kündigung kann somit aus personen-, verhaltens- oder betriebsbedingten Gründen erfolgen. Eine personenbedingte Kündigung liegt dann vor, wenn Gründe in der Person des Arbeitnehmers vorliegen, die generell eine Kündigung rechtfertigen können.[74] Ein solcher Grund ist dann gegeben, wenn er sich auf die persönlichen Eigenschaften und Fähigkeiten des Arbeitnehmers stützt und zudem anzunehmen ist, dass der Arbeitnehmer grundsätzlich seiner geschuldeten Arbeitsleistung nachkommen will, aufgrund der Krankheit allerdings nicht anders verhalten kann.[75] Die krankheitsbedingte Kündigung bedarf neben einer negativen Gesundheitsprognose und einer erheblichen auf den bisherigen und zukünftigen Fehlzeiten basierenden betrieblichen Beeinträchtigung zusätzlich der Prüfung, ob die Belastung der betrieblichen Beeinträchtigung für den Arbeitgeber noch hinnehmbar ist.[76] Grundsätzlich soll eine krankheitsbedingte Kündigung jedoch lediglich in Ausnahmefällen einschlägig sein. In der alltäglichen Arbeitswelt treten allerdings nicht nur die hier zu untersuchendenden häufigen Kurzerkrankungen auf, sondern es haben sich im Laufe der Zeit durch die Rechtsprechung und in der Literatur verschiedene Fallgruppen etabliert.

b. Fallgruppen der krankheitsbedingten Kündigung

Der Oberbegriff der krankheitsbedingten Kündigung umfasst insgesamt vier verschiedene Fallgruppen von Kündigungen:[77] Zum einen die Kündigung wegen Langzeiterkrankung sowie häufiger Kurzerkrankungen, zum anderen aber auch die Kündigung wegen einer Minderung der Leistungsfähigkeit infolge der Erkrankung und die Kündigung wegen dauernder Unfähigkeit der Leistungserbringung.[78] Inner-

74 *Rolfs*, Studienkommentar Arbeitsrecht, § 1 KSchG, Rn 32; *Plocher*, DB 2015, 2083 (2084).
75 *Rolfs*, Studienkommentar Arbeitsrecht, § 1 KSchG, Rn 32; *Plocher*, DB 2015, 2083 (2084).
76 *Rolfs*, Studienkommentar Arbeitsrecht, § 1 KSchG, Rn 32.
77 *Hamann*, Die Kündigung wegen häufiger Kurzerkrankungen, S. 12.
78 *Hamann*, Die Kündigung wegen häufiger Kurzerkrankungen, S. 13.

halb der Systematik der krankheitsbedingten Kündigung unterscheiden sich die einzelnen Fallgruppen einerseits durch die Zugrundelegung unterschiedlicher Krankheitsbilder, zum anderen durch eine unterschiedliche Beeinträchtigung der betrieblichen Interessen des Arbeitgebers. Somit wird den einzelnen Kriterien innerhalb der Prüfung ein unterschiedliches Gewicht zugesprochen. Die verschiedenen Fallgruppen haben jedoch einen leicht abgewandelten Prüfungsverlauf der Kündigung zur Folge. Es handelt sich nicht um von Gesetzes wegen gebildete Begriffe, sondern vielmehr um einzelfallbezogene, von der Literatur und in der Rechtsprechung herausgebildete Fallgruppen der krankheitsbedingten Kündigung.[79] Um die Systematik der Kündigung wegen häufiger Kurzerkrankungen leichter erfassen zu können, erfolgt zunächst eine kurze Darstellung der einschlägigen Fallgruppen.

aa. Langanhaltende Krankheit

Der Begriff langanhaltende Krankheit ist im Gesetz nicht legal definiert, sondern stellt vielmehr eine in der Literatur und von der Rechtsprechung entwickelte Fallgruppe dar.[80] Eine Langzeiterkrankung liegt vor, wenn die geschuldete Leistung infolge einer Erkrankung des Arbeitnehmers für längere Zeit in zusammenhängender Zeitfolge nicht erbracht wird, während eine Genesung des Arbeitnehmers nicht vollkommen ausgeschlossen sein darf.[81] Bei einer Langzeiterkrankung darf in absehbarer Zeit keine Aussicht auf Wiederherstellung der Arbeitsfähigkeit bestehen.[82] Die Arbeitsunfähigkeit erstreckt sich zumeist über einen zusammenhängenden Zeitraum, der auf einer Krankheitsursache beruht. Typische Langzeiterkrankungen sind beispielsweise jegliche Krebsarten, Aids oder auch seelische Störungen. Eine festgelegte Schwelle für eine Langzeiterkrankung existiert nicht. Vielmehr bedarf es einer Entscheidung im Einzelfall.[83] Im Laufe der Jahre hat

79 *Nehring*, Die krankheitsbedingte Kündigung, S. 19.

80 *Lepke*, Kündigung bei Krankheit, Rn 156.

81 *Oetker*, in: Erfurter Kommentar, § 1 KSchG, Rn 129; *Schunder*, NZA-Beilage 2015, 90 (92).

82 *Dütz/ Thüsing*, Arbeitsrecht, § 9, Rn 404.

83 *Hamann*, Die Kündigung wegen häufiger Kurzerkrankungen, S. 14; *Lepke*, Kündigung bei Krankheit, Rn 138.

sich hingegen innerhalb der Rechtsprechung des Bundesarbeitsgerichts ein Zeitraum von etwa einem bis eineinhalb Jahren etabliert, um eine langanhaltende Krankheit anzunehmen.[84] Bei älteren Entscheidungen des Bundesarbeitsgerichts war ein Zeitraum von etwa acht Monaten bereits ausreichend.[85] Herauszustellen ist, dass genau diese Ungewissheit zu einer betrieblichen Belastung des Arbeitgebers führen kann.[86] Außerdem muss der betroffene Arbeitnehmer zum Zeitpunkt des Zugangs der Kündigung gegenwärtig arbeitsunfähig erkrankt sein.[87] Weiterhin müssen objektive Tatsachen vorliegen, die dafür sprechen, dass mit einer Arbeitsunfähigkeit für längere bzw. nicht absehbare Zeit zu rechnen sein wird.[88] Maßgeblich ist die Dauer der zu erwartenden Fehlzeiten, nicht die Dauer der bisherigen Arbeitsunfähigkeit, weil die krankheitsbedingte Kündigung im Sinne des Prognoseprinzips auf den zukünftig zu erwartenden Zustand abstellt.[89] Eine langanhaltende Erkrankung in der Vergangenheit kann allerdings eine Indizwirkung entfalten und ist im Rahmen der Interessenabwägung zu berücksichtigen. Somit kann die Kündigung wegen Ungewissheit über das Ende der Arbeitsunfähigkeit erfolgen. Die Frage der Arbeitsfähigkeit wird im Rahmen einer Prognoseentscheidung getroffen. Diese Prognose fällt dann negativ aus, wenn für die Zukunft mit einer langanhaltenden oder zumindest ungewissen Dauer der Arbeitsunfähigkeit zu rechnen ist.[90] Diese Ungewissheit steht dann einer dauernden Arbeitsunfähigkeit gleich, wenn innerhalb der nächsten 24 Monate mit keiner abweichen-

84 BAG, Urt. v. 21.05.1992 – 2 AZR 399/91, in: NZA 1993, 497 (498); Urt. v. 19.04.2007 – 2 AZR 239/06, in: NZA 2007, 1041 (1042); Urt. v. 30.09.2010 – 2 AZR 88/09, in: NZA 2011, 39 (39); *Schunder*, NZA-Beilage 2015, 90 (92).

85 BAG, Urt. v. 29.04.1999 – 2 AZR 431/98, in: NJW 2000, 893 (894); so auch bei zehn monatiger Arbeitsunfähigkeit, LAG Hamm, Urt. v. 24.06.1999 – 8 Sa 2071/98, in: NZA 2000, 320; *Nehring*, Die krankheitsbedingte Kündigung, S. 20; *Griebeling/ Rachor*, in: KR Gemeinschaftskommentar, § 1 KSchG, Rn 366.

86 *Dütz/ Thüsing*, Arbeitsrecht, § 9 Rn 404; *Tschöpe*, Anwaltshandbuch Arbeitsrecht, Teil 3 E, Rn 90; BAG, Urt. v. 12.7.2007 – 2 AZR 716/06, in: NZA 2008, 173 (174); Urt. v. 12.04.2002 – 2 AZR 148/01, in: NZA 2002, 1081 (1083).

87 *Lingemann*, Kündigungsschutz, Teil 3, Rn 741; *Bauer/ Röder/ Lingemann*, Krankheit im Arbeitsverhältnis, S. 124; BAG, Urt. v. 24.11.2005 – 2 AZR 514/04, in: NZA 2006, 665 (667).

88 *Griebeling/ Rachor*, in: KR Gemeinschaftskommentar, § 1 KSchG, Rn 366.

89 *Lepke*, Kündigung bei Krankheit, Rn 110.

90 *Lingemann*, Kündigungsschutz, Teil 3, Rn 747.

den Prognose zu rechnen ist, da genau dieser Zeitraum mittels eines befristeten Arbeitsverhältnisses überbrückt werden kann.[91] Der Krankheitsverlauf der Vergangenheit kann lediglich eine Indizwirkung entfalten, aber nicht für die Prognose an sich maßgeblich werden.[92] Daher genügen für die negative Prognose bei Vorliegen einer bestimmten Art und Schwere der Erkrankung bereits verhältnismäßig kurze Fehlzeiten in der Vergangenheit.[93]

Dem Arbeitgeber könnten jedoch Überbrückungsmaßnahmen bis zu einem gewissen Grade zuzumuten sein, weshalb eine Kündigung wegen langanhaltender Leistungsunfähigkeit erst als Ultima-Ratio in Betracht kommt.[94] Aus betrieblichen Interessen des Arbeitgebers kann es nach einer gewissen Zeit notwendig sein, den Arbeitsplatz auf Dauer anderweitig zu besetzen.[95] Bei langanhaltenden Krankheiten kann diese Beeinträchtigung nicht auf hohe Entgeltfortzahlungskosten iSd. § 3 Abs. 1 S. 1 EFZG gestützt werden, da die Pflicht zur Entgeltfortzahlung bereits nach sechs Wochen endet. Vielmehr kann sich eine solche Beeinträchtigung zum einen auf langen Fehlzeiten in der Vergangenheit, zum anderen auf die Erwartung einer weiteren langen Krankheitsphase stützen. Ebenfalls möglich ist eine betriebliche Belastung aufgrund weiterhin zu zahlender Sondervergütungen oder Mehrkosten für Aushilfskräfte. Deshalb ist eine Kündigung wegen langanhaltender Krankheit dann unwirksam, wenn von der Wiederherstellung der Arbeitsfähigkeit in naher Zukunft ausgegangen werden kann. Abschließend ist eine Interessenabwägung durchzuführen, um beispielsweise Krankheitsursachen, Verschuldensfragen, Betriebszugehörigkeit und das Alter des Arbeitnehmers mit dem Kündigungsinteresse des Arbeitgebers abzuwägen.[96]

---

91 *Lingemann*, Kündigungsschutz, Teil 3, Rn 747; BAG, Urt. v. 08.11.2007 – 2 AZR 425/06, in: ZTR 2008, 400 (401); Urt. v. 02.04.2002 – 2 AZR 148/01, in: NZA 2002, 1081 (1083); Urt. v. 29. 4. 1999 – 2 AZR 431/98, in: NZA 1999, 978 (980).

92 *Mohnke*, in: Grobys/ Panzer-Heemeier, Stichwortkommentar Arbeitsrecht, 103 Rn 59; *Thies*, in: Arbeitsrecht Kommentar, § 1 KSchG, Rn 147; *Plocher*, DB 2015, 2083 (2084).

93 *Lingemann*, Kündigungsschutz, Teil 3, Rn 745.

94 *Tschöpe*, Anwaltshandbuch Arbeitsrecht, Teil 3 E, Rn 91.

95 *Bauer/ Röder/ Lingemann*, Krankheit im Arbeitsverhältnis, S. 124.

96 *Hamann*, Die Kündigung wegen häufiger Kurzerkrankungen, S. 14.

bb. Dauernde Leistungsunfähigkeit

Im Gegensatz dazu liegt eine dauernde Leistungsunfähigkeit vor, wenn die Arbeitsfähigkeit auf Dauer nicht mehr hergestellt werden kann, also das Verhältnis von Leistung und Gegenleistung auf Dauer grundlegend gestört ist.[97] Die krankheitsbedingten Ausfälle müssen zu einer dauernden Leistungsunfähigkeit bis hin zum dauerhaften Unvermögen führen, sodass der Arbeitnehmer dauerhaft nicht mehr in der Lage ist, die vertraglich vereinbarte Arbeitsleistung zu erbringen.[98] Grundsätzlich geht die Rechtsprechung von einer dauernden Leistungsunfähigkeit aus, sobald der Arbeitnehmer seine vertraglich geschuldete Leistung über einen Zeitraum von eineinhalb Jahren ununterbrochen nicht erfüllt hat und er mit hoher Wahrscheinlichkeit dauerhaft arbeitsunfähig ist.[99] Eine solche dauernde Leistungsunfähigkeit liegt nicht vor, wenn der Arbeitnehmer aufgrund einer Krankheitsursache mehrere Phasen der Arbeitsunfähigkeit aufweist, jedoch Phasen der Arbeitsfähigkeit vorhanden sind.[100] Irrelevant ist, ob die Arbeitsunfähigkeit physisch oder psychisch bedingt ist. In seiner Rechtsprechung hat das Bundesarbeitsgericht verdeutlicht, dass eine völlige Ungewissheit über das Ende der Arbeitsunfähigkeit einer dauerhaften Leistungsunfähigkeit gleichzustellen ist.[101] Die Gesundheitsprognose ist demzufolge dann negativ, wenn der Arbeitnehmer seine vertraglich geschuldete Arbeitsleistung in jedweder Hinsicht nicht mehr erfüllen kann.[102] Grundsätzlich geht die Rechtsprechung von einer negativen Gesundheitsprognose aus, sobald der Arbeitnehmer über einen Zeitraum von etwa eineinhalb Jahren ununterbrochen krankheitsbedingt

97 *Lingemann*, Kündigungsschutz, Teil 3, Rn 745; BAG, Urt. v. 19.04.2007 – 2 AZR 239/06, in: NZA 2007, 1041 (1042); *Lepke*, Kündigung bei Krankheit, Rn 165.

98 *Volk*, in: Thüsing/ Laux/ Lembke, KSchG, § 1 Rn 612, 615.

99 *Richter*, ArbRAktuell 2015, 237 (238); BAG, Urt. v. 21.05.1992 – 2 AZR 399/91, in: NZA 1993, 497 (498); LAG Hamm, Urt. v. 10.07.2014 – 8 Sa 399/14, in: BeckRS 2014, 72752.

100 *Oetker*, in: Erfurter Kommentar, § 1 KSchG, Rn 127; *Schunder*, NZA-Beilage 2015, 90 (92); *Volk*, in: Thüsing/ Laux/ Lembke, KSchG, § 1, Rn 615.

101 *Hergenröder*, in: MüKo BGB, § 1 KSchG, Rn 176.

102 *Richter*, ArbRAktuell 2015, 237 (238); BAG, Urt. v. 29.04.1999 – 2 AZR 431/98, in: NZA 1999, 978 (980).

arbeitsunfähig ist.[103] Durch die dauernde Leistungsunfähigkeit wird das Arbeitsverhältnis fundamental gestört, sodass keine Beeinträchtigungen der betrieblichen Interessen dargelegt werden müssen. Nach der Rechtsprechung des Bundesarbeitsgerichts kommt es im Rahmen des Vorliegens einer dauernden Leistungsunfähigkeit auf betriebliche Beeinträchtigungen nicht mehr an, wenn innerhalb der nächsten 24 Monate keine andere Prognose gestellt werden kann.[104] Die bei der Einstellung des Arbeitnehmers verfolgte Zielsetzung, einen bestimmten Beschäftigungsbedarf abzudecken, kann somit nicht mehr erreicht werden.[105] Die Kündigung ist nur dann vermeidbar, wenn ein leidensgerechter Arbeitsplatz, ggf. nach Umschulungsmaßnahmen, zur Verfügung steht.[106] Ist die Möglichkeit zur ordentlichen Kündigung tariflich oder einzelvertraglich ausgeschlossen, kann eine außerordentliche Kündigung in Betracht kommen, sofern kein leidensgerechter Arbeitsplatz zur Verfügung steht.[107]

cc. Krankheitsbedingte Leistungsminderung

Eine krankheitsbedingte Leistungsminderung ist gegeben, wenn der Arbeitnehmer aufgrund der Erkrankung erheblich unter der von ihm vertraglich geschuldeten individuellen Arbeitsleistung zurückbleibt.[108] Nach Rechtsprechung und Literatur ist eine Leistungsminderung dann beachtlich, wenn der Arbeitnehmer die geschuldete Arbeitsleistung dauerhaft um mindestens ein Drittel unterschreitet und nur noch in

103 *Richter*, ArbRAktuell 2015, 237 (238); LAG Hamm, Urt. v. 10.07.2014 – 8 Sa 399/14, in: BeckRS 2014, 72752.
104 *Griebeling/ Rachor*, in: KR Gemeinschaftskommentar, § 1 KSchG, Rn 375.
105 BAG, Urt. v. 19.04.2007 – 2 AZR 239/06, in: NZA 2007, 1041 (1042); Urt. v. 28.02.1990 – 2 AZR 401/89, in: NZA 1990, 727 (729); Urt. v. 30.01.1986 – 2 AZR 668/84, in: NZA 1987, 555 (556); *Hamann*, Die Kündigung wegen häufiger Kurzerkrankungen, S. 15.
106 BAG, Urt. v. 10.06.2010 – 2 AZR 1020/08, in: NZA 2010, 1234 (1234); Urt. v. 07.02.1991 – 2 AZR 205/90, in: NZA 1991, 806 (807).
107 *Oetker*, in: Erfurter Kommentar, § 1 KSchG, Rn 127.
108 *Hergenröder*, in: MüKo BGB, § 1 KSchG, Rn 177.

begrenztem Umfang arbeiten kann.[109] Der Arbeitgeber bestimmt iSd. § 611 Abs. 1 BGB die Arbeitsleistung des Arbeitnehmers maßgeblich bezogen auf die subjektiven individuellen Fähigkeiten.[110] Daraus folgt, dass die Minderung der Leistungsfähigkeit an ebendiesem Anforderungsprofil eines jeden Individuums, also dem üblicherweise geforderten, gemessen werden muss.[111] Eine neuere Entscheidung des Bundesarbeitsgerichts brachte hingegen insoweit eine Wende, da die Messung der üblicherweise geforderten Arbeitsleistung aktuell anhand objektiver Kriterien erfolgen muss.[112] Im Rahmen dessen wurde die vom individuellen Arbeitnehmer erbrachte Arbeitsleistung mit der eines durchschnittlichen Arbeitnehmers zu erbringenden Normalleistung (Durchschnittsleistung) verglichen. Dennoch hält das Bundesarbeitsgericht an seiner bisherigen Rechtsprechung fest und bleibt bei der Annahme, dass eine erhebliche Minderung der Leistungsfähigkeit dann vorliegt, wenn der Arbeitnehmer lediglich weniger als zwei Drittel der geschuldeten Arbeitsleistung erbringen kann bzw. mehr als ein Drittel der geschuldeten Arbeitsleistung nicht erbringen kann.[113] Im Rahmen einer krankheitsbedingten Leistungsminderung kann das Arbeitsverhältnis ebenfalls dauerhaft gestört sein. Der Arbeitnehmer kann die vertraglich von ihm geschuldete Arbeitsleistung nicht mehr erfüllen. Im Gegensatz zu den zuvor genannten Fallgruppen ist der Arbeitnehmer im Sinne einer Leistungsminderung lediglich partiell an der Erbringung seiner Arbeitsleistung verhindert. Es wird ein dauerhaftes Unterschreiten der Leistungsfähigkeit von mindestens einem Drittel verlangt, sodass der Arbeitnehmer maximal zwei Drittel erbringen kann.[114] Es muss demnach geprüft werden, ob die Leistungsminderung auf Dauer anhält und somit in absehbarer Zeit keine Steigerung der Leistungsfähigkeit zu erwarten ist.[115] Geringe altersbedingte

109 *Lepke*, Kündigung bei Krankheit, Rn 124; *Volk*, in: Thüsing/ Laux/ Lembke, KSchG, § 1, Rn 618; BAG, Urteil v. 11.12.2003 – 2 AZR 667/02, in: NZA 2004, 784 (785).

110 *Hergenröder*, in: MüKo BGB, § 1 KSchG, Rn 177.

111 *Hergenröder*, in: MüKo BGB, § 1 KSchG, Rn 177.

112 BAG, Urt. v. 19.04.2007 – 2 AZR 239/06, in: BB 2007, 1904.

113 BAG, Urt. v. 19.04.2007 – 2 AZR 239/06, in: BB 2007, 1904; *Hergenröder*, in: MüKo BGB, § 1 KSchG, Rn 177.

114 BAG, Urt. v. 26.09.1991 – 2 AZR 132/91, in: NZA 1992, 1073 (1076).

115 *Lingemann/ Ludwig*, ArbRAktuell 2010, 409 (410).

Einschränkungen hat der Arbeitgeber hingegen grundsätzlich hinzunehmen. Bei dieser Fallgruppe ist eine Kündigung ebenfalls nur dann möglich, wenn die betrieblichen Interessen des Arbeitgebers durch die Leistungsminderung beeinträchtigt werden.[116] Durch die Unterschreitung der Leistungsfähigkeit um mindestens ein Drittel wird das Gleichgewicht der sich gegenüberstehenden Leistungen (Arbeitsleistung und Lohnzahlung) gestört, wodurch eine betriebliche Beeinträchtigung auf Seite des Arbeitgebers hervorgerufen wird.[117] Daraus folgt, dass der Arbeitgeber bei einer Leistung von zwei Drittel der vereinbarten Arbeitsleistung für das geminderte Drittel keine Gegenleistung erhält. Auf die ausbleibende Gegenleistung kann der Arbeitgeber eine betriebliche Beeinträchtigung stützen.[118] Abhilfe kann durch die Weiterbeschäftigung auf einem etwaig vorhandenen leidensgerechten Arbeitsplatz geschaffen werden.[119] Abschließend muss im Rahmen einer Interessenabwägung ein besonderer Fokus auf die Ursachen der Leistungsminderung, die Dauer des ungestörten Verlaufs des Arbeitsverhältnisses, die Betriebszugehörigkeit sowie das Alter des Arbeitnehmers gelegt werden.[120]

3. Bedeutung der Kurzerkrankungen im Rahmen der krankheitsbedingten Kündigung

a. Abgrenzung zur verhaltensbedingten Kündigung

Von der personenbedingten ist die verhaltensbedingte Kündigung, die sich auf ein vertragswidriges Verhalten des Arbeitnehmers bezieht und somit lediglich die Reaktion auf dieses Verhalten darstellt, abzugrenzen.[121] Eine Ausschlussfrist iSd. § 626 Abs. 2 BGB existiert im Rahmen

116 *Hamann*, Die Kündigung wegen häufiger Kurzerkrankungen, S. 16.

117 *Mohnke*, in: Grobys/ Panzer-Heemeier, Stichwortkommentar Arbeitsrecht, 103 Rn 63.

118 *Bauer/ Röder/ Lingemann*, Krankheit im Arbeitsverhältnis, S. 130; BAG, Urt. v. 11.12.2003 – 2 AZR 667/02, in: NZA 2004, 784 (786).

119 *Gallner/ Denecke*, in: HK Kündigungsschutzrecht, § 1 Teil E, Rn 624.

120 *Bauer/ Röder/ Lingemann*, Krankheit im Arbeitsverhältnis, S. 130.

121 *Hamann*, Die Kündigung wegen häufiger Kurzerkrankungen, S. 22; *Berkowsky*, Die personen- und verhaltensbedingte Kündigung, § 6, Rn 1.

der ordentlichen Kündigung nicht. Die Abgrenzung erweist sich in der Praxis als äußerst schwierig, da auch das Verhalten des Arbeitnehmers ein „in seiner Person liegender Umstand" ist.[122] Jedoch bezeichnet die jeweils einschlägige Gruppe (personen-, verhaltens-, betriebsbedingt) ausschließlich die Störquelle iSd. § 1 Abs. 2 KSchG. Der Kündigungsgrund ist allerdings vielmehr die durch die Kündigungsursache herbeigeführte Störung des Arbeitsverhältnisses.[123] Dadurch wird dem Arbeitgeber die Möglichkeit gegeben, sich aufgrund einer im Verhalten des Arbeitnehmers liegenden Leistungsstörung von seinem Arbeitnehmer zu lösen. Sowohl bei der personen- als auch bei der verhaltensbedingten Kündigung kommt die relevante Störursache aus der Sphäre des Arbeitnehmers. Anders gelagert ist dies bei der betriebsbedingten Kündigung, bei der die Kündigungsursache ausschließlich in der betrieblichen Sphäre zu suchen ist. Ein generelles Abgrenzungskriterium lässt sich im Willen des Arbeitnehmers sehen.[124] Ein verhaltensbedingter Grund ist grundsätzlich dann gegeben, wenn der Arbeitnehmer generell könnte, aber sich aus inneren Motiven nicht vertragsgetreu verhalten will.[125] Somit ist insbesondere die Steuerungsfähigkeit im Rahmen der Abgrenzung maßgebend. Der Gesetzgeber konkretisiert jedoch nicht, welche Gründe im Verhalten des Arbeitnehmers kündigungsrechtlich relevant sind, sodass von einem unbestimmten Rechtsbegriff ausgegangen werden kann, der jedoch im Laufe der Jahre von der Rechtsprechung und in der Literatur konkretisiert worden ist.[126] Der Arbeitnehmer muss gegen eine arbeitsvertragliche Pflicht verstoßen haben und dieser Verstoß muss zusätzlich rechtswidrig und schuldhaft sein.[127] Somit wird dem Merkmal der Steuerbarkeit im Rahmen der verhaltensbedingten Kündigung ein großer Stellenwert zugesprochen.

Ein solcher Grund ist also stets beeinflussbar, eine darauf beruhende Kündigung bedarf im Rahmen der verhaltensbedingten Kündigung

122 *Berkowsky*, Die personen- und verhaltensbedingte Kündigung, § 4, Rn 3; BAG, Urt. v. 11.12.2003 – 2 AZR 667/02, in: NZA 2004, 784 (785).

123 *Berkowsky*, Die personen- und verhaltensbedingte Kündigung, § 4, Rn 6.

124 *Berkowsky*, Die personen- und verhaltensbedingte Kündigung, § 4, Rn 3.

125 *Plocher*, DB 2015, 2083 (2084).

126 *Berkowsky*, Die personen- und verhaltensbedingte Kündigung, § 6, Rn 10.

127 *Däubler*, KSchR Kommentar, § 1 KSchG, Rn 230.

grundsätzlich einer vorherigen Abmahnung.[128] Die Funktionen der Abmahnung sind insoweit erfüllt, als die verhaltensbedingte Kündigung keine Sanktion für vergangenes Verhalten sein soll, sondern dem Arbeitgeber vielmehr die Möglichkeit gibt, sich vor zukünftigen Störungen zu schützen.

aa. Häufige Kurzerkrankungen als Unzuverlässigkeit

Da ein genesungswidriges Verhalten ein in der Person des Arbeitnehmers liegender Umstand ist, könnten Erkrankungen als Unzuverlässigkeit des Arbeitnehmers anzusehen sein.[129] Ebenfalls könnte von Bedeutung sein, dass sich der arbeitsunfähige Arbeitnehmer während seiner Krankenzeiten derart verhalten muss, dass er schnellstmöglich genesen an den Arbeitsplatz zurückkehren kann. Leidet ein Arbeitnehmer an einer gewissen Krankheitsanfälligkeit, dann bleibt er infolge dessen seinem Arbeitsplatz häufig für kurze Zeiträume fern. Da Kurzerkrankungen typischerweise plötzlich auftreten, ist der Arbeitgeber in der Regel nicht in der Lage den unbesetzten Arbeitsplatz bzw. die Aufgaben des arbeitsunfähigen Arbeitnehmers kurzfristig einer Ersatzkraft zuzuordnen. In den meisten Fällen wird der Arbeitgeber erst am selben Tag von der plötzlichen Arbeitsunfähigkeit seines Arbeitnehmers in Kenntnis gesetzt werden. Wie bereits eingangs dargestellt, handelt es sich bei der Fallgruppe der häufigen Kurzerkrankungen meist um Zeiträume weniger Tage bzw. Wochen, sodass beispielsweise die Einarbeitung eines alternativen Mitarbeiters oder einer Ersatzkraft nicht sinnvoll erscheint, da der erkrankte Arbeitnehmer in absehbarer Zeit an seinen Arbeitsplatz zurückkehren wird. Daraus folgt, dass in den meisten Betrieben der Arbeitsplatz des erkrankten Arbeitnehmers bis zu seiner Genesung unbesetzt bleibt und sich somit die Aufgaben bis zur Rückkehr des erkrankten Arbeitnehmers anhäufen werden. Bei der Einstellung des Arbeitnehmers kommt es dem Arbeitgeber essentiell auf die Erbringung seiner vereinbarten Arbeitsleistung an. Die häufigen Ausfallzeiten des Arbeitnehmers widersprechen zweifelsfrei die-

128 *Plocher*, DB 2015, 2083 (2084).

129 So auch der Grundgedanke von *Berkowsky*, Die personen- und verhaltensbedingte Kündigung, § 4, Rn 3.

sem Interesse des Arbeitgebers. Schließlich hätte er keinen Bedarf an der Erbringung der Leistung gehabt, wäre es nicht zur Einstellung des Arbeitnehmers gekommen.

Es existiert weder in der Rechtsprechung noch der Literatur die Ansicht, die häufige Fehlzeiten als Unzuverlässigkeit des Arbeitnehmers zu deklarieren. Es scheint jedoch nicht abwegig, den Grundgedanken der verhaltensbedingten Kündigung wegen Unpünktlichkeit auch auf die Fallgruppe der häufigen Kurzerkrankungen zu übertragen. Verspätet sich der Arbeitnehmer wiederholt, kann der Arbeitgeber nach vorheriger Abmahnung grundsätzlich eine verhaltensbedingte Kündigung aussprechen.[130] Voraussetzung ist jedoch, dass der Arbeitnehmer trotz Abmahnung wiederholt unpünktlich war und sich daraus ergibt, dass er der vertraglich vereinbarten Arbeitsleistung nicht oder nicht ordnungsgemäß nachkommen will.[131] Es muss sich also um ein dem Arbeitnehmer vorwerfbares Verhalten handeln. Es wird nicht die Erbringung einzelner Aufgabenfelder geschuldet, sondern vielmehr eine bestimmte Arbeitszeit, an welcher das Maß der vom Arbeitnehmer geschuldeten Leistung anzusetzen ist. Wenn der Arbeitnehmer häufige Verspätungen aufweist, weil es ihm beispielsweise deutlich schwer fällt, pünktlich aufzustehen, muss er nach erfolgter Abmahnung eine „intensivere Weck- Vorsorge" treffen.[132] Die Unpünktlichkeit führt genau wie eine krankheitsbedingte Arbeitsunfähigkeit zu einer Störung des Leistungsbereichs.[133] Führt jedoch ein unvorhersehbares Ereignis (z.B. Naturereignisse) zu der Verspätung, liegt keine Pflichtwidrigkeit vor.[134] Um eine derartige Parallele ziehen zu können, muss die Krankheitsanfälligkeit genau wie die wiederholte Unpünktlichkeit dem Arbeitnehmer vorwerfbar, also durch ihn verschuldet sein. Bislang wird die Auffassung vertreten, dass das private Verhalten des Arbeitnehmers außerhalb der Arbeitszeiten grundsätz-

130 BAG, Urt. v. 27.02.1997 – 2 AZR 302/96, in NZA 1997, 761 (762); *Däubler/ Deinert*, in: KSchR Kommentar, § 1 KSchG, Rn 350.

131 *Müller-Glöge*, in: Erfurter Kommentar, § 626 BGB, Rn 144.

132 *Müller-Glöge*, in: Erfurter Kommentar, § 626 BGB, Rn 145; BAG, Urt. v. 27.02.1997 – 2 AZR 302/96, in: NZA 1997, 761 (762).

133 Vgl. *Hergenröder*, in: MüKo BGB, § 1 KSchG, Rn 282.

134 *Griebeling/ Rachor*, in: KR Gemeinschaftskommentar, § 1 KSchG, Rn 142.

lich keine Auswirkungen auf das Arbeitsverhältnis haben darf.[135] Unzweifelhaft steht also die private Lebensführung des Arbeitnehmers nicht im Ermessen des Arbeitgebers. Die Gestaltung des eigenen Lebens wird im Rahmen der Privatsphäre durch Art. 2 Abs. 1 GG grundrechtlich geschützt und stellt keine Pflicht im Sinne des Arbeitsvertrages dar.[136] Die Gestaltung des eigenen Lebenswandels liegt somit außerhalb des Einflussgebietes des Arbeitgebers. Diese Gestaltungsfreiheit findet jedoch dort ihre Grenzen, wo sie sich auf arbeitsvertragliche Pflichten auswirkt. Eine solche Einschränkung der privaten Gestaltungfreiheit kann allerdings lediglich in besonderen Fällen vorliegen. Beispielsweise besteht zwar die Pflicht, während einer Arbeitsunfähigkeit den Heilungsprozess nicht durch ein genesungswidriges Verhalten zu stören, andererseits ist eine allgemeine Pflicht zum arbeitsvertraglichen Verhalten nicht anzunehmen.[137] Durch eine gewisse Gestaltung der Freizeitaktivitäten kann der Vertragszweck gefährdet sein, falls das private Verhalten zu einem Zeitpunkt die Leistung des Arbeitnehmers einschränkt.[138] Im Falle häufiger Kurzerkrankungen erscheint es nicht ausgeschlossen, dass der Arbeitgeber das Vertrauen in eine stetige Arbeitsfähigkeit des Arbeitnehmers verloren hat. Mangels Vertrauen in seine Arbeitsfähigkeit könnte der Arbeitnehmer als unzuverlässig gelten und somit der Eignung seiner arbeitsvertraglichen Pflichten nicht mehr gerecht werden.[139] Dies gilt auch, wenn der Arbeitnehmer die Arbeitsunfähigkeit durch seine Lebensführung herbeigeführt hat. Wenn die Unzuverlässigkeit an ein besonderes Merkmal in der Person des Arbeitnehmers anknüpft, welches einen Bezug zu dem Arbeitsverhältnis aufweist, ist eine personenbedingte Kündigung nicht direkt ausschließbar.[140] Vorteilhafter als im Fall der verhaltensbedingten Kündigung ist die Tatsache, dass die personenbedingte Kündigung

135 *Hergenröder*, in: MüKo BGB, § 1 KSchG, Rn 334; *Preis*, Prinzipien des Kündigungsrechts, S. 464.

136 BAG, Urt. v. 23.06.1994 – 2 AZR 617/93, in: NZA 1994, 1080 (1082); *Fritz/Renz*, CCZ 2015, 229 (229).

137 *Fritz/Renz*, CCZ 2015, 229 (230); *Schäfer*, NZA 1992, 529 (529); LAG Düsseldorf, Urt. v. 25.02.1997 – 8 Sa 1673/96, in: NZA 1997, 381 (382).

138 *Fritz/Renz*, CCZ 2015, 229 (230); BAG, Urt. v. 23.09.1986 – 1 AZR 83/85, in: NZA 1987, 250 (250).

139 *Fritz/Renz*, CCZ 2015, 229 (230).

140 *Fritz/Renz*, CCZ 2015, 229 (230).

kein Verschulden des Arbeitnehmers voraussetzt. Diesem Ansatz folgend käme neben der personenbedingten auch eine verhaltensbedingte Kündigung bei häufigen Kurzerkrankungen in Betracht. Dem muss jedoch entgegengehalten werden, dass dem Begriff der Unzuverlässigkeit grundsätzlich etwas Negatives anhaftet und die Grenzen zwischen den beiden Kündigungsgründen verwischen würde. Es kann nicht pauschalisiert werden, dass eine Krankheitsanfälligkeit auf einem selbstbestimmten Entschluss des Arbeitnehmers beruht. Des Weiteren würde eine Einordnung der Kurzerkrankungen unter die verhaltensbedingte Kündigung zu weit führen, weshalb diesem Ansatz grundsätzlich nicht gefolgt werden kann.

bb. Mischtatbestand

Die soziale Rechtfertigung einer Kündigung kann gemäß § 1 Abs. 2 S. 1 KSchG entweder auf einen personen-, verhaltens- oder betriebsbedingten Grund gestützt werden. Die Kündigung muss also generell bloß auf einem dieser Gründe aufgebaut werden.[141] In der Praxis erweist sich eine genaue Grenzziehung der Kündigungsgründe oftmals als schwierig. Es ist jedoch nicht gänzlich ausgeschlossen, dass der Arbeitgeber seine Kündigung auf mehrere unabhängig voneinander bestehende Sachverhalte stützt, welche des Weiteren unterschiedlichen Kündigungsgründen unterfallen.[142] Solche Tatbestände werden als unechte Mischtatbestände bezeichnet. Ebenso möglich ist das Vorliegen eines echten Mischtatbestandes. Dabei wird nur ein Sachverhalt als Kündigungsgrund deklariert, der sich jedoch nicht eindeutig einem der oben genannten Gründe zuweisen lässt.

Im Folgenden wird speziell auf die echten Mischtatbestände eingegangen. Bei dem echten Mischtatbestand ist nach gefestigter Rechtsprechung des Bundesarbeitsgerichts insbesondere entscheidend, aus welchem Bereich die Störung des Arbeitsverhältnisses entstammt.[143]

141 BAG, Urt. v. 21.11.1985 – 2 AZR 21/85, in: NZA 1986, 713 (713).

142 *Hergenröder*, in: MüKo BGB, § 1 KSchG, Rn 85; *Dörner/ Vossen*, in: APS Großkommentar, § 1 KSchG, Rn 82.

143 *Hergenröder*, in: MüKo BGB, § 1 KSchG, Rn 89; BAG, Urt. v. 18.09.2008 – 2 AZR 976/06, in: NZA 2009, 425 (425).

Das Kündigungsschutzgesetz ist dogmatisch allerdings in der Weise geordnet, dass eine Kündigung stets durch einen eigenen Kündigungsgrund bedingt sein muss. Daher erscheint es notwendig, auch bei Mischtatbeständen einen eigenen Kündigungsgrund festzulegen, der sich nach der überwiegenden Störquelle im Sinne der Sphärentheorie richtet.[144] Nach ständiger Rechtsprechung des Bundesarbeitsgerichts gilt zunächst der Grundsatz der Einzelfallprüfung, d.h. es muss zunächst herausgefunden werden, welcher Kündigungsgrund dem in Rede stehenden Sachverhalt zuzuordnen ist. Demzufolge muss untersucht werden, aus welchem Bereich der gesetzlich geregelten Kündigungsgründe die Störung des Arbeitsverhältnisses überwiegend kommt.[145] Nach der Sphärentheorie wird ausschließlich diese überwiegende Störquelle auf das Vorliegen eines eine Kündigung sozial rechtfertigenden Grundes untersucht, d.h. es wird geprüft, ob der einschlägige Kündigungsgrund die Kündigung sozial rechtfertigen kann.[146] Der Umstand, dass ein gewisses Verhalten zu den häufigen Fehlzeiten geführt hat, spielt somit im Bereich des personenbedingten Kündigungsgrundes keine Rolle. Die soziale Rechtfertigung der Kündigung gemäß § 1 Abs. 2 KSchG ist ausschließlich in Anbetracht der überwiegenden Störquelle zu untersuchen.[147] Innerhalb der durchzuführenden Interessenabwägung ist jedoch ebenso ein echter Mischtatbestand in die Abwägung mit einzubeziehen. Diese Einordnung der Mischtatbestände führt zu erheblichen Abgrenzungs- und Anwendungsschwierigkeiten der einzelnen Kündigungsgründe.

Rechtsprechung und Literatur sind sich hingegen darüber uneinig, ob ein Kündigungssachverhalt lediglich unter einer rechtlichen Betrachtungsweise zu würdigen ist. Kritiker lehnen das Verfahren im Sinne der Sphärentheorie ab, indem sie sich zum einen auf die Nichtbeachtung der durch die Rechtsprechung aufgestellten Grundsätze, zum anderen aber auch auf die Einbeziehung des anderen Grundes im Rah-

144 *Hergenröder*, in: MüKo BGB, § 1 KSchG, Rn 89; *Griebeling/ Rachor*, in: KR Gemeinschaftskommentar, § 1 KSchG, Rn 255.

145 *Deinert*, in: KSchR Kommentar, § 1 KSchG, Rn 76; *Berkowsky*, Münchener Handbuch zum Arbeitsrecht, § 110, Rn 14.

146 *Hergenröder*, in: MüKo BGB, § 1 KSchG, Rn 89; *Griebeling/ Rachor*, in: KR Gemeinschaftskommentar, § 1 KSchG, Rn 255; *Dörner/ Vossen*, in: APS Großkommentar, § 1 KSchG, Rn 343.

147 *Dörner/ Vossen*, in: APS Großkommentar, § 1 KSchG, Rn 82.

men der Interessenabwägung, stützen.[148] Eine einheitliche Betrachtungsweise würde zu „konturlosen Billigkeitserwägungen" und weiter zur Auflösung der Dreiteilung der Kündigungsgründe führen.[149] Eine Einbeziehung der verschiedenen Kriterien innerhalb der Interessenabwägung verursacht somit eine Auflösung der generellen Systematik des Kündigungsrechts.[150] Anstatt der Annahme eines Mischtatbestandes soll zunächst eine exakte Abgrenzung der gesetzlich geregelten Kündigungsgründe versucht werden, um auf diese Weise den einschlägigen Kündigungsgrund zu ermitteln.[151] Rechtlich nicht belegbar sei die Annahme, einen Kündigungssachverhalt ausschließlich unter einem Aspekt zu würdigen. Die Sphärentheorie wird dahingehend kritisiert, dass die konkrete Festlegung auf eine einzelne Störquelle bereits zu einer Vorwegnahme der Interessenabwägung führe. Die Interessen des Arbeitnehmers sind erst dann angemessen berücksichtigt, wenn der Kündigungsgrund genau ermittelt wurde und dadurch den für diesen Grund maßgeblichen Auslegungskriterien unterzogen wird.[152]

Diesem Ansatz könnte Folge zu leisten sein, da durch die Festlegung des Kündigungsgrundes bereits die innerhalb der Interessenabwägung anzuwendenden Kriterien bestimmt werden, die nach einschlägiger Erfahrung in der Rechtsprechung zum Teil sehr ungleiche Ergebnisse hervorrufen können.[153] Eine Kündigung kann dann nicht sozial gerechtfertigt sein, wenn sich der Kündigungssachverhalt zum einen Teil aus personenbedingten Gründen und zum anderen Teil aus verhaltensbedingten Gründen zusammensetzt.[154] Eine jeweils teilweise soziale Rechtfertigung kann nicht zu einer Gesamtrechtfertigung der Kündigung führen. Durch die Abkehr von der Sphärentheorie würde

---

148 *Dörner/ Vossen*, in: APS Großkommentar, § 1 KSchG, Rn 83; *Rüthers/ Henssler*, ZfA 1988, 31 (37); Die Sphärentheorie wurde zuletzt in einem BAG, Urt. v. 21.11.1985 – 2 AZR 21/85 angewandt, NZA 1986, 713 (713).

149 *Dörner/ Vossen*, in: APS Großkommentar, § 1 KSchG, Rn 83; *Fischermeier*, in: KR Gemeinschaftskommentar, § 626 BGB, Rn 162; *Hergenröder*, in: MüKo BGB, § 1 KSchG, Rn 85.

150 *Dörner/ Vossen*, in: APS Großkommentar, § 1 KSchG, Rn 83; *Fischermeier*, in: KR Gemeinschaftskommentar, § 626 BGB, Rn 162.

151 *Fischermeier*, in: KR Gemeinschaftskommentar, § 626 BGB, Rn 163.

152 *Hergenröder*, in: MüKo BGB, § 1 KSchG, Rn 91.

153 *Hergenröder*, in: MüKo BGB, § 1 KSchG, Rn 90.

154 *Berkowsky*, Münchener Handbuch zum Arbeitsrecht, § 110, Rn 17.

gleichzeitig die Gefahr einer „Billigkeitsrechtsprechung" beseitigt.[155] Dies bestätigt sich bereits dadurch, dass das Bundesarbeitsgericht in seinen neueren Entscheidungen nicht mehr stringent an der Sphärentheorie festhält, sondern vielmehr unbeantwortet lässt, ob die einheitliche Betrachtungsweise noch sinnvoll erscheint.[156]

Somit ist es nach dieser Ansicht möglich, dass ein Sachverhalt – bei Vorliegen der gesetzlichen Tatbestandsmerkmale – eine Kündigung sowohl unter dem Aspekt der personen- als auch verhaltensbedingten Gründe rechtlich begründen würde.[157] Jeder Grund ist für sich genommen auf seine Geeignetheit zu überprüfen und somit nicht nur der, aus dem die Störung im Sinne der Sphärentheorie primär herrührt.[158] Diese Annahme lässt sich an dem nachfolgenden Beispiel verdeutlichen: Verletzt ein arbeitsunfähig erkrankter Arbeitnehmer (personenbedingt) seine Pflicht zur Erbringung des Nachweises seiner Arbeitsunfähigkeit in Form einer verspäteten Abgabe der Arbeitsunfähigkeitsbescheinigungen (verhaltensbedingt) und bemerkt der Arbeitgeber währenddessen, dass er die Arbeitskraft des erkrankten Arbeitnehmers eigentlich überhaupt nicht mehr benötigt (betriebsbedingt), liegen in diesem komplexen Sachverhalt mehrere Kündigungsgründe vor.[159] Die Systematik des § 1 Abs. 2 KSchG verlangt jedoch eine Trennung dahingehend, dass es sich dann um eine Vielzahl an Kündigungen handelt. Eine Abkehr von der vom Bundesarbeitsgericht entwickelten Sphärentheorie führt weder zu einer Auflösung der Systematik des Kündigungsrechts noch zu einer Vermehrung der Mischtatbestände.[160] Die Abkehr von der Sphärentheorie stärkt die generelle Systematik des Kündigungsrechts. Es leuchtet ein, dass vor der Annahme eines Mischtatbestandes grundsätzlich eine sorgfältige Abgrenzung der einzelnen Sachverhalte erfolgen muss. Nach der Durchführung einer solchen Abgrenzung verbleiben vermutlich nur wenige Sachverhalte, die einer einheitlichen Betrachtungsweise zu unterziehen sind.

155 *Hergenröder*, in: MüKo BGB, § 1 KSchG, Rn 91.
156 *Hergenröder*, in: MüKo BGB, § 1 KSchG, Rn 90.
157 *Preis*, DB 1988, 1444 (1450).
158 *Oetker*, in: Erfurter Kommentar, § 1 KSchG, Rn 96.
159 *Berkowsky*, Münchener Handbuch zum Arbeitsrecht, § 110, Rn 18.
160 *Fischermeier*, in: KR Gemeinschaftskommentar, § 626 BGB, Rn 163.

Zusammenfassend muss festgestellt werden, dass grundsätzlich das Erfassen eines Sachverhaltes von mehreren Kündigungsgründen möglich ist. Die Systematik des Kündigungsschutzgesetzes verlangt iSd. § 1 Abs. 2 KSchG die Trennung der einzelnen Kündigungsgründe. Eine einheitliche Betrachtungsweise der Kündigungsgründe im Sinne der Sphärentheorie würde zur Auflösung der Dreiteilung der Kündigungsgründe sowie zu konturlosen Billigkeitserwägungen führen. Eine völlige Intransparenz und Prüfungsschwierigkeiten wären die Folge. Dies ergibt sich auch aus der Tatsache, dass die Vorgehensweise mit der Sphärentheorie zu einer Vorwegnahme der Interessenabwägung führen würde. Vielmehr steht keine sinnvoll ersichtliche Begründung entgegen, den Kündigungssachverhalt nicht sowohl unter dem Aspekt der verhaltens- als auch personenbedingten Kündigung zu bewerten. Deshalb wird im weiteren Verlauf dieser Arbeit grundsätzlich der Ansicht Folge geleistet, nach der eine exakte Abgrenzung der einzelnen Kündigungsgründe zu erfolgen hat. Basierend auf dieser Abgrenzung verbleibt grundsätzlich lediglich eine geringe Anzahl von Sachverhalten, die einer einheitlichen Betrachtungsweise im Sinne der Sphärentheorie unterzogen werden müssen.

4. Voraussetzungen der Rechtsfigur der häufigen Kurzerkrankungen

a. Schwelle für Kurzerkrankungen

Nachdem der Krankheitsbegriff hinreichend dargestellt wurde, ist es sinnvoll, dem Begriff der Kurzerkrankung eine Erklärung zuzuführen. Generell werden unter einer Kurzerkrankung Leistungsausfälle von kürzerer Dauer verstanden.[161] Unproblematisch wird wohl die Annahme sein, dass selbst bei eintägigen Fehlzeiten von einer Kurzerkrankung ausgegangen werden muss.[162] An welcher Stelle jedoch eine Grenzziehung zu anderen Krankheitsgruppen erfolgen muss, ist bislang weder von Rechtsprechung noch in der Literatur generell festgelegt worden. Daher ist es sinnvoll, dass auch für die Kurzerkrankung ein genereller Richtwert entwickelt wird. Damit der Richtwert mög-

161 *Oetker*, in: Erfurter Kommentar, § 1 KSchG, Rn 138.
162 *Oetker*, in: Erfurter Kommentar, § 1 KSchG, Rn 138.

lichst realitätsnah ist, wurde die Kurzerkrankung mit mehreren Fallgruppen gegenübergestellt und voneinander abgegrenzt. Nach Abgrenzung der o.g. Fallgruppen wird zunächst deutlich, dass eine Kurzerkrankung spätestens ab einer Arbeitsunfähigkeitszeit von zwölf Monaten abzulehnen ist. Daraus ist zu folgern, dass die Grenze unterhalb der zwölf Monate Arbeitsunfähigkeit angesetzt werden muss. Ob ein solcher Zeitraum von bis zu zwölf Monaten allumfänglich als Kurzerkrankung angesehen werden kann, ist fraglich. Diese Beachtung der von Literatur und der Rechtsprechung vorgeschlagenen Schwellenwerte kann im Hinblick auf die Bedeutung der Kurzerkrankung in der Praxis problematisch werden. Der Begriff kurz könnte generell im Verhältnis zur Länge des Arbeitsverhältnisses betrachtet werden, weil beispielsweise innerhalb eines bereits Jahrzehnte bestehenden Arbeitsverhältnisses eine kurze Krankheitsphase im Vergleich zu einem erst seit weniger Zeit bestehenden Arbeitsverhältnis weniger ins Gewicht fällt. Da eine solche Einzelfallbetrachtung mit einer völligen Intransparenz des Rechts einhergeht, ist es sinnvoll in diesem Zusammenhang einen alternativen Lösungsweg einzuschlagen. Den diskutierten Richtwert bei zwölfmonatiger krankheitsbedingter Ausfallzeit zu ziehen, ist aufgrund der Bedeutung der Kurzerkrankungen in der Praxis völlig verfehlt. Kurzerkrankungen belasten den Arbeitgeber dahingehend, als sie plötzlich und in wiederkehrender Weise auftreten und somit von einer gewissen Häufigkeit geprägt sind. Eine monokausale Arbeitsunfähigkeit von etwa sieben oder acht Monaten bringt eine solche Plötzlichkeit nicht mit sich und widerspreche folglich dem Sinn und Zweck der Kündigung wegen häufiger Kurzerkrankungen. Vielmehr könnte der Arbeitgeber innerhalb dieses Zeitraums eine Aushilfskraft einsetzen und daher vermutlich keine betriebliche Beeinträchtigung erleiden. Nach weit verbreiteter Ansicht der Literatur ist eine Kurzerkrankung dadurch charakterisiert, dass der Arbeitnehmer aufgrund häufig wiederkehrender Erkrankungen innerhalb geringfügiger zeitlicher Abstände arbeitsunfähig ist.[163] Von dieser Begriffserklärung werden sowohl eintägige als auch solche Ausfallzeiten erfasst, die sich über meh-

163 *Schunder*, NZA-Beilage 2015, 90 (92); *Volk*, in: Thüsing/ Laux/ Lembke, KSchG, § 1, Rn 593.

rere Wochen erstrecken.[164] Voraussetzung ist lediglich, dass sich die Ausfallzeiten innerhalb des Beschäftigungsjahres mehrfach häufen bzw. wiederholen, weil genau darin die Besonderheit der Fallgruppe der Kurzerkrankungen liegt. Besonders charakteristisch für die Fallgruppe der Kurzerkrankungen ist die Unvorhersehbarkeit des Eintritts der Arbeitsunfähigkeit des Arbeitnehmers.

Des Weiteren können aufgrund des häufigen Wechsels von Phasen der Arbeitsfähigkeit und Arbeitsunfähigkeit sowie der Vielzahl unterschiedlicher Krankheitsbilder zudem einzelne Arbeitsunfähigkeitsphasen über mehrere Monate erfasst werden.[165] Das Bundesarbeitsgericht lehnte eine langanhaltende Krankheit bei fünfeinhalbmonatiger Krankheitszeit ab und sprach sich dementsprechend konkludent für die Annahme einer Kurzerkrankung aus. Voraussetzung ist lediglich eine gewisse Wiederholung der Arbeitsunfähigkeitszeiten innerhalb des Beschäftigungsjahres. Somit bedarf es keiner schematisch festgelegten Schwelle für das Vorliegen einer Kurzerkrankung, sodass auch mehrmonatige Krankheitsphasen bei gewisser Häufigkeit im Rahmen der Kündigung wegen häufiger Kurzerkrankungen relevant werden können.[166] Eine strikte Grenze muss erst dann angenommen werden, wenn die Schwelle zur langanhaltenden Krankheit überschritten wird, also eine Arbeitsunfähigkeitsphase von mehr als sieben oder acht Monaten vorliegt. Folglich kann eine Kurzerkrankung auch bei Arbeitsunfähigkeitsphasen von mehreren Monaten unproblematisch angenommen werden.

b. Häufigkeit der Erkrankungen

Problematisch ist weiterhin, dass keine Schwelle für das Vorhandensein einer häufigen Kurzerkrankung existiert, sondern die Rechtspre-

164 *Schunder*, NZA-Beilage 2015, 90 (92); *Volk*, in: Thüsing/ Laux/ Lembke, KSchG, § 1, Rn 593; *Oetker*, in: Erfurter Kommentar, § 1 KSchG, Rn 138; hinsichtlich eintägiger Ausfallzeiten, BAG, Urt. v. 23.09.1992 – 2 AZR 63/92, in: BeckRS 1992, 30742491.

165 BAG, Urt. v. 20.11.2014 – 2 AZR 755/13, in: NZA 2015, 612 (613); *Schiefer*, BB 2015, 2613 (2613).

166 BAG, Urt. v. 20.11.2014 – 2 AZR 755/13, in: NZA 2015, 612 (613); *Betz-Rehm/ Schiepel/ Kanne*, ZTR 2016, 239 (240).

chung ausschließlich anhand einer Einzelfallabwägung entscheidet.[167] Grundsätzlich ist jedes Arbeitsverhältnis individuell geprägt, jedoch erscheint es sinnvoll, eine gewisse Transparenz zu schaffen, ab welchem Umfang eine Fehlzeitenanzahl für das Arbeitsverhältnis problematisch werden kann. Dies scheint zudem im Hinblick auf die Interessen des Arbeitgebers zweckmäßig, um das Vorliegen der Kündigungsvoraussetzungen unkomplizierter erfassen zu können. Trotz fehlender Grenzwerte ist davon auszugehen, dass für einen Arbeitnehmer, dessen Fehlzeitensumme eine Dauer von sechs Wochen nicht überschritten hat, die hier diskutierte Häufigkeit der Erkrankungen abzulehnen ist, da gemäß § 3 Abs. 1 S. 1 EFZG die Entgeltfortzahlungspflicht erst nach dem o.g. Zeitraum endet. Daraus lässt sich folgern, dass krankheitsbedingte Fehlzeiten von bis zu sechs Wochen als erträglich hingenommen werden müssen und sich auf dieses Argument erst nach dem Sechswochenzeitraum die Annahme einer Häufigkeit stützen lässt. Folglich lässt sich erst dann von häufigen Kurzerkrankungen sprechen, wenn die Summe der Fehlzeiten die Schwelle von sechs Wochen überschreitet.

III. Abmahnungserfordernis bei der personenbedingten Kündigung

Die personen- und verhaltensbedingten Kündigungsgründe müssen voneinander abgegrenzt werden, da die verhaltensbedingte Kündigung aufgrund des Verhältnismäßigkeitsgrundsatzes regelmäßig eine Abmahnung verlangt.[168] An dieser Stelle soll das Bedürfnis einer Abmahnung im Rahmen der krankheitsbedingten Kündigung diskutiert werden.

Eine Abmahnung liegt dann vor, wenn der Arbeitgeber in einer für den Arbeitnehmer deutlich erkennbaren Art und Weise Leistungs- oder Verhaltensmängel beanstandet und damit den eindeutigen Hinweis verbindet, dass im Wiederholungsfall der Inhalt oder der Bestand des Arbeitsverhältnisses gefährdet ist.[169] Eine Abmahnung soll den Ar-

167 *Nehring*, Die krankheitsbedingte Kündigung, S. 159.
168 *Hergenröder*, in: MüKo BGB, § 1 KSchG, Rn 125.
169 *Dörner/ Vossen*, in: APS Großkommentar, § 1 KSchG, Rn 348.

beitnehmer auf sein Fehlverhalten hinweisen und ihm dadurch die Möglichkeit geben, dieses Verhalten zukünftig zu unterlassen. Sie ist als wichtigstes milderes Mittel gegenüber der Kündigung anzusehen und wird vom Gesetzgeber zumindest im Rahmen des § 314 Abs. 2 S. 1 BGB gesetzlich normiert. Der Arbeitgeber erklärt durch die Abmahnung das arbeitsvertragswidrige Verhalten des Arbeitnehmers zukünftig nicht mehr hinzunehmen.[170] Eine Krankheit alleine stellt arbeitsrechtlich jedoch kein Fehlverhalten dar. Deshalb erscheint eine Abmahnung im Rahmen der krankheitsbedingten Kündigung auf den ersten Blick grundsätzlich nicht sinnvoll. Es kann nicht vom Arbeitnehmer verlangt werden, weniger häufig bzw. nicht mehr zu erkranken. Grundsätzlich sind Krankheiten also nicht vom Willen des Erkrankten steuerbar, weshalb eine Erkrankung nicht im Einflussbereich des Arbeitnehmers liegen kann. Prinzipiell ist es dem Arbeitgeber nicht verwehrt, den Arbeitnehmer von seiner Kündigungsmöglichkeit in Kenntnis zu setzen, jedoch würde durch die Wahl der Abmahnung eine gewisse Missbilligung bezüglich der Fehlzeiten zum Ausdruck gebracht werden. Da allerdings bei krankheitsbedingt entschuldigten Fehltagen kein vertragswidriges Verhalten vorliegt, ist eine solche Missbilligung nicht statthaft.[171] Zulässig ist in diesem Rahmen lediglich eine Abmahnung wegen versäumter Krankmeldung bzw. verspäteter Abgabe der Arbeitsunfähigkeitsbescheinigung.

Eine Notwendigkeit der Abmahnung im Kündigungsrecht leitet sich insbesondere aus dem Verhältnismäßigkeitsgrundsatz und der Zukunftsbezogenheit der Kündigung ab. Nach dem Verhältnismäßigkeitsgrundsatz ist eine ausgesprochene Kündigung dann unwirksam bzw. nicht gerechtfertigt, wenn mildere Mittel zur Beseitigung zukünftiger Vertragsstörungen bestehen.[172] Die Abmahnung ist gesetzlich nicht geregelt, sondern vielmehr eine „Erfindung der Arbeitsgerichtsbarkeit".[173] Sie ist Ausdruck des im gesamten Kündigungsrecht geltenden Verhältnismäßigkeitsgrundsatzes. Sowohl ordentliche als auch außerordentliche Kündigungen aufgrund einer Vertragsverletzung setzen eine Abmahnung voraus. Das Recht des Arbeitgebers, ein Verhalten

170 *Joussen*, NZA-RR 2016, 1 (2).
171 *Schiefer*, DB 2013, 1785 (1785).
172 *Neumann/ Hampe*, DB 2014, 1258 (1258).
173 *Neumann/ Hampe*, DB 2014, 1258 (1258).

des Arbeitnehmers abzumahnen, folgt aus der Stellung als Gläubiger der vom Arbeitnehmer geschuldeten Arbeitsleistung. Daher handelt es sich im Rahmen eines Arbeitsverhältnisses um ein vertragliches Rügerecht. Nach der Rechtsprechung und überwiegender Ansicht der Literatur ist der Arbeitgeber zur Erteilung einer Abmahnung dann berechtigt, wenn objektiv ein vertragswidriges Verhalten vorliegt.[174] Im Rahmen der krankheitsbedingten Kündigung wird innerhalb der Prognose auf die zukünftig zu erwartenden krankheitsbedingten Fehlzeiten abgestellt. Ist eine solche Abmahnung erfolgt und kommt es dennoch zu Vertragsstörungen, kann durch die Prognose angenommen werden, dass derartige Störungen auch in Zukunft auftreten werden.[175] Die Abmahnung besitzt grundsätzlich vier entscheidende Funktionen: Der Arbeitgeber rügt das Verhalten des Arbeitnehmers als pflichtwidrig (Rügefunktion), weiter fordert er den Arbeitnehmer auf, sein zukünftiges Verhalten an pflichtgetreuen Maßstäben zu messen (Ermahnungsfunktion), wobei die Warnfunktion die Drohung des Arbeitgebers, dass er das Arbeitsverhältnis im Wiederholungsfalle beenden wird, darstellt.[176] Die Dokumentierungsfunktion soll den Tatbestand des Fehlverhaltens auf Dauer dokumentieren.[177] Diese Funktionen kann die Abmahnung nur dann erfüllen, wenn ein steuerbares Verhalten des Arbeitnehmers vorliegt, die bisherigen Vertragsstörungen noch keine negative Prognose zulassen und daher die Möglichkeit eines vertragsgemäß verlaufenden Arbeitsverhältnisses zukünftig nicht völlig ausgeschlossen ist. Die Abmahnung kann jedoch auch entbehrlich sein. Dies ist dann der Fall, wenn eine Verhaltensänderung auch nach einer Abmahnung nicht zu erwarten ist.

Die mit der Abmahnung verbundenen Funktionen sind im Rahmen der krankheitsbedingten Kündigung nicht erfüllt, da es grundsätzlich nicht im Einflussbereich des Arbeitnehmers steht, Arbeitsunfähigkeitszeiten zu vermeiden. Es entspricht allerdings gefestigter Rechtsprechung, dass unter bestimmten Voraussetzungen die Abmahnung auch bei der personenbedingten Kündigung als geboten anzuse-

174 *Berkowsky*, Die personen- und verhaltensbedingte Kündigung, § 9, Rn 17 ff.
175 *Berkowsky*, Die personen- und verhaltensbedingte Kündigung, § 9, Rn 7.
176 *Berkowsky*, Die personen- und verhaltensbedingte Kündigung, § 9, Rn 25.
177 *Berkowsky*, Die personen- und verhaltensbedingte Kündigung, § 9, Rn 25.

hen ist.[178] Somit ist der verbreiteten Aussage, dass personenbedingte Kündigungen keiner Abmahnung bedürfen, nicht einschränkungslos Folge zu leisten.

Die Abmahnung stellt kein Strafinstrument dar, sondern soll ausschließlich die Erfüllung der vertraglich vereinbarten Arbeitspflichten des Arbeitnehmers für die Zukunft sicherstellen.[179] Bei personenbedingten Kündigungen ist eine Abmahnung für den Regelfall weder erforderlich noch zulässig, sondern spielt im Rahmen der verhaltensbedingten Kündigung eine entscheidende Rolle. Dieser Ausschluss gilt dann, wenn der Arbeitnehmer keine Möglichkeit besitzt, den Kündigungsgrund durch ein vom Willen gesteuertes Verhalten zu beseitigen.[180] Im Rahmen der krankheitsbedingten Kündigungsgründe erscheint somit ein generelles Abmahnungserfordernis zweckverfehlend, da nicht steuerbare Zustände auch nach erfolgter Abmahnung nicht beseitigt werden können.[181] Eine Ausnahme davon soll hingegen dann gemacht werden, wenn die Möglichkeit besteht, dass der Arbeitnehmer den Kündigungsgrund durch sein eigenes Verhalten selbst beheben kann. Folgerichtig soll dann auch im Rahmen der personen- bzw. krankheitsbedingten Kündigung eine Abmahnung zu fordern sein, wenn der Arbeitgeber kurzfristig behebbare Mängel in der fachlichen Eignung zum Anlass für eine Kündigung nehmen will. Welche Voraussetzungen für eine solche Abmahnung erfüllt sein müssen, wird im Folgenden erörtert.

1. Krankheit als steuerbares Verhalten

Wie im vorherigen Abschnitt erläutert, ist eine Abmahnung aufgrund der Zukunftsbezogenheit der Kündigung und der grundsätzlich fehlenden Steuerbarkeit einer Erkrankung im Rahmen krankheitsbedingter Kündigungen regelmäßig nicht erforderlich. In Ausnahmefällen kann eine Abmahnung vor dem Ausspruch einer krankheitsbedingten

178 *Joussen*, NZA-RR 2016, 1 (2); LAG Hessen, Urt. v. 18.03.2014 – 13 Sa 1207/13, in: BB 2014, 2942 (2943).
179 *Deinert*, in: KSchR Kommentar, § 314 BGB, Rn 11.
180 *Schiefer*, DB 2013, 1785 (1785).
181 *Schiefer*, DB 2013, 1785 (1785).

Kündigung jedoch sinnvoll sein, wenn die Krankheit durch ein steuerbares Verhalten des Arbeitnehmers beseitigt werden kann.[182] Steuerbar ist ein Verhalten dann, wenn es vom Willen des Arbeitnehmers beeinflusst werden kann.[183] Sinn und Zweck der Abmahnung ist es, dass der Arbeitnehmer Kündigungsgründe durch sein eigenes Verhalten beheben kann. Somit ist das entscheidende Merkmal der Abmahnung die Möglichkeit, den Kündigungsgrund langfristig zu beheben. Unproblematisch stellt sich dies bei einer verhaltensbedingten Kündigung dar, da ein Verhalten, dass vom menschlichen Willen getragene Handeln ist und somit einer bewussten Steuerung unterliegt. Grundfall für das Erfordernis einer Abmahnung ist daher die verhaltensbedingte Kündigung.[184] Angeknüpft wird im Rahmen einer verhaltensbedingten Kündigung an ein vertragswidriges Verhalten, das der willentlichen Steuerung des Arbeitnehmers unterliegt. Wenn die Vertragspflichtverletzung auf einem steuerbaren Verhalten des Arbeitnehmers beruht, kann dieses meist bereits durch die Androhung weitreichender Folgen für das Arbeitsverhältnis beseitigt werden. Problematisch ist jedoch, dass ein Krankheitsverlauf häufig von einer gewissen Zufälligkeit geprägt ist und somit generell nicht der willentlichen Steuerbarkeit des Arbeitnehmers unterliegt.[185] Trotzdem kann im Rahmen der krankheitsbedingten Kündigung ein Ausschluss der Abmahnung nicht pauschal angenommen werden, wie eine neuere Entscheidung des Landesarbeitsgerichts Hessens bestätigte.[186] Im besagten Fall handelt es sich um die Kündigungsschutzklage einer tariflich ordentlich unkündbaren Arbeitnehmerin, die aus psychischen Gründen arbeitsunfähig erkrankte. Die Parteien stritten über die Wirksamkeit einer au-

182 *Straube*, ArbRAktuell 2015, 392; *Joussen*, NZA-RR 2016, 1; LAG Hessen, Urt. v. 18.03.2014 – 13 Sa 1207/13, in: ArbRAktuell 2014, 392, BAG, Urt. v. 07.12.2000 – 2 AZR 459/99, in: NZA 2001, 1304.

183 *Griebeling/ Rachor*, in: KR Gemeinschaftskommentar, § 1 KSchG, Rn 267; BAG, Urt. v. 03.11.2011 – 2 AZR 748/10, in: DB 2012, 926 (927).

184 *Schiefer*, DB 2013, 1785 (1785).

185 *Straube*, ArbRAktuell 2015, 392; LAG Hessen, Urt. v. 18.03.2014 – 13 Sa 1207/13, in: ArbRAktuell 2014, 392.

186 *Straube*, ArbRAktuell 2015, 392; LAG Hessen, Urt. v. 18.03.2014 – 13 Sa 1207/13, in: ArbRAktuell 2014, 392; BAG, Urt. v. 07.12.2000 – 2 AZR 459/99, in: NZA 2001, 1304 (1304); Urt. v. 04.06.1997 – 2 AZR 526/96, in: BB 1998, 109 (110); Urt. v. 15.08.1984 – 7 AZR 228/82, in: NJW 1985, 2158 (2159).

ßerordentlichen Kündigung mit notwendiger Auslauffrist, bei der die Beklagte behauptete, dass die Klägerin an einer psychischen Erkrankung leide, die sich durch aggressives Verhalten sowie Verfolgungswahn gegenüber den Arbeitskollegen äußerte.[187] Da es sich hierbei um eine durch die Ablehnung der Einnahme einer bestimmten Medikation herbeigeführte Erkrankung handelte, ist das Leistungshindernis durch ein steuerbares Verhalten der Klägerin behebbar. Die Klägerin hat die Möglichkeit, durch Einnahme der ärztlich verordneten Medikation wieder zu einem sozialadäquaten Verhalten zurückzufinden.[188] Da es sich an dieser Stelle um einen steuerbaren Prozess handelt, ist der Beklagten nach Ansicht des Landesarbeitsgerichts vor Ausspruch einer Kündigung die Durchführung einer Abmahnung zuzumuten.[189] Diese Entscheidung muss insoweit zu einem Umdenken führen, weil eine Abmahnung im Rahmen der personenbedingten Kündigungsgründe nicht gänzlich ausgeschlossen sein dürfe.[190] Die Etablierung eines Abmahnungserfordernisses kann zu einer Erschwerung der personenbedingten Kündigung führen. In der Praxis ist ein beträchtlicher Teil der Fehlzeiten der Arbeitnehmer durch psychische Erkrankungen bedingt.[191] Nach Ansicht des Gerichts ist in einem solchen Fall insbesondere die Warnfunktion der Abmahnung von Bedeutung. Durch die Abmahnung soll dem Arbeitnehmer verdeutlicht werden, dass der Arbeitgeber die Vertragsstörung als besonders pflichtwidrig empfindet. Die Rügefunktion der Abmahnung ist dadurch gewahrt, dass dem Arbeitnehmer die Vertragsstörung bewusstgemacht wird und ihm somit die Gelegenheit eingeräumt wird, sich zukünftig in anderer Weise zu verhalten.[192] Somit vermittelt die Abmahnung dem Arbeitnehmer einen gewissen Schutz, denn die Vertragsstörung und die Kündigungsmöglichkeit werden ihm insoweit verdeutlicht, als es den Arbeitnehmer zu einem besseren Verhalten bewegen kann.[193]

187 LAG Hessen, Urt. v. 18.03.2014 – 13 Sa 1207/13, in: BB 2014, 2942 (2944).
188 *Neufeld*, BB 2014, 2942 (2943).
189 LAG Hessen, Urt. v. 18.03.2014 – 13 Sa 1207/13, in: BB 2014, 2942 (2944).
190 *Neufeld*, BB 2014, 2942 (2944).
191 *Neufeld*, BB 2014, 2942 (2944).
192 *Feldhoff*, jurisPR-ArbR 39/2014, Anm. 3.
193 *Feldhoff*, jurisPR-ArbR 39/2014, Anm. 3.

Einigen Kritikern zufolge ist ein Abmahnungserfordernis im Rahmen der krankheitsbedingten Kündigung aufgrund der Dogmatik des Kündigungsrechts abzulehnen, da Arbeitnehmer, die unter häufigen Kurzerkrankungen leiden, ihre Krankheitszeiten zumeist gerade nicht steuern können und Krankheits- und Gesundheitsphasen im stetigen Wechsel zum typischen Krankheitsverlauf gehören.[194] Entscheidend im Rahmen der krankheitsbedingten Kündigung sei, dass es sich um einen Kündigungsgrund handele, dessen Behebbarkeit nicht im Einflussbereich des Arbeitnehmers liege und daher eine Abmahnung ins Leere führen würde.[195] Die Abmahnung solle lediglich als Rechtsfolge eines besonders vertragswidrigen Verhaltens einschlägig sein. Ein solcher Fall wäre beispielsweise bei der Verweigerung einer Therapie von Suchterkrankungen dann anzunehmen, wenn die Therapie generell geeignet ist, die Arbeitsfähigkeit des Arbeitnehmers wiederherzustellen. Nach *Joussen* stellt die Teilnahme an einer Therapie oder ein genesungsförderndes Verhalten keine aus dem Arbeitsverhältnis resultierende Pflicht dar, weshalb eine Abmahnung in solch einer Situation sinnlos wäre.[196] Vielmehr komme in einem solchen Fall, in dem der Arbeitnehmer eine ärztliche Untersuchung verweigert oder ein genesungswidriges Verhalten an den Tag legt, eine verhaltensbedingte Kündigung in Betracht. Dennoch muss beachtet werden, dass der eigentliche Vorwurf in der Entscheidung des Landesarbeitsgerichts nicht die Fehlzeiten als solche, sondern die Verweigerung der ärztlichen Behandlung war.[197] Wenn der Arbeitgeber den Hinweis – bei weiteren Fehlzeiten krankheitsbedingt zu kündigen – mittels einer Abmahnung zum Ausdruck bringt, würde er damit eine Missbilligung der Fehlzeiten herbeiführen. Eine solche Missbilligung ist allerdings nicht angebracht, da die Abmahnung kein vertragswidriges Verhalten für sich genommen zum Gegenstand hätte.[198] Bei einer Vielzahl von Krankheitsbildern führt eine ambulante Behandlung ggf. unter einer Medikation

194 *Feldhoff*, jurisPR-ArbR 39/2014, Anm. 3.
195 *Feldhoff*, jurisPR-ArbR 39/2014, Anm. 3.
196 *Joussen*, NZA-RR 2016, 1 (5).
197 *Joussen*, NZA-RR 2016, 1 (3).
198 *Dörner/ Vossen*, in: APS Großkommentar, § 1 KSchG, Rn 132.

den Arbeitnehmer zu einem vertragsgemäßen Verhalten zurück.[199] In der o.g. Entscheidung stellte sich der Fall derart dar, dass eine psychisch erkrankte Arbeitnehmerin ihre ärztlich verordnete Medikation nicht beachtete. Wenn das Landesarbeitsgericht bereits bei einer psychischen Erkrankung derart argumentiert, dann muss dies mittels eines Erst-Recht-Schlusses ebenso bei körperlichen Erkrankungen gelten, die unter Zuhilfenahme gewisser Medikamente behoben werden können. Bei einer solchen physischen Erkrankung kann der Arbeitnehmer sein Verhalten dahingehend steuern, dass er sich in ärztliche Behandlung begibt bzw. eigenständige Behandlungsmöglichkeiten ausschöpft. Dagegen könnte sich jedoch anführen lassen, dass eine Abmahnung auch dazu führen kann, dass sich der betroffene Arbeitnehmer zu einer ärztlichen Behandlung verpflichtet fühlt. Insbesondere erscheint eine Abmahnung in solchen Fällen geboten, in denen der Arbeitnehmer die Genesung gefährdet oder verzögert.[200] Die Abmahnung dient als Vorbereitungshandlung der Zukunftsprognose. Wenn der Arbeitnehmer – trotz ordnungsgemäßer Abmahnung – seine vertraglich vereinbarten Pflichten verletzt, kann davon ausgegangen werden, dass es auch in Zukunft zu solchen Vertragsstörungen kommen wird.[201]

Kritiker halten eine Abmahnung im Rahmen der krankheitsbedingten Kündigung für nicht zulässig, auch wenn der Arbeitnehmer durch sein Verhalten den Verlauf seiner Genesung gefährdet.[202] Vielmehr komme in einem solchen Fall ausschließlich der Weg der verhaltensbedingten Kündigung in Betracht. Bei krankheitsbedingten Fehlzeiten könne nicht von einer Steuerbarkeit ausgegangen werden.[203] Argumentiert wird dabei insoweit, als die Abmahnung sich nicht auf ein vorwerfbares Fehlverhalten des Arbeitnehmers beziehe und somit eine Korrektur des Verhaltens nicht die gewünschten Folgen mit sich bringen würde. Auch wenn die Abmahnung im Rahmen der krankheitsbedingten Kündigung unzulässig ist, steht dem Arbeitgeber frei, den Ar-

---

199 LAG Hessen, Urt. v. 18.03.2014 – 13 Sa 1207/13, in: ArbRAktuell 2014, 392; *Straube*, ArbRAktuell 2015, 392.

200 *Fischermeier*, in: KR Gemeinschaftskommentar, § 626 BGB, Rn 259.

201 *Schiefer*, DB 2013, 1785 (1785).

202 *Dörner/ Vossen*, in: APS Großkommentar, § 1 KSchG, Rn 133.

203 *Bauer/ Röder/ Lingemann*, Krankheit im Arbeitsverhältnis, S. 100.

beitnehmer davon in Kenntnis zu setzen, bei einer gleichbleibenden Fehlzeitenquote eine Kündigung in Erwägung zu ziehen.

Ein völliger Ausschluss der Abmahnung aus dem Bereich der personenbedingten Kündigung ist jedoch nicht mit dem Grundsatz der Verhältnismäßigkeit vereinbar. Eine Abmahnung kann nur dort ihren Sinn und Zweck erfüllen, wo der Arbeitnehmer willentlich in den Prozess eingreifen, also den Prozess eigenständig willentlich steuern kann. Eine solche Steuerung muss immer vom Willen des Arbeitnehmers getragen sein. Grundsätzlich ist dies ausschließlich innerhalb der verhaltensbedingten Kündigung der Fall. Auch wenn dem Arbeitnehmer subjektiv kein Pflichtverstoß vorzuwerfen ist – wie es im Falle einer unverschuldeten Krankheit der Fall ist –, ist die Abmahnung geeignet, einen Beitrag zur Klärung des Sachverhalts zumindest hinsichtlich der Frage zu leisten, ob ein verhaltens- oder personenbedingter Kündigungsgrund vorliegt.[204] Die Entscheidung des Landesarbeitsgerichts Hessen hat insoweit zum Umdenken geführt, dass, sofern es sich bei dem Kündigungsgrund um einen steuerbaren Umstand handelt, eine Abmahnung erforderlich wird. Die Abmahnung als Instrument der weiteren Aufklärung des Sachverhalts zu statuieren, ist von der Funktion der Abmahnung generell nicht mehr erfasst.[205] Ihr grundsätzliches Erfordernis ist vielmehr die Rechtsfolge der Einordnung einer Kündigung als verhaltensbedingte Kündigung, sodass sie als Abgrenzungskriterium zwischen diesen beiden Kündigungstatbeständen nicht in Betracht kommt. Folglich muss einer krankheitsbedingten Kündigung eine Abmahnung vorangestellt werden, wenn sich die krankheitsbedingte Situation durch eine Abmahnung ändern ließe.

2. Krankheitsanfälligkeit als teilweise steuerbares Verhalten

Auch wenn – wie zuvor festgestellt – eine Krankheit für sich genommen nicht der willentlichen Steuerung unterliegt, stellt sich die Frage, ob eine Krankheitsanfälligkeit für den Arbeitnehmer dennoch zumindest teilweise steuerungsfähig sein kann. Besonders im Bereich häufi-

---

204 *Fischermeier*, in: KR Gemeinschaftskommentar, § 626 BGB, Rn 254.

205 *Dörner/ Vossen*, in: APS Kündigungsrecht, § 1 KSchG, Rn 131.

ger Kurzerkrankungen spielt die Thematik der Krankheitsanfälligkeit eine entscheidende Rolle. Das vermehrte Auftreten verschiedener Kurzerkrankungen kann einen Schluss auf das Vorliegen einer gewissen Krankheitsanfälligkeit zulassen.[206] Eine solche Krankheitsanfälligkeit könnte beispielsweise durch ein unvernünftiges Verhalten hervorgerufen werden. Ein unvernünftiges Verhalten unterliegt der willentlichen Steuerbarkeit des Arbeitnehmers. Das persönliche Verhalten des Arbeitnehmers ist Ausdruck der Privatautonomie und unterliegt daher der freien Entfaltung der Persönlichkeit nach Art. 2 Abs. 1 GG.[207] Ein unvernünftiges Verhalten ist erst dann als vertragswidrig einzustufen, wenn es über den Bereich der Privatautonomie hinausgeht und fremde Interessen berührt.[208] Es spielt an dieser Stelle keine Rolle, ob das „Verhalten" in Widerspruch zu einer schnellen Genesung und den Interessen des Arbeitgebers steht. Ein genesungswidriges Verhalten kann überhaupt nicht im Interesse des Arbeitgebers liegen. Vielmehr hat der Arbeitgeber ein großes Interesse an der raschen Genesung des Arbeitnehmers.

Besonders im Fall häufiger Kurzerkrankungen kann das Erfordernis einer vorausgehenden Abmahnung sinnvoll sein, da es sich zumeist um Krankheiten aufgrund einer erhöhten Krankheitsanfälligkeit handelt. Für eine solche Steuerungsfähigkeit könnte hingegen sprechen, dass der Arbeitnehmer durch ein genesungsförderndes Verhalten die Häufigkeit der Erkrankungen reduzieren kann. Generell gehört dieses genesungsfördernde Verhalten nicht zu den vertraglich geschuldeten Pflichten des Arbeitnehmers. Dennoch kann es nicht völlig außer Acht gelassen werden, wenn der Arbeitnehmer sich so verhält, dass sich der Genesungsprozess verlängert. Besonders im Fall häufiger Kurzerkrankungen ist es typisch, dass der Arbeitnehmer häufig für kurze Zeiträume ausfällt. Die Häufigkeit beruht an dieser Stelle zumeist auf einer gewissen Anfälligkeit für bestimmte Erkrankungen bzw. einer Schwächung des Immunsystems. Erkrankt zum Beispiel ein Arbeitnehmer häufig für kurze Zeiträume an grippalen Infekten, kann dies auf ein geschwächtes Immunsystem hindeuten. Eine solche Schwächung muss

206 LAG Hessen, Urt. v. 03.06.2013 – 21 Sa 1456/12, in: BeckRS 2013, 73108; BAG, Urt. v. 20.11.2014 – 2 AZR 755/13,in: NJW 2015, 1979.

207 *Subatzus*, Das Fehlverhalten des Arbeitnehmers bei Arbeitsunfähigkeit, S. 21.

208 *Subatzus*, Das Fehlverhalten des Arbeitnehmers bei Arbeitsunfähigkeit, S. 21.

aus zwei unterschiedlichen Blickwinkeln betrachtet werden: Zum einen ist es möglich, dass die Schwächung unverschuldet eingetreten ist. Andererseits kann aber nicht gänzlich ausgeschlossen werden, dass der Arbeitnehmer sich im Vorfeld krankheitsfördernd verhalten und dadurch eine Schwächung des Immunsystems herbeigeführt hat. Grundsätzlich liegt es allein im Bereich des Arbeitnehmers, wie er sich außerhalb der Arbeitszeiten verhält. Dies lässt sich zudem dadurch begründen, dass der Arbeitnehmer nicht durch den Arbeitgeber zu einem bestimmten Verhalten (z.B. ärztliche Behandlung, Therapien oder eine gesundheitsbewusste Lebensweise) gezwungen werden kann. Eine solche Begründung schließt allerdings nicht die Möglichkeit aus, den Arbeitnehmer mittels einer „Abmahnung" eine Chance zur Veränderung seines Genesungsprozesses zu geben. Dadurch erhält der Arbeitnehmer die Möglichkeit, einer späteren Kündigung durch den Arbeitgeber zu entgehen. Überdies läge eine solche Warnung sogar im Interesse des Arbeitnehmers, da er sich zum einen auf eine nahende Kündigung vorbereiten könnte und zum anderen die letzte Chance des Arbeitgebers durch Ergreifen einschlägiger Behandlungsmöglichkeiten wahrnehmen könnte. Somit kann die „Abmahnung" außerdem die Funktion haben, den Arbeitnehmer zum Umdenken zu motivieren, ohne einen Zwang auf diesen auszuüben. Mit der ausgesprochenen „Abmahnung" käme dementsprechend nicht zwangsläufig eine Missbilligung der Fehlzeiten zum Ausdruck, sondern vielmehr die Verdeutlichung der Arbeitgeberinteressen. Mit der Einstellung des Arbeitnehmers verfolgt er das Interesse, den Arbeitsplatz zu besetzen, um anfallende Tätigkeiten bzw. Aufgaben erledigt zu wissen. Weist ein Arbeitnehmer häufige, nicht planbare Fehlzeiten auf, so ist das zuvor genannte Ansinnen nicht mehr erfüllt.

Andererseits lässt sich die Ansicht vertreten, dass durch die Abmahnung konkludent ein derartiger Druck auf den Arbeitnehmer ausgeübt würde, dass er einschlägige Behandlungsmöglichkeiten ergreifen wird, um der möglichen Kündigung zu entgehen. Damit würde ein fremdbestimmtes Verhalten entstehen, da ein Arbeitsverhältnis für Menschen meist die Grundlage ihrer Existenz ist und ein Arbeitnehmer somit in einer gewissen Abhängigkeit zu dem Arbeitgeber steht. Durch diese Abhängigkeit würde der Arbeitnehmer zu dem „genesungsfördernden Verhalten" gezwungen. Nach dieser Ansicht ist die

Einführung eines Abmahnungserfordernisses grundsätzlich nicht sinnvoll.

Allerdings würde der Arbeitnehmer durch Ablehnung eines Abmahnungserfordernisses sozusagen ohne Vorwarnung mit der Kündigung konfrontiert werden. Daher ist das Argument der Nötigung durch die generelle Besserstellung des Arbeitnehmers entkräftet, weil bei Vorliegen der Kündigungsvoraussetzungen eine vorherige Abmahnung den Arbeitnehmer insoweit schützen würde, als er versuchen könnte, die Krankheitsanfälligkeit zu beheben bzw. einzudämmen. Es scheint verfehlt, anzunehmen, dass die Abmahnung in einem solchen Fall den Arbeitnehmer zu einem entsprechenden Verhalten zwinge, denn auch ohne die Abmahnung könnte der Arbeitnehmer u.a. bei Vorliegen einer bestimmten Fehlzeitenquote eine wirksame Kündigung aussprechen. Eine Abmahnung schützt deshalb beide Parteien und führt zu einem angemessenen Interessenausgleich, da es dem Arbeitnehmer die Möglichkeit gibt, zum einen gegen seine Krankheitsanfälligkeit vorzugehen, zum anderen den Bestand des Arbeitsverhältnisses durch das eigene Verhalten zu sichern. Bei fehlender Lenkungsmöglichkeit erhält der Arbeitnehmer dennoch eine Vorwarnung auf die nahende Kündigung und kann sich somit angemessen darauf vorbereiten, indem er beispielsweise die Möglichkeit hat, längere Zeit auf dem Arbeitsmarkt nach einer alternativen Anstellung zu suchen. Es ist allein Sache des erkrankten Arbeitnehmers, Gründe, die zur Erkrankung geführt haben, abzustellen, wenn ein tatsächliches Interesse an der Vermeidung einer krankheitsbedingten Kündigung besteht.

Es ist somit für den Arbeitnehmer von Vorteil, vor Ausspruch einer krankheitsbedingten Kündigung, die nach aktueller Rechtslage regelmäßig ohne Abmahnung erfolgen darf, vom Arbeitgeber eine weitere Chance zu erhalten, um etwaige Möglichkeiten zur Verbesserung des Krankheitszustandes zu ergreifen. Belastet von dieser Regelung wären allerdings insbesondere chronisch Erkrankte, da diese auf ihren Krankheitszustand keinerlei Einfluss haben. Vielmehr ist eine Abmahnungsobliegenheit ausschließlich dann sinnvoll, wenn der Arbeitnehmer seinen Lebensstil (Ernährung, Freizeitaktivitäten o.Ä.) beeinflussen kann, also ein genesungswidriges Verhalten zu der vorliegenden Krankheitsanfälligkeit geführt hat. Der arbeitsunfähige Arbeitnehmer hat sich grundsätzlich so zu verhalten, dass er schnellstmöglich gesund an seinen Arbeitsplatz zurückkehren kann und hat daher alles zu unterlassen, was dieser zügigen Genesung im Wege steht. Das Argument, dass es sich bei einem solch genesungswidrigen Verhalten wohl um einen verhaltensbedingten Grund handeln müsse, kann dahingehend entkräftet werden, als es für die Abgrenzung des Kündigungsgrundes entscheidend auf den Schwerpunkt des Umstandes ankommen sollte. Bei einem Sachverhalt, bei dem ein Arbeitnehmer aufgrund einer genesungswidrigen Freizeitgestaltung häufig für kürzere Zeiträume krankheitsbedingt arbeitsunfähig wird, liegt der Schwerpunkt bei den krankheitsbedingten Ausfallzeiten. Innerhalb dieses Schwerpunkts ist weiterhin entscheidend, welcher Umstand den Arbeitgeber belastet. Das Verhalten in der Freizeit hat insoweit lediglich sekundär Auswirkungen auf das Arbeitsverhältnis. Entscheidend und spürbar für den Arbeitgeber sind insbesondere die krankheitsbedingten Arbeitsunfähigkeitszeiten. Diese belasten den Arbeitgeber primär, da sie allein zu betrieblichen Beeinträchtigungen führen. Aus diesen Gründen erscheint die Etablierung eines gewissen „Abmahnungserfordernisses“ nicht sofort ausgeschlossen.

3. Fehlende Steuerbarkeit als Abgrenzungskriterium

Das entscheidende Kriterium für die Abgrenzung zur verhaltensbedingten Kündigung stellt die fehlende Steuerbarkeit dar. Die verhaltensbedingte Kündigung setzt ein vertragswidriges Verhalten des Arbeitnehmers voraus, sodass ein steuer- und vor allem zurechenbar verschuldetes Verhalten vorliegen muss. Vereinfacht liegt eine personenbedingte Kündigung dann vor, wenn der Arbeitnehmer die geschuldete Arbeitsleistung erbringen will, es aber nicht kann.[209] Verhaltensbedingt ist ein Grund dann, wenn der Arbeitnehmer die geschuldete Arbeitsleistung erbringen kann, es aber nicht will.[210] Wenn der Arbeitgeber den Arbeitnehmer ordnungsgemäß abgemahnt hat und es dennoch wiederholt zu dem in Rede stehenden vertragswidrigen Verhalten kommt, kann davon ausgegangen werden, dass es zukünftig zu

209 *Griebeling/ Rachor*, in: KR Gemeinschaftskommentar, § 1 KSchG, Rn 267.
210 *Griebeling/ Rachor*, in: KR Gemeinschaftskommentar, § 1 KSchG, Rn 267.

weiteren Vertragsstörungen kommen wird.[211] Das Bundesarbeitsgericht hat sich für die Annahme eines personenbedingten Grundes ausgesprochen, wenn der Arbeitnehmer von der Möglichkeit, das Leistungshindernis in seiner Person durch ein steuerbares Verhalten zu beheben, keinen Gebrauch macht.[212] Dadurch wird die Abgrenzung zwischen personen- und verhaltensbedingten Gründen verwischt, wenn sich beispielsweise ein arbeitsunfähig erkrankter Arbeitnehmer genesungswidrig verhält. Das Tatbestandsmerkmal genesungswidrig setzt den Lauf eines Genesungsprozesses und ein Verhalten voraus, das im Widerspruch zu diesem Prozess steht.[213] Gerade dieses Verhalten ist das entscheidende Merkmal der verhaltensbedingten Kündigung. Der Grenzbereich des „Nicht-Können-Wollens“ ist auf bestimmte Erkrankungen beschränkt, nämlich auf solche, bei denen der Arbeitnehmer überhaupt steuernd in den Verlauf der Krankheit einwirken kann.[214] Das klassische in der Rechtsprechung und der Literatur diskutierte Beispiel ist die Alkoholabhängigkeit. Der Arbeitnehmer ist krank im Sinne der eingangs beschriebenen Definition. Er kann im Zuge dessen sein Verhalten nicht mehr sicher steuern, da die Abhängigkeit trotz besseren Wissens nicht ohne weiteres aufgegeben werden kann.[215] Dieses Beispiel stellt die klassische Abgrenzungsmöglichkeit zwischen personen- und verhaltensbedingten Gründen dar. Demnach liegt ein personenbedingter Kündigungsgrund dann vor, wenn der Arbeitnehmer seine Sucht bzw. Krankheit aufgeben will, aber nicht kann.[216] Im Gegensatz dazu ist ein verhaltensbedingter Grund dann einschlägig, wenn der Arbeitnehmer die Sucht bzw. Krankheit aufgeben kann, aber nicht will. Da der Arbeitnehmer sein Verhalten aufgrund der Alkoholsucht nicht ändern kann, kommt in diesem Fall ausschließlich eine personenbedingte Kündigung in Betracht. Eine Abmahnung wäre insoweit nicht zweckgemäß, da der Arbeitnehmer sich aufgrund seiner Sucht nicht in anderer Weise verhalten kann. Zur Teilnahme an einer

211 *Dörner/ Vossen*, in: APS Großkommentar, § 1 KSchG, Rn 343.
212 *Griebeling/ Rachor*, in: KR Gemeinschaftskommentar, § 1 KSchG, Rn 267.
213 *Subatzus*, Das Fehlverhalten des Arbeitnehmers bei Arbeitsunfähigkeit, S. 16.
214 *Joussen*, NZA RR 2016, 1 (3).
215 *Joussen*, NZA-RR 2016, 1 (3).
216 *Joussen*, NZA-RR 2016, 1 (3).

Therapie darf der Arbeitnehmer aufgrund der Privatautonomie nicht gezwungen werden.[217]

4. Ergebnis: Implementierung eines Hinweiserfordernisses im Rahmen der krankheitsbedingten Kündigung

Aufgrund der zuvor dargelegten Erkenntnisse kann es sinnvoll sein, die Abmahnung im Sinne der Hinweisfunktion insbesondere im Bereich der behebbaren Krankheitsanfälligkeit zu einem festen Bestandteil der krankheitsbedingten Kündigung zu deklarieren. Diese Implementierung stützt sich bereits darauf, dass der Kündigung eine Abmahnung dann als milderes Mittel vorangestellt werden muss, wenn die Möglichkeit besteht, auf das Fehlzeitenbild positiv einzuwirken. Von einer gewissen Steuerbarkeit wird ausgegangen, wenn die Krankheit bzw. Fehlzeitenquote positiv durch den Willen des Arbeitnehmers beeinflusst werden kann. Grundsätzlich ist ein Krankheitsverlauf von einer Zufälligkeit geprägt, sodass er keiner willentlichen Steuerung unterliegt. Demgegenüber stellt die Verweigerung eines genesungsfördernden Verhaltens sehr wohl einen steuerbaren Prozess dar, sodass die Abmahnung im Bereich der personenbedingten Kündigung nicht direkt ausgeschlossen sein darf. Vielmehr gewährt ein Hinweiserfordernis dem Arbeitnehmer die Chance, den Bestand des Arbeitsverhältnisses zu sichern. Diese Chance entspricht der Warnfunktion der Abmahnung. Die Implementierung eines Hinweiserfordernisses im Rahmen der krankheitsbedingten Kündigung hat eine Erschwerung der personenbedingten Kündigung zur Folge. Durch eine solche Etablierung ist die Erteilung eines Hinweises dann geboten, wenn der Arbeitnehmer durch sein Verhalten die Genesung gefährdet oder zumindest verzögert. Eine solche Verzögerung kann durch ein unvernünftiges Verhalten hervorgerufen werden. Auch wenn das persönliche Verhalten des Arbeitnehmers ein Ausdruck der Privatautonomie ist und generell der freien Entfaltung der Persönlichkeit iSd. Art. 2 Abs. 1 GG unterliegt, muss festgestellt werden, dass ein genesungswidriges Verhalten nicht dem Interesse des Arbeitgebers entspricht. Ein solches ge-

217 *Joussen*, NZA-RR 2016, 1 (4).

nesungswidriges Verhalten kann sich mittels einer Krankheitsanfälligkeit manifestieren. Würde der Arbeitnehmer ein genesungsförderndes Verhalten an den Tag legen, könnte sich dadurch die Häufigkeit der Erkrankungen reduzieren. Selbst wenn ein genesungsförderndes Verhalten generell nicht zu den vom Arbeitnehmer vertraglich geschuldeten Pflichten gehört, kann es dennoch nicht völlig außer Betracht bleiben. Vielmehr muss die Hinweiserteilung als Chance zur Förderung der gegenwärtigen Situation genutzt werden. Durch die Implementierung eines Hinweiserfordernisses wird dem Arbeitnehmer die Chance gegeben, einer späteren Kündigung durch das Einschlagen eines genesungsfördernden Verhaltens zu entgehen. Eine vorherige Warnung mittels eines solchen Hinweises liegt schließlich im Interesse des Arbeitnehmers, da der Arbeitgeber – auch ohne Hinweiserfordernis – bei Vorliegen der Kündigungsvoraussetzungen auch ohne Vorwarnung kündigen kann. Folglich schützt die Einführung eines Hinweiserfordernisses im Rahmen der krankheitsbedingten Kündigung beide Parteien, wodurch es zu einem angemessenen Interessenausgleich kommt.

Zuletzt stellt sich die Frage der praktischen Umsetzbarkeit eines solchen Hinweiserfordernisses. Diese könnte über den Grundsatz der Verhältnismäßigkeit erfolgen. Grundsätzlich stellt die Abmahnung ein milderes Mittel gegenüber der weitreichenderen Kündigung dar. Durch den Verhältnismäßigkeitsgrundsatz ist ein völliger Ausschluss der Abmahnung aus dem Bereich der krankheitsbedingten Kündigung ohnehin nicht denkbar. Durch die zuvor erbrachten Ergebnisse wurde deutlich, dass die Einführung eines Hinweiserfordernisses auch im Rahmen krankheitsbedingter Fehlzeiten notwendig ist. Durch gezielte Rechtsanwendung kann die Hinweisfunktion der Abmahnung ebenso im Bereich krankheitsbedingter Kündigungen etabliert werden.

In diesem Bereich sollte die Begrifflichkeit der Abmahnung allerdings nicht zu strikt verstanden werden. Bei der geforderten Implementierung handelt es sich vielmehr um eine Art „Abmahnung Light". Keineswegs soll dem Arbeitnehmer dadurch eine Missbilligung der Fehlzeiten ausgesprochen werden. Aus diesem Grund ist die Änderung des Begriffes in diesem Zusammenhang sinnvoll. Dies muss allein bereits deshalb erfolgen, weil der Begriff der Abmahnung im Volksmund negativ assoziiert wird. Demnach hat die Abmahnung u.a. die Funktion, dem Arbeitnehmer die Chance zu bieten, den Bestand des Arbeitsverhältnisses möglichst lange zu sichern. Um die Begrifflichkeit an diese Situation anzupassen, wirkt die Etablierung des Begriffs „Hinweis“ sinnvoll. Der Arbeitgeber soll den Arbeitnehmer darauf hinweisen, dass bei unverändertem Genesungsprozess bzw. Fehlzeitenbild der Ausspruch einer Kündigung nicht ausgeschlossen ist. Aus diesem Grund ist es sinnvoll, dass der Arbeitgeber den Arbeitnehmer auf die Kündigungsmöglichkeit hinweist.

IV. Einordnung der Rechtsfigur der häufigen Kurzerkrankungen im Rahmen der außerordentlichen Kündigung

1. Überblick

Neben der ordentlichen Kündigung existiert die Möglichkeit der außerordentlichen Kündbarkeit. In den meisten Fällen wird die außerordentliche Kündigung fristlos ausgesprochen, kann jedoch auch unter Einhaltung einer Auslauffrist erfolgen.[218] Der Gesetzgeber hat durch § 314 BGB die Möglichkeit eingeräumt, Dauerschuldverhältnisse bei extremen einseitigen Belastungen aus wichtigem Grund zu beenden. Es handelt sich bei § 626 BGB um zwingendes Recht, das weder durch tarif- noch arbeitsvertragliche Regelungen ausgeschlossen werden kann. Im Gegensatz dazu ist die Möglichkeit zur ordentlichen Kündigung vertraglich ausschließbar. Durch den Ausschluss der ordentlichen Kündbarkeit ist der Arbeitnehmer ordentlich unkündbar. Eine solche Unkündbarkeit kann sich aus gesetzlicher, arbeitsvertraglicher oder tarifvertraglicher Regelung ergeben.[219] Ein wichtiger Grund kann allerdings auch dann vorliegen, wenn der Arbeitnehmer an sich keine Vertragsverletzung (z.B. durch einen Diebstahl) begangen hat. Aber auch wenn die Möglichkeit zur ordentlichen Kündigung ausgeschlossen wurde, kommt eine außerordentliche Kündigung in Betracht, wenn die Fortsetzung des Arbeitsverhältnisses für den Arbeitgeber unzumutbar wäre.[220] Dann ist eine modifizierte außerordentliche Kündi-

218 *Wollenschläger*, Arbeitsrecht, Rn 399.
219 *Brox/ Rüthers/ Henssler*, Arbeitsrecht, Rn 542.
220 *Löwisch/ Caspers/ Klumpp*, Arbeitsrecht, § 17, Rn 624.

gung mit Einhaltung einer Auslauffrist auszusprechen, weil ohne eine solche Auslauffrist der durch den Ausschluss der ordentlichen Kündbarkeit geschützte Arbeitnehmer schlechter stünde als ein Arbeitnehmer, dessen Arbeitsverhältnis ordentlich kündbar war.[221]

a. Wichtiger Grund iSd. § 626 BGB

Die außerordentliche Kündigung verlangt das Vorliegen eines wichtigen Grundes iSd. § 626 Abs. 1 BGB, unabhängig von dem Anwendungsbereich des Kündigungsschutzgesetzes. Das Merkmal des wichtigen Grundes stellt einen unbestimmten Rechtsbegriff dar und dient der Einzelfallgerechtigkeit.[222] Im gesamten Kündigungsrecht gilt der Verhältnismäßigkeitsgrundsatz, nach dem eine außerordentliche Kündigung erst dann in Betracht kommt, wenn dem Arbeitgeber die Einhaltung einer einschlägigen Kündigungsfrist nicht mehr zuzumuten ist.[223] In diesem Zusammenhang wird im Vergleich zur ordentlichen Kündigung ein deutlich strengerer Prüfungsmaßstab angelegt, weshalb es im Vorfeld schwierig ist, den Verlauf der ausgesprochenen Kündigung einzuschätzen. Nach ständiger Rechtsprechung des Bundesarbeitsgerichts wird die Wirksamkeit einer außerordentlichen Kündigung zweistufig geprüft.[224] Zunächst wird untersucht, ob der Sachverhalt, ohne die konkreten Umstände des Einzelfalls zu beleuchten, an sich geeignet ist, einen wichtigen Grund iSd. § 626 BGB darzustellen.[225] Anschließend folgt die Prüfung, ob die Weiterbeschäftigung des Arbeitnehmers unter Beleuchtung der konkreten Umstände des Einzelfalles und unter Abwägung der beidseitigen Interessen dem Arbeit-

---

221 *Löwisch/ Caspers/ Klumpp*, Arbeitsrecht, § 17, Rn 634 a; *Bröhl*, RdA 2010, 170 (170); Diese modifizierte Art der außerordentlichen Kündigung mit notwendiger Auslauffrist wird auch als „Orlando-Kündigung“ bezeichnet.

222 *Brox/ Rüthers/ Henssler*, Arbeitsrecht, Rn 533.

223 *Wollenschläger*, Arbeitsrecht, Rn 399.

224 BAG, Urt. v. 26.03.2009 – 2 AZR 879/07, in: NZA 2009, 679 (680); Urt. v. 10.06.2010 – 2 AZR 541/09, in: NZA 2010, 1227 (1229); *Dörner/ Vossen*, in: APS Großkommentar, § 626 BGB, Rn 29 f.; *Fischermeier*, in: KR Gemeinschaftskommentar, § 626 BGB, Rn 91; *Dütz*, NJW 1990, 2025 (2030); kritisch zu dieser Zweistufigkeit: *Preis*, Prinzipien des Kündigungsrechts, S. 478 f.

225 *Wollenschläger*, Arbeitsrecht, Rn 410.

geber noch zugemutet werden kann.[226] Somit kann eine außerordentliche Kündigung nur dann wirksam sein, wenn das Beendigungsinteresse des Arbeitgebers das Bestandsschutzinteresse des Arbeitnehmers überwiegt.[227]

Ein wichtiger Grund liegt ausschließlich bei schwerwiegender Verletzung der vertraglichen Pflichten vor, welche eine Belastung des Arbeitsverhältnisses zur Folge hat. Feststehende absolute Kündigungsgründe existieren nicht. Vereinbarungen über die Festlegung bestimmter geeigneter Gründe sind wegen § 626 BGB als zwingendes Recht unwirksam. Wird der Versuch einer Katalogisierung unternommen, sollte eine Orientierung an § 1 Abs. 2 KSchG stattfinden und somit zwischen der personen-, verhaltens- und betriebsbedingten Kündigung unterschieden werden. Diese Belastung muss sich zudem in Zukunft negativ auf das Arbeitsverhältnis auswirken (Prognoseprinzip). Im Rahmen der Rechtmäßigkeitskontrolle von außerordentlichen Kündigungen ist das Hauptaugenmerk auf die umfassende Interessenabwägung zu legen. In diesem Zusammenhang sind alle Umstände des Einzelfalls zu berücksichtigen, die in einem konkreten Zusammenhang zum Arbeitsverhältnis stehen.[228] Generell kommt eine außerordentliche Kündigung genau dann in Betracht, wenn es dem Arbeitgeber nicht zuzumuten ist, das Arbeitsverhältnis bis zum Ablauf der ordentlichen Kündigungsfrist fortzusetzen.[229] Ein wichtiger Grund iSd. § 626 Abs. 1 BGB setzt nicht zwingend ein Verschulden des Arbeitnehmers voraus. Im Falle einer außerordentlichen Kündigung wegen Krankheit muss jedoch ein besonders strenger Maßstab angelegt werden, damit ein besonderer Schutz des Arbeitnehmers erreicht wird.[230] Dem Grundsatz der Verhältnismäßigkeit folgend muss generell vor Ausspruch einer außerordentlichen Kündigung geprüft werden, ob mildere geeignete Mittel zur Verfügung stehen bzw. dem Arbeitgeber zumutbar sind.

---

226 *Wollenschläger*, Arbeitsrecht, Rn 410; so auch BAG, Urt. v. 27.04.2006 – 2 AZR 415/05, in: NZA 2006, 1033 (1034).

227 *Wollenschläger*, Arbeitsrecht, Rn 410.

228 *Brox/ Rüthers/ Henssler*, Arbeitsrecht, Rn 536.

229 *Brox/ Rüthers/ Henssler*, Arbeitsrecht, Rn 537.

230 *Brox/ Rüthers/ Henssler*, Arbeitsrecht, Rn 538.

b. Ausschlussfrist des § 626 Abs. 2 BGB

Wenn ein wichtiger Grund nach § 626 Abs. 2 BGB vorliegt, muss die außerordentliche Kündigung innerhalb von zwei Wochen nach Kenntniserlangung erfolgen. Dieser Zeitpunkt wird ab dem Moment gerechnet, ab dem die Sachverhaltsklärung abgeschlossen ist und der Arbeitgeber somit entscheiden kann, ob er am Bestand des Arbeitsverhältnisses festhalten möchte. Der Zweck der Ausschlussfrist liegt darin, dem Arbeitnehmer frühzeitig Klarheit darüber zu verschaffen, ob das Arbeitsverhältnis beendet wird.[231] Dabei handelt es sich um eine materiell-rechtliche Ausschlussfrist.[232] Es kann dem Arbeitnehmer nicht zugemutet werden, dass der Arbeitgeber gewisse Kündigungsgründe „aufsparen" darf, um sie zu einem späteren Zeitpunkt zu verwerten.[233] Außerdem kann nach Ablauf der Ausschlussfrist davon ausgegangen werden, dass der wichtige Grund nicht derart schwer gewogen haben kann, wenn der Arbeitgeber sogar die Frist des § 626 Abs. 2 BGB verstreichen lässt. Die Frist beginnt mit dem Zeitpunkt, zu dem der Arbeitgeber bzw. der Kündigungsberechtigte von den maßgeblichen Tatsachen Kenntnis erlangt hat. Nach ihrem Ablauf kann die außerordentliche Kündigung nicht mehr auf die bekannten Tatsachen gestützt werden. Zu den maßgeblichen Tatsachen gehört eine Stellungnahme des Arbeitnehmers zu dem vorliegenden Kündigungssachverhalt.[234] Daraus folgt, dass die Frist im Falle einer Vertragsverletzung des Arbeitgebers erst zu dem Zeitpunkt zu laufen beginnt, wenn eine Anhörung durchgeführt worden ist. Die Kündigung muss dem Arbeitnehmer spätestens bis zum Ablauf des letzten Tages der Zweiwochenfrist zugegangen sein, § 188 Abs. 2 BGB. Da es sich bei § 626 Abs. 2 BGB um zwingendes Recht handelt, ist es nicht zulässig, die Ausschlussfrist abzuändern oder gar auszuschließen.[235]

231 *Brox/ Rüthers/ Henssler*, Arbeitsrecht, Rn 543.

232 *Fischermeier*, in: KR Gemeinschaftskommentar, § 626 BGB, Rn 330.

233 *Löwisch/ Caspers/ Klumpp*, Arbeitsrecht, § 17, Rn 630.

234 *Löwisch/ Caspers/ Klumpp*, Arbeitsrecht, § 17, Rn 632; BAG, Urt. v. 10.06.1988 – 2 AZR 25/88, in: NZA 1989, 105 (106).

235 *Fischermeier*, in: KR Gemeinschaftskommentar, § 626 BGB, Rn 330; *Müller-Glöge*, in: Erfurter Kommentar, § 626 BGB, Rn 220.

Eine Ausnahme von den oben dargestellten Grundsätzen ist nur bei den Dauertatbeständen (Dauergründen) anzunehmen.[236] Ein solcher Dauertatbestand liegt dann vor, wenn der wichtige Grund des § 626 Abs. 2 BGB in einem fortlaufenden Zustand liegt. Demzufolge beginnt die Zweiwochenfrist erst mit Beendigung des letzten „Vorfalls" zu laufen. Eine ausgesprochene Kündigung kann auf alle damit zusammenhängenden Vorfälle gestützt werden, unabhängig davon, ob sie bereits länger als zwei Wochen in der Vergangenheit liegen.[237] Das heißt, dass der Dauertatbestand in dem Zeitpunkt beginnt, zu dem die häufigen Kurzerkrankungen zum ersten Mal eine negative Gesundheitsprognose stützen.[238] Der Dauertatbestand endet in Folge dessen erst dann, wenn die Erkrankungen bereits so lange zurückliegen, dass die Zukunftsprognose nicht mehr negativ ausfällt. Das entscheidende Merkmal der Dauertatbestände ist darin zu sehen, dass fortlaufend neue maßgebliche Tatsachen eintreten. Der Arbeitgeber muss nach § 102 BetrVG den für seinen Betrieb gewählten Betriebsrat vor Ausspruch der beabsichtigten außerordentlichen Kündigung anhören.

2. Der Fall der Hilfsgärtnerin – Urteil des BAG vom 23. Januar 2014[239]

Weist ein Arbeitnehmer über mehrere Jahre bedingt durch häufige Kurzerkrankungen eine hohe Fehlzeitenquote auf und entstehen dem Arbeitgeber dadurch enorme Summen von Entgeltfortzahlungskosten, kann dies grundsätzlich eine ordentliche Kündigung des Arbeitnehmers rechtfertigen. Durch ein Urteil des Bundesarbeitsgerichts vom 23. Januar 2014 wurde klargestellt, dass eine außerordentliche Kündigung auch aufgrund häufiger Kurzerkrankungen erfolgen kann. Auf den ersten Blick erscheint diese Feststellung fragwürdig, da insbesondere die ordentlich unkündbaren Arbeitnehmer davon betroffen sind. Das Bundesarbeitsgericht begrenzt diese Möglichkeit jedoch auf Extremfälle. Demzufolge kommt eine außerordentliche Kündigung we-

236 *Löwisch/ Caspers/ Klumpp*, Arbeitsrecht, § 17, Rn 634.

237 *Löwisch/ Caspers/ Klumpp*, Arbeitsrecht, § 17, Rn 634; BAG, Urt. v. 22.01.1998 – 2 ABR 19/97, in: NZA 1998, 708.

238 BAG, Urt. v. 23.01.2014 – 2 AZR 582/13, in: NJW 2014, 3054 (3054).

239 BAG, Urt. v. 23.01.2014 – 2 AZR 582/13, in: NJW 2014, 3054.

gen häufiger Kurzerkrankungen überhaupt nur dann in Betracht, wenn die Möglichkeit zur ordentlichen Kündigung ausgeschlossen ist.[240]

In dem oben genannten Fall stritten die Beteiligten über die Wirksamkeit einer außerordentlichen Kündigung mit einer sechsmonatigen Auslauffrist.[241] Die Beklagte kündigte einer in 1959 geborenen Frau, die seit über 30 Jahren im öffentlichen Dienst beschäftigt war. Aufgrund tarifvertraglicher Regelungen genoss die Klägerin tariflichen Altersschutz und war somit ordentlich unkündbar. Die Klägerin war bei der Beklagten als Hilfsgärtnerin angestellt. Des Weiteren existiert bei der Beklagten ein Personalrat. Die Kündigungsfrist entsprach der einer ordentlichen Kündigung. Kündigungsgrund ist nicht die hohe Fehlzeitenanzahl aufgrund häufiger Kurzerkrankungen, sondern die darauf beruhende negative Zukunftsprognose und eine daraus resultierende Beeinträchtigung der betrieblichen Interessen des Arbeitgebers.[242] In dem Zeitraum von 2000 bis 2011 wies die Klägerin durchschnittliche Fehlzeiten von jährlich über 18 Wochen auf.[243] In den Jahren 2011 bis 2014 reduzierte sich die Fehlzeitenquote auf durchschnittlich 11,75 Wochen jährlich. Aus diesem Grund ging das Bundesarbeitsgericht nicht davon aus, das eine Zukunftsprognose dahingehend erstellt werden könnte, dass die Arbeitnehmerin zukünftig erneut Arbeitsunfähigkeitszeiten von über 18 Wochen jährlich aufweisen wird. Somit ließ das Bundesarbeitsgericht die Kündigung bereits am Fehlen eines wichtigen Grundes scheitern. Unabhängig dieser Reduzierung der Fehlzeiten führte das Bundesarbeitsgericht in seiner Entscheidung aus, dass gar Arbeitsunfähigkeitszeiten von über 18 Wochen jährlich keinen wichtigen Grund iSd. § 626 BGB darstellen könnten, da es zur Wirksamkeit einer außerordentlichen Kündigung, wie im Urteil deutlich gemacht worden ist, zu einer völligen Sinnentleerung des Arbeitsverhältnisses gekommen sein muss.[244] Eine solche kann selbst bei Ar-

240 BAG, Urt. v. 23.01.2014 – 2 AZR 582/13, in: NJW 2014, 3054 (3055); Urt. v. 20.12.2012 – 2 AZR 32/1, in: NZA-RR 2013, 627 (629); Urt. v. 18.10.2000 - 2 AZR 627/99, in: NZA 2000, 219 (219).

241 BAG, Urt. v. 23.01.2014 – 2 AZR 582/13, in: NJW 2014, 3054 (3054).

242 BAG, Urt. v. 23.01.2014 – 2 AZR 582/13, in: NJW 2014, 3054 (3054).

243 BAG, Urt. v. 23.01.2014 – 2 AZR 582/13, in: NJW 2014, 3054 (3054).

244 BAG, Urt. v. 23.01.2014 – 2 AZR 582/13, in: NJW 2014, 3054 (3056).

beitsunfähigkeitszeiten von einem Drittel der Jahresarbeitszeit nicht angenommen werden. Im Jahr 2011 wurde mit der Klägerin ein Betriebliches Eingliederungsmanagement durchgeführt. In den vorangehenden Instanzen obsiegte die Klägerin mit ihrer Kündigungsschutzklage aus formaljuristischen Gründen.[245] Sowohl das Arbeits- als auch das Landesarbeitsgericht gingen davon aus, dass die Beklagte gegen den § 626 Abs. 2 BGB verstoßen hat, indem sie mit dem Ausspruch der Kündigung länger als von § 626 Abs. 2 BGB umfasst, wartete. Das Bundesarbeitsgericht stützte sich im Wesentlichen auf die Begründung der beiden Vorinstanzen, fügte seiner Entscheidung jedoch einen entscheidenden Punkt hinzu. Das Bundesarbeitsgericht stellte nämlich fest, dass häufige Kurzerkrankungen bzw. die negative Prognose einen Dauertatbestand bilden.[246] Daraus folgt, dass den Arbeitgebern innerhalb der Fallgruppe der häufigen Kurzerkrankungen eine Kündigungsmöglichkeit ohne Beachtung der Zweiwochenfrist des § 626 Abs. 2 BGB zugestanden wird. Durch die Annahme eines Dauertatbestandes wird der § 626 Abs. 2 BGB zu Gunsten der Arbeitgeber ausgehebelt. Der angehörte Personalrat verweigerte seine Zustimmung zu der beabsichtigten außerordentlichen Kündigung. Die Beklagte rief daraufhin die Einigungsstelle an, welche die Zustimmung des Personalrats ersetzte. Welche Auswirkungen diese Entscheidung, auch auf die ordentliche Kündigung wegen häufiger Kurzerkrankungen, mit sich bringt, wird im Verlauf der Arbeit einer Lösung zugeführt.[247]

245 ArbG Hamburg, Urt. v. 09.11.2012 – 14 Ca 214/12, in: BeckRS 2014, 70852; LAG Hamburg, Urt. v. 16.04.2013 – 2 Sa 107/12, in: BeckRS 2014, 70851.

246 BAG, Urt. v. 23.01.2014 – 2 AZR 582/13, in: NJW 2014, 3054 (3054); Urt. v. 27.11.2003 – 2 AZR 601/02, in: NJOZ 2004, 3301 (3302); Urt. v. 18.10.2000 – 2 AZR 627/99, in: NZA 2001, 219 (221).

247 Siehe hierzu, S. 239 ff.

C. Die ordentliche Kündigung im Rahmen der Dreischrittprüfung

Das übliche Mittel zur Beendigung eines Arbeitsverhältnisses ist die ordentliche Kündigung. Die Fallgruppe der häufigen Kurzerkrankungen kann eine personenbedingte Kündigung rechtfertigen. Als Ausprägung des Sozialstaatsprinzips verlangt der Gesetzgeber im Rahmen des Kündigungsschutzgesetzes, dass ein Arbeitnehmer wegen und während einer Erkrankung nur dann wirksam gekündigt werden kann, wenn eine soziale Rechtfertigung iSd. § 1 Abs. 1 KSchG vorliegt.[248] Diese erfolgt anhand eines strengen Maßstabes, da das Arbeitsverhältnis für den Arbeitnehmer von existentieller Bedeutung ist. Besonders charakteristisch im Rahmen häufiger Kurzerkrankungen ist die Tatsache, dass die Ausfälle im Voraus weder für den Arbeitgeber noch für den Arbeitnehmer in irgendeiner Weise berechenbar oder planbar sind. Die Schwierigkeit einer krankheitsbedingten Kündigung liegt in der Praxis vor allem darin, dass für die Beurteilung der sozialen Rechtfertigung die Besonderheiten des Einzelfalls maßgeblich sind.[249] Diese Einzelfallbetrachtung muss erfolgen, da das Arbeitsverhältnis meist die Lebensgrundlage des Arbeitnehmers darstellt und es durch schematische Festlegungen zu einer unangemessenen Benachteiligung der Arbeitnehmer kommen könnte. Wie in dieser Arbeit bereits erläutert, wird dadurch, unabhängig von einer Verletzung der Art. 12 Abs. 1 GG und Art. 14 Abs. 1 GG, deutlich, dass eine Kündigungssperre wegen Krankheit nicht existiert.[250]

Nach ständiger Rechtsprechung prüft das Bundesarbeitsgericht die Sozialwidrigkeit der krankheitsbedingten Kündigung in drei Schritten

248 *Nehring*, Die krankheitsbedingte Kündigung, S. 17.

249 *Bauer/ Röder/ Lingemann*, Krankheit im Arbeitsverhältnis, S. 99.

250 *Nehring*, Die krankheitsbedingte Kündigung, S. 17.

(sog. „Dreischrittprüfung").[251] Im ersten Schritt bedarf es dem Vorliegen einer negativen Gesundheitsprognose, die dann gegeben ist, wenn zum Zeitpunkt des Kündigungszugangs aufgrund objektiver Tatsachen davon ausgegangen werden kann, dass der Arbeitnehmer auch in der Zukunft seinem Arbeitsplatz in erheblichem Umfang krankheitsbedingt fernbleiben wird, also der Existenz einer Prognose hinsichtlich des voraussichtlichen Gesundheitszustandes.[252] Durch die zu erwartenden Fehlzeiten muss im zweiten Schritt der Prüfung eine erhebliche Beeinträchtigung der betrieblichen Interessen eintreten.[253] Innerhalb dieser Prüfung wird zwischen Betriebsablaufstörungen und wirtschaftlichen Belastungen unterschieden. Eine solche Beeinträchtigung kann sich im Falle häufiger Kurzerkrankungen daraus ergeben, dass bei kurzzeitigen und wechselnden Krankheitsursachen der Entgeltfortzahlungsanspruch fortwährend neu entsteht, wodurch eine beträchtliche Summe von Entgeltfortzahlungskosten aufläuft.[254] Neben zu hoher Entgeltfortzahlungskosten kommen zudem durch häufig nicht kalkulierbare Fehlzeiten hervorgerufene Störungen im Betriebsablauf in Betracht. Allerdings muss klargestellt werden, dass nicht jede Beeinträchtigung eine krankheitsbedingte Kündigung sozial rechtfertigen kann, sondern es dafür vielmehr eines gewissen Gewichtes bedarf. Diese beiden Schritte ergeben den Kündigungsgrund.[255] Auch dürfen keine geeigneteren milderen Mittel im Vergleich zur Kündigung vorliegen. Liegt nach den oben dargestellten Grundsätzen eine erhebliche Beeinträchtigung der Interessen des Arbeitgebers vor, so muss abschließend innerhalb einer umfassenden Interessenabwägung geprüft werden, ob

---

251 BAG, Urt. v. 08.11.2007 – 2 AZR 292/06, in: NZA 2008, 593 (593); Urt. v. 19.04.2007 – 2 AZR 239/06, in: NZA 2007, 1041 (1042); Urt. v. 12.04.2002 – 2 AZR 148/01, in: NZA 2002, 1081 (1083); Urt. v. 29.04.1999 – 2 AZR 431/98, in: NZA 1999, 978 (979); a.A. spricht von einem vierstufigen Aufbau, vgl. *Gallner*, in: Gallner/ Mestwerdt/ Nägele, Kündigungsschutzrecht, § 1 KSchG, Rn 171; *Richter*, ArbRAktuell 2015, 237 (237).

252 *Berkowsky*, Die personen- und verhaltensbedingte Kündigung, § 4, Rn 39; *Richter*, ArbRAktuell 2015, 237 (237); *Homuth*, SchlHA 2007, 404 (404).

253 *Gallner/ Denecke*, HK Kündigungsschutzrecht, § 1 KSchG Teil E, Rn 552.

254 *Lepke*, Kündigung bei Krankheit, Rn 171.

255 *Homuth*, SchlHA 2007, 404 (404).

die betrieblichen Belastungen zu einer „billigerweise nicht mehr hinzunehmenden Belastung" des Arbeitgebers führen.[256]

Die Fallgruppe der häufigen Kurzerkrankungen zeichnet sich insbesondere dadurch aus, dass der Arbeitnehmer häufig für kurze Zeiträume arbeitsunfähig erkrankt und somit der Arbeitsleistung während dieser Zeiträume nicht nachkommen kann. Ausschlaggebend ist in diesem Zusammenhang die völlige Unkalkulierbarkeit der Ausfallzeiten des Arbeitnehmers für den Arbeitgeber und die Tatsache, dass die Krankheiten zumeist völlig ausgeheilt sind und die häufigen Fehlzeiten auf einer gewissen Krankheitsanfälligkeit beruhen. Der Arbeitgeber ist innerhalb des Kündigungsschutzprozesses beweis- und darlegungspflichtig.

Kritikern zufolge würde der § 1 Abs. 2 S. 1 KSchG damit zu einer Art „Orakel" statuiert.[257] Überzeugt der Arbeitgeber mit seiner Darlegung nicht, gilt die ausgesprochene Kündigung als sozial ungerechtfertigt. Ob die durch das Bundesarbeitsgericht aufgestellten Hürden für eine ordentliche Kündigung wegen häufiger Kurzerkrankungen zu hoch sind, wird im Verlauf dieses Kapitels einer Lösung zugeführt.

I. Negative Gesundheitsprognose

Im ersten Schritt erfolgt die Prüfung der negativen Gesundheitsprognose, die in der Praxis den Schwerpunkt der Prüfung darstellt. Bezüglich dieser Prognose handelt es sich um einen unbestimmten Rechtsbegriff, worauf allerdings in dieser Arbeit nicht näher eingegangen wird. Die ausgesprochene Kündigung kann nur dann sozial gerechtfertigt sein, wenn überhaupt eine negative Zukunftsprognose hinsichtlich der zu erwartenden Fehlzeiten des Arbeitnehmers vorliegt.[258] Eine solche liegt dann vor, wenn im Zeitpunkt des Kündigungsausspruchs ob-

256 *Nehring*, Die krankheitsbedingte Kündigung, S. 18; BAG, Urt. v. 30.09.2010 – 2 AZR 88/09, in: NZA 2011, 39 (39); Urt. v. 29.04.1999 – 2 AZR 431/98, in: NJW 2000, 893 (893); so auch schon in der Grundsatzentscheidung des BAG v. 16.02.1989 – 2 AZR 299/88, in: NZA 1989, 293.

257 *Hamann*, Die Kündigung wegen häufiger Kurzerkrankungen, S. 16; *Kasper*, NJW 1994, 2979 (2980).

258 *Richter*, ArbRAktuell 2015, 237 (237); *Berkowsky*, Die personen- und verhaltensbedingte Kündigung, § 3, Rn 33.

jektive Tatsachen vorliegen, die die Annahme weiterer Fehlzeiten im bisherigen Umfang rechtfertigen.[259] Somit ist für die zukünftige Arbeitsunfähigkeit das Kriterium der Wiederholungsgefahr maßgeblich. Die Aufstellung einer negativen Zukunftsprognose ist notwendig, da Sinn und Zweck einer Kündigung wegen häufiger Kurzerkrankungen nicht in der Sanktionierung der Fehlzeiten der Vergangenheit liegt, sondern der Arbeitgeber vor weiteren Fehlzeiten ähnlichen Umfanges geschützt werden soll.[260] An dieser Stelle muss für jede einzelne Erkrankung, die zu einer bestimmten Fehlzeitenanzahl geführt hat, die Negativprognose gerechtfertigt sein. Diese Prognose kann sowohl auf einer einheitlichen Krankheitsursache als auch auf vielen unterschiedlichen Erkrankungen beruhen.[261] Neben der vergangenheitsbezogenen Komponente muss zu befürchten sein, dass entsprechende Fehlzeiten auch in der Zukunft auftreten werden (Zukunftsbezogenheit der Kündigungsgründe).[262] Grundsätzlich soll das Arbeitsverhältnis auch bei kurzer krankheitsbedingter Äquivalenzstörung nicht sofort beendet werden können, um dem Arbeitnehmer einen gewissen Schutz zu gewähren. Die Möglichkeit zur krankheitsbedingten Kündigung soll vielmehr ausschließlich dann gegeben sein, wenn die Äquivalenzstörung nicht lediglich vorübergehender Natur ist und der Arbeitgeber somit keine adäquate Gegenleistung für die Lohnzahlung erhält. Daraus ergibt sich ein angemessener Ausgleich der widerstreitenden Interessen, weshalb eine krankheitsbedingte Kündigung bei gewisser Häufigkeit der Fehlzeiten möglich sein muss. Also dient die Kündigung generell zur Vermeidung einer häufigen Nichtbesetzung des Arbeitsplatzes in der Zukunft.[263] Aus diesem Grund wird im Rahmen der krankheitsbedingten Kündigung die Durchführung einer Zukunftsprognose verlangt, in dessen Rahmen das Arbeitsverhältnis eine Fehlzeitenquote aufweisen muss, die zu einer erheblichen Beeinträchtigung der be-

259 BAG, Urt. v. 29.04.1999 – 2 AZR 431/98, in: AiB 2000, 450 (451); Urt. v. 12.04.2002 – 2 AZR 148/01, in: NZA 2002, 1081; Urt. v. 19.04.2007 – 2 AZR 239/06, AP Nr. 45 zu § 1 KSchG Krankheit; *Schiefer*, BB 2015, 2613 (2614).

260 *Hamann*, Die Kündigung wegen häufiger Kurzerkrankungen, S. 17; *Berkowsky*, Die personen- und verhaltensbedingte Kündigung, § 3, Rn 33; BAG, Urt. v. 23.06.1983 – 2 AZR 15/82, in: ZIP 1983, 1477 (1478).

261 *Schiefer*, BB 2015, 2613 (2614).

262 *Berkowsky*, Die personen- und verhaltensbedingte Kündigung, § 3, Rn 53.

263 *Berkowsky*, Die personen- und verhaltensbedingte Kündigung, § 3, Rn 33.

trieblichen oder wirtschaftlichen Interessen des Arbeitgebers führen muss.[264] Eine gesetzliche Regelung bezüglich der Durchführung einer negativen Gesundheitsprognose existiert in der deutschen Rechtsordnung nicht. In § 1 Abs. 2 S. 1 KSchG wird lediglich festgelegt, dass eine Kündigung dann sozial ungerechtfertigt ist, wenn „sie nicht durch Gründe, die in der Person oder dem Verhalten des Arbeitnehmers liegen oder durch dringende betriebliche Erfordernisse, die einer Weiterbeschäftigung des Arbeitnehmers in diesem Betrieb entgegenstehen, bedingt ist".[265] Weiterhin enthält die deutsche Rechtsordnung keinerlei Angaben dahingehend, ab wann eine Kündigung wegen häufiger Kurzerkrankungen einschlägig sein könnte. Aufgrund dieser fehlenden Festschreibung entstand ein großer Spielraum für die Rechtsprechung (richterliche Rechtsfortbildung).[266]

Nach ständiger Rechtsprechung geht das Bundesarbeitsgericht dann von einer negativen Gesundheitsprognose aus, wenn objektive Tatsachen vorliegen, die zu der Befürchtung führen, der Arbeitnehmer werde auch in Zukunft krankheitsbedingte Fehlzeiten in einem erheblichen Umfang aufweisen. Bei Existenz dieser objektiven Tatsachen können häufige Kurzerkrankungen in der Vergangenheit ein Anzeichen für eine zukünftige Entwicklung der Fehlzeiten sein (Indizwirkung).[267] Einmalige und ausgeheilte Erkrankungen werden in der Prognose grundsätzlich nicht berücksichtigt, da diese keine Wiederholungsgefahr in sich bergen. Davon sind in erster Linie Unfälle erfasst, die ihrer Entstehung nach einmalig sind, sowie Krankheiten, die medizinisch nur einmal vorliegen können (z.B. Mandel- und Blinddarmoperation). Hinsichtlich etwaiger Folgebeschwerden resultierend aus Unfällen, wird auf den weiteren Verlauf der Arbeit verwiesen.[268] Die Fallgruppe der häufigen Kurzerkrankungen ist jedoch grundlegend davon geprägt, dass die Fehlzeiten zum Großteil auf Erkrankungen be-

264 *Berkowsky*, Die personen- und verhaltensbedingte Kündigung, § 3, Rn 35.
265 Vgl. § 1 Abs. 2 S. 1 KSchG.
266 *Hamann*, Die Kündigung wegen häufiger Kurzerkrankungen, S. 17.
267 BAG, Urt. v. 01.03.2007 – 2 AZR 217/06, in: BeckRS 2007, 45455; Urt. v. 10.11.2005 – 2 AZR 44/05, in: NZA 2006, 655 (656); Urt. v. 06.09.1989 – 2 AZR 19/89, in: NJW 1990, 2340; *Hamann*, Die Kündigung wegen häufiger Kurzerkrankungen, S. 19; *Deinert*, in: KSchR Kommentar, § 1 KSchG, Rn 110; *Griebeling/ Rachor*, in: KR Gemeinschaftskommentar, § 1 KschG, Rn 328.
268 Siehe hierzu unten, S. 105 ff.

ruhen, die innerhalb kurzer Zeit ausheilen, sodass diese Fehlzeiten grundsätzlich keine Berücksichtigung finden dürfen. Vielmehr leidet der Arbeitnehmer an einer gewissen Krankheitsanfälligkeit, woraus die Masse der Fehlzeiten resultiert. Diese Krankheitsanfälligkeit ist für die Prognose relevant, weshalb darauf im weiteren Verlauf dieser Arbeit näher eingegangen wird.

Da die Erstellung einer Prognose die wahrscheinliche Vorhersage der Zukunft darstellt, spielen die Fehlzeiten der Vergangenheit im Rahmen der Kündigung nur eine mittelbare Rolle.[269] Einheitlich nimmt die Rechtsprechung an, dass auch Fehlzeiten der Vergangenheit eine negative Zukunftsprognose begründen können. Es müssen allerdings weitere objektive Anhaltspunkte vorliegen, die eine Besserung des Gesundheitszustandes des Arbeitnehmers ausschließen.[270] Im Rahmen der Fallgruppe der häufigen Kurzerkrankungen besteht die Besonderheit, dass überwiegend ausschließlich die vergangenheitsbezogenen Fehlzeiten als objektiver Anhaltspunkt vorhanden sind. In Kenntnis dessen erkannte das Bundesarbeitsgerichts in einem solchen Fall die Erstellung einer Zukunftsprognose ausschließlich auf der Grundlage der Fehlzeiten der Vergangenheit als ausreichend an.[271] Im Folgenden werden die Besonderheiten der negativen Gesundheitsprognose im Rahmen häufiger Kurzerkrankungen beleuchtet.

1. Fehlzeiten

Häufige Fehlzeiten des Arbeitnehmers sind zwar ein erstes Anzeichen, aber noch kein hinreichend genügendes Indiz für das Vorliegen einer negativen Zukunftsprognose.[272] Der Arbeitgeber kündigt nicht aufgrund vergangener Fehlzeiten, sondern wegen der ungewissen bzw. prognostizierten Gesundheitsentwicklung in der Zukunft.[273] Dafür bedarf es des Vorliegens objektiver Tatsachen, aus denen sich ernsthaft schließen lässt, dass auch in Zukunft mit Kurzerkrankungen im bishe-

269 *Berkowsky*, Die personen- und verhaltensbedingte Kündigung, § 3, Rn 39.
270 *Berkowsky*, Die personen- und verhaltensbedingte Kündigung, § 3, Rn 41.
271 *Berkowsky*, Die personen- und verhaltensbedingte Kündigung, § 3, Rn 44.
272 *Richter*, ArbRAktuell 2015, 237 (238).
273 *Plocher*, DB 2015, 2083 (2084).

rigen Umfang gerechnet werden muss.[274] Eine steigende oder zumindest konstant bleibende Tendenz der bisherigen Fehlzeiten ist dafür grundlegende Voraussetzung. Weiterhin ist zu beachten, ob die Erkrankungen mit einer gewissen Häufigkeit und Regelmäßigkeit aufgetreten sind.[275] Ein festgelegter Mindestumfang von Fehlzeiten in der Vergangenheit als Wirksamkeitsvoraussetzung einer Kündigung existiert nach aktueller Rechtslage nicht.

Den Fehlzeiten der Vergangenheit wird hingegen innerhalb der Zukunftsprognose eine gewisse Indizwirkung zugestanden.[276] Dies gilt nach der Rechtsprechung und Literatur jedoch dann, wenn es sich bei den bisherigen Kurzerkrankungen um solche mit Wiederholungsgefahr handelt.[277] Keine Wiederholungsgefahr liegt nach ständiger Rechtsprechung dann vor, wenn es sich um einmalige oder bereits vollkommen ausgeheilte Erkrankungen handelt, ferner unfallbedingte Fehlzeiten.[278] Wenn ein Arbeitnehmer häufige krankheitsbedingte Fehlzeiten aufweist, stellt sich zumeist die Frage, worauf sich eine negative Gesundheitsprognose stützen lässt. Damit einhergehende Probleme sind vor allem die generelle Uneinigkeit von der Rechtsprechung und in der Literatur, welche Krankheiten innerhalb der Prognose Berücksichtigung finden dürfen.

a. Berücksichtigungsfähige Krankheiten

Fehlt ein Arbeitnehmer häufig für kurze Zeiträume krankheitsbedingt, stellt sich für den Arbeitgeber die Problematik, auf welche Grundlage sich eine negative Gesundheitsprognose stützen lässt. In diesem Rahmen sind sich weder die Rechtsprechung noch die Literatur darüber einig, welche Krankheiten generell in die Prognose einbezogen werden müssen und welche grundsätzlich keine Berücksichtigung finden dürfen.[279] Des Weiteren besteht auf Arbeitgeberseite zumeist eine große

274 BAG, Urt. v. 20.11.2014 – 2 AZR 755/13, in: NZA 2015, 612 (613).
275 *Griebeling/Rachor*, in: KR Gemeinschaftskommentar, § 1 KschG, Rn 331.
276 *Thies*, in: Arbeitsrecht Kommentar, § 1 KSchG, Rn 142.
277 *Thies*, in: Arbeitsrecht Kommentar, § 1 KSchG, Rn 142.
278 Ständige Rechtsprechung seit BAG, Urt. v. 10.11.2005 – 2 AZR 44/05, in: NZA 2006, 655 (657).
279 *Hamann*, Die Kündigung wegen häufiger Kurzerkrankungen, S. 19.

Unklarheit über diese berücksichtigungsfähigen Krankheiten bzw. den darauf basierenden Fehlzeiten. Es stellt sich die Frage, ob gewisse Krankheitsbilder existieren, die sich generell nicht für eine negative Gesundheitsprognose eignen bzw. heranziehen lassen. Dagegen muss jedoch angeführt werden, dass viele Krankheitsbilder sowohl als einmalige Erkrankung als auch in Form einer chronischen bzw. wiederkehrenden Erkrankung auftreten können.[280] Das wird an dem Beispiel deutlich, dass aus einer einmaligen Bronchitis auch ein chronisches Leiden entstehen kann.[281] Aus diesem Grund erscheint es nahezu unmöglich, einen Katalog zu erstellen, in welchem berücksichtigungsfähige Krankheiten aufgezeigt werden.[282]

aa. Betriebsunfälle

Interessant ist zudem, inwieweit es wirklich interessengerecht erscheint, einen durch den Arbeitnehmer aus Unachtsamkeit herbeigeführten Betriebsunfall in der Prognose zu berücksichtigen. Generell werden Fehlzeiten, die durch einen Betriebsunfall bedingt sind, nicht in die Prognose einbezogen.[283] Ein Betriebsunfall iSd. § 8 Abs. 1 SGB VII ist ein körperlich schädigendes, zeitlich begrenztes Ereignis, das mit der unfallversicherten Tätigkeit in einem inneren Zusammenhang steht.[284] Nach der hier vertretenen Ansicht muss bei Betriebsunfällen jedoch tiefergehend differenziert werden. Handelt es sich um vom Arbeitnehmer völlig unverschuldete Unfälle, so darf dies keinerlei Berücksichtigung finden, da eine Wiederholung nicht von großer Wahrscheinlichkeit ist und der Unfall nicht zu Lasten des Arbeitnehmers gehen darf.[285] Andernfalls würde dem Arbeitnehmer die Verantwortung für den Betriebsunfall auferlegt werden, obwohl es im Verantwortungsbereich des Arbeitgebers anzusiedeln ist, für eine ausreichende Sicherheit am Arbeitsplatz zu sorgen. Eine Ausnahme von

280 *Hamann*, Die Kündigung wegen häufiger Kurzerkrankungen, S. 39.

281 LAG Hamm, Urt. v. 28.03.2003 – 15 Sa 80/03, in: BeckRS 2003, 31031241.

282 BAG, Urt. v. 17.06.1999 – 2 AZR 639/98, AP Nr. 37 zu § 1 KSchG 1969 Krankheit.

283 *Tschöpe*, in: Anwaltshandbuch Arbeitsrecht, Teil 3 E, Rn 95; BAG, Urt. v. 14.01.1993 – 2 AZR 343/92, in: NZA 1994, 309 (310).

284 *Lepke*, Kündigung bei Krankheit, Rn 78.

285 *Lepke*, Kündigung bei Krankheit, Rn 182.

dieser Regel wird allerdings dann zugelassen, wenn der Arbeitnehmer ein Verschulden an dem Unfall trägt, sodass es immer wieder zu Erkrankungen aufgrund solcher Unfallereignisse innerhalb des Betriebs kommt.[286] Im Hinblick auf solche Unfälle muss das Verhalten des Arbeitnehmers eine besondere Unfalleignung aufweisen.[287]

Daher ist es sinnvoll, eine generelle Unterteilung zwischen den verschiedenen Verschuldensstufen einzuführen. Anschließend muss zwischen Vorsatz, den verschiedenen Fahrlässigkeitsformen und völligem Unverschulden differenziert werden. Im Arbeitsrecht greift keine Verschuldensvermutung iSd. § 280 Abs. 1 BGB. Vielmehr muss ein etwaiges Verschulden des Arbeitnehmers gemäß § 619 a BGB positiv festgestellt werden. Grundsätzlich hat der Arbeitnehmer gemäß § 276 BGB Vorsatz und Fahrlässigkeit zu vertreten. Im Bereich dieser Unterteilung kann eine Anwendung der Grundsätze des innerbetrieblichen Schadensausgleichs sinnvoll erscheinen. Der innerbetriebliche Schadensausgleich ist ein von der Rechtsprechung entwickelter Grundsatz zum Schadensausgleich bei betrieblich veranlasster Tätigkeit in Arbeitsverhältnissen (§§ 276, 254 BGB analog). Dieser Eröffnung des Anwendungsbereichs dieser Grundsätze unterstellt, ist die Folge, dass die Haftung je nach Verschuldensgrad eine Abstufung erfährt. An dieser Stelle wird die Haftung innerhalb von vier Stufen aufgeteilt. Handelt der Arbeitnehmer mit Vorsatz, trägt er 100% des Verschuldens (1. Stufe). Auf der zweiten Stufe steht die grobe Fahrlässigkeit, bei der ebenso grundsätzlich eine Haftung von 100% anzunehmen ist. Bei mittlerer Fahrlässigkeit ist eine Haftung von 50% geboten (3. Stufe). Ab leichter Fahrlässigkeit ist eine Haftung des Arbeitnehmers völlig ausgeschlossen (4. Stufe). Der Ausschluss bei leichter Fahrlässigkeit ist deshalb sinnvoll, weil der Arbeitnehmer keine computergesteuerte Maschine ist. Es ist nicht unüblich, dass einem Menschen aus leichter Unachtsamkeit Fehler passieren. Fraglich ist, ob diese Quotelung in modifizierter Weise auch auf die Berücksichtigung von Fehlzeiten aufgrund von Betriebsunfällen angewendet werden kann. An dieser Stelle muss zunächst untersucht werden, ob der Betriebsunfall vom Arbeitnehmer oder Arbeitgeber verschuldet wurde. Steht hin-

286 *Lepke*, Kündigung bei Krankheit, Rn 182.
287 *Lepke*, Kündigung bei Krankheit, Rn 182.

reichend fest, dass der Unfall der Sphäre des Arbeitnehmers entsprungen ist, muss im nächsten Schritt herausgefunden werden, welcher Verschuldensgrad einschlägig sein könnte. Nach diesem Verschuldensgrad sind die Fehlzeiten (anteilig) in der Prognose zu berücksichtigen. Hat ein Arbeitnehmer den Betriebsunfall beispielsweise durch mittlere Fahrlässigkeit herbeigeführt, sind die darauf beruhenden Fehlzeiten zu 50% in der Prognose anzurechnen. Das heißt: Fehlt der Arbeitnehmer aufgrund eines durch ihn durch mittlere Fahrlässigkeit herbeigeführten Betriebsunfalls sechs Tage krankheitsbedingt, werden anteilig drei Tage in der Prognose berücksichtigt und können zur Fehlzeitenquote im Rahmen der krankheitsbedingten Kündigung hinzugerechnet werden. Tritt ein solcher Unfall jedoch durch Verschulden des Arbeitgebers ein, so sind die darauf beruhenden Fehlzeiten nicht in der Prognose zu berücksichtigen. Die Verschuldensfrage iSd. § 3 Abs. 1 EFZG soll hiervon unberührt bleiben.

Sinn und Zweck des innerbetrieblichen Schadensausgleichs ist die Beseitigung der Schieflage zwischen dem Wert des beschädigten Arbeitsmittels zum Entgelt des Arbeitnehmers. Der Arbeitnehmer schuldet mit seiner Arbeitsleistung keinen konkreten Erfolg, sondern lediglich eine Bemühung. Deshalb erscheint es nicht angemessen, dem Arbeitnehmer indirekt über das Haftungsrecht das Risiko für den Eintritt des Leistungserfolges aufzubürden. Vielmehr wird der Arbeitnehmer durch die Arbeitsanweisung des Arbeitgebers in die Lage versetzt, einen Schaden verursachen zu können. Grundsätzlich lässt sich der Sinn und Zweck des innerbetrieblichen Schadensausgleichs lediglich insoweit auf die zuvor dargestellte Situation anwenden, als es einem angemessenen Interessenausgleich zwischen Arbeitgeber und Arbeitnehmer entspricht, wenn derjenige, der den Unfall verschuldet hat, die Konsequenzen tragen muss. Aus diesen Gründen erscheint eine Anwendung der Quotelung bzw. des abgestuften Verschuldens im Rahmen der Einbeziehung der Fehlzeiten in die Prognose zielführend, um einen angemessen Interessenausgleich zwischen Arbeitnehmer und Arbeitgeber zu erreichen. Folglich können beim Vorliegen dieser Voraussetzungen auch Fehlzeiten aufgrund von Betriebsunfällen innerhalb der Gesundheitsprognose berücksichtigt werden.

b. Einführung einer Erkundigungs- und Auskunftspflicht

Des Weiteren besteht generell das Problem, dass der Arbeitgeber meist keine genaue Kenntnis über den Gesundheitszustand des Arbeitnehmers besitzt, sondern lediglich Arbeitsunfähigkeitsbescheinigungen erhält, die keinen Aufschluss über den aktuellen Gesundheitszustand des Arbeitnehmers geben. Daraus folgt, dass der Arbeitgeber in einer generellen Unkenntnis belassen wird, welche Fehlzeiten innerhalb der Prognose berücksichtigt werden dürfen bzw. können. Dies rührt daher, dass nach aktueller Rechtslage weder eine Erkundigungspflicht des Arbeitgebers noch eine Auskunftspflicht des Arbeitnehmers bestehen.[288] Der Arbeitgeber hat hingegen ein großes Interesse an der Vermeidung von Fehlprognosen, weshalb eine Auskunft des Arbeitnehmers das der Prognose immanente Risiko tendenziell verringern würde.[289] Deshalb ist zu untersuchen, ob eine Erkundigungs- und Auskunftspflicht seitens der Arbeitgeber und Arbeitnehmer eingeführt werden muss. Diese Problematik hat besonders durch die Einführung des Betrieblichen Eingliederungsmanagements im Jahr 2004 erneut Auftrieb erhalten. Auf das Betriebliche Eingliederungsmanagement wird in einem gesonderten Abschnitt eingegangen.[290]

Es kann die Ansicht vertreten werden, dass eine Erkundigungs- und Auskunftspflicht insoweit sinnlos sei, als ein Arbeitnehmer häufig selbst keine eindeutige Aussage über den Krankheitsverlauf sowie deren Ursache treffen kann, sondern nur in der Lage dazu ist, Hoffnungen und Vermutungen bezüglich einer baldigen Besserung des Gesundheitszustandes preiszugeben. Eine ausdrückliche Rechtsgrundlage für die Einführung einer solchen Pflicht ist nicht ersichtlich. Nicht nur eine Auskunftspflicht des Arbeitnehmers, sondern vielmehr auch die Erkundigungspflicht des Arbeitgebers wäre mit enormen Schwierigkeiten verbunden. Dem Arbeitgeber wird es – ebenso wie dem Arbeitnehmer – schwerfallen, eine verlässliche Einschätzung über den Gesundheitszustand des Arbeitnehmers zu treffen. Gegen die Einführung

288 *Berkowsky*, NZA-RR 2001, 393 (399); *Hamann*, Die Kündigung wegen häufiger Kurzerkrankungen, S. 20.

289 *Berkowsky*, NZA-RR 2001, 393 (399); *Hamann*, Die Kündigung wegen häufiger Kurzerkrankungen, S. 20.

290 Siehe hierzu unten, S. 152 ff.

dieser Pflichten spricht zudem, dass der subjektive Kenntnisstand des Arbeitgebers für die Prognose unerheblich ist und es nur auf die objektiven Verhältnisse zum Kündigungszeitpunkt ankommt.[291] Diesem Umstand folgend wäre eine Erkundigungspflicht des Arbeitgebers bereits aus diesem Grund sinnlos, da eine Auskunft stets durch subjektive Verhältnisse geprägt sein wird. Daraus ergibt sich, dass es kündigungsschutzrechtlich unbeachtlich ist, ob sich der Arbeitgeber vor Kündigungsausspruch nach dem Gesundheitszustand des Arbeitnehmers erkundigt hat.[292]

Außerdem ist fraglich, ob der Arbeitnehmer auf die Nachfrage des Arbeitgebers überhaupt antworten müsste. Der Arbeitnehmer unterliegt nach aktueller Rechtslage weder einer Auskunfts- noch einer Untersuchungspflicht durch einen Amts- oder Betriebsarzt, solange dies nicht vertraglich vereinbart wurde.[293] Im Rahmen etwaiger Individualvereinbarungen kann der Arbeitnehmer, mit Ausnahme der Menschenwürde, auf seinen Grundrechtsschutz verzichten. Grundsätzlich verbietet das allgemeine Persönlichkeitsrecht iSd. Art. 1 Abs. 1 iVm. Art. 2 Abs. 1 GG unverhältnismäßige Eingriffe in das Persönlichkeitsrecht des Arbeitnehmers und dessen Intimsphäre. Durch angeordnete Untersuchungen kann ebenso die körperliche Integrität des Arbeitnehmers betroffen sein, die gemäß Art. 2 Abs. 1 GG einen großen Schutz erhält. Im Rahmen dessen handelt es sich um zwei hochrangige Grundrechte, die im Zuge unbestimmter Rechtsbegriffe und Generalklauseln überdies mittelbar in das Arbeitsverhältnis einwirken.[294] Im Rahmen der Intimsphären scheitert eine Legitimation bereits an der engen Verknüpfung zur Menschenwürde. Der Eingriff in diese Grundrechtspositionen des Arbeitnehmers können ausschließlich auf der Grundlage hinreichend wichtiger Interessen des Arbeitgebers gerechtfertigt werden. Ein solcher Fall liegt beispielsweise dann vor, wenn es sich um ansteckende Krankheiten handelt. Eine solche Ansteckungsgefahr gefährdet die körperliche Integrität anderer im Betrieb tätigen Arbeitnehmer (§ 43 Abs. 2 IfSG). Dem Interesse, die Erfolgsaussichten eines Kündigungsprozesses abschätzen zu können,

291 *Griebeling/Rachor*, in: KR Gemeinschaftskommentar, § 1 KschG, Rn 327.
292 *Griebeling/Rachor*, in: KR Gemeinschaftskommentar, § 1 KschG, Rn 327.
293 *Griebeling/Rachor*, in: KR Gemeinschaftskommentar, § 1 KschG, Rn 327.
294 *Preis/Greiner*, SAE 2004, 12 (15).

wird im Rahmen dieser Ansicht keine herausragende Bedeutung zugesprochen. Grundsätzlich überwiegt daher das Persönlichkeitsrecht des Arbeitnehmers das Informationsinteresse des Arbeitgebers, sodass der Arbeitnehmer keine Auskunft erteilen muss.[295] Nach dieser Ansicht besteht kein Bedürfnis für die Einführung einer Erkundigungs- und Auskunftspflicht.

In einigen Fällen wird dem Arbeitgeber jedoch die Erkundigung über den aktuellen Gesundheitszustand des Arbeitnehmers empfohlen, da es dem Arbeitsverhältnis grundsätzlich nicht schaden kann und eventuell vorhandene Missverständnisse bzw. Unklarheiten beseitigen könne.[296] Ein herausragendes Interesse des Arbeitgebers kann auch in der einfachrechtlichen Position liegen, das Prozessrisiko eines angestrebten Kündigungsprozesses besser abschätzen zu können. Dieses vermögensrechtliche Interesse des Arbeitgebers wird aber nicht stark genug sein, den verfassungsrechtlichen Schutz des Arbeitnehmers zu entkräften. Genügen kann dem also nur ein gesteigertes Informationsinteresse des Arbeitgebers bezüglich des Gesundheitszustandes des Arbeitnehmers, welches mit dem Vertragsbeendigungsinteresse einhergehe.

Problematisch an einer eventuellen Auskunft wird jedoch auch hier die fehlende Einschätzbarkeit des Arbeitnehmers sein. Eine Rechtspflicht zur Erkundigung durch den Arbeitgeber besteht nach aktueller Rechtslage nicht. Selbst wenn keine Erkundigungspflicht seitens des Arbeitgebers besteht, ist der Arbeitgeber zur Minimierung des Prozessrisikos, wenn auch nur moralisch, verpflichtet, sich vor Ausspruch einer Kündigung mit dem Arbeitnehmer in Verbindung zu setzen.[297] Für die Einführung einer Auskunfts- und Erkundigungspflicht lässt sich daher anführen, dass der Arbeitgeber ein großes Interesse an der Kenntniserlangung des jeweiligen Gesundheitszustands bzw. der Krankheitsursachen haben wird, um eine sichere Grundlage zur Erstellung einer Gesundheitsprognose zu haben sowie generell etwaige Maßnahmen einzuleiten. Wenn der Arbeitnehmer, wie von der zuvor aufgezeigten Auffassung, keiner Auskunftspflicht unterliegt, so würde eine krankheitsbedingte Kündigung zu einer Art „Glücksspiel mit un-

295 *Preis/Greiner*, SAE 2004, 12 (15).
296 *Berkowsky*, NZA-RR 2001, 393 (399).
297 *Birkner-Kuschyk/ Tschöpe*, DB 1981, 264 (267).

kalkulierbaren Prozessrisiko".[298] Daher besteht ein grundlegendes Interesse des Arbeitgebers an einer Auskunft des Arbeitnehmers, um eine sichere Grundlage für die Erstellung der Gesundheitsprognose zu erhalten. Das Interesse des Arbeitgebers an einer sicheren Kündigungsgrundlage könnte auch iSd. Art. 12 und Art. 14 GG schützenswert sein.[299] Eine solche Berufung auf Art. 12 GG und Art. 14 GG schafft jedoch keinen angemessenen Interessenausgleich zwischen Arbeitnehmer und Arbeitgeber und ist bloß dann einschlägig, wenn die Fehlzeiten des Arbeitnehmers einen kompletten Betrieb stilllegen würden.[300] Bloße Vermögensinteressen können die Einschränkung höherrangiger Grundrechte nicht legitimieren.[301] Problematisch im Bereich häufiger Kurzerkrankungen ist im Speziellen, dass zwar der Umfang der vergangenen Fehlzeiten eindeutig feststeht, eine Prognose hingegen besonders beim Vorliegen verschiedener Erkrankungen ein gesteigertes Risiko in sich birgt. Es erscheint gar unmöglich, dass der Arbeitgeber zwischen prognosefähigen und prognoseunfähigen Fehlzeiten differenziert, ohne die medizinischen Umstände des Krankheitsbildes des Arbeitnehmers zu kennen.[302] Um eine möglichst sichere Prognose zu erstellen, bedarf es daher eines genauen Kenntnisstandes der jeweiligen Krankheitsbilder. Damit dieses Interesse nicht verfassungsrechtliche Positionen beeinträchtigt, benötigt es eine besonders erhebliche Fehlzeitenanzahl, nach welcher eine Kündigung äußerst realistisch erscheint. Einem derart häufig krankheitsbedingt fehlenden Arbeitnehmer ist eine Auskunftspflicht hinsichtlich seines Krankheitsstandes insoweit zuzumuten, als er ohnehin aufgrund seiner hohen Fehlzeitenquote mit einer krankheitsbedingten Kündigung rechnen muss. Eine solche Auskunft darf allerdings nicht ohne jeden Anlass oder in übermäßig häufiger Weise verlangt werden, da sonst der Eingriff in die Grundrechtsposition des Arbeitnehmers unverhältnismäßig weit reichen würde. Folglich wird für die Einführung einer Erkundigungs- so-

298 *Preis/ Greiner*, SAE 2004, 12 (12).

299 *Bezani*, Die krankheitsbedingte Kündigung, S. 59; BAG, Urt. v. 06.11.1997 – 2 AZR 801/96, in: NZA 1998, 326 (327).

300 So auch *Preis/Greiner*, SAE 2004, 12 (16).

301 *Preis/Greiner*, SAE 2004, 12 (16).

302 *Preis/Greiner*, SAE 2004, 12 (17).

wie Auskunftspflicht zur Klärung einer beabsichtigten krankheitsbedingten Kündigung plädiert.

Fraglich ist hingegen, welche Auswirkungen eine solche Einführung mit sich bringen würde. Bei Annahme einer zwingenden Auskunftspflicht durch den Arbeitnehmer könnte bei einer Weigerung der Auskunftserteilung generell der Weg einer verhaltensbedingten Kündigung beschritten werden.[303] Eine solch weitreichende Konsequenz erscheint im Rahmen des Kündigungsrechts nicht zielführend und muss daher abgelehnt werden. Der Gesetzgeber hat im Jahr 2004 das Institut des Betrieblichen Eingliederungsmanagements (im Folgenden „BEM“ abgekürzt) eingeführt (§ 84 Abs. 2 S. 1 SGB IX). Der Wortlaut des § 84 Abs. 2 SGB IX stellt eindeutig klar, dass der Arbeitgeber ausschließlich mit ausdrücklicher Zustimmung des Arbeitnehmers im Rahmen des BEM die Klärung bzw. Überwindung der Arbeitsunfähigkeit herbeiführen darf. Daraus folgt, dass der Arbeitgeber ohne die Zustimmung des Arbeitnehmers den Klärungsprozess nicht veranlassen darf.[304] Grundsätzlich soll das BEM den Arbeitnehmer begünstigen. Das verfolgte Ziel lag insbesondere in der Aufklärung des Krankheitsverlaufs und des Versuchs der Wiedereingliederung an den Arbeitsplatz. Somit liegt das Ziel des BEM nicht darin, dem Arbeitnehmer ein Recht zur Verweigerung seiner Auskünfte zu geben. Ein BEM als solches beruht auf der freiwilligen Mitwirkung beider Parteien.[305] Folglich ist eine generelle Auskunfts- und Erkundigungspflicht – unter Einbezug der Grundsätze des BEM – nach dem Willen des Gesetzgebers abzulehnen und lediglich in dem Fall geboten, in dem die unsichere Prognosegrundlage ausschließlich durch eine Offenlegung der medizinischen Diagnose verbessert werden kann.

Sinnvoll erscheint allerdings die Einführung einer generellen Auskunfts- und Erkundigungsobliegenheit, um die Interessen der Arbeitnehmer und Arbeitgeber angemessen zu wahren. Der Arbeitgeber wird zumeist völlige Unkenntnis hinsichtlich des Gesundheitszustands des Arbeitnehmers haben und somit auch nicht explizit wissen, welche Fehlzeiten innerhalb der Prognose Berücksichtigung finden können. Somit besteht permanent das Risiko einer Fehlprognose. Es wird dem

303 *Preis/Greiner*, SAE 2004, 12 (16).
304 *Nehring*, Die krankheitsbedingte Kündigung, S. 167.
305 *Nehring*, Die krankheitsbedingte Kündigung, S. 169.

Interesse des Arbeitgebers entsprechen, eine solche Fehlprognose zu vermeiden. Durch die Erteilung einer Auskunft durch den Arbeitnehmer kann dieses Risiko zumindest verringert werden. Auch wenn die Auskunft stets subjektiv geprägt sein wird, kann sie zumindest dazu beitragen, Unklarheiten oder sonstige Missverständnisse zwischen Arbeitgeber und Arbeitnehmer zu beseitigen. Anstelle einer Verpflichtung sollte es sich demnach vielmehr um eine Obliegenheit zur Erkundigung bzw. Auskunft handeln. Eine solche Obliegenheit gibt sowohl dem Arbeitnehmer als auch dem Arbeitgeber die Chance, ein eventuell bestehendes Missverständnis aufzuklären. Die praktische Umsetzung einer solchen Obliegenheit muss durch gezielte Rechtsanwendung erfolgen.

c. Anzahl der Fehlzeiten

Um eine gewisse Fehlzeitenanzahl unter den Begriff der Häufigkeit zu subsumieren, müssen insbesondere zwei essentielle Fragen geklärt werden: Zum einen, welcher Zeitraum berücksichtigungsfähig ist, zum anderen allerdings auch, ab welcher Fehlzeitenanzahl von einer gewissen Häufigkeit ausgegangen werden kann. Wann eine gewisse Fehlzeitenanzahl aufgrund häufiger Kurzerkrankungen kündigungsrechtliche Relevanz erlangt, muss nach den Umständen des Einzelfalls entschieden werden, da bislang keine festen Richtwerte existieren. Jedoch gelten Fehlzeiten unterhalb einer Fehlzeitenquote von 12% bis 14% (mind. 30 Tage bei Annahme einer Fünftagewoche) gemessen an der Jahresarbeitszeit als nicht kündigungsrelevant.[306] Grundsätzlich muss mindestens der in § 3 Abs. 1 EFZG genannte Zeitraum von sechs Wochen pro Jahr überschritten werden. Eine Quote ergibt sich aus der Gegenüberstellung der jährlichen Arbeitstage und der Fehlzeiten des Arbeitnehmers. Bei Berechnung dieser Quote werden Urlaubstage sowie Fehlzeiten aufgrund des Mutterschutzes nicht beachtet.[307] In diesem Zusammenhang stellt sich hingegen insbesonders die Frage, wie viele Fehltage der Arbeitgeber hinnehmen muss, bevor er kündigungsrechtliche Maßnahmen ergreifen darf.

---

306 *Schiefer*, BB 2014, 2613 (2614).

307 *Bauer/ Röder/ Lingemann*, Krankheit im Arbeitsverhältnis, S. 112.

aa. Ansicht der Literatur

Die Literatur stellt bezüglich dieses Aspekts auf § 3 EFZG ab und verlangt daher, dass innerhalb der Zukunftsprognose Fehlzeiten von mehr als sechs Wochen jährlich zu erwarten sind.[308] In diesem Sinne soll es sich jedoch bloß um eine Orientierungshilfe handeln.[309] Eine niedrigere Schwelle, als die in der Literatur geforderten sechs Wochen lässt sich dann annehmen, wenn sich der Großteil der Fehltage durch kurze, unvorhersehbare und häufige Fehlzeiten aufgrund von Kurzerkrankungen zusammensetzt.[310] Ein niedrigerer Schwellenwert könnte vor allem dann angenommen werden, wenn der Arbeitnehmer über mehrere Jahre wiederholt Fehlzeiten knapp unterhalb der Sechswochenschwelle aufgewiesen hat und somit der Zeitraum des § 3 EFZG generell nicht erfüllt ist.[311] Dafür bedarf es dann allerdings einer durch die Arbeitsunfähigkeit hervorgerufenen außerordentlich hohen wirtschaftlichen Belastung des Arbeitgebers. Hingegen erscheint eine höhere Schwelle (höhere Fehlzeitenquote) dann sinnvoll, wenn verhältnismäßig langdauernde und somit wenige Fehlzeitenphasen vorliegen.[312] Insgesamt muss jedoch feststehen, dass der in Rede stehende Schwellenwert der Häufigkeit von Kurzerkrankungen im Einzelfall betrachtet werden muss.[313]

Die Anzahl der Fehlzeiten ist dann für den Arbeitgeber nicht tragbar, wenn er mit betrieblichen Beeinträchtigungen rechnen muss.[314] Es gibt keinen festgelegten Mindestumfang der zukünftig zu erwartenden Ausfallzeiten, sodass auch eintägige Fehlzeiten bei einer entsprechenden Häufigkeit genügen können, um arbeitsrechtliche Konsequenzen nach sich zu ziehen.[315] Jedenfalls ist nach Ansicht der Literatur davon ausgehen, dass ausschließlich Fehlzeiten von insgesamt mehr als sechs

308 *Nehring*, Die krankheitsbedingte Kündigung, S. 158; *Etzel*, AuR 1981, 280 (281); *Schukai*, DB 1976, 2015 (2018).
309 *Lepke*, Kündigung bei Krankheit, Rn 182.
310 *Nehring*, Die krankheitsbedingte Kündigung, S. 158.
311 *Nehring*, Die krankheitsbedingte Kündigung, S. 158.
312 *Nehring*, Die krankheitsbedingte Kündigung, S. 158; *Bezani*, Die krankheitsbedingte Kündigung, S. 44.
313 *Nehring*, Die krankheitsbedingte Kündigung, S. 159.
314 *Thies*, in: Arbeitsrecht Kommentar, § 1 KSchG, Rn 142.
315 *Griebeling/ Rachor*, in: KR Gemeinschaftskommentar, § 1 KSchG, Rn 332; *Oetker*, in: Erfurter Kommentar, § 1 KSchG, Rn 138.

Wochen bzw. knapp darunterliegende Fehlzeiten über mehrere Jahre erheblich sein können.[316]

Eine andere Ansicht in der Literatur beschreibt jedoch, dass erst eine Fehlzeitenquote von 15 – 20% der letzten Jahre die Kündigung sozial rechtfertigen können.[317] Eine andere in der Literatur vertretene Ansicht empfindet eine prozentuale Berechnung der Fehlzeiten als nicht zielführend. Sie folgt vielmehr der Ansicht, dass eine schematische Festlegung einer gewissen Fehlzeitenquote als Kündigungsvoraussetzung nicht sinnvoll erscheint.[318]

bb. Ansicht der Rechtsprechung

Ungewiss ist, ab wann die Rechtsprechung eine außerordentliche Häufigkeit von Kurzerkrankungen annimmt. Grundsätzlich spricht das Bundesarbeitsgericht in dieser Beziehung von einer Einzelfallentscheidung. In einer Entscheidung vom 05. Juli 1990 nahm das Bundesarbeitsgericht eine solche außerordentlich hohe Fehlzeitenquote bei einer zu erwartenden Fehlzeitenanzahl von 60 Arbeitstagen an.[319] Wird eine Fünftagewoche zugrunde gelegt, entsprechen die geforderten 60 Tage dem doppelten Zeitraum des § 3 Abs. 1 EFZG, der die Entgeltfortzahlung auf einen Zeitraum von sechs Wochen (im Fall einer Fünftagewoche 30 Arbeitstage) beschränkt. Eine Fehlzeitenanzahl von 60 Tagen entspricht also Fehlzeiten von 12 Wochen.

In einer weiteren Entscheidung vom 06. September 1989 sprach sich das Bundesarbeitsgericht bereits bei 45 Krankheitstagen, also neun Wochen, für eine außergewöhnlich hohe Fehlzeitenanzahl aus.[320] Da jedes Arbeitsverhältnis verschiedene Voraussetzungen mit sich bringe, lasse sich eine bestimmte Fehlzeitenanzahl nicht schematisch festlegen, sondern müsse aufgrund des Gebots der Einzelfallbetrachtung für jedes Arbeitsverhältnis gesondert festgelegt werden.[321] Wird dieser Rechtsprechung gefolgt, kann etwa ab einer Anzahl von 45 Fehl-

316 *Löwisch*, in: Löwisch/ Spinner/ Wertheimer, Kündigungsschutzgesetz, § 1, Rn 246.
317 *Birkner-Kuschyk/ Tschöpe*, DB 1981, 264 (265).
318 *Ide*, AuR 1980, 225 (227); *Birkner-Kuschyk/ Tschöpe*, DB 1981, 264 (265).
319 BAG, Urt. v. 05.07.1990 – 2 AZR 154/90, in: NZA 1991, 185 (187).
320 BAG, Urt. v. 06.09.1989 – 2 AZR 224/89, in: NJW 1990, 2338 (2339).
321 *Deinert*, in: Kommentar Kündigungsschutzrecht, § 1 KSchG, Rn 133.

tagen (entspricht bei einer Fünftagewoche neun Wochen) von der geforderten Häufigkeit gesprochen werden.

Die Anfangs dargestellte Entscheidung des Bundesarbeitsgerichts vom 23. Januar 2014, dessen Sachverhalt die Kündigung einer ordentlich unkündbaren Arbeitnehmerin zum Gegenstand hat, die aufgrund häufiger Kurzerkrankungen außerordentlich gekündigt wurde, hat selbst eine Fehlzeitenquote von einem Drittel der Jahresarbeitszeit – entspricht bei einer Fünftagewoche Fehlzeiten von über 86 Tagen – als unzureichend angenommen. Es muss jedoch verdeutlicht werden, dass es sich um eine außerordentliche Kündigung einer durch Altersschutz unkündbaren Arbeitnehmerin handelte, weshalb sicherlich ausschließlich eine außerordentlich hohe Fehlzeitenquote eine Kündigung rechtfertigen kann. Aus diesem Blickwinkel kann die Ablehnung einer hinreichenden Fehlzeitenanzahl bei mehr als 86 Tagen (etwa 17 Wochen) keine Auswirkungen im Rahmen der ordentlichen Kündigung mit sich bringen.

cc. Stellungnahme

Erst bei einer Fehlzeitenanzahl in Höhe von 60 Tagen (12 Wochen) von einer gewissen Häufigkeit auszugehen, scheint den Willen des Gesetzgebers nicht adäquat zu umfassen. Vielmehr muss eine Entscheidung anhand des § 3 Abs. 1 EFZG für einen weniger hohen Zeitraum getroffen werden. Die von der Rechtsprechung in der Entscheidung vom 06. September 1989 festgelegte Quote von 45 Tagen (neun Wochen) scheint deutlich sinnvoller gewählt. Dennoch muss festgehalten werden, dass eine schematische Festlegung nicht erfolgen darf, da jedes Arbeitsverhältnis mit seinen eigenen Besonderheiten berücksichtigt werden muss.[322]

Die Fehlzeiten müssen ihrer Tendenz entsprechend steigend bzw. zumindest gleichbleibend konstant hoch sein.[323] Außerdem ist die Häufigkeit der Ausfallzeiten für die Aufstellung der Prognose entscheidungserheblich. Die Stellung des Arbeitnehmers innerhalb des Betriebs ist vor diesem Hintergrund von Bedeutung und kann eine Kün-

322 *Deinert*, in: Kommentar Kündigungsschutzrecht, § 1 KSchG, Rn 133.
323 *Deinert*, in: Kommentar Kündigungsschutzrecht, § 1 KSchG, Rn 133.

digung selbst bei geringen Fehlzeiten rechtfertigen.[324] Der Rechtsprechung folgend sind in diese Berechnung jedoch einmalige, ausgeheilte Ereignisse ohne Wiederholungsgefahr oder erfolgreich behandelte Ereignisse, beispielsweise eine Operation wegen einer Sportverletzung, nicht mit einzubeziehen.[325] Nahezu jeder Arbeitnehmer wurde bereits mehrmals von Erkältungs- und/oder Entzündungskrankheiten heimgesucht. Problematisch ist an dieser Stelle nicht das einmalige Auftreten einer solchen Erkrankung, sondern vielmehr die Häufigkeit und der lang andauernde Heilungsprozess, sowie die daraus entstehenden Fehlzeiten. Für die Annahme einer negativen Zukunftsprognose ist es weiterhin unerheblich, ob die Fehlzeiten auf verschiedenen Krankheiten beruhen, da gerade eine Vielzahl verschiedener Erkrankungen eines Arbeitnehmers auf eine gewisse Krankheitsanfälligkeit hindeuten lässt, die erfahrungsgemäß eine bestimmte Zeit andauert.[326]

Eine gesetzliche Regelung zur Häufigkeit von Erkrankungen gibt es nach aktueller Rechtslage nicht, könnte jedoch im Hinblick auf die Häufigkeit derartiger Verfahren sinnvoll sein.[327] Es widerspricht sich keineswegs, dass das Arbeitsrecht einerseits besonders durch den Einzelfall geprägt sein soll, andererseits aber eine gewisse Schwelle, für die Relevanz einer Fehlzeitenanzahl, festgelegt werden kann. Vielmehr würde dies dem Arbeitsverhältnis sowohl auf Arbeitgeber- als auch auf Arbeitnehmerseite eine höhere Transparenz geben. Als grundlegender Maßstab ist eine Fehlzeitenanzahl in Höhe von 45 Tagen (neun Wochen) sinnvoll, um einen angemessenen Ausgleich von Arbeitgeber- und Arbeitnehmerinteressen zu erreichen. Trotzdem müssen die Besonderheiten des Einzelfalls berücksichtigt werden, sodass bei Vorliegen einer niedrigen Fehlzeitenquote durch häufige kurzzeitige unvorhersehbare Erkrankungen eine geringere Fehlzeitenschwelle erreicht werden muss als bei einer Quote, die auf wenigen länger andauernden krankheitsbedingten Fehlzeiten beruht.

324 *v. Hoyningen-Huene/ Linck*, Kündigungsschutzgesetz, § 1, Rn 362.
325 *Plocher*, DB 2015, 2083 (2085).
326 BAG, Urt. v. 20.11.2014 – 2 AZR 755/13, in: NZA 2015, 612 (613).
327 BAG, Urt. v. 06.09.1989 – 2 AZR 224/89, in: NZA 1990, 434 (436).

2. Indizwirkung der Fehlzeiten

Ein häufiges krankheitsbedingtes Fernbleiben des Arbeitnehmers ist zwar ein erstes Anzeichen, aber noch kein hinreichend genügendes Indiz für eine negative Zukunftsprognose.[328] Den Fehlzeiten der Vergangenheit wird innerhalb der Prognose dann eine gewisse Indizwirkung zugestanden, wenn der Umfang und die Ursachen der Erkrankung den Schluss zulassen, dass der Arbeitnehmer auch in Zukunft an dieser Krankheit leiden bzw. Fehlzeiten in ähnlicher Höhe aufweisen wird.[329] Die Kündigung des Arbeitnehmers erfolgt allerdings nicht vergangenheitsbezogen, sondern vielmehr wegen der ungewissen bzw. zu prognostizierenden Gesundheitsentwicklung in der Zukunft.[330] Für eine derartige Kündigung bedarf es des Vorliegens objektiver Tatsachen, aus denen sich ernsthaft schließen lässt, dass auch in Zukunft mit weiteren Fehltagen aufgrund häufiger Kurzerkrankungen im bisherigen Umfang gerechnet werden muss.[331] Innerhalb der Gesundheitsprognose kann bei einem sehr kurzen Arbeitsverhältnis Fehlzeiten von etwa 50% der Arbeitszeit die Annahme einer negativen Prognose rechtfertigen.[332] Wenn künftige Fehlzeiten nicht zu befürchten sind, haben die vergangenen Fehlzeiten keine Indizwirkung und können somit keine Kündigung rechtfertigen.[333] Um eine Prognose bezüglich der zukünftig zu erwartenden Fehlzeiten aufzustellen, müssen die Fehlzeiten der Vergangenheit ausgewertet werden und dadurch zukünftig mit erheblichen Entgeltfortzahlungskosten von jährlich über sechs Wochen zu rechnen sein.[334] Ist der Arbeitnehmer in den letzten Jahren häufig für kurze Zeiträume erkrankt und fiel somit krankheitsbedingt aus,

328 *Richter*, ArbRAktuell 2015, 237 (238).
329 *Schiefer*, BB 2015, 2613 (2614).
330 *Plocher*, DB 2015, 2083 (2084).
331 BAG, Urt. v. 20.11.2014 – 2 AZR 755/13, in: NZA 2015, 612 (613); Urt. v. 10.11.2005 – 2 AZR 44/05, in: NZA 2006, 655 (656); *Bauer/ Röder/ Lingemann*, Krankheit im Arbeitsverhältnis, S. 111.
332 *Griebeling/Rachor*, in: KR Gemeinschaftskommentar, § 1 KschG, Rn 330.
333 *Plocher*, DB 2015, 2083 (2084).
334 Siehe hierzu oben, S. 69 ff.

spricht dies für eine entsprechende Fehlzeitenquote in der Zukunft.[335] Folglich begründen häufige Fehlzeiten in der Vergangenheit ein Indiz für eine entsprechende Fehlzeitenquote in der Zukunft. Um diese Indizwirkung näher zu konkretisieren, werden im Folgenden der Beurteilungszeitraum sowie das Erfordernis der Wiederholungsgefahr beleuchtet.

a. Beurteilungszeitraum

Zu untersuchen ist, welcher Zeitraum der Vergangenheit für eine solche Betrachtung geeignet ist und somit eine Indizwirkung trägt. Im Gegensatz zur Erstellung der Prognose im Rahmen der Fallgruppe einer langanhaltenden Krankheit, bedarf die Gesundheitsprognose bei einer Kündigung wegen häufiger Kurzerkrankungen eines längeren Beobachtungszeitraums. Innerhalb eines solchen Zeitraums werden die zurückliegenden Fehlzeiten als Indiz für die Aufstellung der Gesundheitsprognose herangezogen. Die Länge dieses Zeitraums hat rechtliche Auswirkungen auf die Darlegungs- und Beweislast des Arbeitnehmers, da es in seinen Händen liegt, darzulegen, dass die vergangenen Fehlzeiten keinen Schluss auf die Zukunft zulassen.[336] Eine generelle Beantwortung der Frage, bis zu welchem Ausmaß der Arbeitgeber häufige Arbeitsunfähigkeitszeiten hinnehmen muss, ist bislang nicht erfolgt. Um eine Prognose aufstellen zu können, müssen daher zunächst die Fehlzeiten der Vergangenheit ausgewertet werden. Die Rechtsprechung gibt auf diese Fragestellung keine grundlegende Antwort. Der geeignete Beurteilungszeitraum und die Häufigkeit der Erkrankungen lassen sich wegen der Anzahl verschiedener Krankheitsbilder nicht schematisch festlegen.[337] Es muss sich jedoch um einen Zeitraum handeln, der Aufschluss über die zukünftig zu erwartenden Fehlzeiten bietet. Andernfalls besteht die Gefahr, dass der Arbeitnehmer aufgrund gegenwärtig zufälliger Krankheitshäufungen gekündigt

335 *Bauer/ Röder/ Lingemann*, Krankheit im Arbeitsverhältnis, S. 111; *Schiefer*, BB 2015, 2613 (2615); BAG, Urt. v. 20.11.2014 – 2 AZR 755/13, in: DB 2015, 1290 (1291).

336 *Deinert*, in: KSchR Kommentar, § 1 KSchG, Rn 112, 113.

337 *Griebeling/ Rachor*, in: KR Gemeinschaftskommentar, § 1 KSchG, Rn 330.

wird.[338] Andererseits würde ein zu lang gewählter Zeitraum den Arbeitgeber enorm belasten, da er dadurch an den Arbeitnehmer gebunden wäre. Der gewählte Zeitraum darf nicht derart weit ausgedehnt sein, dass für die Zukunft nicht mehr relevante Erkrankungen erfasst werden, da diese bereits zu weit in der Vergangenheit liegen und somit kein Gefahrenpotenzial mehr in sich tragen.[339] Es bedarf vielmehr eines aussagekräftigen Zeitraums in der Vergangenheit, der die spezifischen Leiden des Arbeitnehmers berücksichtigt und die Dauer des Arbeitsverhältnisses in Relation setzt.[340] Innerhalb der Rechtsprechung besteht jedoch Uneinigkeit darüber, welcher Zeitraum der Vergangenheit als Grundlage für eine zuverlässige Zukunftsprognose angewendet werden soll. Einigkeit besteht jedoch hinsichtlich der Tatsache, dass es sich bei dem Beurteilungszeitraum um einen Zeitabschnitt handeln muss, der aus den vergangenen Erfahrungen einen Schluss auf die Entwicklung in der Zukunft zulässt.[341]

aa. Neuere Rechtsprechung

Nach Auffassung des Bundesarbeitsgerichts kann nicht auf einen starr festgelegten Zeitraum abgestellt werden. Im Rahmen der Prognose müsse einzelfallbedingt auf vergangenheitsbezogene Fehlzeitenphasen abgestellt werden. Diese Feststellung kann sowohl einen dreijährigen Zeitraum als auch einen kürzer oder länger zu wählenden Beurteilungszeitraum umfassen.[342] Eine zu starre Festsetzung eines Beurteilungszeitraums könnte dazu führen, dass auch Arbeitnehmer, die ausschließlich während dieses Zeitraums unter mehreren Kurzerkrankungen gelitten haben, eine negative Zukunftsprognose zugesprochen bekämen.[343] Deshalb muss es auch möglich sein, eine Prognose auf einen kürzeren oder längeren Zeitraum zu stützen. Dann müsste das Indiz, dass die Fehlzeiten der Vergangenheit ebenso in vergleichbarem Umfang zukünftig eintreten werden, durch den Arbeitgeber speziell darge-

338 LAG Köln, Urt. v. 19.12.1995 – 13 Sa 928/95, in: NZA-RR 1996, 250 (251).
339 *Herbst/ Wohlfarth*, DB 1990, 1816 (1820).
340 *Mayer*, in: BTM KSchG, § 1 KSchG, Rn 127.
341 *Deinert*, in: KSchR Kommentar, § 1 KSchG, Rn 112.
342 BAG, Urt. v. 10.11.2005 – 2 AZR 44/05, in: NZA 2006, 655 (657).
343 *Ludwig/ Lingemann*, ArbRAktuell 2010, 409 (409).

legt werden.[344] Fraglich ist allerdings, ob der Beurteilungszeitraum mindestens zwei Jahre umfassen muss, da das Bundesarbeitsgericht in seinen Entscheidungen geurteilt hat, dass auf die letzten Jahre vor der Kündigung abzustellen ist. Ein kürzerer Zeitraum genügt, sofern das Arbeitsverhältnis von Beginn an unter häufigen krankheitsbedingten Arbeitsunfähigkeitszeiten gelitten hat.[345] In einem solchen Fall hat das Bundesarbeitsgericht eine negative Gesundheitsprognose bejaht, obwohl lediglich ein Zeitraum von 15 Monaten als Indiz vorhanden war.[346] Daraus folgt, dass nicht von Anfang an ausgeschlossen sein kann, dass bereits durch erst seit kurzem vorliegender häufig auftretender Arbeitsunfähigkeit auf zukünftige Fehltage geschlossen werden kann. Diese Prognose muss jedoch durch Vorlage eines ärztlichen Gutachtens untermauert werden.[347] Im Übrigen hält die Rechtsprechung grundsätzlich einen Zeitraum von etwa drei Jahren für sinnvoll.[348] Für die Kündigung ist ausschließlich die Gesundheitsprognose maßgeblich, sodass es sinnlos erscheint, eine Prognose ausschließlich auf eine Fehlzeitenquote innerhalb einer gewissen Zeit zu stützen. Die Forderung nach einem mehrjährigen Beurteilungszeitraum hat keine Auswirkungen auf die Erstellung der Gesundheitsprognose und kann daher abgelehnt werden. Es widerspreche weiterhin der generellen Zukunftsbezogenheit der krankheitsbedingten Kündigung.[349] Daher sei es dem Arbeitgeber bei Vorliegen eindeutiger Voraussetzungen nicht zuzumuten, mit einer etwaigen Kündigung mehrere Jahre abzuwarten und während dieses Zeitraums erhebliche Beeinträchtigungen dulden zu müssen. Zusammenfassend richtet sich der Beurteilungszeitraum nach einem im Einzelfall, auf das jeweilige Leiden bezogenen, sinnvollen Maßstab. Der Beurteilungszeitraum kann daher die letzten zwei bis drei Jahre umfassen. Allerdings kann je nach Krankheitsbild ein kürzerer oder längerer Zeitraum nötig werden. Für die Erstellung einer ne-

344 *Gallner/ Denecke*, HK Kündigungsschutzrecht, § 1 Teil E, Rn 555; BAG, Urt. v. 10.11.2005 – 2 AZR 44/05, in: NZA 2006, 655 (656).

345 *Dörner/ Vossen*, in: APS Großkommentar, § 1 KSchG, Rn 206.

346 BAG, Urt. v. 19.05.1993 – 2 AZR 598/92, in: BeckRS 1993, 30745033; *Dörner/ Vossen*, in: APS Großkommentar, § 1 KSchG, Rn 206. Oetker, in: Erfurter Kommentar, § 1 KschG, Rn 144.

347 BAG, Urt. v. 23.06.1983 – 2 AZR 15/82, AP KSchG 1969 § 1 Krankheit Nr. 10.

348 BAG, Urt. v. 23.1.2014 – 2 AZR 582/13, in: NZA 2014, 962 (964).

349 *v. Hoyningen-Huene/ Linck*, KSchG, § 1, Rn 360.

gativen Gesundheitsprognose muss grundlegend jedoch die Indizwirkung von hinreichend prognosefähigen Zeiträumen erforderlich sein.[350]

bb. Ältere Rechtsprechung

Nach der älteren Rechtsprechung des Bundesarbeitsgerichts seien Zeiträume von etwa zwei bis drei Jahren für eine sichere Zukunftsprognose notwendig, sofern der Arbeitnehmer krankheitsbedingte Fehlzeiten, die von § 3 Abs. 1 EFZG umfasst wurden, von mehr als sechs Wochen jährlich zu verzeichnen hatte.[351] Ein Zeitraum von mindestens zwei Jahren sei jedoch zwingend erforderlich. Als Grund dafür lässt sich anführen, dass ein unterhalb dieser Spanne liegender Zeitraum eine übermäßig große Gefahr der Zufälligkeit des Vorliegens gewisser Krankheitsbilder in sich berge und dadurch keine sichere Prognose aufgestellt werden könne, da auch grundsätzlich gesunde Menschen von mehreren hintereinander auftretenden Kurzerkrankungen betroffen sein können.[352] Durch die Maßgabe dieses Zeitraums von mindestens zwei Jahren erhält der Arbeitnehmer einen starken Schutz, da die Gefahr von Zufälligkeiten verringert ist.

cc. Stimmen der Literatur

Kritiker halten einen Beobachtungszeitraum von drei Jahren für erforderlich und sprechen sich somit für einen starren Zeitraum aus.[353] Sie stehen dafür ein, dass der Arbeitnehmer nach einem Entwurf des § 115 Abs. 2 S. 3 des Arbeitsvertragsgesetzes die Beweislast dafür trägt, dass zukünftig nicht mit vergleichbaren Fehlzeiten zu rechnen ist, wenn er innerhalb der letzten drei Jahre mehr als 20% der Arbeitszeit krankheitsbedingt gefehlt hat.[354] Problematisch dabei wäre allerdings,

350 *Bauer/ Röder/ Lingemann*, Krankheit im Arbeitsverhältnis, S. 112.
351 BAG, Urt. v. 10.11.2005 – 2 AZR 44/05, in: NZA 2006, 655 (657).
352 *Gallner/ Denecke*, HK Kündigungsschutzrecht, § 1 Teil E, Rn 555.
353 *Nehring*, Die krankheitsbedingte Kündigung, S. 157.
354 *Nehring*, Die krankheitsbedingte Kündigung, S. 157; *Henssler/ Preis*, NZA 2007, Beilage 1.

dass dementsprechend dem Arbeitnehmer die Beweisfrage auferlegt würde, was der grundsätzlichen Dogmatik des Kündigungsrechts widerspräche.

dd. Eigene Stellungnahme

Damit der Beurteilungszeitraum einen Schluss auf die zukünftige Entwicklung des Fehlzeitenbildes zulassen kann, darf dieser weder übermäßig kurz gewählt werden, da sich sonst häufige Kurzerkrankungen in zufälliger Weise innerhalb eines bestimmten Zeitraums häufen könnten, noch einen übermäßig ausgedehnten Zeitraum umfassen, da sonst nicht mehr relevante Erkrankungen in der Zukunftsprognose berücksichtigt würden.[355] Es ist somit generell der neueren Rechtsprechung des Bundesarbeitsgerichts zu folgen, die sich für einen flexiblen Zeitraum ausspricht. Auch erscheint ein starrer Zeitraum von drei Jahren zu ausgedehnt gewählt, da der Arbeitgeber aufgrund dieses Umstands zumindest während dieses Zeitraums an den Arbeitnehmer gebunden wäre und ihm nicht krankheitsbedingt kündigen könnte. Hingegen erscheint ein Beurteilungszeitraum von einem Jahr grundsätzlich zu kurz gewählt, da ein solcher Zeitraum kein hinreichendes Indiz für eine künftige Entwicklung geben kann.[356] Auch ein grundsätzlich gesunder Mensch kann innerhalb eines solch kurzen Zeitraums zufällig von mehreren Kurzerkrankungen eingeholt sein. Außerdem ist es sinnvoll, zwischen einzelnen Krankheiten zu unterscheiden. Ist eine Krankheit unheilbar und kommt es aufgrund dieser Krankheit fortwährend zu kurzen Arbeitsunfähigkeitszeiten, ist ein kürzerer Zeitraum ausreichend, da die Prognose mit großer Sicherheit gestellt werden kann. Wenn der Arbeitnehmer bedingt durch eine gewisse Krankheitsanfälligkeit wegen vieler verschiedener Kurzerkrankungen fehlt, bedarf es eines etwas längeren Beobachtungszeitraums, da die Prognose andernfalls mit einer großen Unsicherheit verbunden ist.[357] Es ist zu

355 *Deinert*, in: KSchR Kommentar, § 1 KSchG, Rn 112; *Griebeling/ Rachor*, in: KR Gemeinschaftskommentar, § 1 KSchG, Rn 330; *Herbst/ Wohlfarth*, DB 1990, 1816 (1820).

356 ArbG Würzburg, Urt. v. 23.10.2003 – 5 Ca 704/03 A, in: AuR 2004, 436.

357 *Plocher*, DB 2015, 2083 (2084).

bedenken, dass eine Prognose die Gefahr mit sich bringt, dass der Arbeitnehmer zufälligerweise in einem gewissen Zeitraum eine höhere Fehlzeitenquote aufweist und somit die Prognose genau von dieser Zufälligkeit geprägt ist.

Um dieses Risiko zu verringern, erscheint es sinnvoll, grundsätzlich einen Beobachtungszeitraum von mindestens 15 Monaten zu wählen.[358] Je nach Dauer des Arbeitsverhältnisses ist der Zeitraum prozentual zu verlängern. Ein Zeitraum zwischen 15 und 24 Monaten stellt eine angemessene Berücksichtigung der Umstände des Einzelfalles dar. Ein 24 Monate übersteigender Zeitraum wird in den meisten Fällen einseitig die Interessen des Arbeitnehmers berücksichtigen. Dem Arbeitgeber kann es allerdings nicht zugemutet werden, für mehrere Jahre an den Arbeitnehmer gebunden zu sein, obwohl eine negative Prognose mit großer Sicherheit getroffen werden kann. Besteht ein Arbeitsverhältnis beispielsweise bereits 15 Jahre, ist ein Zeitraum von mindestens 24 Monaten anzuwenden, d.h. die Fehlzeiten der letzten zwei Jahre werden ausgewertet und entfalten ggf. eine Indizwirkung. Bei einem kurzen, beispielsweise lediglich seit drei Jahren bestehenden Arbeitsverhältnis, ist generell der minimale Zeitraum von 15 Monaten zu wählen. Dennoch stellen diese Angaben allenfalls Richtwerte dar, die im jeweiligen Einzelfall modifiziert werden können, um einen angemessenen Ausgleich zwischen Arbeitnehmer- und Arbeitgeberinteressen zu erreichen. Um den Arbeitnehmer jedoch nicht übermäßig stark zu belasten, bedarf es der Einführung einer Öffnungsklausel insoweit, als eine fallende Tendenz der Fehlzeiten zu seinen Gunsten berücksichtigt werden muss.

Entgegen der kritischen Stimmen in der Literatur ist ein Restrisiko für eine Fehlprognose nicht abzuwenden und somit hinzunehmen, da eine gewisse Unsicherheit der Erstellung einer Prognose immanent ist. Um die Prognose in ihrer Durchführung transparent zu gestalten, wird an dieser Stelle für die Einführung eines grundsätzlichen Beurteilungszeitraums von 15 bis 24 Monaten plädiert. Der Zeitraum ist jeweils nach der Länge der Beschäftigungsdauer im Einzelfall festzulegen. Da-

358 So auch der Grundgedanke von *Nehring*, Die krankheitsbedingte Kündigung, S. 157.

durch werden sowohl die Interessen des Arbeitnehmers als auch die des Arbeitgebers in gleichem Maße berücksichtigt.

b. Wiederholungsgefahr als Erfordernis

Die Negativprognose kann ausschließlich durch Krankheiten gerechtfertigt werden, die nach ihrer Natur oder ihrer Ursache eine Wiederholungsgefahr in sich tragen.[359] Bei Erkältungs- bzw. Entzündungskrankheiten ist jedoch unproblematisch eine Wiederholungsgefahr selbst dann anzunehmen, wenn die Erkrankung längst ausgeheilt ist.[360] Eine Wiederholungsgefahr ist insbesondere bei chronischen Erkrankungen anzunehmen. Die Kündigung ist lediglich dann sozial gerechtfertigt, wenn die objektiv begründete Besorgnis besteht, dass auch in nächster Zeit mit häufigen kurzen Ausfallzeiten zu rechnen ist, die über der Sechswochenschwelle des § 3 Abs. 1 S. 1 EFZG liegen.[361] Diese Indizwirkung kann der Arbeitnehmer jedoch dann entkräften, wenn er nachweisen kann, dass sich die häufigen Fehlzeiten auf einmalig sich nicht wiederholende Krankheitsursachen stützen. Nach der Rechtsprechung und Literatur gilt diese Indizwirkung jedoch ausschließlich dann, wenn es sich bei den bisherigen Kurzerkrankungen um solche mit Wiederholungsgefahr handelt.[362] Daraus folgt, dass Krankheiten ohne Wiederholungsgefahr nicht in die Prognose einbezogen werden, da von ihnen keine Indizwirkung für zukünftige Erkrankungen ausgehen kann. Die negative Gesundheitsprognose kann durch die Tatsache, dass alle Krankheiten bereits ausgeheilt sind, zunichte gemacht werden. Insbesondere erscheint eine Wiederholungsgefahr im Rahmen unverschuldeter kleinerer Autounfälle o.Ä. ausgeschlossen, da die Folgen der Verletzung in den meisten Fällen nach absehbarer Dauer ausgeheilt sind. Des Weiteren ist eine Wiederholungsgefahr bei Verletzungen ausgeschlossen, dessen Natur eine solche bereits völlig ausschließt. Einmalige oder bereits völlig ausgeheilte Er-

359 *Schiefer*, BB 2015, 2613 (2614).

360 BAG, Urt. v. 10.11.2005 – 2 AZR 44/05, in: NZA 2006, 655 (657).

361 *Lepke*, Kündigung bei Krankheit, Rn 177.

362 BAG, Urt. v. 10.11.2005 – 2 AZR 44/05, in: NZA 2006, 655 (657); *Schiefer*, BB 2015, 2613 (2614); *Lepke*, Kündigung bei Krankheit, Rn 177.

krankungen sowie Sportunfälle, die nicht auf einer gefährlichen Lebensführung beruhen, sind somit ebenfalls unbeachtlich.[363] Sportunfälle sind lediglich dann beachtlich, wenn sie auf einer besonderen Verletzungsanfälligkeit oder Unvorsichtigkeit basieren. In dieser Beziehung liegt es in der Verantwortung des Arbeitnehmers, darzulegen, dass die einzelnen Unfälle eigenständige Ursachen hatten und eine Wiederholungsgefahr nicht besteht. Fehlzeiten, für die keine Wiederholungsgefahr für weitere Ausfallzeiten besteht, müssen für die Ermittlung der Zukunftsprognose außer Betracht bleiben. Besonders typisch für die Kurzerkrankungen ist es, dass diese zumeist nach kurzer Zeit wieder ausgeheilt sind.

Es stellt sich die Frage, ob es tatsächlich sinnvoll erscheint, die Indizwirkung der Fehlzeiten von einer Wiederholungsgefahr abhängig zu machen, oder ob es nicht zielführender ist, eine Gesamtbilanz der vergangenen Fehlzeiten zu erstellen und diese als Grundlage für den Ausspruch einer Kündigung zu nutzen. Würde man also die einzelnen Fehlzeiten nicht nach der Wahrscheinlichkeit ihrer Wiederholung untersuchen, hätte eine solche Änderung zur Folge, dass die Zukunftsprognose zu einer Vergangenheitsanalyse transferiert würde. Nach gefestigter Rechtsprechung und überwiegender Literatur werden allerdings Krankheiten ohne eine solche Wiederholungsgefahr – beispielsweise vollkommen ausgeheilte Krankheiten – nicht in die Zukunftsprognose einbezogen.[364] Die krankheitsbedingte Kündigung soll, wie eingangs beschrieben, lediglich in Ausnahmefällen zulässig sein. Sinn und Zweck der krankheitsbedingten Kündigung liegt sicherlich zudem darin, den Arbeitgeber für die Zukunft vor enormen Kosten oder sonstigen Störungen in seinem Betrieb zu schützen. Genau aus dieser Zweckrichtung der Kündigung wird deutlich, dass die ausschließliche Betrachtung der Vergangenheit den Interessen sowohl des Arbeitgebers als auch des Arbeitnehmers widerspräche. Auf Arbeitnehmerseite könnte dies bei einer kurzweiligen Häufung von Erkrankungen zur Be-

---

363 BAG, Urt. v. 10.11.2005 – 2 AZR 44/05, in: NZA 2006, 655 (657).

364 *Deinert*, in: KSchR Kommentar, § 1 KSchG, Rn 113; *Oetker*, in: Erfurter Kommentar, § 1 KSchG, Rn 124; BAG, Urt. v. 20.11.2014 – 2 AZR 755/13, in: NZA 2015, 612 (613); Urt. v. 01.03.2007 – 2 AZR 217/06, in: NZA 2008, 302 (303); Urt. v. 10.11.2005 – 2 AZR 44/05, in: NZA 2006, 655 (656), Urt. v. 29.07.1993 – 2 AZR 155/93, in: NZA 1994, 67 (68).

endigung des Arbeitsverhältnisses führen, obwohl der Arbeitnehmer nach der Kündigung wieder uneingeschränkt arbeitsfähig wird. Der Arbeitgeber wird allerdings ein großes Interesse daran haben, einen bereits eingearbeiteten Arbeitnehmer auch zukünftig weiterhin zu beschäftigen, da er in die Einarbeitung Kosten und Mühen investiert hat. Wäre die Gesundheitsprognose aufgrund einer Vergangenheitsanalyse zu beurteilen, könnte es zu widersprüchlichen Zuständen dahingehend kommen, als der Arbeitgeber dem kränkelnden Arbeitnehmer kündigt, jedoch dieser zukünftig einschränkungslos arbeitsfähig wäre. Insgesamt folgt, dass eine ausschließliche Vergangenheitsanalyse nicht dem Sinn und Zweck einer Kündigung entspricht. Demzufolge erscheint die Einführung einer Gesamtbilanz der Vergangenheit zweckfremd.

aa. Berücksichtigung unterschiedlicher Erkrankungen - Implementierung einer Gesamtprognose

Von der Regelung, dass vergangene bereits vollkommen ausgeheilte Krankheiten für eine negative Gesundheitsprognose unbeachtlich sind, hat die Rechtsprechung eine Ausnahme gemacht, indem sie die prozessuale Mitwirkungspflicht im Rahmen der Krankheitsanfälligkeit modifiziert.[365] Demnach wurden einem in der Vergangenheit wiederholt kränkelndem Arbeitnehmer erhöhte Darlegungspflichten auferlegt.

In einer Entscheidung des Bundesarbeitsgerichts vom 10. November 2005 wies ein Arbeitnehmer über viele Jahre hinweg hohe krankheitsbedingte Ausfallzeiten auf. Diese Fehlzeiten ließen sich vor allem auf Erkältungs- bzw. Entzündungserkrankungen zurückführen. Der Kläger behauptete im Rahmen des Kündigungsschutzprozesses, dass seine Erkrankungen ausgeheilt sowie nicht chronisch seien. Im Zeitraum von 1980 bis 2004 wies der Arbeitnehmer insgesamt Fehlzeiten in Höhe von 1143,5 Tagen auf, von denen 840,5 Tage der Entgeltfortzahlung unterlagen. Das Bundesarbeitsgericht sah in diesem Vortrag des Arbeitnehmers jedoch keine Erschütterung der negativen Gesundheitsprognose und nahm ausschließlich aufgrund der Fehlzeiten und der mitgeteilten Diagnosen eine Krankheitsanfälligkeit des Arbeitneh-

365 BAG, Urt. v. 10.11.2005 – 2 AZR 44/05, in: NZA 2006, 655 (657).

mers an. Im Rahmen seiner Entscheidung machte das Bundesarbeitsgericht deutlich, dass es für die Prognose generell zwei Krankheitsarten unterscheidet: Zum einen Krankheiten, die auf einem einmaligen Ereignis beruhen, zum anderen solche, die wiederkehrend auftreten. Insbesondere Erkältungserkrankungen seien wohl der zuletzt genannten Gruppe zuzuordnen, da solche Erkrankungen, sofern keine geeignete Therapie bzw. Behandlung ergriffen wurde, generell eine Wiederholungsgefahr in sich birgt.[366] Häufig auftretende Erkrankungen dieser Art deuten auf eine gewisse Krankheitsanfälligkeit hin. Diese Entscheidung darf nicht unbeachtet bleiben. Die Rechtsprechung hat die mit einer Krankheitsanfälligkeit verbundenen Schwierigkeiten folglich über die prozessuale Mitwirkungspflicht des Arbeitnehmers gelöst.[367]

Bei Vorliegen einer einheitlichen Krankheitsursache ist die Erstellung der Prognose aufgrund der guten Übersichtlichkeit unkompliziert und bei hinreichender Fehlzeitenanzahl indiziert. Klärungsbedürftig ist hingegen, wie sich das Vorliegen vieler unterschiedlicher Krankheitsursachen auswirkt. Beruhen die Fehlzeiten ausschließlich auf einer einzigen Krankheitsursache, indizieren die Fehlzeiten eine negative Gesundheitsprognose. Es ist nicht ausgeschlossen, dass viele verschiedene Krankheiten den Schluss auf eine generelle Krankheitsanfälligkeit zulassen und somit eine negative Prognose begründen. Wenn Zahl und Art der verschiedenen Krankheitsbilder auf eine generelle Krankheitsanfälligkeit hinweisen, muss dies innerhalb der Prognose berücksichtigt werden. Der Arbeitgeber muss zunächst die Fehlzeiten der Vergangenheit darlegen und behaupten, dass zukünftig ein ähnlicher Fehlzeitenumfang zu erwarten sei. Fraglich ist jedoch, wie es sich auswirkt, wenn viele unterschiedliche Erkrankungen vorliegen. Eine solche Vielzahl von Krankheitsbildern erschwert dem Arbeitgeber die Möglichkeit zur Erstellung der Prognose. Zunächst muss der Arbeitgeber im Rahmen seiner Darlegungslast die Fehlzeiten vortragen. Wenn durch die Entbindung der Schweigepflicht der den Arbeitnehmer behandelnden Ärzte eine Vielzahl verschiedener Krankheiten zutage kommt, muss der Arbeitgeber für jedes Krankheitsbild eine eigene Ge-

366 BAG, Urt. v. 10.11.2005 – 2 AZR 44/05, in: NZA 2006, 655 (657); *Homuth*, SchlHA 2007, 404 (405).

367 *Homuth*, SchlHA 2007, 404 (405); BAG, Urt. v. 10.11.2005 – 2 AZR 44/05, in: NZA 2006, 655 (657).

sundheitsprognose erstellen.[368] In diesem Zusammenhang stellt sich die Frage, ob es dem Arbeitgeber zuzumuten ist, unter Umständen eine Vielzahl an Prognosen zu erstellen und die hohen Ausfallzeiten taggenau darzustellen. Um eine Gesundheitsprognose zu erstellen, muss der Arbeitgeber den Umfang, die Anzahl und die Ursache des jeweiligen Krankheitsbildes bewerten und dahingehend prüfen, ob aus diesem Krankheitsbild eine Wiederholungsgefahr zu erwarten sei.

Erkrankt ein Arbeitnehmer an vielen verschiedenen Leiden, wäre die Erstellung vieler einzelner Prognosen sehr aufwändig und der Aufwand, der mit der Erstellung der Prognosen verbunden wäre, würde insbesondere kleine Betriebe abschrecken. Problematisch ist zudem, dass dem Arbeitgeber meist die nötige Expertise zur genauen Einschätzung der Krankheitsbilder fehlt. An dieser Stelle könnte die Implementierung einer Gesamtprognose sinnvoll sein. Bei einer solchen Gesamtprognose wird der gesamte Umfang der Fehlzeiten als ein einheitliches Gebilde betrachtet, worauf sich dann eine negative Prognose stützen kann. Gegen dieses Gebilde könnte jedoch angeführt werden, dass es allein aufgrund des Umfangs vorschnell zur Annahme einer negativen Gesundheitsprognose kommen könne. Die verschiedenen Krankheitsbilder würden nicht mehr nach einer konkreten Wiederholungsgefahr untersucht und würden somit trotz Einmaligkeit oder völliger Ausheilung dennoch in der Prognose berücksichtigt werden. Somit würde trotz völliger Ausheilung der vergangenen Krankheiten eine negative Prognose angenommen, da nicht auf die jeweiligen Einzelerkrankungen abgestellt werden dürfte, sondern vielmehr die Krankheitsanfälligkeit an sich bewertet werden müsse.[369] Eine solche Berücksichtigung würde einseitig die Interessen des Arbeitgebers berücksichtigen, die Interessen der Arbeitnehmerseite jedoch vollkommen unbeachtet lassen. Andererseits könnte der Arbeitgeber beim Vorliegen außerordentlich hoher Fehlzeiten vergleichsweise zügig und eindeutig feststellen, welche Fehlzeiten zumindest auf Unfällen beruhen und somit von einer Einmaligkeit geprägt sind. Diese Fehlzeiten müssten in diesem Fall direkt aus der Gesamtzahl der Fehlzeiten herausge-

368 *Hamann*, Die Kündigung wegen häufiger Kurzerkrankungen, S. 25; *Nehring*, Die krankheitsbedingte Kündigung, S. 156.

369 LAG Schleswig-Holstein, Urt. v. 03.11.2005 – 3 Sa 320/05, in: NZA-RR 2006, 129 (130).

rechnet werden. Die verbleibende Summe könnte als Fehlzeiten aufgrund einer Krankheitsanfälligkeit deklariert werden. Entscheidendes Merkmal für die Geeignetheit der krankheitsbedingten Fehlzeiten ist die der Krankheit innewohnende Wiederholungsgefahr. Mit dem Vorliegen vieler unterschiedlicher Krankheiten kann die Annahme einer generellen Krankheitsanfälligkeit hervorgehen. Auch der Wegfall einzelner Erkrankungen aufgrund einer fehlenden Wiederholungsgefahr lässt die Annahme einer gewissen Krankheitsanfälligkeit unberührt. Nach ständiger Rechtsprechung ist einer solchen Krankheitsanfälligkeit ein prognostisches Andauern immanent, da eine Krankheitsanfälligkeit für eine entsprechende Entwicklung der Fehlzeiten in der Zukunft spricht. Demnach ergibt sich aus der Krankheitsanfälligkeit zwangsläufig eine Wiederholungsgefahr für zukünftige Ausfallzeiten.[370] Daraus wäre zu entnehmen, dass die Fehlzeiten nicht mehr auf den verschiedenen Krankheiten, beispielsweise Kreislaufbeschwerden, starke Kopfschmerzen, Gastroenteritis, Grippe, akute Bronchitis, HWS-Syndrom, eitrige Tonsitis, Schwindel, Sinusitis, Virusinfekt, Pollenallergie o.Ä., beruhen, sondern einzig und allein Folge einer Krankheitsanfälligkeit sind und somit automatisch einer einzelnen Prognose bedürfen. Das Bundesarbeitsgericht wich in einer Entscheidung vom 10. November 2005 von der grundlegenden Praxis ab, jede einzelne Krankheit auf ihre Wiederholungsgefahr zu untersuchen.[371] Die Entscheidung führt dazu, dass die Häufigkeit von Kurzerkrankungen eine generelle Wiederholungsgefahr indiziert, da sich aus einer Krankheitsanfälligkeit eine Wiederholungsgefahr für weitere Fehlzeiten ergibt.[372] Dies gilt auch dann, wenn die Erkrankung bereits ausgeheilt ist, da die Anfälligkeit das entscheidende Merkmal ist. Diese Abweichung ist insoweit notwendig, als dem Arbeitgeber seitdem ermöglicht wird, trotz bereits ausgeheilter Kurzerkrankungen eine krankheitsbedingte Kündigung auszusprechen. Die Fallgruppe der häufigen Kurzerkrankungen ist jedoch gerade davon geprägt, dass die Kurzerkrankungen typischerweise nach kurzer Zeit wieder ausgeheilt sind.[373] Solche Krank-

370 BAG, Urt. v. 10.11.2005 – 2 AZR 44/05, in: NZA 2006, 655 (655).
371 BAG, Urt. v. 10.11.2005 – 2 AZR 44/05, in: NZA 2006, 655 (655).
372 BAG, Urt. v. 10.11.2005 – 2 AZR 44/05, in: NZA 2006, 655 (656).
373 LAG Schleswig-Holstein, Urt. v. 03.11.2005 – 3 Sa 320/05, in: NZA-RR 2006, 129 (130).

heiten, die hinsichtlich ihrer individuellen Ursache im Blick auf etwaige Arbeitsunfähigkeitszeiten bereits ausgeheilt sind, können hingegen aufgrund ihres Diagnosetyps den Schluss zulassen, dass sie wegen einer gesundheitlichen Schwäche des Arbeitnehmers auch zukünftig in einer gewissen Häufigkeit auftreten werden.[374] Durch die Einführung eines solchen Gesamtgebildes würde dem Arbeitgeber die Gesundheitsprognose erheblich erleichtert. Andererseits kann der Arbeitnehmer im Rahmen seiner Darlegungslast die negative Gesundheitsprognose durch Entbindung der Ärzte von ihrer Schweigepflicht nicht zielführend erschüttern, da bereits die Krankheitsanfälligkeit festgestellt wurde.[375] Der Arbeitnehmer kann die Indizwirkung der Krankheitsanfälligkeit allerdings entkräften, indem er nachweist, dass die Erkrankungen auf vielen unterschiedlichen, voneinander unabhängigen oder einmaligen Ursachen beruhen.[376] Solch einmalige und unabhängige Krankheiten entfalten dann keinerlei Indizwirkung für ein künftiges Vorliegen einer bestimmten Fehlzeitenquote. Aus diesen Gründen wird im Rahmen dieser Arbeit für die Implementierung der Krankheitsanfälligkeit als Gesamtgebilde und daher für die Erstellung lediglich einer Gesamtprognose plädiert. Innerhalb dieser Gesamtprognose lassen viele krankheitsbedingte Fehlzeiten den Schluss auf eine generelle Krankheitsanfälligkeit zu. Aus diesem Grund sollte bei krankheitsanfällig bedingten Fehlzeiten die Aufstellung einer Gesamtprognose angestrebt werden.

bb. Wiederholungsgefahr bei Betriebs- und Sportunfällen

(1) Betriebsunfälle

Liegt eine Vielzahl von (teil-)verschuldeten Betriebsunfällen vor, die ein Großteil der Fehlzeiten ausmachen, kann auf eine gewisse Neigung zu Betriebsunfällen geschlossen werden, die bei gewisser Häufigkeit

374 LAG Schleswig-Holstein, Urt. v. 03.11.2005 – 3 Sa 320/05, in: NZA-RR 2006, 129 (130).
375 *Hamann*, Die Kündigung wegen häufiger Kurzerkrankungen, S. 29.
376 *Bauer/ Röder/ Lingemann*, Krankheit im Arbeitsverhältnis, S. 112.

ein Indiz für eine Wiederholungsgefahr in sich tragen. Für weitere Ausführungen wird auf das vorherige Kapitel verwiesen.[377]

(2) Sportunfälle

Fraglich ist, ob und wann eine Wiederholungsgefahr bei durch Sportunfällen hervorgerufenen Fehlzeiten anzunehmen ist. Von Sport wird generell dann gesprochen, wenn es sich um eine Tätigkeit handelt, die sowohl der körperlichen als auch der geistigen Ertüchtigung dient.[378] Unzweifelhaft handelt es sich bei Verletzungen durch Sportunfälle um Krankheiten im Sinne der anfangs dargestellten Definition. Nach aktueller Rechtslage sind Fehlzeiten, die auf eine unglückliche Verkettung von Umständen zurückzuführen sind (Unfälle), bei der Erstellung der negativen Gesundheitsprognose nicht zu berücksichtigen, da ihnen keine Wiederholungsgefahr zugesprochen werden kann und es sich wohl meist um einmalige Ereignisse handeln wird.[379] Eine sportliche Tätigkeit zu betreiben dient generell der Freizeitbeschäftigung des Arbeitnehmers und ist seinem Privatbereich zuzuordnen. Innerhalb dieser Thematik muss zwischen verschuldeten und unverschuldeten Unfällen unterschieden werden. Ein Verschulden liegt generell lediglich dann vor, wenn der Arbeitnehmer eine besonders gefährliche Sportart ausübt oder er bei Ausübung der Sportart seine eigenen Kräfte und Fähigkeiten derart überschätzt bzw. nicht sachgerecht agiert, dass es zu einer Verletzung kommt.[380] Davon umfasst sind überdies solche Unfälle, die durch ein grobes außer Acht lassen der Sicherheitsvorkehrungen oder eine übermütige Ausübung hervorgerufen werden. Daraus kann sich die Möglichkeit zur Wiederholung der Fehlzeiten ergeben.

Des Weiteren kann zwischen gefährlichen und ungefährlichen Sportarten unterschieden werden. Von einer Gefährlichkeit ist auszugehen, wenn das Verletzungsrisiko bei objektiver Betrachtung derart groß ist, dass auch ein gut trainierter Sportler das Geschehen nicht

---

377 Siehe hierzu oben, S. 74 f.

378 *Lepke*, Kündigung bei Krankheit, Rn 182.

379 BAG, Urt. v. 02.11.1989 – 2 AZR 335/89, in: BeckRS 1989, 30732331; *Lepke*, Kündigung bei Krankheit, Rn 182; *Roos*, NZA-RR 1999, 617 (618).

380 BAG, Urt. v. 07.10.1981 – 5 AZR 338/79, in: NJW 1982, 1014.

mehr willentlich lenken kann, sondern sich durch die sportliche Ausübung einer unbeherrschbaren Gefahr aussetzt.[381] Die Rechtsprechung lehnte eine solche besondere Gefährlichkeit bei Sportarten wie beispielsweise Inline-Skating, Amateurboxen, Fußballspielen und Skifahren ab. Vielmehr wurde eine Gefährlichkeit lediglich bei Sportarten wie beispielsweise Kick-Boxen und Bungee-Jumping angenommen.[382] Diese Sportarten bergen ein weitaus größeres Verletzungsrisiko in sich als andere weniger gefährliche Sportarten. Es kann jedoch nicht zielführend sein, dass der Arbeitnehmer im Rahmen seiner Freizeitgestaltung kontinuierlich die Beibehaltung der Arbeitsfähigkeit im Hinterkopf haben muss.[383] Daraus folgt, dass eine Wiederholungsgefahr nur dann denkbar und die Fehlzeiten dadurch berücksichtigungsfähig wären, wenn der Arbeitnehmer bewusst und gewollt das allgemeine Lebensrisiko überschreitet und somit die Arbeitsunfähigkeit auf einem Verhalten des Arbeitnehmers beruht, dessen Ausübung bei verständiger Würdigung aller Umstände mit großer Wahrscheinlichkeit zu einer Erkrankung bzw. Verletzung führen kann.[384] Demzufolge ist es sinnvoll, dass ausschließlich solche Fehlzeiten aufgrund von Sportunfällen eine Wiederholungsgefahr indizieren können, die „gröblich gegen das von einem verständigen Menschen im eigenen Interesse zu erwartende Verhalten verstoßen“, wenn der Arbeitnehmer die Sportart weiterhin betreibt.[385] Unstreitig soll allerdings das Verhalten des Arbeitnehmers in der Freizeit in seinem eigenen Einfluss- und Entscheidungsbereich liegen. Das mit der Sportart verbundene Risiko wird eigens durch den Arbeitnehmer geschaffen, es besteht also keinerlei Zwang zu ihrer Ausübung.

Trotz dessen kann es nicht zielführend sein, dem Arbeitgeber die Belastung durch eine hohe Verletzungsanfälligkeit des Arbeitnehmers aufzubürden. Häufige Fehlzeiten, die beispielsweise durch die Ausübung einer Sportart entstanden sind, können auf eine besondere Verletzungsanfälligkeit bzw. Unvorsichtigkeit des Arbeitnehmers hindeu-

381 BAG, Urt. v. 07.10.1981 – 5 AZR 338/79, in: NJW 1982, 1014.

382 ArbG Hagen, Urt. v. 05.09.1989 – 4 Ca 648/87, in: NZA 1990, 311; *Gerauer*, NZA 1994, 496.

383 *Gerauer*, NZA 1994, 496.

384 *Gerauer*, NZA 1994, 496.

385 *Gerauer*, NZA 1994, 496.

ten und besitzen daher ebenfalls eine Indizwirkung. Um diese zu erfüllen, bedarf es nicht des Vorliegens einer besonders gefährlichen Sportart, sodass sich die Indizwirkung auf eine Verletzungsanfälligkeit selbst bei grundsätzlich nicht als gefährlich eingestuften Sportarten stützen kann und dadurch die darauf beruhenden Fehlzeiten innerhalb der Prognose Berücksichtigung finden können.[386] Eine solche Verletzungsanfälligkeit kann dazu ebenso bei grundsätzlich ungefährlichen Sportarten wie beispielsweise Fußball o.Ä. vorliegen. Die bisherige Lebensweise, beispielsweise durch häufige Fehlzeiten, muss allerdings in diesem Bezug die Annahme rechtfertigen können, dass auch zukünftige Verletzungen aufgrund der Sportart zu berücksichtigen sind. Eine Verletzungsanfälligkeit des Arbeitnehmers liegt demnach zumindest dann vor, wenn sich aus der Häufigkeit der Fehlzeiten aufgrund von Sportunfällen eine Regelmäßigkeit schließen lässt. Die Wiederholungsgefahr kann sich folglich zum einen aus einer gesundheitlichen bzw. konstitutionellen Schwäche des Arbeitnehmers in Bezug auf die Sportart, zum anderen aber auch aus einer unsachgemäßen Ausführungsweise ergeben. Diese Verletzungsanfälligkeit kann als Parallele zur Krankheitsanfälligkeit eine entsprechende Prognose für die Zukunft zulassen, weshalb darauf basierende Fehlzeiten ebenfalls eine Indizwirkung besitzen.

cc. Ausschluss der Wiederholungsgefahr bei bestimmten Erkrankungen

Um eine negative Prognose erstellen zu können, bedarf es der Einbeziehung der prognoserelevanten Fehlzeiten, da es nicht möglich ist, alle angesammelten Fehlzeiten in der Prognose zu berücksichtigen. Nach ständiger Rechtsprechung ist eine Wiederholungsgefahr bei einmaligen sowie ausgeheilten Erkrankungen grundsätzlich nicht anzunehmen.[387] Im Hinblick auf Operationen einen direkten Ausschluss der Wiederholungsgefahr anzunehmen, scheint nach Ansicht des Bundesarbeitsgerichts widersprüchlich, da eine solche Operation immer in Verbindung mit dem ursprünglichen Leiden beurteilt werden müs-

386 BAG, Urt. v. 02.11.1989 – 2 AZR 335/89, in: BeckRS 1989, 30732331.

387 Ständige Rechtsprechung seit BAG, Urt. v. 06.09.1989 - 2 AZR 19/89, in: NZA 1990, 307 (308).

se.[388] Die Durchführung einer Operation ist zwar einerseits zumeist ein einmaliges Ereignis, andererseits kann daraus nicht direkt gefolgert werden, dass die Krankheit an sich bereits ausgeheilt ist.[389] Daher sieht das Bundesarbeitsgericht eine solche Operation immer als eine Einheit mit der ursprünglichen Erkrankung, weshalb die Operation nicht direkt als nicht wiederholungsfähig ausgeschlossen werden dürfe.

Liegt ein vom Arbeitgeber verschuldeter Betriebsunfall vor, dürften die darauf beruhenden Fehlzeiten nicht zu Lasten des Arbeitnehmers in der Gesundheitsprognose berücksichtigt werden, da es Aufgabe des Arbeitgebers ist, für einen sicheren Arbeitsplatz zu sorgen. Eine Anrechnung zu Lasten des Arbeitnehmers würde einem angemessenen Interessenausgleich widersprechen. Im Rahmen schwangerschaftsbedingter Fehlzeiten bzw. Fehlzeiten während des Mutterschutzes muss selbiges gelten. Diese Fehlzeiten dürfen im Sinne europäischer Richtlinien nicht in der Prognose berücksichtigt werden.[390] Wie zuvor diskutiert, können Fehlzeiten, die auf einer Verletzungsanfälligkeit im Rahmen einer sportlichen Betätigung beruhen, unzweifelhaft in der Prognose Berücksichtigung finden.

Das Landesarbeitsgericht Rheinland-Pfalz hat die Möglichkeit, ausgeheilte Krankheiten dennoch in der Prognose zu berücksichtigen, bereits in einer Entscheidung vom 08. September 2008 erkannt.[391] In dieser Angelegenheit verfolgte die Klägerin, eine langjährige Produktionsmitarbeiterin bei der Beklagten, die Feststellung der Unwirksamkeit der ausgesprochenen Kündigung. In der Entscheidung wird den Fehlzeiten der Jahre 2003 bis 2006 eine erhebliche Bedeutung zugesprochen. Die Klägerin fehlte im Jahr 2003 an 74 Tagen. Eine leichte Steigerung verzeichnete sich durch eine Fehlzeitenanzahl von 109 Tagen im Jahre 2004, wovon insgesamt 85 Tage der Entgeltfortzahlung unterfielen. An 169 Arbeitstagen fehlte die Klägerin im Jahr 2005, jedoch unterfielen von dieser beachtlichen Zahl lediglich 42 Tage der Entgeltfortzahlung. In 2006 war die Klägerin uneingeschränkt arbeitsunfähig und fehlte somit an 274 Tagen, von denen lediglich 13 Tage der Entgeltfortzahlung unterfielen. Die Beklagte leistete innerhalb die-

388 BAG, Urt. v. 07.11.2002 – 2 AZR 599/01, in: NZA 2003, 816.
389 *Hamann*, Die Kündigung wegen häufiger Kurzerkrankungen, S. 32.
390 *Hamann*, Die Kündigung wegen häufiger Kurzerkrankungen, S. 51.
391 LAG Rheinland-Pfalz, Urt. v. 08.09.2008 – 5 Sa 93/08, in: BeckRS 2009, 53360.

ses sechsjährigen Zeitrahmens Entgeltfortzahlungen in Höhe von knapp 29.000 Euro an die Klägerin.[392] In dem vorliegenden Sachverhalt litt die Klägerin einerseits an starken Rückenproblemen, andererseits aber auch an einigen Virusinfekten. Die Klägerin trug in erster Instanz vor, dass sich aus ihren Erkrankungen bzw. Fehlzeiten keine negative Gesundheitsprognose ergeben könne, da ihr zum einen aus ärztlicher Sicht von einer Rückenoperation abgeraten wurde, zum anderen sich die Leiden ohnehin wesentlich verbessert hätten.[393] Das Gericht beurteilte den Fall hingegen insoweit, als durch die Gesamtheit des Krankheitsbildes auf eine darauf beruhende Schwächung der gesundheitlichen Verfassung des Arbeitnehmers geschlossen werden konnte und somit eine Krankheitsanfälligkeit vorliegt.[394] Bei Annahme einer solchen Anfälligkeit tritt die Ausheilung der Krankheit in den Hintergrund.

Der Rechtsprechung des Bundesarbeitsgerichts kann sich im Folgenden nicht angeschlossen werden, da eine Abgrenzung von einmaligen und wiederkehrenden Erkrankungen in der Praxis nahezu unmöglich erscheint.[395] Deshalb ist ein genereller Ausschluss von einmaligen oder ausgeheilten Krankheiten aus der Prognose nicht zielführend.

dd. Eigener Ansatz zur Wiederholungsgefahr

Es erscheint fraglich, Fehlzeiten, die auf Krankheiten ohne Wiederholungsgefahr beruhen, nicht in die aufzustellende Gesundheitsprognose einzubeziehen. Auch auf solchen Gründen basierende Fehlzeiten sind innerhalb der Prognose von Bedeutung, da dies zu einem der Wirklichkeit entsprechenden Fehlzeitenbild führt. Es scheint keinerlei Veranlassung zu bestehen, einzelne Fehlzeiten aus der Prognose auszuschließen. Auch, wenn eine Krankheit bereits vollständig ausgeheilt ist, birgt dies dennoch ein gewisses Risiko, dass bei erneutem Eintritt einer Krankheit aufgrund der Vorbelastung diese in einem stärkeren Ausmaß eintreten wird. Je nach Krankheitsbild kann es zudem vorkom-

392 LAG Rheinland-Pfalz, Urt. v. 08.09.2008 – 5 Sa 93/08, in: BeckRS 2009, 53360.
393 LAG Rheinland-Pfalz, Urt. v. 08.09.2008 – 5 Sa 93/08, in: BeckRS 2009, 53360.
394 LAG Rheinland-Pfalz, Urt. v. 08.09.2008 – 5 Sa 93/08, in: BeckRS 2009, 53360.
395 *Hamann*, Die Kündigung wegen häufigen Kurzerkrankungen, S. 51.

men, dass es nicht möglich ist, mit Sicherheit festzustellen, ob eine Krankheit völlig ausgeheilt ist. Eine genaue Prognose darüber, ob eine Krankheit eine Wiederholungsgefahr in sich birgt, ist daher nicht mit absoluter Sicherheit zu bestimmen. Vielmehr ist eine Abgrenzung zwischen einmaligen und solchen Krankheiten mit Wiederholungsgefahr meist nicht möglich. Die Auswirkungen von Krankheiten auf den Körper wären nur durch extrem aufwändige Untersuchungen feststellbar und somit in der Praxis kaum durchführbar.

Weiterhin können zudem einmalige Erkrankungen auf eine ungesunde oder gefährliche Lebensführung hindeuten. Aufgrund einer Ausheilung oder der Einmaligkeit einer Erkrankung erschließen sich keine hinreichenden Gründe für eine ausbleibende Berücksichtigung innerhalb der Prognose. Ausschließlich auf der Grundlage, dass die in Rede stehende Krankheitsursache nicht mehr existiert und damit eine Wiederholung in der Zukunft unwahrscheinlich ist, lässt sich die Problematik nicht lösen. Vielmehr muss beachten werden, dass sich Erkrankungen häufig auf die Lebensweise des Menschen zurückführen lassen und es daher realistisch anzunehmen erscheint, dass ähnliche Erkrankungen auch in Zukunft eintreten können. In diesem Zusammenhang sollte es irrelevant sein, ob es sich um dieselbe oder eine ähnliche Krankheit handelt. Typischerweise ist die Erkrankung bei Kurzerkrankungen meist nach kurzer Zeit ausgeheilt und aus diesem Grund die Einschränkung durch die Rechtsprechung, ausgeheilte Krankheiten nicht innerhalb der Prognose zu berücksichtigen, nicht sachgemäß und folglich abzulehnen.

Um den Arbeitnehmer allerdings nicht übermäßig stark zu belasten, bedarf es einer Öffnungsklausel. Eine solche könnte zum einen für besondere Härtefälle im Einzelfall, zum anderen aber auch für Erkrankungen wegen der in § 1 AGG genannten Gründe anwendbar sein. Die unter den personellen Anwendungsbereich der Öffnungsklausel fallenden Arbeitnehmer erhalten dadurch einen derartigen Schutz, dass Fehlzeiten aufgrund ausgeheilter Erkrankungen nicht in der Prognose berücksichtigt werden. Wenn der Arbeitnehmer kurzzeitige Ausfallzeiten aufgrund einer Schwangerschaft oder während des Mutterschutzes aufweist, so sind diese nicht in der Prognose zu berücksichtigen.[396]

396 So auch der Grundgedanke von *Nehring*, S. 155.

Das würde einerseits dem Schutz der Familien (Art. 6 GG) widersprechen, andererseits würde eine Berücksichtigung der Fehlzeiten aufgrund einer Schwangerschaft oder während des Mutterschutzes dazu führen, dass eine Ungleichbehandlung zwischen Männern und Frauen stattfinden würde. Daher ist davon auszugehen, dass ein Ausschluss bei allen im Allgemeinen Gleichbehandlungsgesetz genannten Gründen erfolgen muss.

Somit lässt sich sagen, dass ebenso Fehlzeiten wegen ausgeheilter Krankheiten sowie Krankheiten ohne Wiederholungsgefahr grundsätzlich in der Prognose Berücksichtigung finden müssen, um ein der Wirklichkeit entsprechendes Fehlzeitenbild zu erhalten und dadurch die Zukunft wahrheitsgetreu prognostizieren zu können, da es nach allgemeiner Lebenserfahrung immer wieder zu unvorhersehbaren Erkrankungen kommen kann. Dadurch würde die generelle Problematik der Unsicherheit über die Erstellung der Prognose durch Arbeitgeber, Mediziner oder die Arbeitsgerichte eingedämmt.[397] Grundsätzlich bleibt anzunehmen, dass das Bundesarbeitsgericht in Zukunft an seiner bisherigen Rechtsprechung[398] festhält und somit auch bei bereits ausgeheilter Erkrankungen das Erfordernis der Wiederholungsgefahr lockert.

c. Beurteilungszeitpunkt

Weiterhin stellt sich die Frage, welcher Zeitraum für die Beurteilung der Prognose maßgeblich ist. Das Bundesarbeitsgericht hat in einem Urteil entschieden, dass Veränderungen des Gesundheitszustandes nach Ausspruch der Kündigung ausschließlich dann von Bedeutung sind, wenn kein neuer Kausalverlauf veranlasst wird.[399] Ein neuer Kausalverlauf wird dann in Gang gesetzt, wenn sich der Arbeitnehmer erst nach dem Ausspruch der Kündigung zu Maßnahmen seinerseits bereiterklärt.[400] Dies liegt beispielsweise dann vor, wenn der Arbeit-

397 So auch der Grundgedanke von *Hamann*, S. 51.

398 In einer Entscheidung des BAG (Urt. v. 10.11.2005 – 2 AZR 44/05, in: NZA 2006, 655) wurde diese Lockerung bei Erkältungs- und Entzündungserkrankungen bereits angenommen.

399 *Nehring*, Die krankheitsbedingte Kündigung, S. 159.

400 *Nehring*, Die krankheitsbedingte Kündigung, S. 159.

nehmer plötzlich einer bisher verweigerten Operation zur Verbesserung seines Gesundheitszustandes zustimmt, um erneute Fehlzeiten zu verhindern. Solch verbessernde Umstände dürfen jedoch im Kündigungsschutzprozess nicht zu Lasten des Arbeitgebers verwendet werden, da sie erst nach Zugang der Kündigung aufgeführt wurden.[401] Für die soziale Rechtfertigung der krankheitsbedingten Kündigung ist der Zeitpunkt des Kündigungsausspruches maßgeblich.[402] Aus diesem Grund kommen Tatsachen, die erst nach Kündigungsausspruch relevant geworden sind, für die Erstellung der Gesundheitsprognose nicht in Betracht.[403]

aa. Prognosekorrektur

Wenn eine negative Prognose erstellt worden ist, besteht die Möglichkeit, dass sich kündigungsrelevante Umstände nach Kündigungsausspruch geändert haben. Fraglich ist, ob eine nachträgliche Korrektur der Prognose vorgenommen werden darf, wenn sich der Gesundheitszustand des Arbeitnehmers bis zum Abschluss der mündlichen Verhandlung im Prozess wesentlich verändert hat. Diese Frage hat das Bundesarbeitsgericht nicht einheitlich beantwortet.

In einer Entscheidung aus dem Jahr 1983 stellte das Bundesarbeitsgericht klar, dass der tatsächliche Verlauf der Krankheit bzw. nachträglich eintretende Umstände bis zum Ende der letzten mündlichen Verhandlung zu berücksichtigen seien, da es nicht zielführend sein kann, eine im Widerspruch zur tatsächlichen Entwicklung stehende Gesundheitsprognose als Grundlage einer krankheitsbedingten Kündigung zu verwerten.[404] Diese Auffassung wurde jedoch im Folgenden nicht mehr vertreten.

In einer Entscheidung vom 27. November 2003 sprach sich das Bundesarbeitsgericht dafür aus, dass bei Eintritt von durch die Prognose nicht erfassten Umständen ein Rückschluss auf die Glaubwür-

401 *Nehring*, Die krankheitsbedingte Kündigung, S. 159.

402 *Richter*, ArbRAktuell 2015, 237 (237).

403 *Berkowsky*, Die personen- und verhaltensbedingte Kündigung, § 3, Rn 47.

404 BAG, Urt. v. 10.11.1983 – 2 AZR 291/82, AP Nr. 11 zu § 1 KSchG 1969 Krankheit.

digkeit der Prognose gezogen werden müsse.[405] Zudem ist es nicht ohne weiteres ausgeschlossen, dass eine spätere Entwicklung des Gesundheitszustandes im Nachhinein berücksichtigt werden kann.[406] Das Bundesarbeitsgericht begründete seine Entscheidung damit, dass ein etwaiges Unterliegen im Kündigungsschutzprozess aufgrund einer nicht den Tatsachen entsprechenden Zukunftsprognose für die beteiligten Parteien nicht einsichtig sei.[407] Somit kann eine später eintretende Entwicklung des Gesundheitszustandes des Arbeitnehmers in der Tatsacheninstanz berücksichtigt werden, weil eine Prognose für sich genommen ohnehin bereits mit Unsicherheiten verbunden ist und daher eine Kündigung erfolgen könnte, die im Widerspruch zur tatsächlichen Weiterentwicklung des Gesundheitszustands stehe.[408] Demnach wäre eine Prognosekorrektur generell zulässig.

Andererseits hat das Bundesarbeitsgericht in einem Urteil vom 21. Februar 2001 entschieden, dass eine plötzlich eintretende Veränderung der Umstände nach Zugang der Kündigungserklärung weder zu einem Bestärken der aufgestellten Prognose, noch zu einer Korrektur ihrer selbst führen könne.[409] Andernfalls würde dies zur Problematik führen, dass der Arbeitgeber bei Ausspruch der Kündigung über deren Rechtmäßigkeit im Unklaren wäre und daraus eine Ausuferung von Kündigungsschutzprozessen folgen würde.[410] An dieser verbotenen Prognosekorrektur wird auch dann festgehalten, wenn sich die Prognose im Nachhinein als objektiv falsch herausgestellt hat, weil die Ursache der häufigen Kurzerkrankungen augenscheinlich entfallen ist. Dies gilt ebenfalls dann, wenn sich der Arbeitnehmer erst während des laufenden Kündigungsschutzprozesses zu einer Therapie oder einer vergleichbaren Maßnahme bereiterklärt. Liegt ein derartig gelagerter Fall vor, dass die häufigen Fehlzeiten durch die persönliche Lebensführung des Arbeitnehmers bedingt sind, bleibt die Kündigung ebenso bei der späteren Einsicht des Arbeitnehmers zu einer gesünderen bzw. we-

405 BAG, Urt. v. 27.11.2003 – 2 AZR 48/03, in: NZA 2004, 477 (478).
406 BAG, Urt. v. 27.11.2003 – 2 AZR 48/03, in: NZA 2004, 477 (478); Urt. v. 13.05.2004 – 2 AZR 36/04, in: NZA 2004, 1271 (1271).
407 *Hamann*, Die Kündigung wegen häufiger Kurzerkrankungen, S. 42.
408 *Tschöpe*, DB 1987, 1042 (1042).
409 BAG, Urt. v. 21.02.2001 – 2 AZR 558/99, in: NZA 2001, 1071 (1072); *Richter*, ArbRAktuell 2015, 237 (237).
410 *Hamann*, Die Kündigung wegen häufiger Kurzerkrankungen, S. 42.

niger gefährlichen Lebensführung sozial gerechtfertigt. Daraus ergibt sich der Grundsatz, dass nach Kündigungsausspruch in Gang gesetzte Kausalverläufe auf den Kündigungsprozess keinerlei Einfluss haben können. Somit kann durch die Ingangsetzung eines neuen Kausalverlaufs nach Zugang der Kündigung ein Sachverhalt nachträglich nicht mehr beeinflusst werden.

bb. Stellungnahme

Es stellt sich die Frage, ob die Entscheidung aus dem Jahr 2001 im Widerspruch zum Grundsatz der Prozessökonomie steht. Die während des laufenden Prozesses neu gewonnenen Erkenntnisse können zwar nicht in dem gegenwärtigen, aber in einem zukünftigen Verfahren geltend gemacht werden. Diesem Urteil folgend würde der Arbeitnehmer trotz eingetretener Besserung seines Gesundheitszustandes eine wirksame Kündigung erhalten. Die spätere Entwicklung des Gesundheitszustandes kann jedoch insoweit verwertet werden, als sie die bereits bestehende Prognose bestätigt. Auf die Frage, ob es tatsächlich sinnvoll erscheint, den Arbeitnehmer auf einen eventuellen Wiedereinstellungsanspruch zu verweisen, obwohl sich die Sachlage bereits während des Prozesses zu Gunsten des Arbeitnehmers verändert hat, soll im Rahmen dieser Arbeit nicht eingegangen werden. Eine darauf basierende verändernde Gesundheitsprognose würde die Gefahr eines Irrtums in der Urteilsfindung verringern.[411] Auf der anderen Seite würde dadurch eine gewisse Rechtsunsicherheit entstehen, wenn nach Ausspruch der Kündigung entstandene Ereignisse in der Entscheidungsfindung Berücksichtigung fänden. Die Kündigung ist ein Gestaltungsrecht, das sowohl ein einseitiges Rechtsgeschäft, als auch bedingungsfeindlich und somit durch den Empfänger nicht beeinflussbar ist.[412] Dieses Gestaltungsrecht ist nach seiner einmaligen Ausübung aufgebraucht.[413] Die Kündigung ist eine empfangsbedürftige Willenserklärung, weshalb der Zeitpunkt des Zugangs maßgeblich ist (§ 130 Abs. 1 S. 1 BGB). Würde eine nachträgliche Änderung des Ge-

411 *Nehring*, Die krankheitsbedingte Kündigung, S. 161.
412 *Nehring*, Die krankheitsbedingte Kündigung, S. 161.
413 *Preis*, Prinzipien des Kündigungsrechts, S. 344.

sundheitszustandes Auswirkungen auf den Kündigungsschutzprozess haben, würde der Arbeitgeber im Laufe des gesamten Prozesses der Gefahr unterliegen, trotz für sich genommen gerechtfertigter Kündigung, den Prozess zu verlieren. Daher muss der Beurteilungszeitpunkt für die negative Gesundheitsprognose der Zugang der Kündigung bei dem Arbeitnehmer sein. Andernfalls wäre ein möglicher Kündigungsschutzprozess für den Arbeitgeber nicht kalkulierbar. Durch die Ablehnung einer Prognosekorrektur erhält nicht nur der Arbeitgeber Vorteile, vielmehr wird ebenso ein Arbeitnehmer bei gegenwärtiger Verschlechterung seines Gesundheitszustandes durch diese Ablehnung geschützt, indem die eingetretene Verschlechterung keine Berücksichtigung finden darf. Dieser Schutz kann jedoch durch Ausspruch einer späteren Kündigung zunichte gemacht werden. Trotz dessen haben alle nachfolgenden Ereignisse für die ausgesprochene Kündigung keine Relevanz. Somit kommt eine Korrektur der Prognose (Prognosekorrektur) aufgrund nachträglich eintretender Tatsachen nicht in Betracht. Die Beachtung des neuen Kausalverlaufes gibt demnach keine Hinweise zur objektiven Richtigkeit der bereits erstellten Prognose.[414] Dies gilt auch dann, wenn der Arbeitnehmer kurze Zeit nach Ausspruch der Kündigung uneingeschränkt arbeitsfähig wird bzw. sich zu einer gesundheitsfördernden Lebensweise entscheidet.[415] Zusammenfassend sind somit sowohl positive als auch negative nachträglich eintretende Umstände für die Gesundheitsprognose nicht zu berücksichtigen, da andernfalls der Arbeitgeber zum Zeitpunkt des Ausspruchs der Kündigung nicht in der Lage wäre, deren Rechtmäßigkeit beurteilen zu können. Dies führt zu einem angemessen Ausgleich der Arbeitgeber- und Arbeitnehmerinteressen, da durch das Verbot der Prognosekorrektur eine hohe Rechtssicherheit geschaffen wird. Eine nachträgliche Prognosekorrektur ist hingegen dann zulässig, wenn die Umstände bereits zum Zeitpunkt des Zugangs der Kündigung, jedoch unentdeckt bzw. falsch ausgewertet, vorlagen.[416]

---

414 *Richter*, ArbRAktuell 2015, 237 (237); BAG, Urt. v. 21.02.2001 – 2 AZR 558/99, in: NZA 2001, 1071 (1072).

415 *Berkowsky*, Die personen- und verhaltensbedingte Kündigung, § 4, Rn 49.

416 So auch *Griebeling/ Rachor*, in: KR Gemeinschaftskommentar, § 1 KSchG, Rn 325.

d. Darlegungs- und Beweislast

Zusätzlich ist zu klären, wer die Darlegungs- und Beweislast der Prognose trägt. Gemäß § 1 Abs. 2 S. 4 KSchG muss der Arbeitgeber die kündigungsrelevanten Tatsachen beweisen und ist somit im Kündigungsschutzprozess für die negative Gesundheitsprognose darlegungs- und beweispflichtig. Er muss demnach die Fehlzeiten nach ihrer Anzahl, Dauer und Häufigkeit darlegen. Liegt der Fall vor, dass der Arbeitnehmer bereits vor Ausspruch der Kündigung Auskunft über seinen derzeitigen Gesundheitszustand erteilt hat, kann die Gesundheitsprognose meist unproblematisch erstellt werden. In den meisten Fällen hüllt sich der Arbeitnehmer jedoch in Schweigen, sodass im Kündigungsschutzprozess das System der abgestuften Darlegungs- und Beweislast Anwendung findet.[417] Im ersten Prüfungsschritt (negative Gesundheitsprognose) kann sich der Arbeitgeber zunächst nach der Darstellung der vergangenen Fehlzeiten darauf stützen, dass zukünftig Fehlzeiten in ähnlichem Umfang zu erwarten seien.[418]

aa. Aktueller Stand von Rechtsprechung und Literatur

Der Arbeitgeber hat die Pflicht, die Fehlzeiten des Arbeitnehmers nach ihrer Anzahl, Dauer, Häufigkeit und zeitlicher Abfolge darzulegen.[419] Eine pauschale Darstellung der Gesamtdauer ist nicht ausreichend. Im Rahmen der krankheitsbedingten Kündigung besteht eine abgestufte Darlegungs- und Beweislast, die sich aus dem Beibringungsgrundsatz entwickelt hat.[420] Das Bundesarbeitsgericht hat dem Arbeitgeber die Darlegung der negativen Gesundheitsprognose insoweit erheblich erleichtert, als es die häufigen Fehlzeiten der Vergangenheit aufgrund von häufigen Kurzerkrankungen als Indiz für die Gesundheitsprognose ansieht.[421] Jedoch ist eine solche Prognose mit einer hohen Gefahr

417 *Nehring*, Die krankheitsbedingte Kündigung, S. 172; *Lepke*, Kündigung bei Krankheit, Rn 266.

418 BAG, Urt. v. 20.11.2014 – 2 AZR 755/13, in: NJW 2015, 1979 (1980); *Lepke*, Kündigung bei Krankheit, Rn 267; *Schiefer*, BB 2015, 2613 (2615).

419 *Howald*, öAT 2015, 140 (141).

420 *Richter*, ArbRAktuell 2015, 237 (237); *Schunder*, NZA-Beilage 2015, 90.

421 *Tschöpe*, in: Anwaltshandbuch Arbeitsrecht, Teil 3 E, Rn 101.

verbunden, da der Arbeitgeber meist lediglich geringe Kenntnisse des aktuellen Gesundheitszustands bzw. Krankheitsbilds des Arbeitnehmers besitzt.[422] Weiterhin besitzt der Arbeitgeber lediglich geringe Befugnisse, eine Begutachtung des Arbeitnehmers zu veranlassen.[423] Eine Verpflichtung zu Nachforschungen über den aktuellen Gesundheitszustandes seines Arbeitnehmers vor Ausspruch einer geplanten Kündigung besteht nicht.[424] Vielmehr wird nach der in dieser Arbeit vertretenen Ansicht von einer Erkundigungs- und Auskunftsobliegenheit ausgegangen.[425] Entbindet der Arbeitnehmer seine behandelnden Ärzte von ihrer Schweigepflicht, bedarf es bei Vorliegen zahlreicher verschiedener Erkrankungen für jede Einzelne einer negativen Gesundheitsprognose.[426] Es wird sich an dieser Stelle jedoch für die Annahme einer Gesamtprognose ausgesprochen.[427] Bei Vorliegen zahlreicher verschiedener Kurzerkrankungen ist von einer Krankheitsanfälligkeit auszugehen, die in den meisten Fällen eine lange Zeit andauert.[428]

Wenn für die Fehlzeiten der Vergangenheit eine negative Indizwirkung angenommen wurde, liegt es in der Verantwortung des Arbeitnehmers, diese Indizwirkung zu erschüttern und daher gemäß § 138 Abs. 2 ZPO darzulegen, weshalb sich aus dieser keine negative Gesundheitsprognose ergeben kann und eine baldige Genesung zu erwarten ist. Dieser prozessualen Mitwirkungspflicht entspricht der Arbeitnehmer bereits dann, wenn er die Behauptungen des Arbeitgebers nicht ausschließlich bestreitet, sondern vielmehr darlegt, dass ihm aus ärztlicher Sicht eine positive Gesundheitsprognose erstellt wurde, indem er die behandelnden Ärzte von der Schweigepflicht entbindet.[429] Der Arbeitnehmer hat demnach gemäß § 138 Abs. 2 ZPO im Rahmen seiner Mitwirkungspflicht darzulegen, dass zum Zeitpunkt der Kündigung von einer baldigen Besserung des Gesundheitszustandes auszu-

422 *Mayer*, in: BTM KSchG, § 1 KSchG, Rn 130.
423 *Heider*, NJW 2015, 1051 (1052).
424 *Mayer*, in: BTM KSchG, § 1 KSchG, Rn 128.
425 Siehe hierzu oben, S. 77 ff.
426 *Mayer*, in: BTM KSchG, § 1 KSchG, Rn 128.
427 Siehe hierzu oben, S. 96 f.
428 *Howald*, öAT 2015, 140 (141).
429 *Lingemann/ Ludwig*, ArbRAktuell 2010, 409 (409).

gehen und damit die Sorge um weitere Fehlzeiten unbegründet war.[430] Die Mitwirkungspflicht hat der Arbeitnehmer erfüllt, sobald er entweder die Ansicht des Arbeitgebers bestreitet oder eigenständig konkrete Umstände darlegt, welche die Indizwirkung der vergangenen Fehlzeiten beseitigt, und zudem die behandelnden Ärzte von ihrer Schweigepflicht entbindet. Für den Arbeitnehmer besteht eine vergleichsweise unkomplizierte Beweismöglichkeit, indem er dem Arbeitgeber Arbeitsunfähigkeitsbescheinigungen vorlegt. Diese besitzen zwar keine direkte Vermutung für das Vorliegen einer Arbeitsunfähigkeit, bekommen allerdings durch die Rechtsprechung einen hohen Beweiswert zugesprochen.[431]

Problematisch ist an dieser Stelle jedoch die Tatsache, dass die Untersuchung durch den Hausarzt o.Ä. nicht dem Anspruch des Arbeitsrechts genügen könnte. Eine Arbeitsunfähigkeitsbescheinigung soll dem Arbeitnehmer die Unfähigkeit zur Ausübung seiner Tätigkeit bescheinigen.[432] Um eine der Definition gerecht werdende Bescheinigung ausstellen zu können, müsste der Arzt explizite Kenntnisse bezüglich der ausgeübten Tätigkeit besitzen. In der Praxis liegt jedoch der Fall näher, dass der Arzt keine bzw. nur geringe Kenntnisse bezüglich der Tätigkeit seines Patienten hat und demzufolge die Arbeitsunfähigkeitsbescheinigung nicht ohne weiteres eine Unfähigkeit der ausgeübten Tätigkeit, sondern vielmehr eine allgemeine medizinische Erkrankung bescheinigt.[433] Daher ist nach einer in der Literatur vertretenen Ansicht bloßen Arbeitsunfähigkeitsbescheinigungen kein übermäßiger Beweiswert beizumessen.[434] Ein Hinweis des Arbeitnehmers auf eine nicht chronische Erkrankung führt lediglich dazu, dass der Arbeitgeber Kenntnis davon erlangt hat, dass die Erkrankung nicht dauerhaft vorhanden ist. Allerdings kann sie jedoch zu einem späteren Zeitpunkt als Akuterkrankung erneut eintreten.[435] Bleibt der Arbeitnehmer trotz der durch den Arbeitgeber dargelegten Fehlzeiten untätig

---

430 BAG, Urt. v. 20.11.2014 – 2 AZR 755/13, in: NJW 2015, 1979 (1980); Urt. v. 06.09.1989 – 2 AZR 19/89, in: NZA 1990, 307 (307).

431 *Heider*, NJW 2015, 1051 (1052).

432 *Heider*, NJW 2015, 1051 (1052).

433 *Heider*, NJW 2015, 1051 (1052).

434 *Heider*, NJW 2015, 1051 (1052).

435 *Tschöpe*, in: Anwaltshandbuch Arbeitsrecht, Teil 3 E, Rn 100.

oder bestreitet sie in unsachgemäßer Weise, gilt die Behauptung gemäß § 138 Abs. 3 ZPO als zugestanden. Trägt der Arbeitnehmer hingegen schwerwiegende Umstände vor, trägt der Arbeitgeber die Beweislast dafür, dass die Indizwirkung dennoch bestehen bleibt. Bestreitet der Arbeitgeber den Vortrag des Arbeitnehmers, muss durch die Vernehmung der behandelnden Ärzte bzw. eines medizinischen Sachverständigen Beweis erhoben werden.[436] Diese Beweislast obliegt dem Arbeitgeber. Weigert sich der Arbeitnehmer hingegen, seine behandelnden Ärzte von der ihnen obliegenden Schweigepflicht zu entbinden, entzieht er sich einer ärztlichen Behandlung oder legt er angeforderte Krankheitsunterlagen bewusst nicht vor, ist ebenfalls von der Indizwirkung auszugehen.[437]

bb. Stellungnahme

Die Verteilung der prozessualen Risiken im Bereich der Gesundheitsprognose muss überdacht werden. In der Entscheidung des Bundesarbeitsgerichts vom 10. November 2005 nahm das Gericht bereits aufgrund hoher Fehlzeiten und der Kenntnis bestimmter Diagnosen eine generelle Krankheitsanfälligkeit der Arbeitnehmerin an, wodurch die negative Gesundheitsprognose bestätigt wurde. Ein Vorbringen der Arbeitnehmerin konnte diese Annahme nicht erschüttern. Der Richter verfügt zwar generell über einen Beurteilungsspielraum iSd. § 286 ZPO, ob davon allerdings auch medizinische Diagnosen umfasst sein sollen, ist zu untersuchen.[438] Im Rahmen der oben genannten Entscheidung wurde die Diagnose der Krankheitsanfälligkeit gestellt. Da diese Frage ebenso den medizinischen Bereich betrifft, ist fraglich, ob eine solche Diagnose generell ohne die Beteiligung eines Sachverständigen getroffen werden darf. Im Bereich häufiger Kurzerkrankungen wird sich der Sachverhalt zumeist derart darstellen, dass der Arbeitnehmer vermehrt ärztliche Leistungen in Anspruch genommen hat. Um die Diagnose der Krankheitsanfälligkeit zu erstellen, bedarf es folglich des Zusammenspiels aller erteilten Diagnosen der Vergangen-

---

436 *Homuth*, SchlHA 2007, 404 (405).

437 *Griebeling/ Rachor*, in: KR Gemeinschaftskommentar, § 1 KSchG, Rn 336.

438 *Homuth*, SchlHA 2007, 404 (405).

heit. Eine solche Gesamtschau ist hingegen grundsätzlich lediglich durch einen Mediziner sinnvoll bzw. möglich. In diesem Zusammenhang stellt sich die Frage, weshalb der Arbeitnehmer die prozessuale Last tragen muss, eine zukünftige positive Entwicklung des Gesundheitszustandes zu behaupten, wenn die Gerichte ausschließlich aufgrund der Fehlzeiten und der mitgeteilten Diagnosen eine negative Gesundheitsprognose annehmen.[439] Eine solche Erteilung einer negativen Prognose kann hingegen ausschließlich auf Grundlage der Diagnose einer Krankheitsanfälligkeit erfolgen, weshalb eine solche als eigenständige Krankheitsart anzusehen ist.[440] Da der Arbeitgeber die soziale Rechtfertigung der Kündigung beweisen muss, bedarf es im Fall eines Berufens auf eine generelle Krankheitsanfälligkeit somit eines darauf basierenden Sachverständigengutachtens.

3. Kritik am Prognoseprinzip und Diskussion von Alternativen

Die Aufstellung der Gesundheitsprognose ist mit einer erheblichen Rechtsunsicherheit verbunden, da eine Prognose stets ausschließlich die Voraussage einer zukünftigen Entwicklung ist und somit keinerlei Garantie der Richtigkeit in sich birgt. Im Folgenden werden verschiedene Lösungsmöglichkeiten aufgezeigt, um diese Unsicherheit zu verringern.

a. Prognosespielraum des Arbeitgebers

Preis hat sich dafür ausgesprochen, dass dem Arbeitgeber ein nicht zu überprüfender Spielraum bei der Prognose zustehen solle.[441] Dadurch würde den Arbeitsgerichten die Kompetenz zur Überprüfung der Zukunftsprognose überwiegend abgesprochen, wodurch der Kündi-

439 *Homuth*, SchlHA 2007, 404 (405).
440 *Homuth*, SchlHA 2007, 404 (405).
441 *Preis*, Prinzipien des Kündigungsrechts, S. 337.

gungsschutz entwertet würde.[442] Eine Kontrolle durch die Gerichte ist hingegen aufgrund der betroffenen Rechtsgüter unabdingbar.

Wäre nun ein Beurteilungsspielraum seitens des Arbeitgebers zu bejahen, würde dies bedeuten, dass der Arbeitnehmer verpflichtet wäre, sein Krankheitsbild darzulegen. Dadurch käme es jedoch zu einer Beeinträchtigung des Rechts auf informationelle Selbstbestimmung iSd. Art. 2 Abs. 1 iVm. Art. 1 Abs. 1 GG.[443] In einer beispielhaften Entscheidung des Bundesarbeitsgerichts vom 29. August 1979 wurde ein Beurteilungsspielraum des Arbeitgebers dann kategorisch abgelehnt, wenn die Kündigung unter das Kündigungsschutzgesetz zu subsumieren ist.[444] Dem ist aus genannten Gründen zuzustimmen. Ein Prognosespielraum des Arbeitgebers kann daher nicht das Risiko einer Fehlprognose beseitigen.

b. Entscheidung durch Ärzte und Gutachter

Die Ansicht, dass die Unsicherheit einer Gesundheitsprognose durch die Zusammenarbeit mit Ärzten und Gutachtern minimiert würde, da weder der Arbeitgeber noch der Richter am Arbeitsgericht ausreichende Kenntnisse im medizinischen Bereich besitzen, kann vertreten werden.[445] Problematisch bezüglich der Fallgruppe der häufigen Kurzerkrankungen ist jedoch, dass zumeist Krankheiten aus unterschiedlichen Bereichen vorliegen und somit mehrere Gutachten erstellt werden müssten.[446] Weder Arbeitgeber noch Richter können daher aufgrund fehlender medizinischer Kenntnisse beurteilen, ob eine Wiederholungsgefahr der jeweiligen Fehlzeiten vorliegt.

Verdeutlicht wird dies insbesondere durch eine Entscheidung des Bundesarbeitsgerichts aus dem Jahr 2002. Der seit 1990 beschäftigte Arbeitnehmer wies innerhalb des Zeitraums von 1991 bis 1998 erhöh-

442 *Preis*, Prinzipien des Kündigungsrechts, S. 337; *Hamann*, Die Kündigung wegen häufiger Kurzerkrankungen, S. 43.

443 *Preis*, Prinzipien des Kündigungsrechts, S. 338.

444 *Preis*, Prinzipien des Kündigungsrechts, S. 338.

445 *Hamann*, Die Kündigung wegen häufiger Kurzerkrankungen, S. 45; *Preis*, Prinzipien des Kündigungsrechts, S. 338; *Honstetter*, Die Prognoseentscheidung des Arbeitgebers, S. 23; *Lepke*, Kündigung bei Krankheit, Rn 238.

446 *Hamann*, Die Kündigung wegen häufiger Kurzerkrankungen, S. 46.

te Fehlzeiten auf. In den letzten Jahren vor Ausspruch der Kündigung lag allerdings eine Fehlzeitenquote in Höhe von 49 Tagen vor. Zwei Arbeitsunfähigkeitszeiten in den Jahren 1993 und 1994 beruhten auf Arbeitsunfällen. Der Arbeitnehmer fehlte im Jahr 1994 insgesamt 72 Tage, die unter anderem durch eine Augen- und Nasenoperation, Geschwüre am Zwölffingerdarm, Wirbelsäulenbeschwerden, Kopfschmerzen, Erkältungserkrankungen und Magen-Darm-Erkrankungen hervorgerufen wurden.[447] Im Hinblick auf die Operationen einen direkten Ausschluss der Wiederholungsgefahr anzunehmen, scheint nach Ansicht des Bundesarbeitsgerichts widersprüchlich, da eine solche Operation stets in Verbindung mit dem ursprünglichen Leiden beurteilt werden müsse. Die Durchführung einer Operation ist zwar einerseits zumeist ein einmaliges Ereignis, andererseits lässt sich daraus nicht unmittelbar folgern, dass die Krankheit für sich genommen auch ausgeheilt ist bzw. es nicht zu Folgebeschwerden kommen kann.[448] Daher sieht das Bundesarbeitsgericht eine solche Operation stets als Einheit mit der ursprünglichen Erkrankung, weshalb die Operation nicht direkt als nicht wiederholungsfähig ausgeschlossen werden dürfe. Der im Rahmen der Magen-Darm-Erkrankung behandelnde Arzt stellte nach gerichtlicher Anhörung im Jahr 1998 klar, dass er einerseits eine positive Gesundheitsprognose annimmt, eine Wiederholungsgefahr zwar nicht sicher, allerdings möglich ist.[449] Ähnliches stellte sich im Jahr 1999, nach Ausspruch der Kündigung, dar, als die Ärzte bzw. Sachverständigen eine Prognose bezüglich der erneut auftretenden Wirbelsäulenbeschwerden erstellen sollten. In diesem Gutachten wurde deutlich, dass sich die behandelnden Ärzte bzw. Gutachter über die Genesungschancen dieser Wirbelsäulenproblematik nicht vollständig im Klaren waren, da sie eine Wiedergenesung nicht für völlig ausgeschlossen hielten.[450] Diese Problematik bezieht sich auf solche Erkrankungen, bei denen eine Genesung nie mit völliger Sicherheit angenommen, ebenfalls aber nicht vollkommen ausgeschlossen werden kann.[451]

---

447 BAG, Urt. v. 07.11.2002 – 2 AZR 599/01, AP Nr. 40 zu § 1 KSchG 1969 Krankheit.

448 *Hamann*, Die Kündigung wegen häufiger Kurzerkrankungen, S. 32.

449 BAG, Urt. v. 07.11.2002 – 2 AZR 599/01, AP Nr. 40 zu § 1 KSchG 1969 Krankheit.

450 BAG, Urt. v. 07.11.2002 – 2 AZR 599/01, AP Nr. 40 zu § 1 KSchG 1969 Krankheit; *Hamann*, Die Kündigung wegen häufiger Kurzerkrankungen, S. 31.

451 BAG, Urt. v. 07.11.2002 – 2 AZR 599/01, AP Nr. 40 zu § 1 KSchG 1969 Krankheit.

Die Mediziner begründeten diese Ungewissheit damit, dass die Erteilung einer negativen Gesundheitsprognose nicht eindeutig beantwortet werden könne, da der Krankheitsprozess durch nicht beeinflussbare Faktoren in verschiedene Richtungen geleitet werden könnte.[452] Diese an der negativen Gesundheitsprognose geäußerten Zweifel können die Indizwirkung der vergangenen Fehlzeiten erschüttern.[453] Jeder Mensch weist als Individuum unterschiedliche körperliche und geistige Voraussetzungen auf. Da ein Krankheits- bzw. Genesungsprozess der jeweiligen Erkrankung nicht nach standardisierten Schemata verläuft, können sich Gutachter in solchen Fällen weder auf eine negative noch auf eine positive Gesundheitsprognose festlegen.[454] Der Arbeitgeber muss letztendlich den Beweis des Vorliegens der negativen Gesundheitsprognose führen, weshalb eine Beweisführung seitens des Arbeitnehmers nicht angestrebt werden darf.

Diese generelle Unkenntnis zeigt sich zudem durch die Varianz der verschiedenen Entscheidungen der Gerichte. Deshalb wurden aus medizinischer Sicht Zweifel dahingehend geäußert, dass bei einer Vielzahl unterschiedlicher Krankheitsfaktoren eine Prognose über die Entwicklung der Arbeitsunfähigkeitszeiten in Zukunft nur bedingt erstellt werden könnte.[455] In diesem Zusammenhang spielt außerdem der allgemeine medizinische Fortschritt eine tragende Rolle. Dennoch muss herausgestellt werden, dass ein medizinisches Gutachten ebenfalls lediglich einen Schluss von der Vergangenheit auf die Zukunft darstellen kann und dies insbesondere bei häufig wechselnden Erkrankungen äußerst schwierig erscheint.[456]

Des Weiteren handelt es sich in den meisten Fällen um kurzzeitige Erkrankungen, über die ein Gutachten im Nachhinein schwierig erscheint. Weiter ist es sowohl in zeitlicher als auch finanzieller Hinsicht schwierig, bei einer derartigen Masse an Faktoren ein einschlägiges Gutachten erstellen zu können. Daher eignet sich ein ärztliches Gut-

452 BAG, Urt. v. 07.11.2002 – 2 AZR 599/01, AP Nr. 40 zu § 1 KSchG 1969 Krankheit.

453 BAG, Urt. v. 07.11.2002 – 2 AZR 599/01, AP Nr. 40 zu § 1 KSchG 1969 Krankheit.

454 BAG, Urt. v. 07.11.2002 – 2 AZR 599/01, AP Nr. 40 zu § 1 KSchG 1969 Krankheit; *Hamann*, Die Kündigung wegen häufiger Kurzerkrankungen, S. 45.

455 *Lepke*, Kündigung bei Krankheit, Rn 236; *Hamann*, Die Kündigung wegen häufiger Kurzerkrankungen, S. 46.

456 *Birkner-Kuschyk/ Tschöpe*, DB 1981, 264 (267).

achten allenfalls eingeschränkt zur Verringerung der mit der Prognose verbundenen Unsicherheit. Unabhängig davon stellt ein Gutachten ohnehin lediglich einen „Schluss von der Vergangenheit auf die Zukunft" dar und kann demzufolge Tatsachen nicht gleichgestellt werden.[457] Folglich bringt dieser vorgeschlagene Lösungsweg ebenfalls keine zufriedenstellenden Ergebnisse.

c. Mitteilungspflicht des Arbeitnehmers

In Teilen der Literatur wird die Ansicht vertreten, dass eine Mitteilungspflicht seitens des Arbeitnehmers das Risiko des Arbeitgebers über die Unsicherheit der Prognose in erheblichem Maße vermindern würde.[458] Diesen Ansichten könnte dann Folge geleistet werden, wenn ein Arbeitnehmer sein Krankheitsbild eindeutig bezeichnen und darlegen könnte. Eine Mitteilungspflicht des Arbeitnehmers bezüglich seines Gesundheitszustandes könnte allerdings aufgrund häufiger Unkenntnis des eigenen Zustands problematisch werden. In den meisten Fällen haben die Arbeitnehmer kaum Kenntnis ihres eigenen Gesundheitszustands und können folglich ihrer Mitteilungspflicht nicht ausreichend nachkommen.[459] Zumindest aber ist der Arbeitgeber als medizinischer Laie, mit der Bewertung der Heilungschancen überfordert.[460] Daher ist festzuhalten, dass eine Mitteilungspflicht das Risiko der Prognose nicht verringern kann. Eine Öffnungsklausel könnte jedoch dahingehend eingeführt werden, als eine nebenvertragliche Erkundigungs- und Auskunftspflicht ab dem Zeitpunkt sinnvoll und notwendig erscheint, in dem die Kündigung beispielsweise durch ein Anhörungsverfahren bereits eingeleitet wurde.[461] Dadurch könnte das Risiko einer Fehlprognose auf Seite des Arbeitgebers sowie das Risiko eines Kündigungsschutzprozesses des Arbeitnehmers leichter kalkulierbar werden.

457 *Birkner-Kuschyk/ Tschöpe*, DB 1981, 264 (267).
458 *Mohr*, DB 1984, 43 (44).
459 *Hamann*, Die Kündigung wegen häufiger Kurzerkrankungen, S. 47.
460 *Mohr*, DB 1984, 43 (44).
461 So auch der Grundgedanke von *Mohr*, DB 1984, 43 (44).

d. Verdacht als hinreichende Grundlage für die Prognose

Eine weitere Möglichkeit, das Risiko der Zukunftsprognose einzudämmen, könnte darin liegen, bei häufigen Kurzerkrankungen eine Verdachtskündigung hinsichtlich einer andauernden Arbeitsunfähigkeit anzunehmen.[462] Der Arbeitgeber kündigt dem Arbeitnehmer aufgrund des Verdachts einer ausbleibenden Verbesserung seines Gesundheitszustands.[463] Bei einer Verdachtskündigung besteht der Verdacht eines noch nicht nachgewiesenen strafbaren Verhaltens, wodurch das erforderliche Vertrauen des Arbeitgebers zerstört würde.[464] Ausschlusskriterium für diese Annahme ist jedoch der Sinn und Zweck des Instituts der Verdachtskündigung.[465] Obwohl die Klärung der negativen Gesundheitsprognose problematisch sein kann, lassen sich diese Grundsätze nicht ohne weiteres auf die Fehlzeiten wegen häufiger Kurzerkrankungen übertragen. Problematisch ist in diesem Rahmen insbesondere, dass vor einer Verdachtskündigung eine Anhörung des Arbeitnehmers erfolgen muss, wodurch in das Recht auf informationelle Selbstbestimmung iSd. Art. 2 Abs. 1 iVm. Art. 1 Abs. 1 GG eingegriffen würde, da der Arbeitnehmer dazu genötigt wäre, seine Krankheit offenzulegen.[466] Daher können die Grundsätze einer Verdachtskündigung nicht auf die Kündigung wegen häufiger Kurzerkrankungen angewendet werden.

e. Fehlzeiten der Vergangenheit als Anscheinsbeweis

Um die Fehlzeiten der Vergangenheit als Anscheinsbeweis anzunehmen, müsste ein Tatbestand nach seinem allgemeinen Erfahrungssatz auf einen gewissen Grund ausschlaggebend auf den Eintritt eines besonderen Erfolgs hindeuten.[467] Fraglich ist, ob die Indizwirkung der Fehlzeiten der Vergangenheit derart sicher ist, dass sie Unsicherheiten der Prognose ausräumen kann. Einerseits stellen die vergangenen

462 *Hamann*, Die Kündigung wegen häufiger Kurzerkrankungen, S. 47.
463 *Denck*, JuS 1978, 156 (158).
464 *Krause*, Arbeitsrecht, § 18 Rn 15.
465 *Krause*, Arbeitsrecht, § 18 Rn 15.
466 *Denck*, JuS 1978, 156 (158).
467 *Hess*, Zivilprozessrecht, § 50 Rn 21.

Fehlzeiten ein Indiz für eine zukünftige Wiederholung dar.[468] Andererseits kann der Arbeitnehmer diese Indizwirkung durch den Vortrag entgegenstehender Tatsachen entkräften.

Nach einem Urteil das Landesarbeitsgerichts Hamm vom 07. Juni 1978 führe die Dauer und vor allem Häufigkeit von Kurzerkrankungen auf den ersten Blick zur Annahme einer Krankheitsanfälligkeit und ließe daraus folgend den Schluss einer negativen Gesundheitsprognose zu.[469] Dafür ließe sich anführen, dass die Fehlzeiten aus der Vergangenheit die einzige Möglichkeit für den Arbeitgeber seien, eine Prognose aufzustellen. Auch wenn eine generelle Erkundigungspflicht des Arbeitgebers nicht besteht, ist der Arbeitgeber zur Minimierung des Prozessrisikos, wenn auch nur moralisch, verpflichtet, sich vor Ausspruch einer Kündigung mit dem Arbeitnehmer in Verbindung zu setzen.[470]

Der Annahme eines Anscheinsbeweises steht bereits die Tatsache entgegen, dass ein allgemeiner Erfahrungssatz bei der Kündigung wegen häufiger Kurzerkrankungen nicht vorhanden ist, da keine Garantie für ein zukünftiges Eintreten der Fehlzeiten besteht.[471] Eine Krankheitsphase kann ausschließlich im Einzelfall betrachtet werden, da sie in ihrer Intensität schwankt und keinen generellen Regeln unterfällt.[472] Dies folgt zudem daraus, dass ein Genesungsprozess grundsätzlich unterschiedlich verläuft und Medikamente bei jedem Individuum andere Wirkungen mit sich bringen können. Somit existiert kein Erfahrungssatz, sodass der Beweis einer negativen Gesundheitsprognose ausschließlich durch einen medizinischen Sachverständigen erbracht werden kann. Daher kann durch die bisherigen Fehlzeiten kein Anscheinsbeweis angenommen werden.

---

468 *Plocher*, DB 2015, 2083 (2084).

469 *Birkner-Kuschyk/ Tschöpe*, DB 1981, 264 (267).

470 *Birkner-Kuschyk/ Tschöpe*, DB 1981, 264 (267); siehe hierzu auch oben, S. 77 ff.

471 *Mohr*, DB 1984, 43 (43).

472 *Hamann*, Die Kündigung wegen häufiger Kurzerkrankungen, S. 48.

f. Probleme der Indizwirkung

Problematisch erscheint die generelle Annahme, dass häufige Fehlzeiten der Vergangenheit eine Indizwirkung entfalten und somit innerhalb der Prognose Berücksichtigung finden müssen. Eine solch generelle Aussage scheint lediglich im Fall chronischer Erkrankungen zuzutreffen.[473] Gerade innerhalb der Fallgruppe der häufigen Kurzerkrankungen ist das Fehlzeitenbild durch viele unterschiedliche Erkrankungen geprägt. Die Ansicht, dass in einem solchen Falle eine Indizwirkung nur dann gegeben sei, wenn die unterschiedlichen Erkrankungen auf einem gewissen Ursachenzusammenhang beruhen, könnte vertreten werden.[474]

g. Eigener Lösungsvorschlag

Die krankheitsbedingte Kündigung wirkt zukunftsbezogen. Allerdings können Fehlzeiten der Vergangenheit ausschließlich als Indiz für zukünftig zu erwartende Fehlzeiten herangezogen werden. Die Grundlage der Prognose sind Ereignisse der Vergangenheit. Im Rahmen der Fallgruppe der häufigen Kurzerkrankungen handelt es sich um eine Fehlzeitenanzahl, auf deren Fundament bestimmte zukünftige Entwicklungen mit einer Wahrscheinlichkeit vorausgesagt werden sollen.[475] Eine Prognose ist die Voraussage von Ereignissen oder Zuständen der Zukunft und ist somit stets mit einer Unsicherheit verknüpft.[476] Da die Prognose nicht auf einer mathematischen Formel beruht, kann die Möglichkeit eines gegenteiligen Eintretens nicht sicher ausgeschlossen werden.[477] Gerade im Bereich häufiger Kurzerkrankungen stellt sich der Sachverhalt aufgrund der vielen unterschiedlichen Faktoren in besonderem Maße schwierig dar. Die Entwicklung des Krankheitsprozesses vorauszusagen, erscheint aufgrund der Tatsache, dass der Genesungsprozess bei jedem Menschen individuell be-

473 *Berkowsky*, Die personen- und verhaltensbedingte Kündigung, § 4, Rn 69.
474 *Berkowsky*, Die personen- und verhaltensbedingte Kündigung, § 4, Rn 69.
475 *Hamann*, Die Kündigung wegen häufiger Kurzerkrankungen, S. 50.
476 *Hamann*, Die Kündigung wegen häufiger Kurzerkrankungen, S. 50.
477 *Birkner-Kuschyk/ Tschöpe*, DB 1981, 264 (267).

trachtet werden muss, gar unmöglich.[478] Eine absolut sichere Einschätzung über die zukünftig zu erwartenden Fehlzeiten lässt sich daher kaum erstellen. Aus diesem Grund genügt für die Erstellung der Prognose ein gewisses Maß an Sicherheit, sodass sich keine hinreichenden Zweifel mehr ergeben.

Wie zuvor aufgezeigt, können zudem einmalige sowie ausgeheilte Erkrankungen in der Prognose berücksichtigt werden. Dennoch bleibt die Problematik auch zukünftig bestehen, dass die Untersuchung der einzelnen Fehlzeiten nach einer Wiederholungsgefahr grundsätzlich mit besonderen Schwierigkeiten verbunden ist. Nach einem Urteil des Landesarbeitsgerichts Schleswig-Holstein aus dem Jahr 2005, das zuvor bereits dargestellt wurde, ist eine Wiederholungsgefahr von Fehlzeiten bedingt durch Operationen oder Erkrankungen nur in bestimmten Fällen anzunehmen.[479] Fraglich ist in diesem Zusammenhang, durch wen ein Ausschluss von der Möglichkeit der Wiederholungsgefahr festgelegt wird bzw. woran ein solcher Ausschluss zu erkennen ist.[480] Ein derartiger Ausschluss könnte in dem nur einmaligen Auftreten innerhalb des Beurteilungszeitraums gesehen werden. Tritt innerhalb des gesamten Beurteilungszeitraums die in Rede stehende Erkrankung lediglich einmalig auf, kann sich daraus ein hinreichender Anhaltspunkt dafür ergeben, eine Wiederholungsgefahr generell abzulehnen.[481] Tritt hingegen eine Krankheit innerhalb des Beurteilungszeitraums wiederholt auf, kann daraus auf eine Wiederholungsgefahr geschlossen werden. Dies muss selbst dann gelten, wenn die Erkrankung bereits ausgeheilt ist.

Des Weiteren könnte das Risiko einer Fehlprognose durch die Einführung einer Beweislastumkehr beseitigt werden. Bei Durchführung dieses Vorgehens ist der Problemfall zu bedenken, dass ein Arbeitnehmer über einen längeren Zeitraum wiederholt wegen verschiedener Krankheiten arbeitsunfähig ist. Eine dem Arbeitgeber auferlegte Beweislast würde ihn daher enorm belasten. Es erscheint an dieser Stelle

478 *Birkner-Kuschyk/ Tschöpe*, DB 1981, 264 (267).

479 LAG Schleswig-Holstein, Urt. v. 03.11.2005 – 3 Sa 320/05, in: NZA-RR 2006, 129 (130).

480 *Hamann*, Die Kündigung wegen häufiger Kurzerkrankungen, S. 52; LAG Schleswig-Holstein, Urt. v. 03.11.2005 – 3 Sa 320/05, in: NZA-RR 2006, 129 (130).

481 *Hamann*, Die Kündigung wegen häufiger Kurzerkrankungen, S. 52.

möglich, die Beweislast bezüglich der Gesundheitsprognose dem Arbeitnehmer aufzuerlegen. Nach aktueller Rechtslage erfolgt die negative Gesundheitsprognose anhand einer abgestuften Darlegungs- und Beweislast. In diesem Zusammenhang muss der Arbeitgeber im Rahmen seiner Darlegungslast die Fehlzeiten der Vergangenheit nach Art, Umfang und Dauer darlegen und behaupten, dass auch zukünftig mit derartigen Fehlzeiten zu rechnen ist.[482] Nach diesem Vortrag liegt es in der Sphäre des Arbeitnehmers iSd. § 138 Abs. 2 ZPO darzulegen, warum sich auf die aufgezeigten Fehlzeiten keine negative Gesundheitsprognose stützen lässt. Der Arbeitgeber hat nach ausreichendem Bestreiten durch den Arbeitnehmer die negative Gesundheitsprognose zu beweisen. Genau an diesem Punkt bedarf es einer Neuerung der Grundsätze. Es ist davon auszugehen, dass es dem Arbeitnehmer zumutbar und grundsätzlich möglich ist, detaillierte Darstellungen hinsichtlich seines Krankenstandes zu leisten. Dadurch würde die Beweislastproblematik auf Seite des Arbeitgebers grundlegend beseitigt, da ab einem gewissen Zeitpunkt eine Beweislastumkehr zu Lasten des Arbeitnehmers greifen würde.[483] Ein solcher Zeitraum könnte sinnvollerweise in dem zu wählenden Beurteilungszeitraum liegen.

Eine derartige Beweislastumkehr könnte zum einen die Gefahr von häufigem „krankfeiern" verringern, andererseits aber auch den Arbeitgeber, der durch die hohen Fehlzeiten der letzten Monate oder Jahre bereits erheblich belastet ist, in gewisser Weise schützen. Dagegen lässt sich jedoch anführen, dass der Arbeitnehmer durch das Kündigungsschutzgesetz bereits einen starken Schutz erhält. Im gesamten Arbeitsrecht wird dem Arbeitnehmer eine besonders schützenswerte Stellung zugesprochen. Ein Schweigen des Arbeitnehmers nach Einführung einer Beweislastumkehr würde dazu führen, dass er den Darstellungen des Arbeitgebers zustimmen würde. In der Praxis besitzt der Arbeitgeber allerdings eine viel stärkere wirtschaftliche Stellung und muss daher im Vergleich zum Arbeitnehmer größere Belastungen hinnehmen. Dies lässt sich zum einen auf höhere Erfahrungswerte, als auch auf eine finanzielle Besserstellung des Arbeitgebers stützen. Eine

482 BAG, Urt. v. 07.11.2002 – 2 AZR 599/01, in: NZA 2003, 816 (816); Urt. v. 06.09.1989 – 2 AZR 19/89, in: NZA 1990, 307 (307); *Hamann*, Die Kündigung wegen häufiger Kurzerkrankungen, S. 54.

483 So auch der Grundgedanke von *Hamann*, S. 55.

an dieser Stelle diskutierte Umkehr der Beweislast könnte somit existenzbedrohliche Folgen für den Arbeitnehmer haben. Aus diesen Gründen ist die hier vorgeschlagene Beweislastumkehr nicht mit dem Rechtsgedanken des Arbeitsrechts vereinbar und damit abzulehnen, weil sie zu keinem angemessenen Interessenausgleich beiträgt.

h. Ergebnis

Nach alledem lässt sich sagen, dass eine Prognose lediglich eine Vorhersage von Ereignissen oder Zuständen in der Zukunft ist. Eine vollständige Vernichtung des Risikos ist hingegen nicht möglich, da eine Prognose nicht einer sicheren Erkenntnis gleichstehen, sondern lediglich eine Vermutung über zukünftig zu erwartende Ereignisse abgeben kann. Eine Prognose ist keine berechenbare Voraussage, die alle weiteren Möglichkeiten mit vollkommener Sicherheit ausschließt. Insbesondere in der Fallgruppe der häufigen Kurzerkrankungen, die durch eine Vielzahl unterschiedlicher Faktoren geprägt ist, kann die Gefahr einer Fehlprognose nicht ausgeschlossen werden. Ausschließlich nicht mehr auftretende Zweifel können der Prognose ein gewisses Maß an Sicherheit geben. Somit sind alle denkbaren Alternativen abzulehnen, da stets ein Restrisiko gegeben bleibt.

4. Zwischenergebnis

Innerhalb der Untersuchung der negativen Gesundheitsprognose wurde deutlich, dass die Fehlzeiten der Vergangenheit eine gewisse Indizwirkung besitzen und überdies ausgeheilte sowie Krankheiten ohne Wiederholungsgefahr in der Prognose Berücksichtigung finden müssen. Um eine kündigungsrechtliche Relevanz annehmen zu können, erscheint als grundlegender Maßstab eine Fehlzeitenanzahl in Höhe von 45 Tagen (neun Wochen) sinnvoll, wodurch ein angemessener Ausgleich von Arbeitgeber- und Arbeitnehmerinteressen erreicht wird. Es sollte ein Prognosezeitraum von 15 bis 24 Monaten angenommen werden, um dem Arbeitgeber keine übermäßig große Belastung aufzuerlegen. Der entscheidende Beurteilungszeitraum ist der Zugang der

Kündigungserklärung. Einer im vorherigen Abschnitt diskutierten Beweislastumkehr kann nicht gefolgt werden. Um Missverständnisse zwischen den Arbeitsvertragsparteien möglichst zu vermeiden, wird in dieser Arbeit allerdings für die Einführung einer Erkundigungs- und Auskunftsobliegenheit plädiert.

II. Betriebliche Beeinträchtigungen

Die aufgestellte Prognose ist allenfalls dann geeignet, eine personenbedingte Kündigung sozial zu rechtfertigen, wenn im Rahmen der Dreischrittprüfung sowohl die bisherigen krankheitsbedingten Fehlzeiten als auch die durch die Gesundheitsprognose zu erwartenden Fehltage zu einer erheblichen Beeinträchtigung betrieblicher Interessen führen.[484] Keine Bedeutung besitzen allgemeine wirtschaftliche Interessen des Arbeitgebers.[485] Eine Beeinträchtigung kann einerseits durch die Auswirkungen des Ausfalls des Arbeitnehmers auf den Betriebsablauf (Betriebsablaufstörungen), andererseits aufgrund der zu befürchtenden Dimension der Entgeltfortzahlungskosten (wirtschaftliche Belastungen) eintreten.[486] Betriebliche Beeinträchtigungen sind jedoch ausschließlich dann kündigungsrechtlich von Bedeutung, wenn sie über das normale Maß von vorhersehbaren Fehlzeiten (z.B. Urlaub, Fortbildungen, üblicher Krankheitsumfang) hinausgehen.[487] Sie können die Kündigung jeweils für sich allein, aber auch kumulativ rechtfertigen.[488] Insbesondere bei häufigen Kurzerkrankungen entstehen regelmäßig große betriebliche Probleme, da etwaige Überbrückungsmaßnahmen nicht planbar sind, allerdings ad hoc reagiert werden muss. Die etwaige Unzumutbarkeit wird erst im Rahmen der Interessenabwägung (3. Schritt) relevant.

---

484 *Lepke*, Kündigung bei Krankheit, Rn 288; *Homuth*, SchlHA 2007, 404 (404); *Richter*, ArbRAktuell 2015, 237 (237); *Nehring*, Die krankheitsbedingte Kündigung, S. 177.

485 *Oetker*, in: Erfurter Kommentar, § 1 KSchG, Rn 140.

486 *Lepke*, Kündigung bei Krankheit, Rn 288.

487 *Berkowsky*, NZA-RR 2001, 393 (397).

488 *Löwisch*, in: Löwisch/ Spinner/ Wertheimer, Kündigungsschutzgesetz, § 1 KSchG, Rn 247.

1. Betriebsablaufstörungen

Betriebsablaufstörungen stellen dann einen Kündigungsgrund dar, wenn sie schwere Störungen im Produktionsprozess hervorrufen, die nicht durch Überbrückungsmaßnahmen verhindert werden können.[489] Dabei handelt es sich in der Regel um Störungen, die im technischen oder organisatorischen Bereich auftreten.[490] Häufige kurze Fehlzeiten können zu erheblichen Störungen innerhalb des Betriebs führen. Solche Störungen können beispielsweise der Stillstand der Maschinen, eine rückläufige Produktion wegen unerfahrenem Ersatzpersonals, Überlastung anderer Arbeitnehmer, Terminüberschreitungen, Qualitätsverluste oder auch die Störung des Betriebsklimas sein.[491] Der Arbeitgeber wird versuchen, Umsatzeinbußen durch den Einsatz von Ersatzarbeitskräften oder anderer organisatorischer Maßnahmen zu verhindern.[492] Wenn der Arbeitgeber jedoch keine sinnvolle Verwendung für die Arbeitsleistung des Arbeitnehmers mehr hat, sind keine Betriebsablaufstörungen anzunehmen, weshalb eine personenbedingte Kündigung ausscheiden würde.[493] Die Stellung des Arbeitnehmers innerhalb des Betriebs kann insofern maßgeblich sein, als im Krankheitsfall einer qualifizierten Fachkraft eher mit Betriebsablaufstörungen zu rechnen ist als beim Einsatz bloßer Hilfskräfte.[494] Wenn sich der Arbeitgeber auf Betriebsablaufstörungen beruft, hat er die Auswirkungen deutlich darzulegen.[495] Insbesondere im Rahmen häufiger Kurzerkrankungen können sich Betriebsablaufstörungen durch unkalkulierbare Ausfallzeiten des Arbeitnehmers ergeben, indem beispielsweise eine rechtzeitige Organisation einer Ersatzkraft nicht möglich erscheint. Eine Überschreitung der Schwelle des § 3 Abs. 1 EFZG hat im Rahmen der Betriebsablaufstörungen hingegen keinerlei Be-

---

489 *Dörner/ Vossen*, in: APS Großkommentar, § 1 KSchG, Rn 155.

490 *Bauer/ Röder/ Lingemann*, Krankheit im Arbeitsverhältnis, S. 113.

491 *Deinert*, in: Kommentar Kündigungsschutzrecht, § 1 KSchG, Rn 118; *Schiefer*, BB 2015, 2613 (2614).

492 *Deinert*, in: Kommentar Kündigungsschutzrecht, § 1 KSchG, Rn 118.

493 *Deinert*, in: Kommentar Kündigungsschutzrecht, § 1 KSchG, Rn 118.

494 *Löwisch*, in: Löwisch/ Spinner/ Wertheimer, Kündigungsschutzgesetz, § 1 KSchG, Rn 248; *Nehring*, Die krankheitsbedingte Kündigung, S. 177.

495 *Löwisch*, in: Löwisch/ Spinner/ Wertheimer, Kündigungsschutzgesetz, § 1 KSchG, Rn 248.

deutung. Aus diesem Grund können auch Fehlzeiten unterhalb von sechs Wochen kündigungsrechtlich relevant werden.[496] Entscheidendes Kriterium der Betriebsablaufstörung ist, dass nicht das Vorliegen der Fehlzeiten in der Vergangenheit, sondern vielmehr ihr Auftreten in der Zukunft von Bedeutung ist. Folglich muss in Zukunft mit großer Wahrscheinlichkeit eine Betriebsablaufstörung eintreten, die nicht durch etwaige Überbrückungsmaßnahmen verhindert werden kann.[497] Betriebsablaufstörungen, die bereits in der Vergangenheit eingetreten sind, können allerdings eine wichtige Grundlage für die Prognose bilden und sind im Rahmen der Interessenabwägung zu berücksichtigen.[498]

a. Überbrückungsmaßnahmen

Da die krankheitsbedingte Kündigung im Sinne des Ultima-Ratio-Prinzips ausschließlich als letztes mögliches Mittel in Betracht kommt, muss geprüft werden, ob dem Arbeitgeber Maßnahmen zur Überbrückung der Arbeitsunfähigkeitszeiten des Arbeitnehmers zumutbar bzw. möglich sind. Falls zumutbare Überbrückungsmaßnahmen möglich sind, durch die die Betriebsablaufstörungen verhindert werden könnten, ist die Möglichkeit zur Kündigung aus krankheitsbedingten Gründen ausgeschlossen.[499] Zusätzlich ist zu prüfen, ob die Störung erheblich oder lediglich geringfügig ist.[500] Fraglich ist allerdings, was überhaupt durch den Begriff der Überbrückungsmaßnahmen erfasst wird und inwieweit diese Maßnahmen für den Arbeitgeber zumutbar sind.

aa. Neueinstellung einer Aushilfskraft

Zunächst könnte die Neueinstellung einer Aushilfskraft als zumutbare Überbrückungsmaßnahme in Betracht kommen. Die Rechtsprechung

496 *Schiefer*, BB 2015, 2613 (2614).
497 *Bauer/ Röder/ Lingemann*, Kündigung bei Krankheit, S. 115.
498 *Bauer/ Röder/ Lingemann*, Kündigung bei Krankheit, S. 115.
499 *Deinert*, in: Kommentar Kündigungsschutzrecht, § 1 KSchG, Rn 120.
500 *v. Hoyningen-Huene/ Linck*, Kündigungsschutzgesetz, § 1 KSchG, Rn 373.

geht sogar so weit, den Arbeitgeber sowohl zu befristeten als auch zu unbefristeten Aushilfsverträgen zu verpflichten.[501] Problematisch ist in dieser Hinsicht jedoch, dass sich der Einsatz einer Aushilfskraft bei häufigen Kurzerkrankungen im Gegensatz zu einer langanhaltenden Erkrankung nur bedingt planen lässt. Der Arbeitgeber kann nicht kalkulieren, an welchen Tagen er den Einsatz einer Aushilfskraft benötigt, da eine Krankmeldung bei Kurzerkrankungen jederzeit eingereicht werden kann.[502] Um den Ausfall des Arbeitnehmers zu kompensieren, bedürfe es einer Aushilfskraft, die umgehend auf Abruf bereit stünde. Durch eine solch flexible Aushilfskraft würden die finanziellen Belastungen hinsichtlich des konkreten Arbeitsplatzes allerdings in erheblichem Maße steigen.[503] Die dadurch entstehenden Kosten wären zwar als wirtschaftliche Belastung anzusehen, sind hingegen praktisch und wirtschaftlich nicht durchführbar.[504] Im Gegensatz dazu weiß der Arbeitgeber bei einer Langzeiterkrankung genau, für welchen Zeitraum eine Aushilfskraft benötigt wird.[505] Ist der Arbeitnehmer auf einer Position tätig, die ausschließlich durch eine lange Einarbeitungsphase erlernt werden kann, kann eine Ablehnung zur Einstellung einer Aushilfskraft gerechtfertigt sein.[506] Somit stellt die Neueinstellung einer Aushilfskraft im Rahmen der Fallgruppe der häufigen Kurzerkrankungen in der Regel keine zumutbare Überbrückungsmaßnahme dar.

bb. Personalreserve

Eine weitere durchführbare Maßnahme könnte in dem Bereithalten einer Personalreserve liegen. Dadurch wäre der Arbeitgeber grundsätzlich in der Lage, durch personelle Umsetzungen bzw. Besetzungen innerhalb des Betriebs die Fehlzeiten des Arbeitnehmers zu überbrücken. Es ist die freie unternehmerische Entscheidung des Arbeitgebers, eine Personalreserve bereit zu halten. Eine Verpflichtung dazu besteht

501 BAG, Urt. v. 23.06.1983 – 2 AZR 15/82, in: BB 1983, 1988 (1988).
502 *Preis*, Prinzipien des Kündigungsrechts, S. 449.
503 *Preis*, Prinzipien des Kündigungsrechts, S. 449.
504 *Preis*, DB 1988, 1444 (1445).
505 *Preis*, DB 1988, 1444 (1445).
506 *Bauer/ Röder/ Lingemann*, Kündigung bei Krankheit, S. 114.

nicht.[507] Hält er jedoch freiwillig eine solche Reserve bereit, ist er dazu verpflichtet, den Reservemitarbeiter anstelle des krankheitsbedingt ausfallenden Arbeitnehmers einzusetzen.[508] Im Rahmen der sozialen Rechtfertigung der Kündigung werden allerdings von einem eine Personalreserve bereithaltenden Arbeitgeber allenfalls geringere Überbrückungsmaßnahmen verlangt, um einen generellen Anreiz für das Bereithalten einer Personalreserve zu setzen. Werden durch Reservemitarbeiter Fehlzeiten eines erkrankten Arbeitnehmers überbrückt, ist eine Betriebsablaufstörung abzulehnen. Die dadurch entstandenen Kosten können nicht als wirtschaftliche Belastung geltend gemacht werden, da diese Kosten vom Arbeitgeber unabhängig vom Einzelfall bereits eingeplant worden sind.[509] Wenn der Arbeitgeber eine derartige Personalreserve bereithält, die dem durchschnittlichen Arbeitsausfall entspricht, bedarf es keiner weiteren Überbrückungsmaßnahmen durch den Arbeitgeber.[510] Hält der Arbeitgeber jedoch eine solche Personalreserve nicht bereit, muss er Überbrückungsmaßnahmen in einem der Personalreserve entsprechenden Umfang vornehmen, bevor er sich auf eine betriebliche Beeinträchtigung berufen kann.[511] Das Bereithalten einer Personalreserve verursacht einen Kostenfaktor. Versucht ein Arbeitgeber von Anfang an, diese Kosten durch das Nicht-Bereithalten einer Personalreserve einzusparen, darf er kündigungsrechtlich nicht besser stehen als ein Arbeitgeber, der eine solche bereithält.[512] Nicht zumutbar wäre hingegen die Verpflichtung zum Bereithalten einer Personalreserve, um sofort auf einen krankheitsbedingten Ausfall reagieren zu können.[513]

Klärungsbedürftig erscheint, ob diese Freiwilligkeit auch bei Großunternehmen gelten sollte oder ob bei einer bestimmten Unternehmensgröße eine Pflicht zum Bereithalten einer Personalreserve zweckmäßig ist, um einen reibungslosen Betriebsablauf gewährleisten zu können. Bisher haben weder die Rechtsprechung noch die Literatur

---

507 *Lepke*, Kündigung bei Krankheit, Rn 220; *Deinert*, in: KSchR Kommentar, § 1 KSchG, Rn 120.

508 *Lepke*, Kündigung bei Krankheit, Rn 220.

509 *Mayer*, in: BTM Kündigungsschutzgesetz, § 1 KSchG, Rn 134.

510 *Berkowsky*, Die personen- und verhaltensbedingte Kündigung, § 4, Rn 74.

511 *Berkowsky*, Die personen- und verhaltensbedingte Kündigung, § 4, Rn 74.

512 *Berkowsky*, Die personen- und verhaltensbedingte Kündigung, § 4, Rn 74.

513 *Laber*, in: Handbuch Kündigungsrecht, Teil 3, Rn 243.

diese Möglichkeit erkannt. Zunächst wäre dafür zu klären, ab wann von einem Großunternehmen ausgegangen werden kann. Da Sinn und Zweck einer Personalreserve in der Überbrückung spontaner Ausfallzeiten der Arbeitnehmer liegt, kann eine Pflicht ausschließlich dann angenommen werden, wenn der Betrieb aufgrund seiner Größe mit hohen Ausfallzeiten der Arbeitnehmer rechnen muss. Je mehr Arbeitnehmer ein Betrieb beschäftigt, desto größer ist das Risiko, dass Arbeitnehmer erkranken und arbeitsunfähig werden. Ein solches Großunternehmen wird bei einer Betriebsgröße von etwa 20 Arbeitnehmern unzweifelhaft abzulehnen sein. Vielmehr bedarf es für die Annahme eines Großunternehmens einer solchen Arbeitnehmeranzahl, die einerseits durch ihre Arbeitskraft erhebliche wirtschaftliche Umsätze erwirtschaftet, andererseits aber auch das Risiko häufiger Arbeitsunfähigkeitszeiten in sich trägt. Notwendig erscheint hier eine Schwelle von etwa 100 Arbeitnehmern, um die geforderte Größe anzunehmen. Beschäftigt ein Betrieb 100 Arbeitnehmer, wird er meist hohe wirtschaftliche Umsätze erwirtschaften, was sich bereits aus der Anzahl der Beschäftigungsverhältnisse ergibt. Damit der Arbeitgeber aufgrund dieses höheren Risikos keine außerordentlich hohen Störungen im Betriebsablauf verzeichnet, könnte diesem Risiko durch die Einführung einer Pflicht zum Bereithalten einer Personalreserve entgegnet werden. Bei einer derartigen Betriebsgröße würde eine Pflicht zum Bereithalten lediglich geringe finanzielle Auswirkungen haben. Im Regelfall werden sich die Kosten für das Bereithalten der Personalreserve durch die Einsparung eventueller durch arbeitsunfähige Arbeitnehmer herbeigeführten Verlusten ausgleichen. Diese Pflicht kommt sowohl dem Arbeitnehmer als auch dem Arbeitgeber zu Gute. Wenn der Arbeitnehmer weiß, dass sein Arbeitsplatz vorrübergehend durch einen Springer besetzt ist, kann er sich beruhigt auf den Genesungsprozess konzentrieren und muss keine Verlustängste hinsichtlich seines Arbeitsplatzes haben. Der Arbeitgeber hat das Interesse eines reibungslosen Betriebsablaufs, das durch eine solche Einführung ebenfalls gewahrt wäre. Daraus ist zu folgern, dass der Arbeitgeber zukünftig keine Beeinträchtigungen aufgrund eventueller Verluste von Kundenaufträgen oder Störungen im Produktionsprozess geltend machen kann.

Die zuvor ausgeführten Gedanken können allerdings ausschließlich dann Anwendung finden, wenn es sich bei diesen krankheitsbedingt unbesetzten Arbeitsplätzen um solche handelt, die durch eine kurze Einführungsphase von einem Durchschnittsarbeitnehmer zu bewältigen sind. Handelt es sich hingegen um eine Schlüsselposition innerhalb des Betriebs, kann der Arbeitgeber dennoch seine betrieblichen Beeinträchtigungen geltend machen.

cc. Ergebnis

Können die Fehlzeiten durch o.g. Maßnahmen überbrückt werden, fehlt es an einer Betriebsablaufstörung und daher auch an einem zur sozialen Rechtfertigung geeigneten Kündigungsgrund. Allerdings muss beachtet werden, dass selbst dann, wenn der Arbeitgeber die Betriebsablaufstörungen durch ergriffene Überbrückungsmaßnahmen vermieden hat, Betriebsablaufstörungen ebenso durch Mehrbelastung der anderen Arbeitnehmer eintreten können. Bei häufigen Kurzerkrankungen lassen sich diese Maßnahmen aufgrund fehlender Planbarkeit jedoch allenfalls schwierig in der Praxis umzusetzen. Generell muss dies im Rahmen einer Einzelfallbetrachtung erfolgen.[514]

b. Darlegungs- und Beweislast

Der Arbeitgeber trägt die Darlegungs- und Beweislast bezüglich der bereits eingetretenen sowie zukünftig zu erwartenden Beeinträchtigungen.[515] In diesem Zusammenhang muss er die Beeinträchtigungen möglichst detailliert vortragen und aufzeigen, zu welchen Störungen technischer oder organisatorischer Art die Fehlzeiten des Arbeitnehmers geführt haben.[516] Anschließend muss der Arbeitgeber den Zusammenhang zwischen den krankheitsbedingten Fehlzeiten und der eingetretenen Betriebsablaufstörung konkret darlegen und beweisen.[517] Weiterhin hat der Arbeitgeber eine Erklärung darüber abzuge-

514 *Laber*, in: Handbuch Kündigungsrecht, Teil 3, Rn 243.

515 *Lepke*, Kündigung bei Krankheit, Rn 288; *Nehring*, Die krankheitsbedingte Kündigung, S. 177; *Griebeling/ Rachor*, in: KR Gemeinschaftskommentar, § 1 KSchG, Rn 340.

516 *Hamann*, Die Kündigung wegen häufiger Kurzerkrankungen, S. 56.

517 *Bauer/ Röder/ Lingemann*, Kündigung bei Krankheit, S. 115.

ben, welche Überbrückungsmaßnahmen er bereits eingeleitet hat und weshalb die Störungen durch diese Überbrückungsmaßnahmen nicht mehr verhindert werden konnten.[518]

2. Wirtschaftliche Belastung

Erhebliche wirtschaftliche Belastungen haben im Rahmen krankheitsbedingter Kündigungen wegen häufiger Kurzerkrankungen einen besonderen Stellenwert. Selbst wenn keine Betriebsablaufstörungen vorliegen, kann der Arbeitgeber eine Kündigung allein auf wirtschaftliche Belastungen stützen.[519] Davon sind alle Kosten oder Verluste erfasst, die durch die Fehlzeiten des Arbeitnehmers verursacht wurden.[520] Hier ist sowohl an durch die Fehlzeiten entstandene sowie an Kosten für Überstunden anderer Arbeitnehmer, den Einsatz von Aushilfskräften und den Verlust von Kundenaufträgen zu denken.[521] Eine sechswöchige Arbeitsunfähigkeit entspricht bei einer Fünftagewoche einer Fehlzeitenanzahl von 30 Arbeitstagen (sechs Wochen).[522] Dadurch entsteht eine Störung des vertraglichen Synallagmas.[523] Diese Störung ist maßgeblich für die soziale Rechtfertigung der Kündigung.[524] Entscheidend ist daher ausschließlich das zu erwartende Missverhältnis zwischen Leistung und Gegenleistung und somit die Belastung innerhalb des betroffenen Arbeitsverhältnisses.

518 *Hamann*, Die Kündigung wegen häufiger Kurzerkrankungen, S. 56; *Nehring*, Die krankheitsbedingte Kündigung, S. 177.

519 BAG, Urt. v. 10.11.2005 – 2 AZR 44/05, in: NZA 2006, 655 (657); Urt. v. 29.07.1993 – 2 AZR 155/93, in: DB 1993, 2439 (2440); *Bauer/ Röder/ Lingemann*, Kündigung bei Krankheit, S. 116.

520 *Nehring*, Die krankheitsbedingte Kündigung, S. 178.

521 *Nehring*, Die krankheitsbedingte Kündigung, S. 178.

522 *Gallner/ Denecke*, in: HK Kündigungsschutzrecht, § 1 KSchG, Rn 565.

523 *Griebeling/ Rachor*, in: KR Gemeinschaftskommentar, § 1 KSchG, Rn 341.

524 *Griebeling/ Rachor*, in: KR Gemeinschaftskommentar, § 1 KSchG, Rn 341.

a. Entgeltfortzahlungsleistungen länger als sechs Wochen

Problematisch bei Vorliegen häufiger Kurzerkrankungen ist jedoch, dass der Arbeitgeber wegen § 3 Abs. 1 EFZG dann über den sechswöchigen Zeitraum hinweg zu Zahlungen verpflichtet sein kann, wenn der Arbeitnehmer aufgrund verschiedentlicher Krankheitsursachen arbeitsunfähig war oder ein Zeitraum von sechs Monaten verstrichen ist.[525] Beachtlich können hingegen ausschließlich Entgeltfortzahlungskosten sein, deren Fehlzeiten innerhalb der Negativprognose berücksichtigt wurden.[526] Erkrankt der Arbeitnehmer allerdings in kurzer Zeit häufig an unterschiedlichen Krankheiten, lässt sich feststellen, dass jede einzelne Erkrankung den Anspruch auf Entgeltfortzahlung iSd. § 3 Abs. 1 EFZG neu entstehen lässt. Da es gerade für die Fallgruppe der häufigen Kurzerkrankungen typisch ist, dass die einzelnen Fehlzeiten auf unterschiedlichen Krankheitsursachen basieren, kann der Arbeitgeber mit einer erheblichen Entgeltfortzahlungssumme belastet sein.

Fraglich ist daher, ob die Entgeltfortzahlungskosten überhaupt als wirtschaftliche Belastung geltend gemacht werden können, da es unangemessen erscheint, den Arbeitnehmer einerseits durch den Anspruch der Entgeltfortzahlung abzusichern, andererseits jedoch dem Arbeitgeber die Möglichkeit zu geben, auf diese Kosten eine wirtschaftliche Belastung zu stützen, um den Arbeitnehmer seines Arbeitsplatzes zu entledigen.

aa. Ansicht der Rechtsprechung

Nach Ansicht des Bundesarbeitsgerichts stellen die Entgeltfortzahlungskosten dann eine erhebliche wirtschaftliche Belastung dar, wenn sie außerordentlich hoch sind.[527] In einem Urteil vom 24. April 2008 nahm das Bundesarbeitsgericht eine solche Höhe bei einem Zeitraum

525 *Nehring*, Die krankheitsbedingte Kündigung, S. 178.

526 *Deinert*, in: KSchR Kommentar, § 1 KSchG, Rn 121.

527 BAG, Urt. v. 01.03.2007 – 2 AZR 217/06, in: BeckRS 2007, 45455; Urt. v. 24.04.2008 – 2 AZR 1012/06, in: NZA-RR 2008, 515 (516); Urt. v. 08.11.2007 – 2 AZR 292/06, in: NZA 2008, 593 (593); Urt. v. 10.11.2005 – 2 AZR 44/05, in: NZA 2006, 655 (657).

von über sechs Wochen an, woraus sich die soziale Rechtfertigung der krankheitsbedingten Kündigung ergeben kann.[528] Liegen Entgeltfortzahlungskosten über diesem Schwellenwert vor, nimmt das Bundesarbeitsgericht an, dass diese für den Arbeitgeber unzumutbar sind. Entgeltfortzahlungskosten für weniger als sechs Wochen sind kündigungsrechtlich grundsätzlich nicht relevant, was sich bereits aus der gesetzlichen Wertung des § 3 Abs. 1 EFZG folgern lässt. Entgeltfortzahlungskosten bis zu einer Höhe von sechs Wochen werden vom Bundesarbeitsgericht als „die vom Arbeitgeber hinzunehmende Mindestgrenze" bezeichnet.[529] Von der geforderten Erheblichkeit kann daher erst dann ausgegangen werden, wenn die Entgeltfortzahlungskosten innerhalb des letzten Jahres den Sechswochenzeitraum signifikant überschritten haben (Grenzüberschreitung) und weiterhin auch in der Zukunft mit einer erheblichen Kostenbelastung zu rechnen ist.[530] Dabei sollen jedoch ebenso Fehlzeiten vergleichbarer Arbeitnehmer in der Berechnung Beachtung finden.[531] Falls sich aus dieser Betrachtung eine überdurchschnittlich hohe Fehlzeitenquote der anderen Arbeitnehmer ergibt, bedarf es einer niedrigeren Quote, um eine Kündigung zu rechtfertigen. Dennoch muss ein spezielles Augenmerk auf die Kosten des in Rede stehenden Arbeitsverhältnisses geworfen werden und eben nicht auf die Gesamtbelastung des Arbeitgebers durch Entgeltfortzahlungskosten der Gesamtheit der Arbeitnehmerschaft.[532] Wenn neben den Entgeltfortzahlungskosten zusätzlich noch Betriebsablaufstörungen einschlägig sind, sind nach ständiger Rechtsprechung auch Fehlzeiten von weniger als sechs Wochen als wirtschaftliche Belastung anzusehen.[533] Sind derartige Betriebsablaufstörungen jedoch nicht ersichtlich, sind dem Arbeitgeber generell Entgeltfortzahlungen bis zu

528 BAG, Urt. v. 24.04.2008 – 2 AZR 1012/06, in: NZA-RR 2008, 515 (516); Urt. v. 08.11.2007 – 2 AZR 292/06, in: NZA 2008, 593 (593); Urt. v. 10.11.2005 – 2 AZR 44/05, in: NZA 2006, 655 (657); *Berkowsky*, Die personen- und verhaltensbedingte Kündigung, § 4, Rn 75.

529 *Berkowsky*, NZA-RR 2001, 393 (398).

530 *Schiefer*, BB 2015, 2613 (2615).

531 BAG, Urt. v. 15.02.1984 – 2 AZR 573/82, in: NJW 1984, 2655 (2656).

532 *Berkowsky*, NZA-RR 2001, 393 (397).

533 BAG, Urt. v. 06.09.1989 – 2 AZR 118/89, in: DB 1990, 431 (432); Urt. v. 29.08.1991 – 2 AZR 220/91, in: DB 1992, 226 (227); *Deinert*, in: KSchR Kommentar, § 1 KSchR, Rn 125.

sechs Wochen zumutbar.[534] In dieser Hinsicht müssen alle krankheitsbedingt entstandenen Kosten addiert werden. Berücksichtigung können jedoch ausschließlich die Kosten finden, die auf Fehlzeiten beruhen, für die auch eine Wiederholungsgefahr besteht. Zahlungen für Fehlzeiten ohne Wiederholungsgefahr sowie von § 3 EFZG nicht erfasste langandauernde Erkrankungen sind im Rahmen der wirtschaftlichen Belastungen nicht zu beachten.[535] Dennoch lässt sich aus einer Überschreitung der sechs Wochen nicht ohne weiteres auf eine soziale Rechtfertigung der Kündigung schließen.[536] Die Rechtsprechung geht demzufolge grundsätzlich von der Möglichkeit aus, die Entgeltfortzahlungskosten als wirtschaftliche Belastung im Rahmen einer Kündigung geltend zu machen.

bb. Ansicht der Literatur

Grundsätzlich wird in der Literatur die Ansicht vertreten, dass Entgeltfortzahlungskosten zur sozialen Rechtfertigung einer krankheitsbedingten Kündigung nicht herangezogen werden dürfen.[537] Die Kritiker stützen ihre Ansicht darauf, dass die Entgeltfortzahlungspflicht eine Ausnahme vom generellen Austauschcharakter des Arbeitsverhältnisses ist und deswegen aus sozialpolitischen Gründen kündigungsrechtlich irrelevant sei.[538] Dennoch wird zum Teil in der Literatur die Ansicht vertreten, dass eine Unzumutbarkeit bereits auf Grundlage dieser Grenzüberschreitung nicht anzunehmen ist. Aus dem Wortlaut des § 3 EFZG wird deutlich, dass der Gesetzgeber die Unzumutbarkeit nicht nur durch die Überschreitung des sechswöchigen Zeitraums annehmen wollte, sondern er auch bei Eintritt einer andersartigen Erkrankung einen neuen Entgeltfortzahlungsanspruch in Gang setzt und somit noch nicht von unzumutbar hohen Kosten ausgegangen werden

534 *Griebeling/ Rachor*, in: KR Gemeinschaftskommentar, § 1 KSchG, Rn 342.

535 *Griebeling/ Rachor*, in: KR Gemeinschaftskommentar, § 1 KSchG, Rn 344.

536 *Griebeling/ Rachor*, in: KR Gemeinschaftskommentar, § 1 KSchG, Rn 342.

537 *Popp*, DB 1986, 1461 (1465); *Preis*, DB 1988, 1444 (1445); *Pachtenfels*, BB 1983, 1480 (1481).

538 BAG, Urt. v. 08.11.2007 – 2 AZR 292/06, in: NZA 2008, 593 (593); *Hamann*, Die Kündigung wegen häufiger Kurzerkrankungen, S. 62.

kann.[539] Wenn der Gesetzgeber dies nicht für zumutbar gehalten hätte, hätte er dies in der Norm verdeutlicht.[540] Vielmehr müsse dies auch deshalb gelten, da der Gesetzgeber im Jahr 1994 bei Inkrafttreten des Entgeltfortzahlungsgesetzes an dem bisherigen Lohnfortzahlungsgesetz keine substantiellen Änderungen vornahm, obwohl er sich des Verhältnisses zwischen Entgeltfortzahlungs- und Kündigungsrecht bewusst gewesen sein muss. Das Entgeltfortzahlungsgesetz ist einerseits eine Anspruchsgrundlage, andererseits aber auch eine Begrenzung des Entgeltfortzahlungsanspruchs iSd. § 3 Abs. 1 EFZG. In diesem Zusammenhang müssen zwei verschiedene Betrachtungsweisen beachtet werden. Aus dem Blickwinkel des Arbeitgebers begründen die Vorschriften des Entgeltfortzahlungsgesetzes den Anspruch des Arbeitnehmers, wohingegen der Arbeitgeber nicht geleistete Arbeit grundsätzlich nicht vergüten möchte.[541] Aus dem Blickwinkel des Arbeitnehmers, der eine unbegrenzte Zahlung seiner Vergütung auch im Krankheitsfalle anstrebt, begrenzt § 3 Abs. 1 EFZG diesen gewährten Anspruch vielmehr.[542] Aus der Wertung des § 3 Abs. 1 EFZG folgt, dass der Gesetzgeber eine Weiterzahlung des Entgelts in einem gewissen Rahmen für zumutbar hält und sorgt somit hinsichtlich der zeitlichen Begrenzung für einen angemessenen Interessenausgleich zwischen Arbeitgeber und Arbeitnehmer. Der Arbeitnehmer begehrt selbstredend eine zeitlich unbegrenzte Entgeltfortzahlung im Krankheitsfalle. Der Arbeitgeber hingegen möchte für nicht geleistete Arbeitsleistungen keine Vergütung bezahlen.[543] Durch die zeitliche Begrenzung des § 3 Abs. 1 EFZG sind beide Interessen angemessen berücksichtigt.

Die Rechtsprechung lasse Kritikern zufolge weiterhin die Frage gänzlich unberücksichtigt, ob der Arbeitgeber zur Zahlung einer gewissen Größenordnung von Entgeltfortzahlungen verpflichtet sei.[544] Des Weiteren besteht der Vorwurf, dass der Arbeitgeber durch die Berücksichtigung der Entgeltfortzahlungskosten die Kündigung als Mittel

539 *Berkowsky*, NZA-RR 2001, 393 (398).

540 *Berkowsky*, NZA-RR 2001, 393 (398).

541 *Berkowsky*, Münchener Handbuch zum Arbeitsrecht, § 115, Rn 38; *Berkowsky*, Die personen- und verhaltensbedingte Kündigung, § 4, Rn 78.

542 *Berkowsky*, Die personen- und verhaltensbedingte Kündigung, § 4, Rn 75.

543 *Berkowsky*, NZA-RR 2001, 393 (398).

544 *Berkowsky*, Münchener Handbuch zum Arbeitsrecht, § 115, Rn 40.

des Personalabbaus missbrauchen könnte. Im Gegensatz dazu wird innerhalb der Literatur in Teilen die Ansicht vertreten, dass Entgeltfortzahlungskosten bei der sozialen Rechtfertigung der Kündigung nicht berücksichtigt werden dürfen, da sie zum einen eine Ausnahme vom Austauschcharakter des Arbeitsverhältnisses, zum anderen aber auch einen Wertungswiderspruch zum Entgeltfortzahlungsgesetz darstellen würden.[545] Weiter besteht bei einigen Stimmen der Literatur die Ansicht, dass die Berücksichtigung der Entgeltfortzahlungskosten gegen das in § 612 a BGB verwurzelte Maßregelungsverbot verstößt und im Widerspruch zu Art. 12 Abs. 1 GG stehe.[546]

cc. Stellungnahme

(1) Wertungswiderspruch

Fraglich ist, ob die Berücksichtigung der Entgeltfortzahlungskosten zu einem Wertungswiderspruch führt, da der Arbeitnehmer einerseits durch § 3 Abs. 1 EFZG finanziell abgesichert wird, andererseits der Arbeitgeber auf genau diese Zahlungen eine wirtschaftliche Belastung stützen kann, die schließlich zur sozialen Rechtfertigung einer Kündigung führe. Diese Problematik lässt sich in der Weise aufklären, als das Kündigungsschutzgesetz den Bestand des Arbeitsverhältnisses schützt (Bestandsschutz) und das Entgeltfortzahlungsgesetz ein soziales Schutzgesetz zur Verbesserung der finanziellen Lage der Arbeitnehmer im Krankheitsfall darstellt.[547] Die Begründung ausschließlich in dem Vorliegen unterschiedlicher Regelungszwecke anzusetzen, wäre zu oberflächlich. Vielmehr könnte anzunehmen sein, dass sowohl dem Entgeltfortzahlungsgesetz als auch dem Kündigungsschutzgesetz ein gemeinsamer Grundgedanke innewohnt. Der vom Kündigungsschutzgesetz verfolgte Bestandsschutz beruht darauf, dass der Bestand des Arbeitsverhältnisses die wirtschaftliche Lebensgrundlage des Arbeitnehmers bildet und der Verlust des Arbeitsplatzes durch eine Kündi-

545 *Preis*, DB 1988, 1444 (1446).

546 *Weber*, DB 1993, 2429 (2432); *Nehring*, Die krankheitsbedingte Kündigung, S. 179; *Ide*, AuR 1980, 229.

547 BAG, Urt. v. 16.02.1989 – 2 AZR 299/88, in: NZA 1989, 923 (925); *Weber*, DB 1993, 2429 (2431).

gung in diese wirtschaftliche Sicherheit eingreift.[548] Das Entgeltfortzahlungsgesetz bezieht sich in dieser Hinsicht jedoch lediglich auf die Sicherung des Arbeitnehmers im Krankheitsfalle. Daraus lässt sich folgern, dass sowohl das Kündigungsschutzgesetz als auch das Entgeltfortzahlungsgesetz eine wirtschaftliche Sicherheit des Arbeitnehmers herbeiführen sollen. Differenzen sind lediglich in der Reichweite der Gesetze zu erkennen.[549] Bei einer personenbedingten Kündigung ist allein die Störung des Austauschverhältnisses entscheidend.[550] Es muss jedoch deutlich gemacht werden, dass hinsichtlich der wirtschaftlichen Belastungen nicht auf die Entgeltfortzahlung als solche abgestellt werden könne, da die Lohnzahlung ohnehin angefallen wäre.[551] Die bloße Vakanz des Arbeitsplatzes stellt grundsätzlich noch keinen Schaden dar, ein solcher entsteht vielmehr erst durch einen Produktionsausfall o.Ä. Die Entgeltfortzahlungen stellen an dieser Stelle lediglich eine „Berechnungsgröße für den Umfang der von ihm wegen der Krankheit nicht erbrachten Gegenleistung" dar und können daher im Kündigungsprozess ohne Wertungswiderspruch berücksichtigt werden.[552] Irrelevant ist es daher auch, ob die Entgeltfortzahlungsleistungen aufgrund einer guten wirtschaftlichen Stellung keine wirkliche Belastung für den Arbeitgeber darstellen.[553]

(2) Verstoß gegen § 612 a BGB

Fraglich ist hingegen, ob die Sechswochenschwelle willkürlich erscheint und daher mit dem sozialstaatlichen Schutzzweck des Gesetzgebers sowie mit § 612 a BGB unvereinbar ist. § 612 a BGB regelt, dass der Arbeitgeber seine Arbeitnehmer nicht deshalb benachteiligen darf, weil sie ihre Rechte im Sinne des Entgeltfortzahlungsgesetzes ausgeübt haben. Problematisch erscheint deshalb auch die Tatsache, dass eine einmalige Inanspruchnahme von Entgeltfortzahlungen iSd.

548 *Popp*, DB 1986, 1461 (1467).

549 *Popp*, DB 1986, 1461 (1467).

550 *Griebeling/ Rachor*, in: KR Gemeinschaftskommentar, § 1 KSchG, Rn 341.

551 *Deinert*, in: KSchR Kommentar, § 1 KSchG, Rn 124.

552 BAG, Urt. v. 16.02.1989 – 2 AZR 299/88, in: NZA 1989, 923 (925); *Gallner/ Denecke*, in: HK Kündigungsschutzrecht, § 1 KSchG, Rn 566.

553 *Griebeling/ Rachor*, in: KR Gemeinschaftskommentar, § 1 KSchG, Rn 342.

§ 3 Abs. 1 EFZG unkompliziert vonstattengehen kann, eine mehrmalige Inanspruchnahme wegen häufiger Kurzerkrankungen jedoch kündigungsrechtliche Relevanzen aufzeigen solle.[554] Ein Eingriff in die allgemeine Handlungsfreiheit des Arbeitnehmers könnte darin zu sehen sein, dass der Arbeitnehmer einerseits nicht auf die über den Sechswochenzeitraum hinausragende Entgeltfortzahlung verzichten kann, andererseits der Arbeitnehmer durch diese Zahlungen mit einer Kündigung rechnen könne.[555] Wenn der Arbeitgeber die Entgeltfortzahlungskosten zum Nachteil des Arbeitnehmers kündigungsrechtlich heranzieht, steht dies im Widerspruch zu § 612 a BGB, sofern die Kündigung auf die wirtschaftliche Belastung aufgrund der Entgeltfortzahlungen gestützt wird.[556] Ein Verstoß gegen § 612 a BGB kann nicht in der Berücksichtigung der finanziellen Belastungen mit Entgeltfortzahlungskosten bzw. der Kündigung selbst gesehen werden, da § 612 a BGB nicht zum Ziel hat, das Kündigungsschutzrecht teilweise außer Kraft zu setzen, sondern die Willensfreiheit des Arbeitnehmers zu schützen.[557] Vielmehr sei das Maßregelungsverbot ein wesentlicher Bestandteil des Kündigungsschutzgesetzes, sodass § 612 a BGB grundsätzlich ausschließlich in solchen Fällen anwendbar sein könne, in denen das Kündigungsschutzgesetz keine Anwendung findet.[558] In diesem Rahmen muss jedoch beachtet werden, dass für die Kündigung wegen häufiger Kurzerkrankungen die zukünftig zu erwartenden Fehlzeiten essentiell sind. Problematisch ist in diesem Zusammenhang hingegen, dass das Maßregelungsverbot des § 612 a BGB ausschließlich die Sanktion der Rechtsausübung des Arbeitnehmers aus der Vergangenheit verhindert.[559]

---

554 *Preis*, Prinzipien des Kündigungsrechts, S. 440; *Hamann*, Die Kündigung wegen häufiger Kurzerkrankungen, S. 64; *Deinert*, in: KSchR Kommentar, § 1 KSchG, Rn 124; *Greiner*, RdA 2007, 22 (32).

555 *Preis*, Anm. zum BAG, Urt. v. 16.02.1989 – 2 AZR 299/88, AP Nr. 20 zu § 1 KSchG 1969 Krankheit; *Hamann*, Die Kündigung wegen häufiger Kurzerkrankungen, S. 65.

556 *Preis*, DB 1988, 1444 (1445); *Greiner*, RdA 2007, 22 (30).

557 *Schwerdtner*, DB 1990, 375 (376); *Hamann*, die Kündigung wegen häufiger Kurzerkrankungen, S. 66.

558 *Hamann*, Die Kündigung wegen häufiger Kurzerkrankungen, S. 67.

559 *Oetker*, Anm. zum BAG, Urt. v. 06.09.1989 – 2 AZR 224/89, in: EZA Nr. 28 zu § 1 KSchG Krankheit, S. 28.

Entgeltfortzahlungsleistungen greifen hingegen kraft Gesetz ein und sind daher nicht vom Willen des Arbeitnehmers abhängig.[560] Die krankheitsbedingte Kündigung tangiert somit keineswegs die Willensfreiheit des Arbeitnehmers. § 12 EFZG macht weiterhin deutlich, dass der Arbeitnehmer aus Angst um den Verlust seines Arbeitsplatzes nicht auf Entgeltfortzahlungsleistungen verzichten kann, um eine wirtschaftliche Belastung seines Arbeitgebers zu verhindern. Die Berücksichtigung der Entgeltfortzahlungskosten im Rahmen der krankheitsbedingten Kündigung kann nicht als Verstoß gegen § 612 a BGB angesehen werden, da die Kündigung lediglich an eine Störung des vertraglichen Synallagmas anknüpft. Eine unbegrenzte Entgeltfortzahlung kann jedoch auch durch § 612 a BGB nicht erreicht werden. Somit stellt die Berücksichtigung der Entgeltfortzahlungskosten weder einen Wertungswiderspruch noch einen Verstoß gegen § 612 a BGB dar.

(3) Wegfall der Geschäftsgrundlage im Sinne des § 313 BGB

Fraglich ist zudem, ob die durch häufige Fehlzeiten entstandenen Entgeltfortzahlungskosten zu einer derart substanziellen Äquivalenzstörung führen, dass die Grundlage des Vertrages gestört sei. Bei Abschluss des Arbeitsvertrages gehen sowohl Arbeitgeber als auch Arbeitnehmer von einer gewissen Gleichwertigkeit ihrer jeweiligen Leistungen aus.[561] Zumeist wird bei Vertragsschluss die Annahme bestehen, dass es durch erheblich hohe Entgeltfortzahlungskosten nicht zu Äquivalenzstörungen kommen wird.[562] Kommt es dann wider Erwarten doch zu einer erheblichen Anzahl an Fehlzeiten, die der Entgeltfortzahlung unterfallen, entfällt die Geschäftsgrundlage des Arbeitsvertrages. Eine solche erhebliche Äquivalenzstörung sei erst dann anzunehmen, wenn die geschuldete Leistung des Arbeitnehmers über ein Drittel herabgesetzt ist.[563] Dadurch stellt sich die Annahme beider Parteien einer objektiven Gleichwertigkeit der gegenseitigen Leistungen im Nachhinein als falsch heraus und gibt dem Arbeitgeber ein Recht

560 BAG, Urt. v. 16.02.1989 – 2 AZR 299/88, in: DB 1989, 2075.
561 *Greiner*, RdA 2007, 22 (29).
562 *Greiner*, RdA 2007, 22 (23).
563 *Hamann*, Die Kündigung wegen häufiger Kurzerkrankungen, S. 66.

zur Kündigung, da sich das Äquivalenzinteresse zunehmend zu seinen Lasten verschoben hat. In diesem Zusammenhang entspricht es nicht der Vorstellung des Arbeitgebers, dass es keineswegs zu krankheitsbedingten Fehlzeiten kommen wird. Auf Arbeitgeberseite besteht vielmehr die Vorstellung, dass es nicht zu derartigen Äquivalenzstörungen kommen wird, die ein bestimmtes Ausmaß überschreiten.[564] Diesem Wegfall der Geschäftsgrundlage steht überdies der Regelungszweck des § 612 a BGB nicht entgegen. Problematisch könnte jedoch sein, dass das Kündigungsschutzgesetz im Fall einer Kündigung wegen Äquivalenzstörungen die Rechtsfolgen der Störung der Geschäftsgrundlage spezialgesetzlich regelt.[565] Daraus folgt, dass das Kündigungsschutzrecht im Fall einer Störung der Geschäftsgrundlage die Rechtsfolgen des § 313 BGB beseitigt, indem der Weg zur Änderungs- oder Beendigungskündigung offensteht. Somit wäre die Störung der Geschäftsgrundlage im Rahmen der Äquivalenzstörung durch erhebliche Entgeltfortzahlungen zu beachten.

(4) Ergebnis

Gegen die in der Literatur vertretene Ansicht und damit für die Auffassung des Bundesarbeitsgerichts lässt sich anführen, dass sich die Kosten in der Praxis nahezu nicht kalkulieren lassen und dies insbesondere für kleine Betriebe existenzbedrohende Folgen haben kann. Auch wenn § 1 AAG den Arbeitgebern mit einer Beschäftigtenanzahl von bis zu 30 Arbeitnehmern einen bestimmten Ausgleich erstattet, werden diese Kosten dennoch zumindest anteilig auf den Arbeitgeber umgelegt. Des Weiteren wird durch die Berücksichtigung der Entgeltfortzahlungskosten im Rahmen der sozialen Rechtfertigung der Kündigung die tatsächliche wirtschaftliche Situation des Arbeitgebers beachtet. Die Prüfung einer etwaigen Unzumutbarkeit hat entgegen der in der Literatur vertretenen Ansicht innerhalb der dritten Stufe (Interessenabwägung) zu erfolgen.[566] Nach der in dieser Arbeit vertretenen Auffassung finden auch Krankheiten ohne Wiederholungsgefahr in-

564 *Greiner*, RdA 2007, 22 (29).
565 *Greiner*, RdA 2007, 22 (29).
566 *Schiefer*, BB 2015, 2613 (2615).

nerhalb der Entgeltfortzahlungskosten Beachtung.[567] Mehrkosten für den Einsatz einer Ersatzarbeitskraft sind hingegen anzurechnen. Auf der einen Seite muss berechnet werden, wie hoch die Bruttovergütung für sechswöchige Fehlzeiten iSd. § 3 Abs. 1 EFZG wäre.[568] Auf der anderen Seite ist zu prüfen, wie hoch die tatsächlich geleistete Bruttoentgeltfortzahlung war.[569] In diesem Zusammenhang sind Leistungen des Arbeitgebers an die Sozialversicherung, Weihnachts- sowie Urlaubsgeld nicht mit einzubeziehen, da diese ebenso bei Vorliegen der Arbeitsfähigkeit entstanden wären.[570]

Die Mindestgrenze des § 3 Abs. 1 EFZG von sechs Wochen ist lediglich dann zu beachten, wenn ausschließlich wirtschaftliche Belastungen vorliegen.[571] Sind hingegen außerdem Betriebsablaufstörungen einschlägig, sind bereits Fehlzeiten von weniger als sechs Wochen pro Jahr ausreichend.[572] Regelungszweck der Entgeltfortzahlung ist einerseits die Weiterzahlung des Lohnes trotz krankheitsbedingter Nichtleistung, andererseits die Entlastung der gesetzlichen Krankenkassen.[573] Der Arbeitnehmer soll somit trotz Krankheit im Wesentlichen gleich behandelt und materiell abgesichert werden. Der Anspruch des Arbeitnehmers auf Entgeltfortzahlung ist nicht abdingbar. Die Höchstgrenze iSd. § 3 Abs. 1 EFZG liegt nicht bei sechs Wochen, da eine absolute Obergrenze zu gewährender Entgeltfortzahlungen gerade nicht vorliegt.[574] Vielmehr gewährt § 3 Abs. 1 EFZG den Sechswochenzeitraum für die Dauer der einzelnen Erkrankungen.[575] Daraus folgt, dass die praktische Bedeutung des Sechswochenzeitraumes meist nur bei der Fallgruppe der langandauernden Erkrankungen relevant ist.

Nach einer Entscheidung des Bundesarbeitsgerichts seien durchschnittliche Fehlzeiten von sechs Wochen (bei 230 Arbeitstagen =

567 Siehe hierzu oben, S. 94 ff.

568 *Plocher*, DB 2015, 2083 (2084).

569 *Plocher*, DB 2015, 2083 (2084).

570 *Plocher*, DB 2015, 2083 (2084); *Griebeling/ Rachor*, in: KR Gemeinschaftskommentar, § 1 KSchG, Rn 344 a.

571 *v. Hoyningen-Huene/ Linck*, Kündigungsschutzgesetz, § 1 KSchG Rn 379.

572 *v. Hoyningen-Huene/ Linck*, Kündigungsschutzgesetz, § 1 KSchG Rn 379.

573 *Schlachter*, in: Münchener Handbuch zum Arbeitsrecht, § 72, Rn 7; *von Koppenfels*, NZS 2002, 241 (241).

574 *Popp*, DB 1986, 1461 (1466).

575 *Popp*, DB 1986, 1461 (1466).

13%) innerhalb der letzten drei Jahre belanglos, da erst eine Quote von 15 – 20% eine Kündigung rechtfertigen könnte.[576] Nach Entscheidungen der Instanzgerichte bedürfe es gar einer Quote von mindestens 25%.[577] Generell kann eine Quote allerdings lediglich im Rahmen einer einzelfallorientierten Betrachtung erstellt werden.

b. Überschreitung des Zeitraums durch Tarifvertrag

Problematisch ist hingegen, dass durch Tarifverträge die Möglichkeit geschaffen wird, Entgeltfortzahlungen weit über den gesetzlich bestimmten Zeitraum iSd. § 3 Abs. 1 EFZG zu vereinbaren. Daher stellt sich die Frage, ob die über dem Zeitraum der sechs Wochen liegenden vereinbarten Zahlungen eine wirtschaftliche Belastung für den Arbeitgeber darstellen können. Davon erfasst sind auch solche Vereinbarungen, die dem Arbeitnehmer gegen den Arbeitgeber einen Anspruch auf die Differenz zwischen Krankengeld und der bisherigen Vergütung geben.[578] Diese Differenzzahlungen können als wirtschaftliche Belastung bei der sozialen Rechtfertigung der krankheitsbedingten Kündigung berücksichtigt werden. Der einschlägige Tarifvertrag darf allerdings keinen verstärkten Kündigungsschutz darstellen.[579] Die in den Tarifverträgen getroffenen Regelungen zur längeren Entgeltfortzahlung sollen die wirtschaftliche Lage des Arbeitnehmers verbessern, ihm somit das Lohnrisiko nehmen, allerdings nicht das Arbeitsverhältnis in seinem Bestand schützen.[580] Sinn und Zweck eines Tarifvertrages ist die Verbesserung der wirtschaftlichen Lage des Arbeitnehmers. Um diese Verbesserung zu erreichen, ist der Bestand des Arbeitsverhältnisses eine notwendige Voraussetzung.[581] Daher stellen durch Tarifvertrag gewährte Lohnfortzahlungen keine wirtschaftliche Belastung

576 *Weber*, DB 1993, 2429 (2429).
577 *Weber*, DB 1993, 2429 (2429).
578 Vgl. § 22 Abs. 2 TVöD.
579 *Mayer*, in: BTM Kündigungsschutzgesetz, § 1 KSchG, Rn 135; *Griebeling/ Rachor*, in: KR Gemeinschaftskommentar, § 1 KSchG, Rn 343.
580 *Mayer*, in: BTM Kündigungsschutzgesetz, § 1 KSchG, Rn 135.
581 BAG, Urt. v. 06.09.1989 – 2 AZR 224/89, in: NZA 1990, 434 (436); *Hamann*, Die Kündigung wegen häufiger Kurzerkrankungen, S. 61.

des Arbeitgebers dar und verändern den kündigungsrechtlichen Maßstab nicht. Vielmehr werden diese Leistungen freiwillig gewährt.

c. Darlegungs- und Beweislast

Die Darlegungs- und Beweislast für die zukünftig zu erwartenden Entgeltfortzahlungskosten trägt der Arbeitgeber, indem er ausführt, dass er mindestens für den Zeitraum der vergangenen zwei Jahre jeweils Entgeltfortzahlungskosten von mehr als sechs Wochen aufgrund von krankheitsbedingten Fehlzeiten leisten musste und solche Kosten auch in Zukunft zu erwarten sind.[582] Somit darf ein Ende der wirtschaftlichen Belastung zunächst nicht zu erwarten sein.[583]

3. Grundsatz der Verhältnismäßigkeit[584]

Nach dem Verhältnismäßigkeitsprinzip ist eine ordentliche sowie eine außerordentliche Kündigung erst dann zulässig, wenn dem Arbeitgeber keine milderen Mittel vorliegen (Ultima-Ratio-Prinzip) und er den Arbeitnehmer somit auf keinem für beide Parteien zumutbaren Arbeitsplatz zu geänderten Arbeitsbedingungen weiterbeschäftigen kann.[585] Eine krankheitsbedingte Kündigung ist insbesondere dann unverhältnismäßig, wenn sie zur Beseitigung der Krankheit nicht geeignet oder erforderlich ist. Dies ist dann der Fall, wenn die Kündigung durch mildere Mittel verhindert werden könnte.[586] Nach dem Ultima-Ratio-Prinzip darf kein milderes und ebenso geeignetes Mittel vorliegen, das zur Verhinderung der Kündigung geführt hätte.[587] Solche milderen Mittel können beispielsweise in der Umgestaltung des

582 *Griebeling/ Rachor*, in: KR Gemeinschaftskommentar, § 1 KSchG, Rn 345.

583 *Deinert*, in: KSchR Kommentar, § 1 KSchG, Rn 126.

584 Ein Teil der Literatur sieht diese Verhältnismäßigkeit als eigene Prüfungsstufe der Kündigungsprüfung an, *Schunder*, NZA-Beilage 2015, 90 (93).

585 BAG, Urt. v. 30.05.1978 – 2 AZR 630/76, in: NJW 1979, 332 (333); Urt. v. 27.09.1984 – 2 AZR 62/83, in NJW 1985, 1797 (1798); *Plocher*, DB 2015, 2083 (2086); *Nehring*, Die krankheitsbedingte Kündigung, S. 181.

586 BAG, Urt. v. 20.11.2014 – 2 AZR 755/13, in: NJW 2015, 1979 (1980).

587 *Schunder*, NZA-Beilage 2015, 90 (94).

Arbeitsplatzes oder der Weiterbeschäftigung auf einem alternativen leidensgerechten Arbeitsplatz liegen. Daher muss sich der Arbeitgeber die Frage stellen, ob die Kündigung des Arbeitnehmers tatsächlich erforderlich ist oder ob sie durch zumutbare andere Maßnahmen oder Mittel verhindert werden könnte. Dieses Prinzip wird bei der ordentlichen Kündigung aus dem Tatbestandsmerkmal bedingt in § 1 Abs. 2 S. 1 KSchG herausgelesen.[588] Wenn die prognostizierten Fehlzeiten zu erheblichen Beeinträchtigungen betrieblicher Interessen führen, muss nach dem Verhältnismäßigkeitsgrundsatz geprüft werden, ob mildere Mittel als die Beendigungskündigung zur Verfügung stehen.[589] In diesem Zusammenhang ist jedoch zu beachten, dass mildere Maßnahmen lediglich dann in Betracht kommen, wenn die Fehlzeiten arbeitsplatzbezogen sind, da andernfalls eine Versetzung bzw. Umschulung keine Verbesserung mit sich bringen würde.[590] Innerhalb des Verhältnismäßigkeitsgrundsatzes sind ausschließlich solche Mittel maßgeblich, die mit großer Wahrscheinlichkeit zu einer Verminderung der krankheitsbedingten Ausfallzeiten führen werden.[591] Wenn ein derartiges Mittel zur Verfügung steht, entfällt der Kündigungsgrund und die krankheitsbedingte Kündigung ist damit, aufgrund eines Verstoßes gegen das Verhältnismäßigkeitsprinzip abzulehnen. Für den Grundsatz der Verhältnismäßigkeit müssen im Rahmen der zeitlichen Bemessung der Zumutbarkeitsgrenze unterschiedliche Maßstäbe angelegt werden. Wenn der Arbeitnehmer bereits eine ausgiebige Zeit bei dem Arbeitgeber beschäftigt ist, verlangt der Verhältnismäßigkeitsgrundsatz, dass der Arbeitgeber einen größeren Zeitraum erduldet, um geeignete und zumutbare Überbrückungsmaßnahmen vorzunehmen.[592]

Insbesondere bei der Kündigung wegen häufiger Kurzerkrankungen stehen selten geeignete mildere Mittel zur Verfügung, da lediglich kurzfristige Maßnahmen geeignet erscheinen.[593] Problematisch an die-

588 BAG, Urt. v. 15.08.2002 – 2 AZR 514/01, in: NZA 2003, 795 (797).

589 *Nehring*, Die krankheitsbedingte Kündigung, S. 181.

590 *Preis*, NZA 1997, 1073 (1078); Prinzipien des Kündigungsrechts, S. 449; *Hamann*, Die Kündigung wegen häufiger Kurzerkrankungen, S. 70.

591 *v. Hoyningen-Huene/ Linck*, Kündigungsschutzgesetz, § 1 KSchG, Rn 338.

592 BAG, Urt. v. 22.02.1980 – 7 AZR 295/78, in: NJW 1981, 298.

593 *Nehring*, Die krankheitsbedingte Kündigung, S. 182.

ser Stelle ist jedoch, dass eine Kündigung ohnehin erst nach einer Krankheitszeit von sechs Wochen ausgesprochen wird und damit personelle und organisatorische Maßnahmen über diese Zeitspanne bereits angeordnet wurden. Derartige Maßnahmen dürfen jedoch nicht zur Gewohnheit, sondern nur im Ausnahmezustand angeordnet werden.[594] Sind allerdings weitere Fehlzeiten zu befürchten, können die bisherigen Maßnahmen nicht als geeignetes milderes Mittel zur Kündigung angenommen werden. Die Darlegungs- und Beweislast einer fehlenden Weiterbeschäftigungsmöglichkeit hat der Arbeitgeber zu tragen.[595] Legt der Arbeitgeber dar, dass keine geeignete Weiterbeschäftigungsmöglichkeit existiert, muss der Arbeitnehmer dieses Vorbringen durch Erläuterung der genauen Vorstellungen bezüglich der weiteren Beschäftigung erschüttern.[596]

a. Möglichkeit der Anordnung von Überstunden

Zunächst ist als milderes Mittel an die Möglichkeit der Anordnung von Überstunden anderer Arbeitnehmer zu denken. Für die Krankheitszeiten sind kurzfristige Maßnahmen personeller und organisatorischer Art anzuordnen.[597] Diese Anordnung ist dann jedoch nicht als milderes Mittel geeignet, wenn die negative Zukunftsprognose allerdings weitere Fehlzeiten in Aussicht stellt.[598] Da bei häufigen Kurzerkrankungen weitere Fehlzeiten zu erwarten sind, was sich aus der Krankheitsanfälligkeit ergibt, kommt die Anordnung von Überstunden nicht als milderes Mittel in Betracht.

b. Möglichkeit zur Versetzung

Weiterhin könnte die Möglichkeit zur Umgestaltung des bisherigen oder die Umsetzung auf einen anderen freien gleichwertigen Arbeitsplatz bestehen, bei dem keine Beeinträchtigungen zu erwarten sind

594 *Preis*, Prinzipien des Kündigungsrechts, S. 448.
595 *Richter*, ArbRAktuell 2015, 237 (238); *Lepke*, Kündigung bei Krankheit, Rn 290.
596 *Lepke*, Kündigung bei Krankheit, Rn 290.
597 *Preis*, Prinzipien des Kündigungsrechts, S. 305.
598 *Hamann*, Die Kündigung wegen häufiger Kurzerkrankungen, S. 70.

(leidensgerechter Arbeitsplatz).[599] Voraussetzung ist es allerdings, dass die Umsetzung die Erwartung mit sich bringt, dass zukünftig die erhebliche Beeinträchtigung der betrieblichen oder wirtschaftlichen Interessen entfallen werde.[600] Andererseits können Umschulungsmaßnahmen dann in Betracht kommen, wenn die Kurzerkrankungen arbeitsplatzbedingt sind und eine anderweitige Abhilfe nicht in Frage kommt.[601] Eine Umschulung ist allerdings ausschließlich dann geeignet, wenn durch diese eine Verminderung der Fehlzeiten bewirkt werden kann.[602] Liegt eine solche Möglichkeit der Versetzung vor, ist eine krankheitsbedingte Kündigung ausgeschlossen, da die Krankheit nicht zu einer Beeinträchtigung der betrieblichen Interessen führt.[603] Ein Beförderungsanspruch kann hingegen nicht auf den Verhältnismäßigkeitsgrundsatz gestützt werden, da das Kündigungsschutzgesetz lediglich das Arbeitsverhältnis in seinem Bestand schützt.[604] Der angebotene Arbeitsplatz soll eine solche Tätigkeit umfassen, die sich nicht nachteilig auf die vorherige Erkrankung ausüben wird, also leidensgerecht ist. Nach ständiger Rechtsprechung ist der Arbeitgeber dazu verpflichtet, vor jedem Kündigungsausspruch eine beiden Parteien zumutbare Weiterbeschäftigungsmöglichkeit anzubieten.[605]

Nach allgemeiner Rechtspraxis soll der Arbeitgeber im Rahmen billigen Ermessens (§ 315 BGB) sein gegenüber dem Arbeitnehmer bestehendes Direktionsrecht ausüben und dadurch bei bestehender Möglichkeit einen anderen Arbeitnehmer innerhalb des Betriebes umsetzen können.[606] In diesem Zusammenhang muss ein strenger Maßstab

599 BAG, Urt. v. 29.01.1997 – 2 AZR 9/96, in: NZA 1997, 709 (710); *Schiefer*, BB 2015, 2613 (2616).

600 *Schunder*, NZA-Beilage 2015, 90 (94).

601 BAG, Urt. v. 29.01.1997 – 2 AZR 9/96, in: NZA 1997, 709 (710).

602 *Preis*, Prinzipien des Kündigungsrechts, S. 449.

603 BAG, Urt. v. 19.04.2007 – 2 AZR 239/06, in: NJW 2007, 3148 (3149); *Nehring*, Die krankheitsbedingte Kündigung, S. 183.

604 BAG, Urt. v. 19.04.2007 – 2 AZR 239/06, in: NZA 2007, 1051 (1042); Urt. v. 23.11.2004 – 2 AZR 38/04, in: NZA 2005, 986 (989); Urt. v. 07.02.1991 – 2 AZR 205/90, in: NZA 1991, 806 (808); *Plocher*, DB 2015, 2083 (2086); *Hamann*, Die Kündigung wegen häufiger Kurzerkrankungen, S. 71.

605 BAG, Urt. v. 27.09.1984 – 2 AZR 62/83, in: NJW 1984, 1797 (1798); Urt. v. 30.09.2010 – 2 AZR 88/09, in: NZA 2011, 39 (40).

606 BAG, Urt. v. 29.01.1997 – 2 AZR 9/96, in: NZA 1997, 709 (710); *Griebeling/ Rachor*, in: KR Gemeinschaftskommentar, § 1 KSchG, Rn 272.

für die Prüfung der Sinnhaftigkeit angelegt werden, weshalb der Arbeitgeber auch bei entgegenstehenden sinnvollen Gründen von einer Umsetzung absehen kann. Vor dem Ausspruch einer krankheitsbedingten Kündigung erscheint die Prüfung einer Änderungskündigung sinnvoll. Die Kündigung ist dann sozial ungerechtfertigt, wenn die Weiterbeschäftigung des Arbeitnehmers unter geänderten Bedingungen möglich erscheint. Der Vorrang der Änderungskündigung ist jedoch nicht praxisrelevant, da die Versetzung des Arbeitnehmers auf einen anderen Arbeitsplatz zumeist bereits durch das Direktionsrecht des Arbeitgebers erfasst wird.[607]

aa. Freier Arbeitsplatz

Dafür muss es sich um einen freien Arbeitsplatz handeln.[608] Nach einer Entscheidung des Bundesarbeitsgerichts vom 29. März 1990 ist ein Arbeitsplatz dann frei, wenn er bei Zugang der Kündigung unbesetzt ist.[609] Nach ständiger Rechtsprechung wird von dem Begriff frei aber auch ein Arbeitsplatz erfasst, der bis zum Ablauf der Kündigungsfrist wieder unbesetzt ist.[610] Ist nicht eindeutig, ob in absehbarer Zeit ein geeigneter Arbeitsplatz frei wird, ist der Arbeitgeber nicht zur Weiterbeschäftigung auf Verdacht verpflichtet.[611] Sofern eine solche Möglichkeit gegeben ist, ist eine erhebliche Beeinträchtigung betrieblicher Interessen abzulehnen. Es kann dem Arbeitgeber allerdings weder zugemutet werden, einen neuen Arbeitsplatz speziell für den Arbeitnehmer zu erschaffen, noch einen solchen auf Kosten eines anderen Arbeitnehmers zu beschaffen, damit diesem eine Weiterbeschäftigungsmöglichkeit zur Verfügung gestellt werde.[612] Ist zwar einerseits kein Arbeitsplatz frei und kommt andererseits die Versetzung auf einen leidensgerechten drittbesetzten Arbeitsplatz in Betracht, kommt dem Be-

607 *Schunder*, NZA-Beilage 2015, 90 (94).
608 *Plocher*, DB 2015, 2083 (2086).
609 BAG, Urt. v. 29.03.1990 – 2 AZR 396/89, in: NZA 1991, 181 (182).
610 BAG, Urt. v. 29.03.1990 – 2 AZR 396/89, in: NZA 1991, 181 (182); *Richter*, ArbRAktuell 2015, 237 (239).
611 LAG Düsseldorf, Urt. v. 04.05.1995 – 5 Sa 717/94, in: BB 1995, 1698; BAG, Urt. v. 13.06.1996 – 2 AZR 497/95, in: BuW 1997, 198; *Schiefer*, BB 2015, 2613 (2616).
612 BAG, Urt. v. 29.03.1990 – 2 AZR 396/89, in: NZA 1991, 181 (182).

triebsrat gemäß § 84 Abs. 2 S. 1 SGB IX eine besondere Bedeutung zu. Besteht innerhalb des Betriebs des Arbeitgebers ein leidensgerechter Arbeitsplatz, muss er beim Betriebsrat die Zustimmung zu der geplanten Um- bzw. Versetzung beantragen.[613] Verweigert der Betriebsrat diese Zustimmung, so ist eine Weiterbeschäftigung des Arbeitnehmers aus gegebenen Rechtsgründen nicht möglich.[614] Wäre die Beendigungskündigung nur durch die Versetzung auf einen ungleichwertigen Arbeitsplatz zu vermeiden, muss der Arbeitgeber dem Arbeitnehmer diese Möglichkeit aufzeigen. Eine etwaige Zumutbarkeitsprüfung muss dann jedoch allein durch den Arbeitnehmer erfolgen.[615]

bb. Pflicht zur „Freikündigung"

Fraglich ist aber, ob der Arbeitgeber verpflichtet ist, einen leidensgerechten Arbeitsplatz freizukündigen, sofern der leidensgerechte Arbeitsplatz von einem sozial weniger schutzwürdigen Arbeitnehmer besetzt ist. Das Bundesarbeitsgericht stellte sich in seinem Urteil vom 18. Oktober 2000 klar gegen eine Verpflichtung zur Kündigung eines Arbeitnehmers, um einen leidensgerechten Arbeitsplatz mit dem in Rede stehenden Arbeitnehmer zu besetzen.[616] Er begründete dies damit, dass eine Freikündigung quasi einer Austauschkündigung gleich käme und dies sowohl in Rechtspositionen des Dritten als auch in die Dispositionsfreiheit des Arbeitgebers eingreifen würde.[617] Durch die Annahme der Verpflichtung zur Freikündigung würde man den Arbeitgeber de facto zwingen, ein reibungslos ablaufendes anstelle des gestörten Arbeitsverhältnisses zu kündigen.[618] Ausnahmsweise kann der Arbeitgeber im Rahmen seines Direktionsrechts gemäß § 106 GewO eine Versetzung eines anderen Arbeitnehmers verlangen, sodass der erkrankte Arbeitnehmer den nunmehr freien Arbeitsplatz

613 *Berkowsky*, NZA-RR 2001, 393 (400).
614 *Berkowsky*, NZA-RR 2001, 393 (400).
615 BAG, Urt. v. 22.09.2005 – 2 AZR 519/04, in: NZA 2006, 486 (488); Urt. v. 24.11.2005 – 2 AZR 514/04, in: NZA 2006, 665 (667); Urt. v. 19.04.2007 – 2 AZR 239/06, in: NZA 2007, 1041 (1042).
616 *Horcher*, NZA-RR 2006, 393 (393).
617 *Horcher*, NZA-RR 2006, 393 (393).
618 *Horcher*, NZA-RR 2006, 393 (394).

besetzen kann.[619] Eine solche Versetzung ist allerdings ausschließlich im Rahmen billigen Ermessens iSd. § 315 BGB möglich, wenn der der dritte Arbeitnehmer durch Ausübung des Direktionsrechts vom Arbeitgeber auf den Arbeitsplatz des weiter zu beschäftigenden Arbeitnehmers versetzt werden kann und der freigemachte Arbeitsplatz vom Arbeitsvertrag des zu kündigenden Arbeitnehmers umfasst wird.[620] Weiterhin existiert innerhalb der personenbedingten Kündigung keine Sozialauswahl iSd. § 1 Abs. 3 KSchG. Eine Freikündigung von weniger schutzwürdigeren Arbeitnehmern würde jedoch eine solche Sozialauswahl erfordern.[621] Dadurch würde zum einen die Dreischrittprüfung der personenbedingten Kündigung in Frage gestellt, zum anderen aber auch eine Gleichstellung zur betriebsbedingten Kündigung hervorgerufen.[622] Daraus würde eine Vermischung von krankheitsbedingter und betriebsbedingter Kündigung folgen, die nicht vom Gesetzgeber gewollt gewesen sein kann. Des Weiteren kann eine Änderungskündigung des dritten Arbeitnehmers nicht zielführend sein, da es im Rahmen dieses Arbeitsverhältnisses sicherlich zumeist an einem Kündigungsgrund mangeln dürfte. Folglich kommt eine Pflicht zur Freikündigung nicht in Betracht.

c. Betriebliches Eingliederungsmanagement

aa. Überblick

Seit Mai 2004 ist der Arbeitgeber gemäß § 84 Abs. 2 SGB IX dazu verpflichtet, ein Betriebliches Eingliederungsmanagement durchzuführen, wenn der Beschäftigte innerhalb eines Jahres länger als sechs Wochen ununterbrochen oder wiederholt arbeitsunfähig war.[623] Eine solche Durchführung liegt nicht nur im Interesse des Beschäftigten, sondern fördert vielmehr auch die wirtschaftlichen Interessen des Arbeitge-

619 BAG, Urt. v. 18.10.2000 – 2 AZR 494/99, in: NZA 2001, 321; *Plocher*, DB 2015, 2083 (2086).

620 *Berkowsky*, NZA-RR 2001, 393 (401); *Hamann*, Die Kündigung wegen häufiger Kurzerkrankungen, S. 71.

621 *Hamann*, Die Kündigung wegen häufiger Kurzerkrankungen, S. 73.

622 *Hamann*, Die Kündigung wegen häufiger Kurzerkrankungen, S. 73.

623 *Bauer/ Röder/ Lingemann*, Krankheit im Arbeitsverhältnis, S. 100.

bers.[624] Nach einer Studie aus dem Jahr 2011 entstehen durch erkrankte Arbeitnehmer jedes Jahr Kosten in Höhe von etwa 225 Milliarden Euro.[625] Jedem in die betriebliche Prävention investierten Euro ist eine Ersparnis von 5 bis 16 Euro immanent.[626] Daher hat der Arbeitgeber ein besonderes Interesse daran, die Arbeitsfähigkeit eines erkrankten Arbeitnehmers wiederherzustellen, insbesondere deswegen, da diese bereits eingearbeitet sind und im besten Fall einen gewissen Erfahrungsschatz aufweisen. Dennoch muss erwähnt werden, dass die betroffenen Arbeitnehmer häufig negative Effekte durch die Durchführung des BEM befürchten, sodass bei ihnen die Angst besteht, den Arbeitsplatz nach bzw. durch die Durchführung eines BEM zu verlieren.[627] Bei § 84 Abs. 2 SGB IX handelt es sich um eine öffentlich-rechtliche Verpflichtung des Arbeitgebers, welche keine individualrechtlichen Ansprüche seitens der Beschäftigten begründen.[628] Die Zeiten einer längeren oder wiederholten Arbeitsunfähigkeit sollen nicht durch ein bloßes Abwarten geprägt sein, sondern vielmehr durch einen „aktiven Suchprozess“ zur Beseitigung der Störungen genutzt werden und dadurch die Arbeitsunfähigkeit überwinden bzw. erneuter Arbeitsunfähigkeit vorzubeugen sowie den Arbeitsplatz generell zu erhalten. In diesem Zusammenhang soll sich der Arbeitgeber mit der zuständigen Interessenvertretung iSd. § 93 SGB IX in Verbindung setzen und mit dieser klären, inwieweit die Arbeitsunfähigkeit des Beschäftigten überwunden bzw. beseitigt werden könnte. Des Weiteren ist bei Bedarf der Werks- oder Betriebsarzt hinzuzuziehen. Das Präventionsverfahren des § 84 Abs. 1 SGB IX findet sowohl bei der krankheits-, personen- als auch bei der betriebsbedingten Kündigung Anwendung.[629] Im Gegensatz dazu bezieht sich § 84 Abs. 2 SGB IX lediglich auf die krankheitsbedingte Kündigung und geht somit aufgrund des spezielleren Regelungsgehalts dem § 84 Abs. 1 SGB IX vor.[630]

624 *Nehring*, Die krankheitsbedingte Kündigung, S. 14.
625 *Stück*, ArbRAktuell 2015, 169 (169).
626 *Stück*, ArbRAktuell 2015, 169 (169).
627 *Niehaus/ Vater*, in: Fehlzeiten-Report 2010, S. 192.
628 *Nehring*, Die krankheitsbedingte Kündigung, S. 95.
629 *Hamann*, Die Kündigung wegen häufiger Kurzerkrankungen, S. 89.
630 *Brose*, RdA 2006, 149 (150); *Arnold/ Fischinger*, BB 2007, 1894 (1894).

Die Vorschrift beruht auf dem Gesetz zur Förderung der Ausbildung und Beschäftigung schwerbehinderter Menschen, weshalb im Jahre 2004 der § 84 Abs. 2 SGB IX neu gefasst wurde. Bis zu diesem Zeitpunkt war ein Arbeitgeber gehalten, einem Beschäftigten erst nach einer dreimonatig andauernden Arbeitsunfähigkeit geeignete Maßnahmen zur Eingliederung anzubieten. Die Novellierung des § 84 Abs. 2 SGB IX ist somit in dem Sinne weiter gefasst, dass nun bereits nach einer sechswöchigen Arbeitsunfähigkeit bestimmte Maßnahmen eingeleitet werden sollen. Damit wurde eine Verfahrensregelung erschaffen, die im Sinne von „Rehabilitation statt Entlassung" ein BEM bei krankheitsbedingten Störungen des Arbeitsverhältnisses erzielen möchte.[631]

Nach der mittlerweile ergangenen Rechtsprechung des Bundesarbeitsgerichts handelt es sich bei dem BEM um einen „rechtlich regulierten Suchprozess, der individuell angepasste Lösungen zur Vermeidung zukünftiger Arbeitsunfähigkeit ermitteln soll".[632] Ziel des BEM ist grundsätzlich die Vermeidung einer krankheitsbedingten Kündigung, indem zunächst festgestellt werden soll, aufgrund welcher Erkrankungen es zu den bisherigen Arbeitsunfähigkeitszeiten gekommen ist, und weiterhin nach Möglichkeiten zu suchen, diese Arbeitsunfähigkeitszeiten zukünftig zu verringern oder völlig zu beseitigen.[633] Daraus folgt als Primärziel der Vorschrift die dauerhafte Integration erkrankter Beschäftigter sowie die Sicherung ihrer uneingeschränkten Beschäftigungsfähigkeit. Weiterhin dient sie der Verbesserung des Status Quo kranker und behinderter Menschen im Erwerbsleben und verpflichtet die Arbeitgeberseite, präventiv ein System zur Rehabilitation und Eingliederung zu entwerfen.[634] Die Initiativlast zur Ergreifung eines BEM liegt allerdings beim Arbeitgeber. Das BEM selbst stellt jedoch kein milderes Mittel dar, denn die Durchführung hat für sich genommen noch nicht die Erhaltung des Arbeitsplatzes zur Folge. Eine solche Arbeitsplatzerhaltung folgt vielmehr aus dem Ergreifen milde-

631 *Feldes*, Soziale Sicherheit 2004, 270 (275).

632 BAG, Urt. v. 10.12.2009 – 2 AZR 400/08, in: NZA 2010, 398 (399); *Stück*, ArbRAktuell 2015, 169 (170); *Betz-Rehm/ Schiepel/ Kanne*, ZTR 2016, 239 (242).

633 BAG, Urt. v. 20.11.2014 – 2 AZR 755/13, in: NZA 2015, 612 (615); Urt. v. 10.12.2009 – 2 AZR 400/08, in: NZA 2010, 398 (398).

634 *Feldes*, Soziale Sicherheit 2004, 270 (275).

rer Maßnahmen. Im Rahmen dieser Durchführung wird versucht, Maßnahmen aufzuspüren, die das Krankheitsbild bzw. den Gesundheitszustand des Beschäftigten beseitigen bzw. verbessern können. Diese Maßnahmen sind dann als mildere Mittel im Vergleich zur krankheitsbedingten Kündigung anerkannt und als solche zu berücksichtigen.

In Folge der Neufassung des § 84 Abs. 2 SGB IX ist aus einer zunächst sozialrechtlich geprägten Vorschrift eine zentrale Norm des Kündigungsrechts geworden. Diese Neufassung könnte ein weiteres Hindernis im Fall der Kündigung wegen häufiger Kurzerkrankungen sein. Grundgedanke der Neuregelung ist es, die Phase der Arbeitsunfähigkeit sinnvoll zu nutzen, um eine Wiedereingliederung in die betrieblichen Abläufe zu erreichen, arbeitsplatzbedingte Krankheitsursachen zu erkennen und insbesondere einen mögliche Gefährdung des Arbeitsplatzes zu verringern.[635] Gemäß des Wortlauts des § 84 Abs. 2 S. 1 SGB IX ergibt sich, dass für die Durchführung eines BEM das Vorliegen einer mehr als sechswöchigen ununterbrochenen oder wiederholten Arbeitsunfähigkeit innerhalb des letzten Jahres vorausgesetzt wird.[636] Somit kann der Zeitraum der Arbeitsunfähigkeit sowohl durch häufige Kurzerkrankungen als auch durch eine langanhaltende Krankheit gegeben sein. Die Summe mehrerer Arbeitsunfähigkeitszeiten muss daher mindestens sechs Wochen (entspricht 42 Tagen) betragen. Welche Tage in diese Berechnung einfließen, wird im weiteren Verlauf der Arbeit geklärt.

Bislang nicht geklärt ist die Frage, ob es sich bei dem in § 84 Abs. 2 SGB IX genannten Zeitraum eines Jahres um das gegenwärtige Kalenderjahr oder vielmehr den die Arbeitsunfähigkeitszeiten umfassenden zeitlichen Rahmen handelt. Nach dem Regelungszweck des Gesetzes ist sicherlich auf den zeitlichen Rahmen abzustellen und daher eine Betrachtung der vergangenen zwölf Monate ab dem Beurteilungszeitpunkt vorzunehmen.[637] Bei Berücksichtigung des Kalenderjahres würde der Sinn und Zweck der Regelung entfallen, wenn die

635 *Braun*, ZTR 2005, 630 (631); *von Steinau-Steinrück/ Hagemeister*, NZW-Spezial 2005, 129 (129).

636 *Feldes*, Soziale Sicherheit 2004, 270 (275).

637 *Balders/ Lepping*, NZA 2005, 854 (855); *Bauer/ Röder/ Lingemann*, Krankheit im Arbeitsverhältnis, S. 103.

Phase der Arbeitsunfähigkeit zufällig auf einen Zeitraum zwischen den Jahren (Dezember/Januar) fällt.[638] Entscheidend sind demnach die Arbeitsunfähigkeitszeiten innerhalb der letzten 365 Tage (ein Beschäftigungsjahr). Gemäß § 191 BGB ist im Sinne der Fristberechnung unter einem Jahr eine Frist von 365 Tagen zu verstehen. Aus § 186 BGB lässt sich entnehmen, dass die Regelungen des BGB ebenso für die Fristberechnungen des SGB IX angewendet werden sollen. Folglich ist nicht das Kalenderjahr (01.01. – 31.12.) maßgeblich, sondern der Verlauf der Fehlzeiten in den vergangenen zwölf Monaten.

Die Durchführung eines BEM stellt eine Konkretisierung des Verhältnismäßigkeitsgrundsatzes dar, in dem das BEM kein die Kündigung verhinderndes geeignetes Mittel ist, sondern vielmehr als Instrument zur Erkennung und Entwicklung milderer Mittel fungiert. Es soll nicht nur die Klärung einer möglichen Weiterbeschäftigung erfolgen, sondern insbesondere auch Möglichkeiten geprüft werden, die Arbeitsunfähigkeit des Arbeitnehmers zu überwinden sowie ihr generell vorzubeugen. Der Regelungszweck der Vorschrift liegt darin, zum einen ein Verfahren zur frühzeitigen Beendigung und Vorbeugung von Arbeitsunfähigkeit, zum anderen die Sicherung des Arbeitsplatzes arbeitsunfähiger und schwerbehinderter Arbeitnehmer zu erreichen.[639] Der Arbeitgeber hat das Verfahren des BEM einzuleiten, indem zunächst die Bereitschaft des Arbeitnehmers und eine Hinzuziehung der betrieblichen Interessenvertretung (§ 93 SGB IX) festzustellen ist. § 84 Abs. 2 S. 1 SGB IX spricht jedoch von einer Zustimmung und Beteiligung des Betroffenen, weshalb der Beschäftigte nicht zu einem BEM gezwungen werden kann. Wenn der Anwendungsbereich des § 84 Abs. 2 SGB IX eröffnet ist, muss sich der Arbeitgeber mit der zuständigen Interessenvertretung iSd. § 93 SGB IX in Verbindung setzen, um über Maßnahmen einer Wiedereingliederung zu beraten. In Satz 2 des § 84 Abs. 2 SGB IX wird der Arbeitgeber, falls dies nötig bzw. hilfreich erscheint, zur Hinzuziehung des Betriebsarztes in das Verfahren verpflichtet. Bevor der Arbeitnehmer jedoch seine Zustimmung bezüglich der Durchführung eines BEM erteilen kann, bedarf es der Auf-

638 *Balders/ Lepping*, NZA 2005, 854 (855).

639 *Bauer/ Röder/ Lingemann*, Krankheit im Arbeitsverhältnis, S. 101.

klärung über mögliche Ziele des Eingliederungsmanagements seitens des Arbeitgebers.

Ein Unterlassen des BEM hat enorme Auswirkungen auf die Darlegungs- und Beweislast des Arbeitgebers.[640] Erteilt der Arbeitnehmer jedoch seine Zustimmung, hat der Arbeitgeber dem Arbeitnehmer die Ziele des BEM und die erforderlichen Daten näherzubringen. Im Folgenden wird erklärt, welche Ziele das BEM verfolgt und an welchen Adressatenkreis die Vorschrift des § 84 Abs. 2 SGB IX gerichtet ist. Des Weiteren wird der Frage nachgegangen, welche Voraussetzungen grundsätzlich für eine ordnungsgemäße Durchführung vorliegen müssen. Welche Auswirkungen das BEM auf die Kündigung wegen häufiger Kurzerkrankungen hat und wie eine Korrektur der Grundsätze erfolgen kann, wird ebenfalls im weiteren Verlauf dieses Kapitels einer Lösung zugeführt.

bb. Ziele des Verfahrens

Mit der Einführung des BEM verfolgte der Gesetzgeber mehrere Ziele. Allerdings lässt das Gesetz offen, welche Möglichkeiten der Arbeitgeber zur Durchführung ergreifen kann. Eindeutig ist jedoch die Tatsache, dass Zeiten der Arbeitsunfähigkeit nunmehr keine Zeiten des passiven Wartens sind, sondern vielmehr zum aktiven Tätigwerden seitens des Arbeitgebers verpflichten.[641] Somit sollen Arbeitgeber und Beschäftigter während einer längeren bzw. wiederholten Arbeitsunfähigkeit in einem betrieblichen Arbeits- und Kooperationsprozess tätig werden.[642] Ein solches Bedürfnis ergibt sich zum einen aus dem Mangel an qualifiziertem Fachpersonal sowie dem späteren Renteneintrittsalter. Durch die Durchführung eines BEM soll die Arbeits- und Erwerbsfähigkeit der Arbeitskräfte gefördert und durch geeignete Maßnahmen der Prävention und Integration die Beschäftigungsverhältnisse gesichert werden.[643]

---

640 *Nehring*, Die krankheitsbedingte Kündigung, S. 183.
641 *Britschgi*, Betriebliches Eingliederungsmanagement, S. 25.
642 *Britschgi*, Betriebliches Eingliederungsmanagement, S. 25.
643 BT-Drucks. 15/1783, S. 16; *Kohte*, DB 2008, 582 (582).

Der Gesetzgeber verfolgt mit der Durchführung des BEM das Ziel, einer etwaigen Arbeitsunfähigkeit vorzubeugen und somit präventiv tätig zu werden. Davon umfasst sind insbesondere die Vermeidung arbeitsbedingter Gefahren für die Gesundheit, die Ermittlung von gesundheitsfördernden Maßnahmen sowie eine Möglichkeit zur gegenseitigen Kommunikation von Arbeitgeber und Arbeitnehmer.[644] Des Weiteren soll die Arbeitsunfähigkeit möglichst überwunden und im Rahmen einer Rehabilitation wiederhergestellt werden. Dafür kommen hauptsächlich ambulante oder stationäre medizinische sowie berufliche Maßnahmen in Betracht.[645] Insbesondere erscheint die Prüfung der Belastbarkeit des Beschäftigten im Rahmen seiner Beschäftigung sinnvoll, um eine stufenweise Wiedereingliederung des Beschäftigten zu gewährleisten.

Ein entscheidender Gedanke bei Einführung des BEM ist die Erhaltung des Arbeitsplatzes, weshalb der Beschäftigte nach einer Phase langanhaltender oder wiederholter Arbeitsunfähigkeit zurück in den Betrieb integriert werden soll. Diese Integration könnte durch eine Veränderung der Arbeitsbedingungen oder Arbeitszeiten erreicht werden. Führt eine solche Anpassung des Arbeitsplatzes zu keinem zufriedenstellenden Ergebnis, kann eine Versetzung innerhalb des Betriebes in Betracht kommen. Das BEM ist also ein Angebot des Arbeitgebers, das den Arbeitnehmer vor der Arbeitslosigkeit bewahren kann. Dies geschieht durch das Ausfindigmachen einer angemessenen Weiterbeschäftigungsmöglichkeit. Dadurch ist das BEM sowohl für den Arbeitgeber als auch für den Arbeitnehmer nützlich.

cc. Adressatenkreis des § 84 Abs. 2 SGB IX

Zunächst muss geklärt werden, bei welchem Personenkreis die Durchführung eines BEM in Betracht kommt. Der Wortlaut des § 84 Abs. 2 SGB IX spricht ausschließlich von Beschäftigten. Fraglich ist an dieser Stelle hingegen, ob der Gesetzgeber dadurch lediglich Personen mit einer Schwerbehinderung oder insgesamt alle im Betrieb beschäftigten Personen, unabhängig von einer Behinderung, erfassen

644 *Britschgi*, Betriebliches Eingliederungsmanagement, S. 25.
645 *Britschgi*, Betriebliches Eingliederungsmanagement, S. 25.

wollte. Eine Wortlautauslegung hilft zur Klärung dieses Problems nicht weiter, da im Text nur von Beschäftigten gesprochen wird. Die Gesetzesbegründung gibt zu dieser Problematik ebenfalls keinerlei Informationen, da in dieser ebenfalls ausschließlich von Beschäftigten gesprochen wird. Beachtenswert erscheint in diesem Zusammenhang hingegen, dass die Vorschrift ihrer Überschrift nach einen schwerbehindert rechtlichen Bezug aufweist. Es stellt sich also die Frage, ob sich die Neureglungen des SGB IX ausschließlich auf schwerbehinderte Personen beziehen sollen und ob diese Intention einer Anwendbarkeit auf alle Arbeitnehmer hinderlich ist. Eine Auslegung nach dem Sinn und Zweck des § 84 Abs. 2 SGB IX führt daher zu keinem zufriedenstellenden Ergebnis.

(1) Rechtsprechung und herrschende Literatur

Der Rechtsprechung und der überwiegenden Ansicht in der Literatur folgend gilt das BEM nicht nur für schwerbehinderte Personen, sondern für alle Arbeitnehmer eines Betriebs.[646] Bei einem Großteil der mittlerweile erschienenen Entscheidungen tritt das Problem des Adressatenkreises vollkommen in den Hintergrund, da es sich ohnehin bei den Betroffenen um Arbeitnehmer mit einer Behinderung handelt und daher eine konkrete Begriffsklärung nicht entscheidungserheblich war. In einem Urteil des Landesarbeitsgerichts Niedersachsen wurde im Jahre 2005 der Adressatenkreis auf alle Beschäftigten eines Betriebs ausgeweitet und somit auch nicht behinderte Menschen in den Anwendungsbereich des § 84 Abs. 2 SGB IX einbezogen.[647] Diese Entscheidung wurde im Laufe der Zeit durch eine Vielzahl von Urteilen bestätigt und lässt somit § 84 Abs. 2 SGB IX nicht nur für schwerbehinderte Menschen, sondern für alle Beschäftigten Anwendung fin-

646 BAG, Urt. v. 13.05.2015 – 2 AZR 565/14, in: NZA 2015, 1249 (1251); Urt. v. 24.03.2011 – 2 AZR 170/10, in: NZA 2010, 993 (994); Urt. v. 12.07.2007 – 2 AZR 716/06, in: NZA 2008, 173 (175); siehe auch *Hoyningen-Huene*, in: Kündigungsschutzgesetz, § 1 KSchG, Rn 341; *Löw*, MDR 2005, 608 (609); *Braun*, ZTR 2005, 630 (630); *Düwell*, FA 2004, 200 (201); *Feldes*, Soziale Sicherheit 2004, 270 (275); a.A. *Balders/Lepping*, NZA 2005, 854; *Brose*, DB 2005, 390 (391); *Betz-Rehm/ Schiepel/ Kanne*, ZTR 2016, 239 (242).

647 LAG Niedersachen, Urt. v. 29.03.2005 – 1 Sa 1429/04, in: BB 2005, 1682 (1683).

den.[648] Der Gesetzgeber habe den Wortlaut des § 84 Abs. 2 SGB IX bewusst gewählt, da der Begriff des Beschäftigen verdeutlichen solle, dass alle im Betrieb angestellten Personen davon umfasst sein sollen. Ein Redaktionsversehen des Gesetzgebers sei durch die deutliche Formulierung auszuschließen.

Aus der Vielzahl der bisher ergangenen Urteile kann somit gefolgert werden, dass die Rechtsprechung einen breit gefächerten Adressatenkreis vorzieht. In einer Entscheidung vom 12. Juli 2007 hat sich erstmals das Bundesarbeitsgericht mit der Frage des Adressatenkreises des § 84 SGB IX auseinandergesetzt und die Ansicht der Instanzgerichte umfassend bestätigt.[649] § 84 Abs. 2 SGB IX beschränkt sich somit nicht nur auf schwerbehinderte oder ihnen gleichgestellte Personen, sondern bezieht sich unabhängig vom Vorliegen einer Behinderung auf alle Beschäftigten, also auch Arbeitnehmer und Beamte.[650] Dies ergebe sich bereits durch die ausdrückliche Erwähnung der Schwerbehindertenvertretung in § 84 Abs. 2 S. 6 SGB IX, wonach der Arbeitgeber bei schwerbehinderten Beschäftigten das Integrationsamt hinzuzuziehen hat. Die Rechtsprechung stellt sich somit als einheitliches Gesamtgebilde dar und vertritt einen breiten Adressatenkreis.

(2) Kritische Literaturstimmen

Unterschiedliche Ansichten in der Literatur sprechen sich hingegen für die ausschließliche Anwendbarkeit des § 84 Abs. 2 SGB IX auf Schwerbehinderte (§ 2 Abs. 2 SGB IX) und ihnen gleichgestellte Personen (§ 2 Abs. 3 SGB IX) aus, indem sie sich zum einen auf den Wortlaut, zum anderen aber auf die systematische Stellung des § 84 SGB IX im zweiten Teil des SGB IX, der gemäß § 68 Abs. 1 SGB IX lediglich die

648 LAG Niedersachen, Urt. v. 29.03.2005 – 1 Sa 1429/04, in: BB 2005, 1682 (1683); Urt. v. 25.10.2006 – 6 Sa 974/05, in: BB 2007, 719 (721); LAG Köln, Urt. v. 11.06.2007 – 14 Sa 1391/06, in: BeckRS 2007, 46502; LAG Hamm, Urt. v. 29.03.2006 – 18 Sa 2104/05, in: BeckRS 2006, 43646; Urt. v. 24.07.2007 – 2 Sa 991/96, in: BeckRS 2007, 45223.

649 BAG, Urt. v. 12.07.2007 – 2 AZR 716/06, in: NZA 2008, 173 (174).

650 BAG, Urt. v. 12.07.2007 – 2 AZR 716/06, in: NZA 2008, 173 (174); Urt. v. 28.04.2011 – 8 AZR 515/10, in: NJW 2011, 2458 (2459); die Anwendbarkeit auf das Beamtentum soll hier nicht näher beleuchtet werden.

dort genannten Personen erfassen soll, berufen.[651] Die Vorschrift des § 68 Abs. 1 SGB IX regelt den persönlichen Geltungsbereich des zweiten Teils des SGB IX, also die §§ 68 – 160 SGB IX. In seinem Wortlaut nennt § 68 Abs. 1 SGB ausdrücklich, dass die Vorschriften bzw. Regelungen des zweiten Teils des SGB IX für schwerbehinderte und ihnen gleichgestellte Menschen gilt.[652] Dieser zweite Teil des SGB IX hat das früher geltende Schwerbehindertengesetz abgelöst. Diese Ansicht stützt sich insbesondere darauf, dass der Regelungszweck des Gesetzes die Förderung schwerbehinderter Menschen sein soll. Es sei nicht vom Gesetzgeber gewollt, mit dem § 84 Abs. 2 SGB IX eine Norm zu erschaffen, die einen derartigen normdurchbrechenden Charakter hat, dass der Anwendungsbereich auf alle Arbeitnehmer ausgeweitet werden sollte.[653] Des Weiteren spiele die Gesetzesentwicklung des § 84 SGB IX eine entscheidende Rolle, da bei Betrachtung der alten Fassung des § 84 SGB IX leicht zu erkennen sei, dass diese tatsächlich ausschließlich an schwerbehinderte oder ihnen gleichgestellte Personen adressiert sein solle.[654] Diese eingeschränkte Anwendbarkeit ergab sich unstreitig aus dem Wortlaut des § 84 Abs. 2 S. 1 SGB IX a.F. Der von der Rechtsprechung ausgebreitete Anwendungsbereich sei jedoch nicht von der Neuregelung des § 84 Abs. 2 SGB IX erfasst. Dies lasse sich auch in der Gesetzesbegründung erkennen, die sowohl vom Beschäftigten als auch vom behinderten Arbeitnehmer spricht.[655]

Nach *Brose* sei eine Ausweitung des Adressatenkreises aber keineswegs auf den in der Neufassung der Norm verwendeten Begriff der Beschäftigten zu stützen, da ansonsten der Gesetzgeber eine Erläuterung dieser Begrifflichkeit vorangestellt hätte. Des Weiteren stützen sich die Kritiker auf den Regelungszweck des Gesetzes, der wie zuvor beschrieben, in der Förderung von Behinderten liegt.[656] Aus der Verwendung des Begriffs Beschäftigten lasse sich keine Ausweitung auf al-

651 *Arnold/Fischinger*, BB 2007, 1894; *Brose*, DB 2005, 390 (391); *Balders/ Lepping*, NZA 2005, 854 (855); *Bauer/ Röder/ Lingemann*, Krankheit im Arbeitsverhältnis, S. 100.

652 Vgl. § 68 Abs. 1 SGB IX.

653 *Arnold/Fischinger*, BB 2007, 1894 (1895).

654 *Balders/ Lepping*, NZA 2005, 854 (854); *Brose*, DB 2005, 390 (390).

655 BT-Dr 15/1783, S. 15; *Balders/ Lepping*, NZA 2005, 854 (854).

656 *Arnold/Fischinger*, BB 2007, 1894; *Hamann*, Die Kündigung wegen häufiger Kurzerkrankungen, S. 93.

le Arbeitnehmer erkennen, da es üblich sei, dass der Gesetzgeber abstrakte Formulierungen verwendet.[657] Die verschiedenen Auslegungsmethoden können jedoch nur zu dem Ergebnis führen, dass der Begriff des Beschäftigten eng auszulegen ist und eine Ausweitung des Adressatenkreises in der Gesetzesnorm keinen Ansatz finde.[658] Aus diesen Gründen wird eine Ausweitung des Adressatenkreises auf alle Arbeitnehmer nach dieser Auffassung abgelehnt.

(3) Stellungnahme

Klärungsbedürftig ist an dieser Stelle insbesondere, welchen Stellenwert der systematischen Stellung des § 84 Abs. 2 SGB IX beigemessen werden soll. Der § 84 SGB IX ist systematisch im zweiten Teil des SGB IX verortet, der „besondere Regelungen zur Teilhabe schwerbehinderter Menschen" beinhaltet.[659] Der vom zweiten Teil des SGB IX adressierte Personenkreis wird in § 68 Abs. 1 SGB IX eindeutig festgelegt. Danach würde § 84 SGB IX ausschließlich auf schwerbehinderte bzw. ihnen gleichgestellte Personen Anwendung finden. Den kritischen Ansichten innerhalb der Literatur muss entgegengehalten werden, dass die Formulierung der Gesetzesnorm auf den ersten Blick verwirrend erscheinen mag, da sie nicht ausdrücklich die Schwerbehinderteneigenschaft als Voraussetzung hervorhebt.[660] Nach Ansicht der Kritiker sei dies jedoch dadurch zu rechtfertigen, dass die Anforderungen an eine Schwerbehindertenvertretung nicht in jedem Betrieb erfüllbar seien, da für die Errichtung einer solchen gemäß § 94 Abs. 1 SGB IX die Beschäftigung von mindestens fünf Schwerbehinderten vorausgesetzt wird.[661] Werden hingegen die Voraussetzungen zur Errichtung eines Betriebsrats betrachtet, wird deutlich, dass die dafür nötigen Voraussetzungen bereits in kleineren Betrieben erfüllbar sind, die nicht zur Beschäftigung einer gewissen Quote von

657 *Hamann*, Die Kündigung wegen häufiger Kurzerkrankungen, S. 93.
658 *Namendorf*, FA 2005, 162 (162).
659 *Brose*, DB 2005, 390 (390).
660 *Brose*, DB 2005, 390 (391).
661 *Brose*, DB 2005, 390 (391).

Schwerbehinderten verpflichtet sind (§ 71 SGB IX).[662] Gemäß § 1 Abs. 1 BetrVG genügt die Beschäftigung fünf wahlberechtigter Arbeitnehmer, von denen mindestens drei wählbar sind.

Der Wortlaut des § 84 Abs. 2 SGB IX schließt die Anwendung auf alle Arbeitnehmer jedoch gerade nicht aus, da er, wie zuvor ausgeführt, grundsätzlich lediglich von Beschäftigten spricht. Dass davon alle Arbeitnehmer erfasst werden sollen, ergibt sich bereits aus der Tatsache, dass sowohl im § 84 Abs. 1 als auch im § 84 Abs. 2 S. 1, 4 und 6 SGB IX ausdrücklich von Schwerbehinderten gesprochen wird.[663] Eine solche ausdrückliche Erwähnung wäre bei einer ohnehin ausschließlichen Anwendbarkeit auf diese Gruppe nicht erforderlich, sodass es vom Willen des Gesetzgebers umfasst gewesen sein muss, der Norm einen breiten Anwendungsbereich zuzuweisen. Des Weiteren folgt aus der Auslegung des § 84 Abs. 1 SGB IX, dass die Vorschrift aufgrund der Einschaltung der Schwerbehindertenvertretung ausschließlich an einen solchen Personenkreis adressiert sein kann. Ein anderer Aspekt ergibt sich hingegen aus dem Wortlaut des § 84 Abs. 2 SGB IX. Die Vorschrift muss zum einen für den in § 2 SGB IX genannten Personenkreis gelten, zum anderen komme eine Anwendung auf alle Beschäftigten in Betracht, da das Tätigwerden iSd. § 84 Abs. 2 SGB IX lediglich das Vorliegen eines Beschäftigungsverhältnisses verlangt, in dem der Beschäftigte innerhalb des letzten Jahres mindestens sechs Wochen arbeitsunfähig erkrankt war.[664] Eine anderslautende Voraussetzung für die Teilnahme an einem BEM nennt § 84 Abs. 2 SGB IX nicht, woraus ein begrenzter Adressatenkreis nicht gefolgert werden kann.

Ein weiteres starkes Argument ist in der Neufassung des Gesetzes zu sehen, die im Gegensatz zur alten Fassung anstelle der Schwerbehinderten den Begriff der Beschäftigten verwendet. Der Gesetzgeber muss bei dieser Neufassung den Adressatenkreis bewusst durch die Wahl der neuen Begrifflichkeiten erweitert haben. Hätte er ausschließlich eine Anwendung auf Schwerbehinderte und ihnen gleichgestellten Personen gewollt, hätte er den Wortlaut der alten Fassung beibehalten

662 *Brose*, DB 2005, 390 (391); eine Beschäftigungspflicht schwerbehinderter Menschen besteht erst in Betrieben mit mindestens 20 Mitarbeitern.

663 *Brose*, DB 2005, 390 (390).

664 *Feldes*, Soziale Sicherheit 2004, 270 (272).

und eben nicht einen solch abstrakten Oberbegriff verwendet. Hätte der Gesetzgeber einen breiten Adressatenkreis nicht gewollt, hätte er anstelle der Verwendung des Begriffs des Beschäftigten eine Aufzählung der einzelnen Adressaten gewählt. Dies lässt sich auch mit der Tatsache begründen, dass mit Ausnahme der Regelungen zum BEM ansonsten im SGB IX überwiegend von behinderten Menschen gesprochen wird, weshalb eine solch schwammige Verwendung des Begriffs vom Gesetzgeber bewusst und gewollt Verwendung gefunden haben muss.[665]

Überdies kann angeführt werden, dass das BEM auch ursprünglich gesunde Arbeitnehmer erfassen soll, da diese aufgrund gesundheitlicher Probleme ebenfalls in den Bereich einer Schwerbehinderung fallen können. Dies könnte sich mit dem Ziel der Prävention begründen lassen. Eine andere Auslegung wäre insoweit widersprüchlich, da sich bei behinderten oder schwerbehinderten Personen der gesundheitliche Zustand bereits insoweit perpetuiert hat, dass eine Prävention oder Rehabilitation im Vergleich zu einem (noch) nicht behinderten Arbeitnehmer deutlich schwieriger erscheint. Das Erfassen aller Arbeitnehmer könnte die Zielsetzung derart fördern, dass Schwerbehinderungen, die durch langandauernde berufliche Belastung hervorgerufen werden, durch die Einleitung eines frühzeitigen BEM verhindert werden könnten.[666]

Die Gesetzesbegründung weist keinerlei Einschränkungen des Adressatenkreises auf. Eine solche Einschränkung des Adressatenkreises wäre in diesem Sinne vielmehr einer Begründung würdig als eine Erweiterung des Adressatenkreises, obwohl die Vorschrift ihrem Wortlaut entsprechend breit gefächert ist. In diesem Rahmen lässt sich ein breiter Adressatenkreis insbesondere auch darauf stützen, dass innerhalb der Gesetzesbegründung ausschließlich von Personen mit Behinderung gesprochen wird, im Rahmen der Vorschriften des BEM aber die Begrifflichkeit der Beschäftigten verwendet wurde. Im Rahmen der Verhandlungen über den Gesetzesentwurf wurde darüber hinaus deutlich, dass durch das BEM ein umfassendes Eingliederungsmanagement durchgeführt werden soll, um immense, durch die Arbeitsunfähigkeit

665 *Hamann*, Die Kündigung wegen häufiger Kurzerkrankungen, S. 96.
666 *Hamann*, Die Kündigung wegen häufiger Kurzerkrankungen, S. 98.

entstehenden Kosten, zu relativieren.[667] Um eine Relativierung der Kosten zu erreichen, bedarf es einer Einbeziehung der Personenkreise, die hohe Kosten verursachen, weshalb eine Einbeziehung aller Arbeitnehmer in den Adressatenkreis des § 84 Abs. 2 SGB IX nicht von der Hand zu weisen ist. Sinn und Zweck des BEM ist die Prävention weiterer Arbeitsunfähigkeitszeiten und die Wiedereingliederung in den Betrieb. Auch nicht behinderte Menschen können an Krankheiten leiden, weshalb auch diese nicht aus dem Anwendungsbereich herausgenommen werden dürfen.

Sowohl der abstrakt gewählte Begriff der Beschäftigten, als auch die ausdrückliche Erwähnung der Schwerbehinderten im § 84 Abs. 2 S. 1, 4 und 6 SGB IX verbieten daher eine Beschränkung des Adressatenkreises.[668] Daher muss der Adressatenkreis des § 84 Abs. 2 SGB IX, obwohl sich die Vorschrift im Schwerbehindertenrecht befindet, auf alle Beschäftigten eines Betriebs angewendet werden, also auch auf Arbeitnehmer, Auszubildende und sonstige Beschäftigte. Folglich handelt es sich bei dem BEM um ein Verfahren, das die Arbeitsunfähigkeit aller Arbeitnehmer, unabhängig von einer Behinderung, verhindern oder frühzeitig beenden soll.

dd. Ursachenzusammenhang einzelner Erkrankungen

Vereinzelt wird die Auffassung vertreten, dass das BEM nach seinem Sinn und Zweck Arbeitsunfähigkeitszeiten voraussetzt, die grundsätzlich demselben Ursachenzusammenhang entspringen oder in einem arbeitsmedizinischen Zusammenhang stehen müssen.[669] Daraus folgt, dass nicht unmittelbar alle Arbeitsunfähigkeitszeiten in den erforderlichen Zeitraum von mindestens sechs Wochen einbezogen werden können. Eine alternative Möglichkeit kann nicht gelten, da Maßnahmen zur Sicherung des Arbeitsplatzes sowie zur Integration des Beschäftigten ausschließlich dann in Betracht kommen, wenn sich die Arbeitsunfähigkeitszeiten auf dieselbe oder ähnliche Ursachen stützen

667 *Hamann*, Die Kündigung wegen häufiger Kurzerkrankungen, S. 96.
668 *Brose*, DB 2005, 390 (390).
669 *Britschgi*, Betriebliches Eingliederungsmanagement, S. 20.

lässt.[670] Lediglich bei Vorliegen eines solchen Zusammenhangs erscheint es dem Arbeitgeber möglich, die Arbeitsunfähigkeit zu überwinden und vorzubeugen. Handelt es sich hingegen um zusammenhangslos zufällige Arbeitsunfähigkeitszeiten von sechs Wochen, besteht im Sinne eines BEM kein Handlungsbedarf, da keine geeigneten Gegenmaßnahmen existieren. Des Weiteren wird vereinzelt gefordert, dass Arbeitsunfähigkeitszeiten, für die keine Wiederholungsgefahr besteht, aus dem für das BEM geforderten Sechswochenzeitraum herausgerechnet werden müssten.[671]

Dieser Auffassung kann jedoch nicht gefolgt werden, da ein etwaiger Ursachenzusammenhang der einzelnen Erkrankungen bzw. die Krankheitsursache dem Arbeitgeber im Regelfall erst im Laufe der Durchführung des BEM bekannt werden wird. Die Abgabe der Arbeitsunfähigkeitsbescheinigungen durch den Arbeitnehmer lassen aufgrund ihrer fehlenden Informationen keinerlei Rückschlüsse auf die Krankheitsursache zu. Lediglich die Tatsache, ob die Arbeitsunfähigkeit auf einer Erst- oder Folgeerkrankung beruht, kann der Bescheinigung entnommen werden. Somit kann ein Ursachenzusammenhang der Erkrankungen keine Einleitungsvoraussetzung des BEM sein, da dem Arbeitgeber eine derartige Kenntnis zumeist erst im Rahmen der Durchführung des BEM bekannt werden wird.

ee. Zustimmung des Beschäftigten

Die Durchführung eines BEM betrifft sensible Bereiche der Persönlichkeitssphäre des Beschäftigten, weshalb der Arbeitnehmer über die Ziele des BEM, Art und Umfang der betroffenen Daten belehrt werden muss.[672] Erst nach einer Belehrung iSd. § 84 Abs. 2 S. 3 SGB IX kann eine wirksame Zustimmung zur Durchführung eines BEM erfolgen. Daher ist die Zustimmung und Beteiligung des Beschäftigten gemäß § 84 Abs. 2 S. 1 SGB IX zwingende Voraussetzung für die Durchfüh-

670 *Balders/ Lepping*, NZA 2005, 854 (855).

671 *Britschgi*, Betriebliches Eingliederungsmanagement, S. 20; *Schiefers/ Borchard*, DB 2010, 1884 (1885).

672 BAG, Urt. v. 20.11.2014 – 2 AZR 755/13, in: NZA 2015, 612 (614).

rung eines BEM.[673] Dies leitet sich zudem daraus ab, dass das SGB IX grundsätzlich vom Prinzip der Selbstbestimmung ausgeht.[674] Es liegt einzig und allein im Entscheidungsbereich des Beschäftigten, ob er das BEM nutzen möchte oder nicht. Daraus wird deutlich, dass der Arbeitgeber lediglich zur Abgabe eines Angebots zur Durchführung eines BEM verpflichtet ist.[675] Gemäß § 84 Abs. 2 SGB IX trifft den Arbeitgeber die Klärungspflicht, sofern der Anwendungsbereich des BEM eröffnet ist. Aus Satz 3 des § 84 Abs. 2 SGB IX ergibt sich, dass der Arbeitgeber vor Zustimmungserteilung den Beschäftigten einerseits über die Ziele des BEM, andererseits auch über die Art und Weise der zu erhebenden Daten informieren bzw. aufklären muss. Des Weiteren hat der Beschäftigte das Recht, eine erteilte Zustimmung zur Durchführung eines BEM jederzeit zu widerrufen.

Ohne die Zustimmungserteilung kann ein BEM nicht stattfinden. Bei Zustimmungsverweigerung oder einer ausbleibenden Äußerung auf die Anfrage des Arbeitgebers darf ein BEM demnach nicht eingeleitet werden.[676] Der Gesetzgeber hat sich in § 84 SGB IX nicht zu möglichen Konsequenzen einer Zustimmungsverweigerung geäußert. In einer frühen Entscheidung des Bundesarbeitsgerichts wurde jedoch bereits festgestellt, dass eine Verweigerung durch den Arbeitnehmer insofern Auswirkungen auf die Wirksamkeit einer krankheitsbedingten Kündigung hat, als der Arbeitnehmer sich im Hinblick auf die ausgesprochene Kündigung nicht mehr darauf berufen kann, dass der Arbeitgeber kein BEM durchgeführt habe.[677] Eine Verweigerung durch den Arbeitnehmer kann allerdings erst nach ordnungsgemäßer Belehrung durch den Arbeitgeber iSd. § 84 Abs. 2 S. 3 SGB IX erfolgen. Durch eine Verweigerung wird die Durchführung des BEM aussichtslos und kann unterbleiben.[678] Das Unterlassen des BEM stellt sich so-

673 *Gagel*, NZA 2004, 1359 (1360).

674 *Britschgi*, Betriebliches Eingliederungsmanagement, S. 31.

675 *Von Steinau-Steinrück/ Hagemeister*, NJW-Spezial 2005, 129 (129); *Braun*, ZTR 2005, 630 (631).

676 *Deinert*, NZA 2010, 969 (973); *Britschgi*, AiB 2005, 284 (286).

677 BAG, Urt. v. 13.05.2004 – 2 AZR 36/04, in: NZA 2004, 1271.

678 BAG, Urt. v. 13.05.2015 – 2 AZR 565/14, in: NZA 2015, 1249 (1252); Urt. v. 24.03.2011 – 2 AZR 170/10, in: NZA 2011, 993 (994).

mit in Fällen ordnungsgemäßer Belehrung kündigungsneutral dar.[679] Folglich ist die Zustimmung des Arbeitnehmers zwingende Voraussetzung des BEM, da ohne die ausdrückliche Zustimmung keine weiteren Schritte eingeleitet werden dürfen.

ff. Sinnhaftigkeit des Freiwilligkeitsvorbehalts

Nach aktueller Rechtslage ist die Teilnahme an einem BEM für Arbeitnehmer freiwillig. Der Arbeitnehmer kann also von dem Arbeitgeber nicht zur Teilnahme gezwungen werden. Dies stützt sich auf das Recht zur Selbstbestimmung und das allgemeine Persönlichkeitsrecht. Das Interesse des Arbeitgebers an der Durchführung eines BEM kann allerdings keine Grundrechtseingriffe des Arbeitnehmers rechtfertigen. Die Durchführung eines BEM soll dem Arbeitnehmer den Erhalt seines Arbeitsplatzes sichern. Wenn der Arbeitnehmer sich jedoch gegenüber einer Durchführung verweigert, muss dies zu seinen Lasten gehen. Es obliegt demzufolge einzig und allein dem Entscheidungsbereich des Arbeitnehmers, ob er an dem BEM teilnehmen möchte. Da das BEM dem Arbeitnehmer grundsätzlich hilfreich sein soll, indem es Maßnahmen zur erfolgreichen Wiedereingliederung in den Betrieb vorschlägt bzw. aufzeigt, muss das bloße Angebot des Arbeitgebers genügen. Verweigert der Arbeitnehmer jedoch seine Zustimmung, muss dies zu seinen Lasten gehen. Folglich ist der Freiwilligkeitsvorbehalt zur Durchführung des BEM auch heute noch sinnvoll.

gg. Anwendung bei Kleinbetrieben und außerhalb des Geltungsbereichs

Grundsätzlich ist jeder Arbeitgeber zur Durchführung eines BEM verpflichtet.[680] Die Vorschrift des § 84 Abs. 2 SGB IX enthält hinsichtlich der Betriebsgröße keinerlei Einschränkungen, sodass grundsätzlich davon auszugehen ist, dass ein BEM ebenso in Kleinbetrieben durchzuführen ist. Eine bestimmte Betriebszugehörigkeit ist für die Anwen-

679 BAG, Urt. v. 13.05.2015 – 2 AZR 565/14, in: NZA 2015, 1249 (1252); Urt. v. 24.03.2011 – 2 AZR 170/10, in: NZA 2011, 993 (995).

680 *Bauer/ Röder/ Lingemann*, Krankheit im Arbeitsverhältnis, S. 102.

dung der Vorschriften des BEM nicht relevant, da die Durchführung eines BEM gewährleisten soll, dass frühzeitig ein Klärungsprozess in Gang gesetzt wird.[681] Dem Sinn und Zweck des § 84 Abs. 2 SGB IX wäre eine solche Begrenzung fremd. Das BEM soll schließlich der Überwindung bzw. Vorbeugung von Arbeitsunfähigkeiten dienen und den Arbeitsplatz generell erhalten.

Statistiken zufolge ist mehr als die Hälfte aller Arbeitnehmer in Deutschland in solchen Kleinbetrieben tätig.[682] In Kleinbetrieben wird das BEM hingegen weitestgehend unbekannt sein. Aufgrund dieser Unkenntnis ist es nicht überraschend, dass der durchschnittliche Krankenstand seit Einführung des BEM nicht merklich gesunken ist. Fraglich ist allerdings bisher, wie das BEM in Betrieben umgesetzt werden soll, in denen kein Betriebsrat oder sonstige Interessenvertretungen iSd. § 93 SGB IX vorhanden sind oder das Kündigungsschutzgesetz generell nicht zur Anwendung gelangt. Wenn der Anwendungsbereich des Kündigungsschutzgesetzes nicht eröffnet ist, gilt der Grundsatz der Kündigungsfreiheit. In diesem Zusammenhang muss außerdem der Frage nachgegangen werden, ob solche Kleinbetriebe überhaupt ein BEM durchführen müssen, selbst wenn sie nicht in den Anwendungsbereich des Kündigungsschutzgesetzes fallen.

Problematisch könnte sein, dass ein Kleinbetrieb bereits aufgrund der Betriebsgröße keine alternativen Beschäftigungsmöglichkeiten für kranke Arbeitnehmer anbieten kann und die Durchführung eines BEM grundsätzlich einen übermäßig hohen Aufwand für einen derart kleinen Betrieb mit sich bringen würde. Die Verpflichtung zum Einsatz einer extern zu buchenden Firma, die das Eingliederungsmanagement durchführen soll, scheint besonders im Hinblick auf kleinere Betriebe nicht zielführend zu sein. Eine finanzielle Unterstützung könnten die kleineren Betriebe allerdings von Rehabilitationsträgern und Integrationsämtern erhalten.[683]

Ebenso besteht kein Erfordernis nach einem Betriebsrat.[684] Beim Fehlen einer betrieblichen Interessenvertretung iSd. § 93 SGB IX stellt

681 *Stück*, ArbRAktuell 2015, 169 (170).

682 *Niehaus/ Vater*, in: Fehlzeiten-Report 2010, S. 192.

683 *Von Steinau-Steinrück/ Hagemeister*, NJW-Spezial 2005, 129 (129).

684 BAG, Urt. v. 20.03.2014 – 2 AZR 565/12, in: NZA 2014, 602 (603); Urt. v. 30.09.2010 – 2 AZR 88/09, in: NZA 2011, 39 (41).

sich die Frage, ob ein BEM grundsätzlich durchzuführen ist. Das Bundesarbeitsgericht hat sich zu dieser Frage in einem Urteil aus dem Jahr 2010 richtungsweisend geäußert.[685] Bereits durch wortlautgenaue Auslegung ist die Durchführung eines BEM bei fehlender Interessenvertretung nicht abzulehnen, da aus diesem nicht zweifelsfrei ein Ausschluss eines BEM gefolgert werden dürfe. Der Wortlaut des § 84 Abs. 2 S. 1 SGB IX kann zudem so verstanden werden, dass bei fehlender Interessenvertretung die Klärung vielmehr ausschließlich zwischen den Beteiligten zu erfolgen hat. Dies kann durch die Systematik gestützt werden, da der Tatbestand des § 84 Abs. 2 SGB IX voraussetzt, dass ein Beschäftigter innerhalb eines Jahres länger als sechs Wochen ununterbrochen oder wiederholt arbeitsunfähig gewesen ist.[686] Das Bestehen einer Interessenvertretung wird jedoch auf der Tatbestandseite des § 84 Abs. 2 SGB IX nicht vorausgesetzt. Des Weiteren wird dies durch Sinn und Zweck der Durchführung des BEM gestützt, da die Maßnahmen zur Vermeidung der Kündigung eines erkrankten Arbeitnehmers führen und eben nicht einen solchen durch Ausschluss eines BEM aufgrund fehlender Interessenvertretung bestrafen sollen. Vielmehr müsste bei Nichtexistenz einer betrieblichen Interessenvertretung ein größerer Schutz für den Arbeitnehmer gelten, weshalb die Durchführung eines BEM einen Beitrag dazu leisten kann. Folglich muss die Durchführung eines BEM unabhängig von dem Vorhandensein einer Interessenvertretung erfolgen, um den ohnehin bereits weniger geschützten Arbeitnehmer nicht schlechter zu stellen.

Nach überwiegender Auffassung ist der Arbeitgeber jedoch ausschließlich dann zur Durchführung eines BEM verpflichtet, wenn sein Betrieb in den Anwendungsbereich des Kündigungsschutzgesetzes fällt.[687] Auch das Bundesarbeitsgericht sieht in dem Unterlassen eines BEM durch einen Kleinbetrieb keinerlei Gründe, die Wirksamkeit einer Kündigung anzuzweifeln. Wenn der Anwendungsbereich des Kündigungsschutzgesetzes nicht eröffnet ist, dürfe die unterbliebene Durchführung des BEM keinerlei kündigungsrechtlich relevanten Auswirkungen auf das Beschäftigungsverhältnis mit sich bringen. In

685 BAG, Urt. v. 30.09.2010 – 2 AZR 88/09, in: NZA 2011, 39 (41).

686 *Nehring*, Die krankheitsbedingte Kündigung, S. 88.

687 *Kempter/ Steinat*, NZA 2015, 840; *Schmidt*, Gestaltung und Durchführung des BEM, Rn 18.

ihrer Begründung führt das Bundesarbeitsgericht an, dass der Verhältnismäßigkeitsgrundsatz bei Unanwendbarkeit des Kündigungsschutzes im Sinne des Kündigungsschutzgesetzes für die Prüfungsschritte der Kündigung keine Rolle spielt.[688]

Kempter und *Steinat* halten die zuvor dargestellte Auffassung dogmatisch insoweit für fraglich, als zwischen dem BEM und dem Kündigungsschutzgesetz kein systematischer Bezug besteht und daher keinerlei Anhaltspunkte für das Ausbleiben eines BEM existieren.[689] Die Vorschrift des § 84 Abs. 2 SGB IX setze weder eine bestimmte Betriebsgröße noch eine Beschäftigtenanzahl voraus.[690] Diese Auffassung könnte durch die differenzierte Betrachtungsweise des Landesarbeitsgerichts Schleswig-Holstein gestützt werden.[691] Demnach hält das Landesarbeitsgericht die Vorschriften des BEM ebenso bei Kleinbetrieben für anwendbar, selbst wenn diese nicht dem Anwendungsbereich des Kündigungsschutzgesetzes unterfallen. Im Rahmen der Prüfung einer krankheitsbedingten Kündigung bedarf es bei fehlender Anwendbarkeit des Kündigungsschutzgesetzes für die Rechtmäßigkeit der Kündigung weder einer negativen Gesundheitsprognose noch der Verhältnismäßigkeit der Maßnahme.

Nach Ansicht des Landesarbeitsgerichts Schleswig-Holstein wirke sich das Unterlassen eines BEM lediglich dann auf die Rechtmäßigkeit einer nicht dem Kündigungsschutzgesetz unterfallenden Kündigung aus, wenn die fehlende Durchführung willkürlich erfolgte. Willkür liegt nach Ansicht des Landesarbeitsgericht dann vor, wenn der Arbeitgeber das mit § 84 SGB IX verfolgte Ziel („Rehabilitation und Integration statt Entlassung“) vollkommen ignoriert.[692] Dieser Entscheidung folgend müsste die unterbliebene Durchführung eines BEM ebenso bei Kleinbetrieben im Rahmen der Rechtmäßigkeit der Kündigung dann eine Rolle spielen, wenn Anhaltspunkte dafür bestehen, dass die Kündigung durch ein ordnungsgemäß durchgeführtes BEM

688 BAG, Urt. v. 28.06.2007 – 6 AZR 750/06, AP Nr. 27 zu § 307 BGB.

689 *Kempter/ Steinat*, NZA 2015, 840.

690 *Kempter/ Steinat*, NZA 2015, 840; *Deinert*, NZA 2010, 969 (971); *Schiefer/ Borchard*, DB 2010, 1884 (1885).

691 LAG Schleswig-Holstein, Urt. v. 17.11.2005 – 4 Sa 328/05, Behindertenrecht 2006, 170.

692 LAG Schleswig-Holstein, Urt. v. 17.11.2005 – 4 Sa 328/05, Behindertenrecht 2006, 170.

verhindert und dadurch der Arbeitsplatz erhalten hätte werden können. Darlegungs- und beweislastpflichtig ist in diesem Fall der gekündigte Arbeitnehmer. Die Anwendbarkeit des BEM bei Kleinbetrieben muss bereits deshalb gelten, weil die Durchführung dem Sinn und Zweck folgend zur Erhaltung des Arbeitsplatzes dienen und somit Kündigungen vermeiden soll. Gerade diese Maßnahmen, die für den Erhalt des Arbeitsplatzes dienlich sind, erlangen insbesondere in solchen Arbeitsverhältnissen entscheidende Bedeutung, bei denen die Kündigung wegen der Schwellenwerte des § 23 KSchG nicht in den Geltungsbereich des Kündigungsschutzgesetzes fallen.[693] § 84 Abs. 2 SGB IX stellt eine Konkretisierung des Verhältnismäßigkeitsgrundsatzes dar und ist aufgrund ihres fehlenden Bezuges zum Kündigungsschutzrechts unabhängig von dessen Geltungsbereich anwendbar.

Problematisch ist hingegen, dass der Arbeitgeber bei Kleinbetrieben oder vor Ablauf der Wartezeit im Sinne des Kündigungsschutzgesetzes bei Unterlassen eines BEM keine nachteiligen kündigungsrechtlichen Folgen zu befürchten hat. Der Arbeitgeber ist zwar iSd. § 84 Abs. 2 SGB IX einerseits zur Durchführung eines BEM verpflichtet, andererseits muss eine Kündigung außerhalb des Geltungsbereichs des Kündigungsschutzgesetzes weder dem Verhältnismäßigkeitsgrundsatz entsprechen noch sozial gerechtfertigt sein.[694]

Im Gegensatz dazu steht der eindeutige Wortlaut des § 84 Abs. 2 SGB IX, der mittels seiner Voraussetzungen keine Beschränkung vorsieht, sodass eine Anwendbarkeit der Vorschriften des BEM ebenso für Kleinbetriebe geboten erscheint. Eine solche Auslegung folgt vielmehr dem Sinn und Zweck der Durchführung eines BEM, um den Arbeitsplatz generell zu erhalten und eine Kündigung zu vermeiden. Problematisch bezüglich der Einbeziehung der Kleinbetriebe in die Durchführung eines BEM werden allerdings insbesondere fehlende Umsetzungs- oder Weiterbeschäftigungsmöglichkeiten sein. Entgegen der Ansicht vieler Kritiker sollte die Durchführung eines BEM bei Kleinbetrieben nicht an einer fehlenden Interessenvertretung scheitern, da eine Klärung, wie sie von der Durchführung eines BEM

693 So auch *Nehring*, Die krankheitsbedingte Kündigung, S. 87.

694 BAG, Urt. v. 28.06.2007 – 6 AZR 750/06, in: NZA 2007, 1049 (1053); *Kock*, Anm. zum Urt. v. 20.11.2014 – 2 AZR 755/13, in: NJW 2015, 1979 (1984).

erhofft wird, ausschließlich zwischen den Beteiligten möglich ist. Vielmehr spricht der Wortlaut des § 84 Abs. 2 SGB IX lediglich zwei Voraussetzungen an. Das Vorhandensein einer Interessenvertretung ist nicht erfasst. Speziell bei Fehlen einer Interessenvertretung muss der Arbeitnehmer einen besonders starken Schutz erhalten. Eine ausschließliche Anwendbarkeit der Vorschriften des BEM bei Eröffnung des Geltungsbereiches des Kündigungsschutzgesetzes muss hingegen abgelehnt werden, da eindeutig zwischen dem Kündigungsschutzgesetz und den Vorschriften zur Durchführung eines BEM keinerlei systematischer Zusammenhang besteht. Aus diesem Grund besteht kein Anlass dafür, Arbeitnehmer von Kleinbetrieben der Durchführung eines für die Arbeitnehmer hilfreichen Instituts zu berauben. Auch wenn ein Kleinbetrieb kaum bzw. keine Möglichkeiten zur Weiterbeschäftigung oder anderen Maßnahmen haben wird, ist der Versuch der Durchführung im Sinne der Erhaltung des Arbeitsplatzes dienlich. Folglich muss ein BEM auch bei Kleinbetrieben durchgeführt werden.

hh. Bedeutung des Betrieblichen Eingliederungsmanagements für die Kündigung wegen häufiger Kurzerkrankungen

Die Bedeutung des BEM für den Arbeitnehmer wird insbesondere im Rahmen der krankheitsbedingten Kündigung deutlich. Die krankheitsbedingten Kündigungen sind bei Eröffnung des Anwendungsbereichs des Kündigungsschutzgesetzes am Maßstab des § 1 KSchG zu messen. Die Durchführung eines BEM erscheint nicht nur bei langanhaltenden Erkrankungen geboten, sondern kommt vielmehr ebenfalls bei häufigen Kurzerkrankungen in Betracht, um einer Gefährdung des Arbeitsplatzes durch gezielte Maßnahmen entgegenzuwirken. In diesem Zusammenhang kommt es nicht auf die Ursache der Erkrankungen, sondern ausschließlich auf deren Umfang an.[695] Insbesondere im Hinblick auf häufige Kurzerkrankungen setzen sich die Arbeitsunfähigkeitszeiten vermehrt aus unterschiedlichen Erkrankungen zusammen, die jedoch gegebenenfalls auf eine Krankheitsanfälligkeit hindeuten können. Auch aus einer Anfälligkeit für Krankheiten ergibt sich eine Gefährdung des Arbeitsverhältnisses, der durch die Durchfüh-

695 BAG, Urt. v. 20.11.2014 – 2 AZR 755/13, in: NZA 2015, 612 (616).

rung eines BEM entgegengewirkt werden soll. Im Folgenden wird erläutert, welche Auswirkungen ein Verstoß gegen die Vorschrift des § 84 Abs. 2 SGB IX mit sich bringt.

(1) Folgen eines Verstoßes gegen § 84 Abs. 2 SGB IX

Das Aktivwerden des Arbeitgebers ist die Wunschvorstellung des Gesetzgebers, wird allerdings in der Realität oftmals auf Probleme stoßen. Fraglich ist, ob der Arbeitgeber aufgrund eines Verstoßes gegen die Verpflichtung zur Durchführung eines BEM mit einer Maßnahme rechnen muss oder ob ein solcher Verstoß ungeahndet bleibt. Die Vorschrift des § 84 Abs. 2 SGB IX sieht ihrem Wortlaut nach keine Konsequenzen für ein der Norm widersprüchliches Verhalten vor. Die Vorschrift des § 84 Abs. 2 SGB IX enthält ihrem Wortlaut nach folglich keinerlei Rechtsfolgen für den Fall eines Verstoßes durch den Arbeitgeber. Daher soll im Folgenden geklärt werden, welche Auswirkungen ein Verstoß gegen § 84 Abs. 2 SGB IX mit sich bringt.

Der Ansicht von *Brose* folgend stellt der § 84 Abs. 2 SGB IX ein Verbotsgesetz dar, was auf die Erteilung einer Sanktion hindeuten würde.[696] Nach § 84 Abs. 2 SGB IX klärt der Arbeitgeber Möglichkeiten zur Beseitigung der Arbeitsunfähigkeit. Aus der Formulierung (klärt) ergibt sich die Tatsache, dass der Arbeitgeber unter allen Umständen handeln muss. Der Gesetzeswortlaut spricht nicht nur von einem Versuch, sondern vielmehr von dem Erfolg, was generell für die Annahme einer Verpflichtung spricht. Diese Annahme wird überdies von § 84 Abs. 2 S. 7 SGB IX gestützt, nach welchem die Interessenvertretung die tadellose Erfüllung der Pflicht zur Durchführung des BEM kontrollieren soll. In Satz 7 spricht der Wortlaut davon, dass die Interessenvertretungen darüber zu wachen haben, „dass der Arbeitgeber die ihm nach dieser Vorschrift obliegenden Verpflichtungen erfüllt". Der Gesetzgeber hat ausdrücklich den Begriff der Verpflichtung verwendet, weshalb eine Sanktion bei Verstoß gegen die Verpflichtung notwendig erscheint. Diese Annahme könne außerdem nicht durch die Gewährung von Prämien o.Ä. iSd. § 84 Abs. 3 SGB IX vernichtet

696 *Brose*, DB 2005, 390 (391).

werden, sondern vielmehr sei eine solche Gewährung sinnvoll, um die mit der Durchführung eines BEM verbundenen Kosten einem ohnehin bereits wirtschaftlich schlecht gestellten Betrieb nicht zusätzlich aufzuerlegen. Für eine solche Gewährung von Prämien spricht zudem das Erreichen der Zielsetzung des BEM, die gefährdet wäre, wenn ein wirtschaftlich geschwächter Betrieb von der Durchführung eines BEM freigestellt wäre. Dann könnte es schließlich dazu kommen, dass der Arbeitsplatz aufgrund ausbleibender Maßnahmen nicht erhalten werden könnte.

Braun hingegen spricht in Bezug zu § 84 Abs. 2 SGB IX als sanktionsloser Verpflichtung mit rein appellativen Charakter.[697] Daraus folgt, dass aus § 84 Abs. 2 SGB IX als unverbindlicher Anweisung keine Rechtsfolge abgeleitet werden kann. Für die Ablehnung einer Pflicht spricht der Wortlaut, da dieser nicht ausdrücklich eine solche erwähnt. Formulierungen wie beispielsweise „muss“ oder „ist verpflichtet“ werden durch den Gesetzgeber im vorliegenden Wortlaut nicht verwendet. Vielmehr soll der Arbeitgeber lediglich klären, ob die Arbeitsunfähigkeit durch geeignete Maßnahmen überwunden werden kann. Dafür spricht zusätzlich der Inhalt des § 84 Abs. 4 SGB IX, nach welchem der Arbeitgeber für die Durchführung eines BEM Prämien und Förderungen erhalten kann.[698] Eine solche Gewährung von Prämien oder Förderungen erscheint jedoch dann nicht notwendig, wenn der Arbeitgeber ohnehin zur Durchführung verpflichtet wäre. Die Erfüllung einer Verpflichtung wird nicht belohnt, sodass dies generell gegen eine Rechtspflicht spricht. Es ist demnach erkennbar, dass der Gesetzgeber dem Arbeitgeber einen Anreiz zum Aktivwerden setzen wollte.

Das Bundesarbeitsgericht hat sich in seiner richtungsweisenden Entscheidung aus dem Jahr 2007 explizit gegen die Annahme des § 84 Abs. 2 SGB IX als Verbotsgesetz ausgesprochen und macht deutlich, dass bei ausbleibender Durchführung des BEM keine Sanktionen an den Arbeitgeber erteilt werden.[699] In dieser Sache war der Fall derart gelagert, dass der Kläger (Arbeitnehmer) bei der Beklagten (Arbeitgeber) seit 1981 beschäftigt war und von Frühjahr 2002 bis Herbst

697 *Braun*, ZTR 2005, 630 (631); so auch *von Steinau-Steinrück/ Hagemeister*, NJW-Spezial 2005, 129 (129).
698 *Brose*, DB 2005, 390 (391).
699 BAG, Urt. v. 12.07.2007 – 2 AZR 716/06, in: NZA 2008, 173 (176).

2004 aufgrund eines Rückenleidens dauerhaft arbeitsunfähig erkrankte. Am 29. Oktober 2004 sprach der Arbeitgeber nach Anhörung des Betriebsrates, jedoch ohne vorherige Durchführung eines BEM, die Kündigung aus. Der Kläger berief sich in der Folge darauf, dass sein Arbeitsplatz entsprechend umgestaltet hätte werden können und dadurch eine Weiterbeschäftigung möglich gewesen wäre. Des Weiteren handele es sich bei der Vorschrift des § 84 Abs. 2 SGB IX nicht um ein Verbotsgesetz. Nach Ansicht des Gerichts müsse ein BEM dann nicht durchgeführt werden, wenn der Kündigungsgrund in keinem Zusammenhang mit der Erkrankung oder Behinderung stehe. Dieser Ausnahmefall wird sicherlich bei einer krankheitsbedingten Kündigung nahezu nie einschlägig sein. Die unterlassene Durchführung müsse im Rahmen der Bewertung des Kündigungsgrundes dann Berücksichtigung finden, wenn sie im Arbeitsverhältnis bestehende Problematiken beseitigen könnte.[700] Unabhängig des Vorliegens einer Sanktion muss jedoch festgestellt werden, dass die Erfüllung der Pflicht zur Durchführung eines BEM nicht im Ermessen des Arbeitgebers liegen dürfe, da andernfalls der Sinn und Zweck des BEM konterkariert würde. Dies ergebe sich bereits aus der Gesetzesbegründung, die aufzeigt, dass der Gesetzgeber mit der Vorschrift des § 84 Abs. 2 SGB IX eine gesetzliche Verpflichtung zur Durchführung eines BEM erschaffen wollte.[701]

Das Landesarbeitsgericht Niedersachsen hat in seiner Entscheidung aus dem Jahr 2005 zu dem oben dargestellten Fall ausgeführt, dass es die Kündigung dann für unwirksam gehalten hätte, wenn der Arbeitgeber kein BEM durchgeführt hätte. Diese Ausführungen erfolgten jedoch, ohne für den Rechtsstreit von Bedeutung zu sein, da der Sachverhalt vor dem Inkrafttreten des neuen § 84 Abs. 2 SGB IX geschah, sodass dem Arbeitgeber keine Verpflichtung zur Durchführung eines BEM oblag. In zeitlich nachgelagerten Entscheidungen wich das Landesarbeitsgericht jedoch von dieser Ansicht ab und schloss sich weitestgehend der Ansicht des Bundesarbeitsgerichts sowie den weiteren Instanzgerichten an, sodass § 84 Abs. 2 SGB IX eine Konkretisierung des Ultima-Ratio-Grundsatzes darstellt. Eine pauschale Berufung

700 BAG, Urt. v. 07.12.2006 – 2 AZR 182/06, in: NZA 2007, 617 (619); *Hamann*, Die Kündigung wegen häufiger Kurzerkrankungen, S. 99.

701 BT-Drucks. 15/1783, S. 16, spricht davon, dass der Arbeitgeber unter Mitwirkung des Betroffenen zur Klärung der zu treffenden Maßnahmen verpflichtet ist.

auf fehlende Weiterbeschäftigungsmöglichkeiten reiche nicht aus. Vielmehr müsste der Arbeitgeber im Rahmen seiner Darlegungs- und Beweislast konkret vortragen, weshalb ein leidensgerechter Arbeitsplatz nicht in Betracht komme. Es kann nicht gerechtfertigt sein, dass die ausbleibende Durchführung eines objektiv ohnehin wirkungslosen BEM zur Unwirksamkeit der Kündigung führen solle.[702]

Ein Verstoß des Arbeitgebers gegen den § 84 Abs. 2 SGB IX stellt zwar keine Ordnungswidrigkeit iSd. § 156 SGB IX dar, der Arbeitgeber muss hingegen individualrechtlich mit gewissen Folgen rechnen.[703] Spricht der Arbeitgeber eine Kündigung ohne die vorherige Prüfung von Sicherungs- und Integrationsmaßnahmen aus, kann die Kündigung dann sozial ungerechtfertigt sein, wenn der Arbeitnehmer darlegen kann, dass andersgeartete Möglichkeiten zur Vermeidung einer Kündigung und somit zur Erhaltung des Arbeitsplatzes einschlägig wären.[704]

Gegen die Annahme des § 84 Abs. 2 SGB IX als sanktionsloser Verpflichtung mit rein appellativen Charakter spricht, dass die Argumentation durch die Tatsache entwertet werden kann, dass Prämien und Förderungen ausschließlich bei tatsächlich erfolgreicher Durchführung eines BEM gewährt werden. Sinn und Zweck des § 84 Abs. 2 SGB IX war es, durch betriebliche Prävention die krankheitsbedingte Kündigung größtmöglich zu verhindern und den betroffenen Arbeitnehmer erneut in das Arbeitsleben einzugliedern.[705] Um dieses Ziel zu erreichen, wäre entgegen der Ansicht des Bundesarbeitsgerichts die Einführung einer Sanktion sinnvoll, um den Arbeitgeber zur Durchführung eines ordnungsgemäßen Eingliederungsmanagements anzuhalten. Die Verpflichtung des Arbeitgebers ergibt sich unter anderem aus § 84 Abs. 2 S. 6 und 7 SGB IX, die davon sprechen, dass die Interessenvertretungen nicht nur im Rahmen eines bereits laufenden BEM tätig sein können, sondern bereits ein solches beim Arbeitgeber einfordern können. Des Weiteren haben die Beschäftigten die Möglichkeit, die Einleitung bzw. Durchführung eines BEM einzu-

702 *Hamann*, Die Kündigung wegen häufiger Kurzerkrankungen, S. 103.

703 *Stück*, ArbRAktuell 2015, 169 (172); *Feldes*, Soziale Sicherheit 2004, 270 (278); *Oppolzer*, AiB 2007, 37 (37).

704 *Feldes*, Soziale Sicherheit 2004, 270 (278).

705 BAG, Urt. v. 12.07. 007 – 2 AZR 716/06, in: NZA 2008, 174.

klagen. Ein lediglich appellativer Charakter des § 84 Abs. 2 SGB IX kann sich daher ausschließlich aus einer unzureichenden Wortlautauslegung ergeben.

Fraglich ist hingegen, ob eine Regelung des Sozialrechts überhaupt Auswirkungen auf das Kündigungsrecht haben kann. In diesem Zusammenhang kann einerseits auf die Einheit der Rechtsordnung abgestellt werden. Demnach besteht kein Widerspruch zwischen einzelnen Rechtsnormen unterschiedlicher Gesetze. Es scheint jedoch nicht relevant, ob die einschlägigen Normen aus dem Sozialrecht mit den kündigungsrechtlichen Vorschriften in Widerspruch stehen, sondern vielmehr stellt sich die Frage nach der Herkunft der Rechtsfolge. Andererseits könnte die Vorschrift des § 84 Abs. 2 SGB IX verfassungsrechtlich bedenklich sein, da das Gebot der Rechtssicherheit einer ausgeweiteten Auslegung entgegenstehen könnte.[706] Nach dem Gebot der Rechtssicherheit muss ein Durchschnittsbürger in der Lage sein, ohne vertiefte juristische Kenntnisse die Rechtslage korrekt einschätzen zu können. Eine Erschwerung und völlige Undurchsichtigkeit könnte sich einerseits aus der Setzung der Pflicht im § 84 Abs. 2 SGB IX und andererseits aus der Festlegung der Rechtsfolge im KSchG ergeben. Dieses Problem ist jedoch nicht unbekannt, sondern erscheint in den Schnittstellen des Sozialrechts und des Arbeitsrechts häufig aufzutreten, da beide Rechtsgebiete durch eine Vielzahl unterschiedlicher Gesetze miteinander verzahnt sind. Gerade weil der § 84 Abs. 2 SGB IX an alle Arbeitnehmer adressiert ist,[707] kann eine parallele Anwendung der beiden Rechtsgebiete nicht ausgeschlossen sein.

Die Rechtsfolge des § 84 Abs. 2 SGB IX könnte im § 1 Abs. 1 KSchG liegen, was die Durchführung des BEM als Wirksamkeitsvoraussetzung für eine sozial gerechtfertigte Kündigung statuieren würde.[708] Wäre das BEM innerhalb der negativen Gesundheitsprognose anzuordnen, läge eine solche erst dann vor, wenn nach Durchführung des BEM eine Verbesserung des Gesundheitszustandes des Arbeitnehmers nicht absehbar erscheint. Mit einem BEM soll die Arbeitsunfähigkeit überwunden werden. Wäre die Prüfung im Rahmen der negativen Gesundheitsprognose zu verorten, verfehle das

706 *Brose*, DB 2005, 390 (392).
707 Siehe hierzu oben, S. 158 ff.
708 *Brose*, DB 2005, 390 (392).

BEM bei Vorliegen einer dauerhaften Arbeitsunfähigkeit den Sinn und Zweck. Vielmehr erscheint es sinnvoll, das durch § 1 Abs. 2 KSchG konkretisierte Ultima-Ratio-Prinzip als Einfallstor für die Pflicht zur Realisierung des BEM anzusehen.[709] Die primäre Zielsetzung des BEM liegt darin, den Ausspruch einer Kündigung zu verhindern. Durch das Ultima-Ratio-Prinzip kommt zum Ausdruck, dass die Kündigung grundsätzlich lediglich als letztes Mittel in Betracht kommen sollte. Daher kann auch auf § 1 Abs. 1 KSchG hinsichtlich der Rechtsfolge zurückgegriffen werden, um die Gesetzeslücke des § 84 Abs. 2 SGB IX zu schließen. Durch die Entscheidung des Bundesarbeitsgerichts wird deutlich, dass die verschärfte Darlegungs- und Beweislast des Arbeitgebers in Folge einer unterlassenen Durchführung eines BEM keine Sanktion darstellen soll. Dies ergibt sich insbesondere daraus, dass die Verschärfung sowohl bei pflichtwidrigem Unterlassen als auch bei dem Vorliegen einer objektiven Nutzlosigkeit eintritt. Folglich ist der Arbeitgeber hingegen vor Ausspruch einer krankheitsbedingten Kündigung zur Durchführung eines BEM verpflichtet.

Auch wenn der Wortlaut der Vorschrift, aufgrund der fehlenden Rechtsfolge, für sich genommen noch keine Sanktion vorsieht, kann ein derartiger Verstoß nicht ungeahndet bleiben. Eine Pflicht sollte daher bei Nichtbeachtung stets eine Sanktion zur Folge haben. Aus diesem Grund erscheint die Einführung einer Sanktion bei unterlassenem oder unzureichend durchgeführtem BEM sinnvoll. Um eine solche zu realisieren und die vorliegenden Unsicherheiten zu beseitigen, käme eine Erweiterung des Gesetzeswortlauts in Betracht.

Der aktuelle Wortlaut des § 84 Abs. 2 SGB IX lautet wie folgt: „Sind Beschäftigte innerhalb eines Jahres länger als sechs Wochen ununterbrochen oder wiederholt arbeitsunfähig, klärt der Arbeitgeber mit der zuständigen Interessenvertretung iSd. § 93 SGB IX, bei schwerbehinderten Menschen außerdem mit der Schwerbehindertenvertretung, mit Zustimmung und Beteiligung der betroffenen Person die Möglichkeiten, wie die Arbeitsunfähigkeit möglichst überwunden werden und mit welchen Leistungen oder Hilfen erneuter Arbeitsunfähigkeit vorgebeugt und der Arbeitsplatz erhalten werden kann (Betriebliches Eingliederungsmanagement). [...] Sie wachen darüber, dass der

709 *Brose*, DB 2005, 390 (393).

Arbeitgeber die ihm nach dieser Vorschrift obliegenden Verpflichtungen erfüllt.[710] **Ergänzung: „Erfüllt der Arbeitgeber diese Verpflichtung nicht oder nur unzureichend, muss dieses Verhalten sanktioniert werden."**

Somit wird an dieser Stelle für die Ergänzung des § 84 Abs. 2 SGB IX um den eingefügten Abschnitt plädiert, wodurch eine Sanktionierung eines unterlassenen sowie unzureichend durchgeführten BEM in den Wortlaut aufgenommen wurde. Eine solche Ergänzung der Vorschrift räumt somit alle Unklarheiten aus. Als Sanktionierungsmaßnahmen kommen der Einfachheit wegen insbesondere Geldbußen in Betracht. Die Höhe der jeweiligen Sanktion muss jedoch im Einzelfall festgelegt werden. In diesem Zusammenhang kann sich an § 156 SGB IX orientiert werden. Durch die Erhebung bestimmter Geldbußen könnte es zu einer Veränderung im Bereich des BEM kommen, da nunmehr eine größere Bemühung bei der Beachtung der Vorschriften an den Tag gelegt werden könnte.

(2) Das BEM als formelle Wirksamkeitsvoraussetzung

Des Weiteren ist zu klären, ob die Durchführung des BEM eine formelle Wirksamkeitsvoraussetzung der personenbedingten Kündigung darstellt und welche Auswirkungen somit die Unterlassung oder nicht ordnungsgemäße Durchführung des BEM hätte.

Nach *Brose* stelle die Durchführung des BEM eine formelle Wirksamkeitsvoraussetzung der Kündigung dar und führe beim Ausbleiben zur Unwirksamkeit der ausgesprochenen Kündigung.[711] In diesem Zusammenhang wird die Kündigung ohne Durchführung eines BEM als unverhältnismäßig angesehen. Als Rechtsfolge sieht *Brose* § 84 Abs. 2 SGB IX durch § 1 KSchG ergänzt, weshalb die krankheitsbedingte Kündigung ohne vorherige Durchführung eines BEM unwirksam ist.

710 Vgl. § 84 Abs. 2 S. 7 SGB IX.

711 *Brose*, DB 2005, 390 (392); *Braun*, ZTR 2005, 630 (632).

Nach einer weiteren Ansicht habe das Unterlassen des BEM keine Auswirkungen auf die Wirksamkeit der Kündigung.[712] Diese Auffassung soll durch die fehlende kündigungsrechtliche Rechtsfolge innerhalb der Vorschrift des § 84 Abs. 2 SGB IX gestützt werden. Des Weiteren enthalte die Gesetzesbegründung keinen kündigungsrechtlichen Bezug, sodass für Auswirkungen auf den Kündigungsschutz kein Fundament bestehe. Die systematische Stellung des § 84 Abs. 2 SGB IX außerhalb des vierten Kapitels Kündigungsschutz (§§ 85 – 92 SGB IX) stärkt das Argument der Gesetzesbegründung. Folglich stellt das BEM nach dieser Auffassung keine Wirksamkeitsvoraussetzung für die Kündigung dar.

Das Bundesarbeitsgericht stützt sich hingegen darauf, dass weder aus dem Wortlaut des § 84 Abs. 2 SGB IX noch aus seinem Sinn und Zweck zu erkennen sei, dass ein Verstoß gegen § 84 Abs. 2 SGB IX zur Unwirksamkeit einer Kündigung führen solle.[713] Nach der Rechtsprechung stellt das BEM somit keine formelle Wirksamkeitsvoraussetzung für eine Kündigung, sondern vielmehr eine Konkretisierung des Verhältnismäßigkeitsgrundsatzes dar, wodurch mildere Mittel als die Beendigung des Arbeitsverhältnisses aufgefunden werden sollen.[714] Eine ohne vorherige Durchführung eines BEM ausgesprochene Kündigung kann unverhältnismäßig und daher sozial ungerechtfertigt sein, da der Kündigungsausspruch meist nicht als äußerstes mögliches Mittel zur Beseitigung betrieblicher Beeinträchtigungen anzusehen ist. Falls der Arbeitgeber kein BEM durchgeführt hat, muss er im Rahmen der Dreischrittprüfung der krankheitsbedingten Kündigung darlegen, dass die Arbeitsunfähigkeit nicht durch ein gegenüber der Kündigung zu-

---

712 *Balders/ Lepping*, NZA 2005, 854 (857); *Namendorf/ Natzel*, DB 2005, 1794 (1798).

713 BAG, Urt. v. 13.05.2015 – 2 AZR 565/14, in: NZA 2015, 1249 (1252); Urt. v. 20.11.2014 – 2 AZR 755/13, in: NZA 2015, 612 (615); Urt. v. 12.07.2007 – 2 AZR 716/06, in: AiB 2008, 299 (303); Urt. v. 12.07.2007 – 2 AZR 716/06, in: NZA 2008, 173 (175); LAG Berlin, Urt. v. 27.10.2005 – 10 Sa 783/05, in: NZA-RR 2006, 184 (185); BT-Dr 15/1783, S. 15; siehe auch *Balders/ Lepping*, NZA 2005, 854 (857).

714 BAG, Urt. v. 20.11.2014 – 2 AZR 755/13, in: NZA 2015, 612 (615); Urt. v. 13.05.2015 – 2 AZR 565/14, in: NZA 2015, 1249 (1252); Urt. v. 20.03.2014 – 2 AZR 565/12, in: NZA 2014, 602 (603); Urt. v. 12.04.2011 – 1 AZR 412/09, in: NZA 2011, 992 (994); Urt. v. 12.07.2007 – 2 AZR 716/06, in: NZA 2008, 173 (175).

mutbarerem milderen Mittel hätte beseitigt werden können. Die ausgesprochene Kündigung verstoße dann nicht gegen den Verhältnismäßigkeitsgrundsatz, wenn bei hypothetischer Durchführung keine Möglichkeit einer Weiterbeschäftigung bestanden hätte.[715] Daraus folgt, dass ein unterlassenes BEM auf die Kündigung insoweit keine Auswirkungen haben kann, als die Kündigung durch das BEM nicht verhindert hätte werden können. Der Arbeitgeber muss folglich, um der Kündigung als Ultima-Ratio zu genügen, etwaige Maßnahmen prüfen, welche die Arbeitsunfähigkeitszeiten überwinden können. In diesem Zusammenhang muss der Arbeitgeber detailliert vortragen, weshalb ein milderes Mittel im vorstehenden Fall nicht möglich oder unzumutbar erscheint. Eine pauschale Behauptung der Erfolglosigkeit eines nicht durchgeführten BEM genügt hierfür nicht.[716] Vielmehr muss der Arbeitgeber konkret darlegen, aus welchen Gründen in Rede stehende Alternativmaßnahmen nicht in Betracht kommen. Wenn geeignete Maßnahmen ohnehin nicht möglich gewesen sind, käme es einer bloßen Formalität gleich, die Kündigungsschutzklage ausschließlich aufgrund des unterlassenen BEM als unzulässig zu erachten. Dem Arbeitgeber würde dann die Möglichkeit eingeräumt, ein erneutes BEM durchzuführen und nach dessen Erfolglosigkeit eine wirksame Kündigung auszusprechen. In den meisten Fällen wird dem Arbeitgeber das genaue Krankheitsbild des Arbeitnehmers allerdings nicht bekannt sein, sodass er bei unterlassenem BEM der Gefahr unterliegt, dass sich im Laufe des Kündigungsprozesses ein Krankheitsbild des Klägers ergibt, das durch Umsetzung oder geeignete Maßnahmen beseitigt bzw. gemindert werden könnte.[717] Liegt ein solcher Fall vor, kommt es zu einer Unwirksamkeit der Kündigung aufgrund eines Verstoßes gegen das Ultima-Ratio-Prinzip. Um seiner Beweislast zu entsprechen, muss der Arbeitgeber darlegen, das mildere Mittel durch das Instrument des BEM zumindest versucht zu haben. Eine detaillierte Dokumentierung des Vorgangs ist somit jedem Arbeitgeber zu empfehlen, um nicht der Gefahr einer Unwirksamkeit der Kündigung aufgrund eines Verstoßes gegen den Verhältnismäßigkeitsgrundsatz zu unterliegen.

715 BAG, Urt. v. 12.07.2007 – 2 AZR 716/06, in: NZA 2008, 173 (176).
716 BAG, Urt. v. 23.04.2008 – 2 AZR 1012/06, in: DB 2008, 2091 (2092).
717 vgl. *Hamann*, Die Kündigung wegen häufiger Kurzerkrankungen, S. 107.

Unterlässt der Arbeitgeber die Durchführung eines BEM hingegen vollkommen, hat dies nach Ansicht des Bundesarbeitsgerichts Auswirkungen auf die ihm obliegende Darlegungs- und Beweislast.[718] Gemäß § 1 Abs. 2 S. 4 KSchG obliegt dem Arbeitgeber die Darlegungs- und Beweislast hinsichtlich der kündigungsrelevanten Tatsachen. Im Kündigungsschutzprozess wird sich der Arbeitgeber zunächst pauschal darauf berufen, dass eine alternative Möglichkeit einer Beschäftigung nicht existiere. In Folge dessen liegt es bei dem Arbeitnehmer, konkret darzulegen, in welcher Art und in welchem Umfang eine alternative Beschäftigung für ihn in Betracht komme. In dieser Hinsicht bedarf es keiner konkreten Darlegung eines Arbeitsplatzes, sondern vielmehr ist eine Glaubhaftmachung der Arbeitsfähigkeit im Hinblick auf den Arbeitsplatz vonnöten.[719] Auf dieses Vorbringen kann der Arbeitgeber mit der konkreten Darlegung des Nichtvorhandenseins einer solchen Weiterbeschäftigungsmöglichkeit entgegnen. Daraus ist nicht zu folgern, dass der Arbeitgeber für jede noch so entfernt denkbare Maßnahme, also auch im Bereich der privaten Lebensgestaltung des Arbeitnehmers, umfassend darlegen und beweisen muss, weshalb die Maßnahme für die Erhaltung des Arbeitsplatzes nicht infrage kommt.[720] Vielmehr genügen solche Präventionsmaßnahmen, die dem Arbeitgeber zumutbar sind und deren Durchführung einer objektiven Prüfung unterliegen kann. Zumutbar sind hingegen ausschließlich solche Maßnahmen, deren Zweckmäßigkeit ausreichend sichergestellt ist.[721]

Wenn der Arbeitgeber kein BEM durchgeführt hat, darf sich der Arbeitgeber nicht die Vorteile der erleichterten Darlegungs- und Beweislast sichern. Unterlässt der Arbeitgeber die Durchführung des BEM hingegen, muss er die fehlenden Möglichkeiten umfassend und konkret darlegen und beweisen.[722] Dieser verschärften Darlegungs- und Beweislast kommt der Arbeitgeber dann nach, wenn er begründet,

718 BAG, Urt. v. 12.07.2007 – 2 AZR 716/06, in: NZA 2008, 173 (177); Urt. v. 30.09.2010 – 2 AZR 88/09, in: NZA 2010, 39 (42).

719 BAG, Urt. v. 30.09.2010 – 2 AZR 88/09, in: NZA 2010, 39 (42).

720 BAG, Urt. v. 20.11.2014 – 2 AZR 755/13, in: NJW 2015, 1979 (1983).

721 BAG, Urt. v. 20.11.2014 – 2 AZR 755/13, in: NJW 2015, 1979 (1983).

722 BAG, Urt. v. 30.09.2010 – 2 AZR 88/09, in: NZA 2010, 39 (42); *Stück*, ArbRAktuell 2015, 169 (172).

weshalb der Arbeitnehmer nicht mehr auf dem bisherigen Arbeitsplatz beschäftigt werden kann, eine Umsetzung auf einen anderen Arbeitsplatz nicht infrage kommt und weshalb eine Umgestaltung bzw. Anpassung des Arbeitsplatzes auf die Bedürfnisse des Arbeitnehmers nicht möglich sei.[723] Diese Grundsätze gelten außerdem bei einer nicht ordnungsgemäßen Durchführung des BEM. Einschränkend muss hingegen festgestellt werden, dass eine solche verschärfte Darlegungs- und Beweislast auf Seite des Arbeitgebers lediglich dann eintreten kann, wenn das BEM objektiv nützlich gewesen wäre. Objektiv nützlich ist ein BEM dann, wenn ein positiver Ausgang nicht ohnehin ausgeschlossen werden konnte. Wenn also das BEM sicher keinen objektiven Nutzen bringen konnte, dürften dem Arbeitgeber aus der Unterlassung keine negativen Folgen entstehen.[724] Die Beweislast für das Fehlen der objektiven Nützlichkeit obliegt dem Arbeitgeber. Nach ständiger Rechtsprechung des Bundesarbeitsgerichts stellt die Durchführung eines BEM keine Wirksamkeitsvoraussetzung dar, sondern hat vielmehr Auswirkungen auf die Intensivität der Darlegungs- und Beweislast des Arbeitgebers.

Gegen die Einordnung des BEM als Wirksamkeitsvoraussetzung einer Kündigung spricht auch das gesetzgeberische Indiz, dass der Gesetzgeber die Vorschrift des § 84 Abs. 2 SGB IX systematisch außerhalb des Kapitels Kündigungsschutz (§§ 85 bis 92 SGB IX) verortet hat.[725] Anstelle einer Wirksamkeitsvoraussetzung handelt es sich an dieser Stelle um eine öffentlich-rechtliche Verpflichtung, die auf privatrechtlicher Ebene keinerlei Wirkung entfaltet.[726] Weiterhin spricht bereits der Wortlaut der Vorschrift gegen eine Qualifikation des BEM als formelle Wirksamkeitsvoraussetzung bei der Kündigung. Der Wortlaut des § 84 Abs. 2 SGB IX erwähnt den Begriff der Kündigung nicht, weshalb ein kündigungsrechtlicher Bezug nicht gewollt gewesen sein kann. Des Weiteren weist der § 84 Abs. 2 SGB IX tendenziell präventiven Charakter auf, indem die Durchführung eines BEM vor Ausspruch einer Kündigung erfolgen soll. Hätte der Gesetzgeber mit der Vorschrift derartig

723 BAG, Urt. v. 12.07.2007 – 2 AZR 716/06, in: NZA 2008, 173 (177); Urt. v. 30.09.2010 – 2 AZR 88/09, in: NZA 2010, 39 (41).
724 BAG, Urt. v. 23.04.2008 – 2 AZR 1012/06, in: NZA-RR 2008, 515 (516).
725 *Balders/ Lepping*, NZA 2005, 854 (857).
726 *Balders/ Lepping*, NZA 2005, 854 (857).

gravierende Rechtsfolgen regeln wollen, hätte er dies sicherlich ausdrücklich getan.[727] Außerdem hätte eine solche Rechtsfolge zweckmäßiger im Bereich des Kündigungsrechts geregelt werden können. Der Standort des SGB IX enthält zwar eine Vielzahl an Vorschriften mit arbeitsrechtlichem Einschlag, regelt jedoch primär das Schwerbehindertenrecht. Somit würde die Ableitung einer derartigen Rechtsfolge aus § 84 Abs. 2 SGB IX einer Rechtsfortbildung gleichkommen.[728] Rechtsfortbildungen unterliegen jedoch aufgrund des Gewaltenteilungsprinzips des Art. 20 Abs. 3 GG strengen Grenzen. Aus diesem Grund ist ein hypothetischer Wille des Gesetzgebers zur Regelung eines Falles in einer bestimmten Art und Weise nicht beachtlich.[729] Eine Rechtsfortbildung kann ausschließlich dann zulässig und geboten sein, wenn die Fortbildung des Rechts durch gravierend wichtige Gründe gerechtfertigt wäre. Daraus folgt, dass die Durchführung eines BEM lediglich dann eine Wirksamkeitsvoraussetzung der Kündigung sein kann, wenn dies durch wichtige Gründe gerechtfertigt wäre.[730] Ein solch wichtiger Grund könnte darin zu sehen sein, dass ein häufig für kurze Zeiträume erkrankter Arbeitnehmer vor einer krankheitsbedingten Kündigung geschützt sein müsste. Ein solcher Schutz vor einer krankheitsbedingten Kündigung kann jedoch nicht zwingend notwendig sein, da der Arbeitnehmer beispielsweise durch den Betriebsrat, der Beweislast des Arbeitgebers oder auch durch den Einbezug des BEM in den Grundsatz der Verhältnismäßigkeit einen hinreichenden Schutz erlangt.[731] Aus genannten Gründen erscheint eine Statuierung des BEM als Wirksamkeitsvoraussetzung im Rahmen einer krankheitsbedingten Kündigung nicht notwendig.

Gegen die Rechtsprechung des Bundesarbeitsgerichts äußert insbesondere *Tschöpe* dahingehend Bedenken, als die Verschärfung der Darlegungs- und Beweislast die Durchführung eines BEM zu einer Wirksamkeitsvoraussetzung konstruiert.[732] Der Arbeitgeber habe ohne

727 *Hüther*, Arbeitsrechtliche Implikationen des BEM, S. 284.
728 *Hüther*, Arbeitsrechtliche Implikationen des BEM, S. 285.
729 *Schlewing*, ZfA 2005, 485 (501); *Hüther*, Arbeitsrechtliche Implikationen des BEM, S. 285.
730 *Schlewing*, ZfA 2005, 485 (501).
731 *Hüther*, Arbeitsrechtliche Implikationen des BEM, S. 285.
732 *Tschöpe*, NZA 2008, 398 (399).

BEM keine realistische Möglichkeit, eine Kündigung im Rahmen des Kündigungsschutzprozesses als wirksam zu erhalten, da die Beweislastverschiebung ihn dermaßen stark belastet, dass die soziale Rechtfertigung der Kündigung zumeist daran scheitern würde. Dagegen lässt sich jedoch einwenden, dass sich der Arbeitgeber durch die unterlassene Durchführung einen tatsächlichen Vorteil verschafft und ihm deshalb eine Verschärfung zuzumuten ist. Des Weiteren zeigen Entscheidungen der Gerichte, dass trotz verschärfter Darlegungs- und Beweislast eine krankheitsbedingte Kündigung durchsetzbar ist.[733] Fraglich ist hingegen, wie es sich auswirkt, dass durch die Rechtsprechung des Bundesarbeitsgerichts die früher geltende Beschränkung auf das betriebliche Arbeitsumfeld nunmehr nicht mehr ausreichend zu sein scheint.[734] Nach aktueller Rechtsprechung muss der Arbeitgeber ebenso außerbetriebliche Maßnahmen in Betracht ziehen.[735] Die Verschiebung der Darlegungs- und Beweislast zu Lasten des Arbeitgebers ist diesem zuzumuten, da darin eine „prozessentscheidende Weiterentwicklung" liegt, die den Interessen beider Parteien Rechnung trägt.[736] Eine solche Verschärfung muss allerdings dann ausscheiden, wenn der Arbeitnehmer nach ordnungsgemäßer Belehrung über das BEM seine Zustimmung generell verweigert hat.

Der Wortlaut des § 84 Abs. 2 SGB IX sieht keine Rechtsfolge für eine Unterlassung des BEM vor. Das BEM stellt selbst kein milderes Mittel im Sinne des Verhältnismäßigkeitsgrundsatzes dar, sondern ist vielmehr ein Instrument zur Auffindung gegenüber der Kündigung milderer Mittel wie beispielsweise der Anpassung oder Umgestaltung des Arbeitsplatzes.[737] Eine ausgesprochene Kündigung kann jedoch nicht allein wegen des Fehlens eines BEM und dem damit verbundenen Verstoß gegen den Verhältnismäßigkeitsgrundsatz sozial ungerechtfertigt sein. Für den Verstoß gegen den Verhältnismäßigkeits-

---

733 *Nehring*, Die krankheitsbedingte Kündigung, S. 132.

734 BAG, Urt. v. 20.11.2014 – 2 AZR 755/13, in: NJW 2015, 1979 (1984); Urt. v. 12.07.2007 – 2 AZR 716/06, in: NZA 2008, 173 (177).

735 BAG, Urt. v. 20.11.2014 – 2 AZR 755/13, in: NJW 2015, 1979 (1984); Urt. v. 12.07.2007 – 2 AZR 716/06, in: NZA 2008, 173 (177).

736 *Nehring*, Die krankheitsbedingte Kündigung, S. 133.

737 So auch *Nehring*, Die krankheitsbedingte Kündigung, S. 132; *Baumeister/ Richter*, ZfA 2010, 3 (20).

grundsatz müssen Möglichkeiten zur Weiterbeschäftigung bestanden haben, die zur Vermeidung der Kündigung beigetragen hätten.[738]

Aufgrund des weit gefassten Adressatenkreises des § 84 Abs. 2 SGB IX erscheint es allerdings folgerichtig, eine Verknüpfung des § 84 Abs. 2 SGB IX mit § 1 KSchG vorzunehmen, da sonst die Vorschrift praktisch ohne sinnvolle Anwendung. Wird das BEM als ausschließlich freiwilliges obligatorisches Mittel statuiert, das bei Nichtbeachtung keinerlei kündigungsrechtliche Folgen mit sich bringt, gäbe es nahezu keinen Anreiz zur Durchführung eines BEM für den Arbeitgeber. Da sowohl das Sozialrecht als auch das Kündigungsschutzgesetz grundsätzlich die Stellung des Arbeitnehmers/Beschäftigten verbessern sollen, kann eine solch fehlende Auswirkung auf das Kündigungsrecht nicht vom Gesetzgeber gewollt sein. Aus diesem Grund wirkt § 84 Abs. 2 SGB IX über das Sozialrecht hinaus in das System des Kündigungsschutzgesetzes hinein.

Die Durchführung des BEM stellt jedoch keine Wirksamkeitsvoraussetzung der krankheitsbedingten Kündigung dar, sodass Fehler innerhalb der Durchführung des BEM oder ein Unterlassen ebenjenes nicht die generelle Unwirksamkeit der Kündigung zur Folge haben.[739] Vielmehr führt eine unterlassene Durchführung des BEM zu einer Verschärfung der Darlegungs- und Beweislast des Arbeitgebers. Durch die Verschiebung wird dem Arbeitgeber allerdings unter keinen Umständen die Möglichkeit genommen, den Kündigungsschutzprozess für sich zu entscheiden. Insbesondere stellte das Bundesarbeitsgericht in seiner Entscheidung aus dem Jahr 2007 dar, dass die Kündigung dann sozial ungerechtfertigt sei, wenn auch bei ordnungsgemäßer Durchführung des BEM keine alternativen Weiterbeschäftigungsmöglichkeiten in Frage kommen. Die Durchführung eines BEM stellt folglich, im Gegensatz zum Verhältnismäßigkeitsgrundsatz, keine Wirksamkeitsvoraussetzung für eine krankheitsbedingte Kündigung dar und führt bei Unterlassen nicht unmittelbar zur Unwirksamkeit der Kündigung. Vielmehr erhöht sich die Darlegungs- und Beweislast des Arbeitgebers hinsichtlich fehlender Weiterbeschäftigungsmöglichkeiten.

738 BAG, Urt. v. 23.04.2008 – 2 AZR 1012/06, in: NZA-RR 2008, 515 (517).

739 BAG, Urt. v. 10.12.2009 – 2 AZR 400/08, in: NZA 2010, 398 (399).

(3) Zusammensetzung der Schwelle von sechs Wochen

Im Rahmen der Fallgruppe der häufigen Kurzerkrankungen ist fraglich, welche Fehlzeitentage in die Berechnung des in § 84 Abs. 2 SGB IX genannten Sechswochenzeitraums einbezogen werden müssen. Bei einer langanhaltenden Erkrankung ist die Berechnung vergleichsweise simpel. Im Fall häufiger Kurzerkrankungen stellt die Berechnung allerdings insoweit Schwierigkeiten dar, als nicht eindeutig ist, welche Fehlzeitentage Berücksichtigung finden dürfen. In diesem Zusammenhang stellt sich insbesondere die Frage, ob auch solche Tage berücksichtigt werden müssen, die für den Arbeitnehmer generell arbeitsfrei sind, also beispielsweise das Wochenende, Feiertage o.Ä. Da es für die Fallgruppe der häufigen Kurzerkrankungen charakteristisch ist, dass die Arbeitsunfähigkeitszeiten zumeist keine vollständigen Wochen erfassen, erscheint eine Umrechnung des Sechswochenzeitraums in Tage sinnvoll.[740] In dieser Hinsicht können sich zwei unterschiedliche Ergebnisse dahingehend ergeben, als zum einen lediglich die vertraglich vereinbarten Arbeitstage in die Berechnung einfließen müssen, zum anderen könnte jedoch ebenso eine Woche generell mit sieben Tagen berechnet werden. Werden ausschließlich die Arbeitstage berücksichtigt, wäre der Arbeitgeber bereits frühzeitig zur Durchführung eines BEM anzuhalten. In Anbetracht dessen ist der geforderte Sechswochenzeitraum bei einer Fünftagewoche bereits nach 30 Arbeitsunfähigkeitstagen, bei einer Sechstagewoche hingegen erst bei 36 Arbeitsunfähigkeitstagen gegeben.[741] Wird im Gegensatz dazu die gesamte Woche (7 Tage) einbezogen, ist der Sechswochenzeitraum erst bei Vorliegen von 42 Arbeitsunfähigkeitstagen erfüllt. Da diese beiden Varianten zu verschiedenen Ergebnissen führen, besteht Handlungsbedarf. Diese unterschiedlichen Varianten sind der Tatsache geschuldet, dass Ärzte das Ausstellen von Arbeitsunfähigkeitsbescheinigungen in der Praxis unterschiedlich handhaben. Manche Ärzte erstellen ausschließlich Bescheinigungen über die Arbeitsunfähigkeit während der Arbeitstage, wiederum andere datieren die Arbeitsunfähigkeitsbescheinigungen zusätzlich über arbeitsfreie Tage, um die Dauer der Erkrankung in ihrer Gesamtheit zu erfassen. Grundsätzlich sind

740 *Hamann*, Die Kündigung wegen häufiger Kurzerkrankungen, S. 111.
741 *Stück*, ArbRAktuell 2015, 169 (170).

die Ärzte allerdings im Sinne der Richtlinien des Gemeinsamen Bundesausschusses über die Beurteilung der Arbeitsunfähigkeit sowie den Maßnahmen zur stufenweisen Wiedereingliederung nach § 92 Abs. 1 S. 2 Nr. 7 SGB V dazu angehalten, gemäß § 5 Abs. 4 SGB V die Arbeitsunfähigkeit ebenso an arbeitsfreien Tagen zu bescheinigen. Diese Notwendigkeit ist der Tatsache geschuldet, dass das aktuelle Arbeitsleben von einer zeitlichen Flexibilität geprägt ist und somit eine Bescheinigung zusätzlich für generell arbeitsfreie Tage sinnvoll erscheint. Der Wortlaut des § 84 Abs. 2 S. 1 SGB IX stellt klar, dass für die Berechnung des Zeitraums ausschließlich die Arbeitsunfähigkeitszeiten relevant sind und eben nicht die Zeiten der bloßen Abwesenheit am Arbeitsplatz.[742] Daraus folgt, dass der Sechswochenzeitraum das Wochenende, Feiertage oder arbeitsfreie Tage dann miteinbeziehen kann, wenn die vom Arzt ausgestellte Bescheinigung diese Tage umfasst.[743] Somit setzt sich der Zeitraum aus der Summe der auf der Arbeitsunfähigkeitsbescheinigung angegebenen Zeiträume zusammen.

Dem könnte entgegenstehen, dass arbeitsfreie Tage in die Berechnung miteinfließen, obwohl der Arbeitnehmer an diesen Tagen keine Arbeitsleistung geschuldet hat. Die Existenz dieser Tage ist für den Arbeitgeber hingegen insoweit irrelevant, als er an diesen arbeitsfreien Tagen vermutlich kein Interesse an einer Arbeitsleistung besitzt. Des Weiteren wird der Fall in der Regel derart gelagert sein, dass der Arbeitgeber von einer Arbeitsunfähigkeit an arbeitsfreien Tagen allenfalls selten Kenntnis erlangen würde. Fraglich ist demnach, ob es sachgerecht wäre, diese in Rede stehenden Arbeitsunfähigkeitszeiten an generell arbeitsfreien Tagen unberücksichtigt zu lassen. Die Berechnungsmethode durch ausschließliche Beachtung der Wochenarbeitstage könnte allerdings zu nicht zufriedenstellenden Ergebnissen führen, wenn ein Arbeitnehmer, der weniger als fünf Wochenarbeitstage beschäftigt wird, häufig an den vertraglich vereinbarten Arbeitstagen erkrankt. Dann wäre bei diesem, im Vergleich zu anderen Arbeitnehmern, die häufiger an arbeitsfreien Tagen erkranken, ein BEM bereits frühzeitiger durchzuführen.[744] Daraus folgt, dass trotz des Vorliegens

742 *Britschgi*, Betriebliches Eingliederungsmanagement, S. 20.

743 *Hillmann/ Gagel*, Diskussionsbeitrag Nr. 1/2009, S. 1; *Hamann*, Die Kündigung wegen häufiger Kurzerkrankungen, S. 111.

744 *Hamann*, Die Kündigung wegen häufiger Kurzerkrankungen, S. 112.

der gleichen Arbeitsunfähigkeitszeiten die Durchführung eines BEM zu unterschiedlichen Zeiträumen erfolgen müsste. Dies kann nicht Wille des Gesetzgebers gewesen sein. Aufgrund dessen erscheint es sinnvoll und trägt generell dem flexiblen Arbeitsleben Rechnung, die Arbeitsunfähigkeitszeiten ebenso im Hinblick auf arbeitsfreie Tage zu Grunde zu legen und in die Berechnung des Sechswochenzeitraums einfließen zu lassen. Somit muss die Summe der Arbeitsunfähigkeitszeiten mindestens 42 Tage betragen, damit der Arbeitgeber ein BEM durchführen muss.

ii. Korrektur des BEM

Sinn und Zweck des § 84 Abs. 2 SGB IX war es, die Vielzahl krankheitsbedingter Kündigungen und der damit einhergehenden Arbeitslosigkeit, durch die Prüfung präventiver Maßnahmen zu reduzieren. Aus diesem Grund schuf der Gesetzgeber das Konstrukt des Betrieblichen Eingliederungsmanagements, um das Arbeitsverhältnis erfolgreich sichern zu können. Die Durchführung eines BEM sollte eine krankheitsbedingte Kündigung nicht unmittelbar abwehren, sondern vielmehr verhindern, dass der Arbeitgeber eine solche Kündigung ohne die vorherige Prüfung etwaiger Präventionsmaßnahmen überstürzt ausspricht.[745] Um dieses vorschnelle Handeln der Arbeitgeber einzudämmen, wurden mit der Novellierung der Vorschrift im Jahr 2004 bestimmte Verhaltensobliegenheiten statuiert, die jedoch ausschließlich formelle Aspekte regelten.[746] Somit oblag es der Rechtsprechung, diesen geringen Regelungsinhalt zu konkretisieren und in die Praxis umzusetzen. Die Vorschrift ist aufgrund der Vielzahl an Einzelfällen lediglich gering ausgeprägt und schreibt dem Arbeitgeber deshalb keine festgelegten Mittel oder Ergebnisse vor.[747]

Die sozialrechtliche Vorschrift des § 84 Abs. 2 SGB IX hat sich im Laufe der Jahre zu einer Norm des Kündigungsrechts entwickelt. Pro-

745 *Hoffmann-Remy*, NZA 2016, 267 (267); BAG, Urt. v. 20.11.2014 – 2 AZR 755/13, in: NZA 2015, 612 (616).

746 *Hoffmann-Remy*, NZA 2016, 267 (267); BAG, Urt. v. 20.11.2014 – 2 AZR 755/13, in: NZA 2015, 612 (616).

747 *Hoffmann-Remy*, NZA 2016, 267 (268).

blematisch ist in dieser Hinsicht hingegen insbesondere, dass die Voraussetzungen des BEM im Laufe der Jahre derart entgleist sind, dass es dadurch mehr oder minder unmöglich wurde, einem Arbeitnehmer krankheitsbedingt zu kündigen.[748] Die aktuelle Entwicklung des BEM zu einer Art Kündigungsverhinderung in Fällen, in denen alle geeigneten Maßnahmen ausgeschöpft wurden, sollte den Gesetzgeber dazu bringen, über eine Korrektur der Grundsätze des § 84 Abs. 2 SGB IX nachzudenken.

Preis und *Bender* haben versucht, deutlich zu machen, dass sowohl Arbeitgeber als auch Arbeitnehmer durch die Beteiligung an einem BEM in bestimmten Maße zu einem Vergleich gedrängt werden, was nicht mehr dem ursprünglichen Willen des Gesetzgebers entsprechen dürfte.[749] Das Institut des BEM geht gar so weit, dass es den Arbeitgeber im Rahmen der Darlegungs- und Beweislast derart stark belastet, dass ein durchschnittlicher Arbeitgeber dieser Anforderung nicht mehr gerecht werden kann.[750] Dadurch ist die prozessuale Gleichheit von Arbeitnehmer und Arbeitgeber nahezu aufgehoben, weshalb eine Korrektur der Grundsätze des BEM hin zu ihrem Ursprung als Ausprägung des Verhältnismäßigkeitsgrundsatzes angeraten wird.

(1) Voraussetzungen des Einladungsschreibens

Zur Vorbereitung des BEM bedarf es zunächst der Einladung des Beschäftigten.[751] Diese Einladung sollte die Information beinhalten, dass der Arbeitnehmer innerhalb der letzten zwölf Monate Arbeitsunfähigkeitszeiten von mehr als sechs Wochen aufweist. Zum anderen muss die Einladung ein ausdrückliches Angebot eines gemeinsamen Gesprächs zur Durchführung des BEM sowie die damit verfolgten Ziele enthalten.[752] Außerdem muss der Arbeitnehmer in diesem Einladungsschreiben darüber aufgeklärt werden, welche Daten erhoben und in welchem Umfang diese verwendet werden dürfen. Der Beschäf-

748 *Hoffmann-Remy*, NZA 2016, 267 (267).
749 *Preis/ Bender*, in: Recht und Lüge, Bd. 6, S. 64.
750 *Hoffmann-Remy*, NZA 2016, 267 (269); so auch in Grundzügen *Bayreuther*, NZA 2006, 417 (420).
751 *Kempter/ Steinat*, NZA 2015, 840 (841); *Fritsche/ Fähnle*, BB 2013, 3001 (3002).
752 *Kempter/ Steinat*, NZA 2015, 840 (841).

tigte muss über die Freiwilligkeit der Teilnahme aufgeklärt werden. Nicht erforderlich ist hingegen eine detaillierte Aufzählung aller zu beteiligenden Personen. Zur Vereinfachung des Einleitungsverfahrens kann der Einladung zum BEM sowohl ein Musterantwortschreiben als auch eine datenschutzrechtliche Einwilligungserklärung iSd. § 4 a BDSG beigefügt werden.[753] Der Inhalt des Einladungsschreibens ist insofern zwingend, als es nicht genügt, über die oben genannten Inhalte erst in einem persönlichen Gespräch zu informieren.[754] Dann könnte sich der Arbeitnehmer im Kündigungsschutzprozess darauf berufen, dass, wenn er ordnungsgemäß über das Verfahren Bescheid gewusst hätte, er auch an diesem teilgenommen hätte. Innerhalb dieser Ersteinladung kann dem Arbeitnehmer eine Frist zur Abgabe einer Erklärung (Zustimmung) gesetzt werden. Der Arbeitgeber ist generell dazu angehalten, zum einen das Vertrauen, zum anderen aber auch die Bereitschaft des Arbeitnehmers zur Durchführung des BEM zu gewinnen. Da die überwiegende Anzahl der Arbeitnehmer mit der Durchführung eines BEM negative Aspekte verbindet, muss das Einladungsschreiben dahingehend Überzeugungsarbeit leisten, als die Zeit der Arbeitsunfähigkeit zum Erforschen geeigneter Maßnahmen, die den Erhalt des Arbeitsplatzes sichern soll, genutzt wird.[755] Es erscheint demnach sinnvoll, durch die Einladung ein bestimmtes Vertrauen und eine Sicherheit zu übermitteln, damit der Arbeitnehmer sich zur Durchführung eines BEM bereiterklärt.

(aa) Nichtäußerung des Arbeitnehmers auf Einladung zum BEM

Für den Arbeitnehmer ist die Beteiligung am BEM freiwillig, sodass er seine Teilnahme verweigern kann. Klärungsbedürftig ist jedoch insbesondere der Fall, in dem der Arbeitnehmer auf die Einladung zur Teilnahme an dem BEM nicht reagiert. In einem Urteil aus dem Jahr 2010 hat das Bundesarbeitsgericht entschieden, dass eine Einladung zum BEM unter Fristsetzung mit deutlichem Hinweis auf eine mögliche

753 *Kempter/ Steinat*, NZA 2015, 840 (841); *vom Stein*, in: vom Stein/ Rothe/ Schlegel, Gesundheitsmanagement und Krankheit im Arbeitsverhältnis, S. 531.
754 *Kempter/ Steinat*, NZA 2015, 840 (841).
755 *Gagel*, NZA 2004, 1359 (1361).

Kündigung dazu führt, dass der Arbeitgeber bei Nichtbeachtung durch den Arbeitnehmer ein BEM vor Kündigungsausspruch nicht mehr als milderes Mittel berücksichtigen muss.[756] Nicht geklärt ist in diesem Zusammenhang allerdings, in welchem Stadium der Mitteilungen eine solche Kündigungsandrohung enthalten sein darf. Diese Unklarheit macht die Durchführung eines BEM für viele Arbeitgeber unkalkulierbar. Grundsätzlich soll die Einschätzung der Durchführbarkeit ausschließlich im Ermessen des Gerichts stehen, wodurch der Kündigungsschutzprozess für alle Beteiligten intransparent wird.[757]

Kempter und *Steinat* fordern hingegen, dass bei Nichtbeachtung der Ersteinladung dem Arbeitnehmer eine verschärfte weitere Einladung zugestellt werden müsse, die auch die Androhung einer Kündigung enthalten darf.[758] Innerhalb dieser muss der Arbeitgeber deutlich auf die Kündigungsmöglichkeit im Weigerungsfall hinweisen.[759] Wenn der Beschäftigte sich nicht auf die Einladung zum BEM äußert, darf er nicht besser gestellt werden, denn dadurch könnte er die Verzögerung des Verfahrens bewusst steuern. Äußert sich der Beschäftigte auf die Ersteinladung zum BEM nicht, ist der Arbeitgeber dazu verpflichtet, eine zweite Einladung, die verschärfte Informationen und Bedingungen enthalten darf, abzusenden. Diese verschärfte Einladung sollte eine Fristsetzung enthalten. Die Ersteinladung hingegen darf keine Kündigungsandrohung enthalten, da es sich um ein ergebnisoffenes Verfahren handeln soll.[760]

Diese Intransparenz muss durch die Einführung bestimmter Regeln beseitigt werden. In dieser Hinsicht erscheint es insbesondere sinnvoll, dass eine auf die erste Einladung zum BEM folgende Mitteilung eine Kündigungsandrohung enthalten darf, die den Arbeitgeber bei ausbleibender Reaktion durch den Arbeitnehmer zu einer zumindest verhältnismäßigen Kündigung berechtigt. Durch diese Festlegung wird dem Arbeitgeber die Unkalkulierbarkeit des BEM-Verfahrens genommen. Außerdem erscheint es dem Sinn und Zweck des BEM entsprechend, frühestens bei der Nichtäußerung die Androhung einer

756 BAG, Urt. v. 10.12.2009 – 2 AZR 400/08, in: NZA 2010, 398 (400).
757 *Hoffmann-Remy*, NZA 2016, 267 (269).
758 *Kempter/ Steinat*, NZA 2015, 840 (842); *Stück*, ArbRAktuell 2015, 169 (172).
759 *Stück*, ArbRAktuell 2015, 169 (172).
760 *Hoffmann-Remy*, NZA 2016, 267 (269).

Kündigung vorzunehmen. Eine vorherige Kündigungsandrohung würde das BEM in seinem Sinn und Zweck konterkarieren. Folglich darf eine Kündigungsandrohung frühestens in einer zweiten verschärften Einladung ausgesprochen werden.

(bb) Krankheitsbedingte Absage des Arbeitnehmers

Zu klären ist, inwieweit dem Arbeitnehmer eine gewisse Initiativlast auferlegt wird, wenn er die Teilnahme am BEM krankheitsbedingt absagt.[761] Grundsätzlich ist der Arbeitgeber zur Durchführung des BEM verpflichtet. Aus der krankheitsbedingten Absage des Arbeitnehmers dürfen dem Arbeitgeber jedoch keinerlei Nachteile im Rahmen des Kündigungsschutzprozesses entstehen. Nach *Landauer* soll dem Arbeitgeber in diesem Fall ein Aufschub von vier bis sechs Wochen auferlegt werden, der in Anlehnung an § 3 EFZG zumutbar sein soll.[762] Problematisch ist dies jedoch dahingehend, als der Arbeitgeber trotz bereits ausgesprochener Kündigung zur Durchführung eines BEM verpflichtet wäre. Wird davon ausgegangen, dass die Durchführung des BEM einen positiven Ausgang mit sich bringen würde, stellt sich die Frage, wie dieses Ergebnis im Rahmen des laufenden Kündigungsschutzprozesses verwertet werden dürfe. Die Rechtsprechung des Bundesarbeitsgerichts spricht sich in dieser Sache richtigerweise insoweit aus, dem Arbeitnehmer/Beschäftigten eine gewisse Initiativlast aufzuerlegen.[763] Aus dieser Initiativlast kann sinnvollerweise die Obliegenheit zum selbstständigen Tätigwerden abgeleitet werden. Demnach muss sich der Arbeitnehmer innerhalb eines angemessenen Zeitraums nach seiner Genesung bei dem Arbeitgeber zurückmelden und um Setzung eines neuen Termins zur Durchführung eines BEM bitten. In Ausnahmefällen ist ein telefonisches oder schriftliches BEM möglich.[764] Unterlässt es der Arbeitnehmer, die Initiative zu ergreifen,

761 *Kempter/ Steinat*, NZA 2015, 840 (842).

762 *Landauer*, in: Fuhlrott/ Mückl, Praxishandbuch Low-Performance, Kapitel 6, Rn 27.

763 BAG, Urt. v. 10.12.2009 – 2 AZR 400/08, in NZA 2010, 398 (399).

764 *Kempter/ Steinat*, NZA 2015, 840 (842); *Stück*, ArbRAktuell 2015, 169 (172).

muss dies zu seinen Lasten gehen.[765] Daraus folgt, dass der Arbeitgeber bei Absage oder Untätigkeit des Arbeitnehmers das mildere Mittel vor Ausspruch der Kündigung nicht mehr berücksichtigen muss.

(2) Entbehrlichkeit des Betrieblichen Eingliederungsmanagements

In bestimmten Fällen wird die Durchführung eines BEM aufgrund mangelnden Kenntnisstandes bezüglich des BEM unterlassen. Nach in dieser Arbeit vertretener Ansicht wird in diesem Fall eine ausgesprochene Kündigung für unwirksam gehalten. Nach einhelliger Ansicht wird eine Rechtspflicht zur Durchführung eines BEM angenommen.[766] Klärungsbedürftig ist, ob für den Arbeitgeber eine Möglichkeit besteht, die Unwirksamkeit der Kündigung zu verhindern. Dies könnte insofern geschehen, als der Arbeitgeber, der ohnehin die prozessuale Darlegungslast zu tragen hat, eine etwaige Entbehrlichkeit des BEM darlegen könnte. In diesem Zusammenhang muss insbesondere der Fall beleuchtet werden, in dem der Arbeitgeber unabhängig von einem BEM erfolglos ein Verfahren zur Auffindung geeigneter Maßnahmen durchführt.[767] An welche Maßstäbe eine solche Entbehrlichkeit geknüpft ist, wird in diesem Rahmen zu klären sein.

Fraglich ist, ob die Kündigung dann unwirksam ist, wenn auch bei Durchführung des BEM eine solche nicht abwendbar gewesen wäre, weil das Ergebnis der Beweisaufnahme bereits eindeutig ist, also das Verfahren aufgrund der starken gesundheitlichen Beeinträchtigung unter keinen Umständen ein positives Ergebnis erzielen könnte.[768] Nach mittlerweile gefestigter Rechtsprechung kann im Kündigungsschutzprozess ausschließlich dann eine wirksame Berufung auf die unterlassene Durchführung des BEM vorgenommen werden, wenn das BEM tatsächlich einen Einfluss auf den weiteren Verlauf des Arbeits-

765 BAG, Urt. v. 20.03.2014 – 2 AZR 1037/12, in: NZA 2014, 1015 (1016); *Kempter/ Steinat*, NZA 2015, 840 (842).

766 *Brose*, DB 2005, 390 (391); *Braun*, ZTR 2005, 630 (631); *Löw*, MDR 2005, 608 (609).

767 *Hoffmann-Remy*, NZA 2016, 267 (270).

768 *Kempter/ Steinat*, NZA 2015, 840 (844).

verhältnisses gehabt, also einen wirklichen Nutzen gebracht hätte.[769] Wäre die Durchführung eines BEM objektiv nutzlos gewesen, muss eine Einschränkung des § 84 Abs. 2 SGB IX in dem Sinne erfolgen, dass der Arbeitgeber nicht zur Durchführung eines BEM verpflichtet ist.[770] Diese Nutzlosigkeit hat der Arbeitgeber zu beweisen, indem er vorträgt, dass die Durchführung eines BEM unter keinen Umständen erneuten Arbeitsunfähigkeitszeiten vorbeugen und weiterhin der Arbeitsplatzverlust dadurch vermieden werden könnte. Die Durchführung des BEM stellt kein milderes Mittel im Sinne des Verhältnismäßigkeitsgrundsatzes dar, sondern ist vielmehr ein Instrument, um geeignete mildere Mittel aufzuspüren.[771] Aus dem Sinn und Zweck kann hingegen gefolgert werden, dass bei objektiv erkennbarer Nutzlosigkeit der Durchführung die Pflicht des Arbeitgebers entfallen müsste, da keine Möglichkeiten zur Weiterbeschäftigung in Betracht kämen. Somit führt die objektive Nutzlosigkeit des BEM zu einer Einschränkung der Durchführungspflicht. Problematisch ist in dieser Hinsicht hingegen die fehlende Erkennbarkeit dieser Nutzlosigkeit für die Beteiligten, weshalb der Arbeitgeber im Rahmen eines Kündigungsschutzprozesses darlegungs- und beweislastpflichtig ist. Innerhalb dieses Prozesses muss konkret und umfassend dargelegt werden, weshalb eine Anpassung des Arbeitsverhältnisses nicht möglich ist. Eine solche Verschärfung begründet sich bereits auf der Tatsache, dass der Arbeitgeber alternative Weiterbeschäftigungsmöglichkeiten bei Ausbleiben eines BEM weitaus schwieriger erkennen kann. Daraus ergibt sich, dass ein unterlassenes BEM dann kündigungsneutral, also für die Wirksamkeit der Kündigung unschädlich ist, wenn die Durchführung kein positives Ergebnis mit sich gebracht hätte.[772] Wenn je-

769 BAG, Urt. v. 20.11.2014 – 2 AZR 755/13, in: NZA 2015, 612 (615); LAG Hamm, Urt. v. 27.01.2012 – 13 Sa 1493/11, in: BeckRS 2012, 68656; Urt. v. 10.07.2014 – 8 Sa 399/14, in: BeckRS 2014, 72752; BAG, Urt. v. 12.07.2007 – 2 AZR 716/06, in: NZA 2008, 173 (174, 176); Urt. v. 07.12.2006 – 2 AZR 182/06, in: NZA 2007, 617 (620); *Welti*, NZS 2006, 623 (626); *Kempter/ Steinat*, NZA 2015, 840 (845); *Deinert*, NZA 2010, 969 (970).

770 BAG, Urt. v. 30.09.2010 – 2 AZR 88/09, in: NZA 2011, 39 (41).

771 BAG, Urt. v. 13.05.2015 – 2 AZR 565/14, in: NZA 2015, 1249 (1252); Urt. v. 12.07.2007 – 2 AZR 716/06, in: NZA 2008, 173 (176).

772 BAG, Urt. v. 13.05.2015 – 2 AZR 565/14, in: NZA 2015, 1249 (1252); Urt. v. 20.11.2014 – 2 AZR 755/13, in: NZA 2015, 612 (615).

doch Anhaltspunkte dafür bestehen, dass die Durchführung ein positives Ergebnis hätte erbringen können, muss dies kündigungsrechtliche Folgen haben. Eine Entbehrlichkeit besteht nicht bereits deshalb, weil die Fehlzeiten in keinem Zusammenhang mit dem Arbeitsplatz stehen. Vielmehr ist lediglich zu fordern, dass innerbetrieblich grundsätzlich Maßnahmen möglich sind, durch die eine Weiterbeschäftigung möglich und zumutbar erscheint.

Eine weitere Ansicht bezieht sich jedoch deutlich auf die generelle Zielsetzung des BEM, also der Suchvorgang nach einer Klärung. Dieser Suchvorgang muss unabhängig etwaiger Umsetzungschancen erfolgen.[773] Dieser Ansicht folgend soll zumindest im Ansatz der Versuch eines erfolgreichen BEM durchgeführt werden. Innerhalb dieser Betrachtung sollen prognostizierte Erfolgschancen außer Betracht bleiben. Dagegen muss jedoch angeführt werden, dass ein objektiv ohnehin nutzloses BEM nicht durchgeführt werden müsse, da dies nicht zielführend wäre. Aus diesem Grund kann die Durchführung eines BEM dann entbehrlich sein, wenn der Arbeitgeber konkret und umfassend dargelegt und bewiesen hat, dass das Verfahren keinerlei positives Ergebnis hätte ergeben können. Folglich muss die Vorschrift des § 84 Abs. 2 SGB IX bei objektiver Nutzlosigkeit des BEM eingeschränkt werden.

(3) Darlegungs- und Beweislast

Nach Urteilen des Bundesarbeitsgerichts stellt das BEM eine Konkretisierung des im Kündigungsrecht herrschenden Verhältnismäßigkeitsgrundsatzes dar. Demnach ist eine ausgesprochene Kündigung dann unverhältnismäßig, wenn sie durch mildere Mittel vermieden werden kann.[774] Das Institut des BEM ist für sich genommen kein milderes Mittel, sondern vielmehr ein Instrument, das das Auffinden dieser Mittel erleichtert. Aus diesem Grund kann eine Kündigung nicht bereits deshalb unverhältnismäßig sein, weil der Arbeitgeber das BEM nicht oder nicht ordnungsgemäß durchgeführt hat. Vielmehr besteht die Möglichkeit einer Entbehrlichkeit aufgrund objektiver Nutzlosig-

773 *Brose*, DB 2013, 1727 (1728).

774 BAG, Urt. v. 12.07.2007 – 2 AZR 716/06, in: NZA 2008, 173 (174).

keit. Wenn der Arbeitgeber kein BEM durchgeführt hat, wäre es widersprüchlich, anzunehmen, dass der Arbeitgeber durch einen pauschalen Vortrag einer fehlenden Weiterbeschäftigungsmöglichkeit seiner Darlegungs- und Beweislast im Rahmen des Verhältnismäßigkeitsgrundsatzes genügt. Vielmehr hat der Arbeitgeber konkret und umfassend darzulegen, weshalb eine Weiterbeschäftigung nicht infrage kommt. Das Bundesarbeitsgericht hat dies insoweit begründet, als ihm eine „gesetzeswidrige Untätigkeit des Arbeitgebers keine prozesstaktischen Vorteile verschaffen dürfe“.[775] Im Laufe der Jahre hat sich allerdings eine verschärfte Darlegungs- und Beweislast insoweit entwickelt, als der Durchschnittsarbeitgeber den Anforderungen durch die Verschärfung nicht mehr genügen kann.[776] Dadurch wird ein prozessuales Ungleichgewicht zwischen Arbeitnehmer und Arbeitgeber geschaffen. Aus diesen Gründen besteht an dieser Stelle Handlungsbedarf.

In der Praxis wird häufig der Fall eintreten, dass der Arbeitgeber, aufgrund Unkenntnis, das BEM vollständig unterlässt, sodass ihn generell die Verschärfung der Darlegungs- und Beweislast treffe. Eine derartige Verschärfung tritt folglich zudem dann ein, wenn zwar allen Beteiligten erkenntlich ist, dass keine Weiterbeschäftigungsmöglichkeit existiert, diese Tatsache hingegen im Kündigungsschutzprozess nicht hinreichend bewiesen werden kann. Also wird der Arbeitgeber aufgrund des unterlassenen BEM im Kündigungsschutzprozess unterliegen und die Kündigung dementsprechend unwirksam sein. Der ursprüngliche Kündigungsgrund (hohe Fehlzeiten) tritt demzufolge in den Hintergrund. Aktuell scheinen für die Gerichte lediglich die Voraussetzungen des BEM entscheidungserheblich zu sein. Wurde dieses Verfahren nicht oder nicht ordnungsgemäß ausgeführt, wird die ausgesprochene Kündigung regelmäßig unwirksam sein.

Aus den Grundsätzen der Rechtsprechung des Bundesarbeitsgerichts kann allerdings gefolgert werden, dass allenfalls die vernünftigerweise in Betracht kommenden Weiterbeschäftigungsmöglichkeiten geprüft werden müssen.[777] In diesem Zusammenhang muss der Arbeitgeber zum einen von sich aus gedachte Möglichkeiten, zum ande-

775 ArbG Berlin, Urt. v. 16.10.2015 – 28 Ca 9065/15, in: BeckRS 2015, 72668.

776 *Hoffmann-Remy*, NZA 2016, 267 (269); in Grundzügen auch *Bayreuther*, NZA 2006, 417 (420).

777 BAG, Urt. v. 10.12.2009 – 2 AZR 400/08, in: NZA 2010, 398 (399).

ren hingegen solche, die vom Arbeitnehmer vorgeschlagen wurden, darlegen. Innerhalb dieser Darlegung muss der Arbeitgeber konkret und umfassend die einzelnen Möglichkeiten prüfen und daraufhin im Einzelnen darlegen, aus welchen Gründen eine Weiterbeschäftigung im Rahmen dieser Maßnahme ausscheidet.[778] Daraus folgt, dass nur solche Vorschläge dargelegt und bewiesen werden müssen, die tatsächlich im Zusammenhang mit dem konkreten Lebenssachverhalt stehen, einen Bezug zu diesem aufweisen und eine Umsetzungsmöglichkeit besteht.[779] Wenn also kein tatsächlicher Bezug zu dem konkreten Sachverhalt besteht, müssen diese Maßnahmen weder geprüft noch dargelegt werden.[780] Dies erfolgt anhand einer lebensnahen Betrachtung. Diese Gedanken können vor allem dadurch begründet werden, dass gesetzlich keine Vorschrift verankert ist, welche die Prüfung von Maßnahmen ohne hinreichenden Bezug zum konkreten Sachverhalt verlangen. Hat der Arbeitgeber außerhalb des Rahmens eines BEM gewisse Maßnahmen geprüft und ist er zu dem Entschluss gekommen, dass es keine Weiterbeschäftigungsmöglichkeiten gibt, obliegt dem Arbeitgeber aufgrund des nicht ordnungsgemäß durchgeführten BEM die volle Darlegungs- und Beweislast. Dies führt grundsätzlich dazu, dass die Kündigung aufgrund eines Verstoßes gegen den Verhältnismäßigkeitsgrundsatz unwirksam ist. Aus diesem Grund ist eine Beschränkung der Darlegungs- und Beweislast auf Maßnahmen, die mit dem Lebenssachverhalt in einem konkreten Zusammenhang stehen, sinnvoll. Dies muss erfolgen, um den Arbeitgeber nicht unverhältnismäßig zu belasten und dennoch einen angemessenen Interessenausgleich herzustellen.

(4) Erweiterte Prüfungspflicht des Arbeitgebers

Problematisch ist zudem die Entwicklung des BEM dahingehend, als in der Praxis ebenso Umstände in die Prüfungspflicht des Arbeitgebers einbezogen werden, die ausschließlich der persönlichen Sphäre des Ar-

778 BAG, Urt. v. 24.03.2011 – 2 AZR 170/10, in: NZA 2011, 993 (995).
779 *Hoffmann-Remy*, NZA 2016, 267 (270).
780 *Hoffmann-Remy*, NZA 2016, 267 (270).

beitnehmers entspringen.[781] Daraus folgt, dass der Arbeitgeber zusätzlich solche Maßnahmen prüft, die beispielsweise den Lebenswandel, die Ernährung oder generell das Verhalten des Arbeitnehmers in seinem Privatleben betreffen.[782] Werden also die Umstände aus dem Privatleben in die dem Arbeitgeber im Rahmen des BEM obliegende Prüfungspflicht mit einbezogen, würde dies meist zu ausgiebigen Möglichkeiten der Weiterbeschäftigung führen. Es stellt sich die Frage, wie mit einer solchen erweiterten Prüfungspflicht umzugehen ist.

Eine derart weitgehende Prüfung verstößt bereits grundsätzlich gegen den Wortlaut des § 84 Abs. 2 SGB IX, der von einem Betrieblichen Eingliederungsmanagement spricht. Ein betrieblicher Bezug ist bei Umständen, die in der Privatsphäre des Arbeitnehmers begründet sind, nicht anzunehmen. Des Weiteren erscheint es unbillig, dem Arbeitgeber eine derart umfassende Prüfungspflicht aufzubürden, da es sicherlich enorme Schwierigkeiten mit sich bringen würde, wenn der Arbeitgeber Maßnahmen darlegen soll, deren Möglichkeit zur Beschaffung der benötigten Informationen stark eingeschränkt ist. Die einzige Möglichkeit, solch sensible Informationen beschaffen zu können, wird die persönliche Befragung des Arbeitnehmers sein. Eine derartige Befragung greift jedoch unzweifelhaft in die Privatsphäre des Arbeitnehmers ein. Im Rahmen der Privatsphäre des Arbeitnehmers sind dem Arbeitgeber die Hände gebunden, da er weder Befugnisse zur Beobachtung hat, noch eine rechtlich zulässige Umsetzungsmöglichkeit etwaiger Maßnahmen möglich ist. Dies wird zudem durch eine Entscheidung des Landesarbeitsgerichts Schleswig-Holstein gestützt. In einer Entscheidung aus dem Jahr 2015 sprach sich das Landesarbeitsgericht Schleswig Holstein dafür aus, dass der Arbeitgeber bei unterlassenem BEM nicht zur Darlegung aller erdenklichen Maßnahmen, auch im privaten Bereich, verpflichtet ist.[783] Der Arbeitgeber müsse demnach aus eigenem Antrieb darlegen, weshalb bestimmte Maßnahmen, u.a. im privaten Bereich, nicht zur Reduzierung der Fehlzeiten-

---

781 So auch BAG, Urt. v. 13.05.2015 – 2 AZR 565/14, in: NZA 2015, 1249 (1252); *Kempter/ Steinat*, NZA 2015, 840 (845).

782 *Kempter/ Steinat*, NZA 2015, 840 (845).

783 LAG Schleswig-Holstein, Urt. v. 03.06.2015 – 6 Sa 396/14, in: BeckRS 2015, 72174, Rn 64.

quote beitragen könnten.[784] Vielmehr hält das Gericht in seiner Entscheidung die Darlegung für ausreichend, dass die zukünftige Fehlzeitenquote durch „die gesetzlich vorgesehenen Hilfen oder Leistungen der Rehabilitationsträger“ nicht wesentlich verringert werden könne.[785] Dem Verhältnismäßigkeitsgrundsatz genügt die Berücksichtigung zumutbarer präventiver Maßnahmen. Dem Arbeitgeber ist eine Maßnahme dann zumutbar, wenn ihre Zweckmäßigkeit ausreichend gesichert ist.[786]

Da diese erweiterte Prüfungspflicht nicht dem Sinn und Zweck des § 84 Abs. 2 SGB IX entspricht, besteht an dieser Stelle Handlungsbedarf. Sowohl die Rechtsprechung als auch die Arbeitgeber müssen sich den ursprünglichen Regelungsgehalt der Vorschrift neuerlich ins Gedächtnis rufen. Nach diesem war der Arbeitgeber lediglich zur Darlegung solcher Maßnahmen verpflichtet, die einen betrieblichen Bezug zum Arbeitsverhältnis aufwiesen. Das ist der Tatsache geschuldet, dass die betrieblichen Umstände aus seiner Sphäre entstammen und er zudem in der Lage ist, diese Umstände zu beeinflussen. Selbst wenn offensichtlich ist, dass der Arbeitnehmer im privaten Bereich eindeutig gesundheitsschädigende Verhaltensweisen an den Tag legt, kann dies keine Berücksichtigung im Rahmen des BEM finden. Die Unwirksamkeit der Kündigung als Folge eines unterlassenen oder nicht ordnungsgemäß durchgeführten BEM anzunehmen wäre zu weitgehend, um dem Arbeitgeber ein privates Eingliederungsmanagement durchführen zu lassen, das sicherlich ohnehin meist keinen Erfolg versprechen würde. Würde eine erweiterte Prüfungspflicht dennoch angenommen werden, würde sich das BEM zu einem „Überbetrieblichen Eingliederungsmanagement“ entwickeln.[787] Daher ist eine Begrenzung der Darlegungs- und Beweislast des Arbeitgebers auf betriebliche Umstände geboten.

784 So in Grundzügen auch LAG Schleswig-Holstein, Urt. v. 03.06.2015 – 6 Sa 396/14, in: BeckRS 2015, 72174, Rn 64.

785 LAG Schleswig-Holstein, Urt. v. 03.06.2015 – 6 Sa 396/14, in: BeckRS 2015, 72174, Rn 67.

786 LAG Schleswig-Holstein, Urt. v. 03.06.2015 – 6 Sa 396/14, in: BeckRS 2015, 72174, Rn 67.

787 So auch *Hoffmann-Remy*, NZA 2016, 267 (270).

(5) Datenverwendung nach Durchführung eines BEM

Im Rahmen der Durchführung eines BEM bedarf es zum Aufsuchen von Möglichkeiten zur Überwindung der Arbeitsunfähigkeit, zur Vorbeugung erneuter Arbeitsunfähigkeit sowie zur Erhaltung des Arbeitsplatzes der Erforschung der krankheitsbedingenden Ursache. Speziell wenn die Ursache aus der betrieblichen Sphäre entstammt, hat der Arbeitgeber ein großes Interesse, ihr entgegenzuwirken. Der Arbeitgeber ist im Rahmen der Durchführung eines BEM dazu verpflichtet, den Beschäftigten über die Art und den Umfang der erhobenen und verwendeten Daten zu informieren.

Braun spricht die Problematik an, inwieweit die durch das BEM erlangten Daten in einem späteren krankheitsbedingten Kündigungsprozess verwendet werden können bzw. dürfen.[788] Die Teilnahme an entsprechenden BEM-Maßnahmen dürfte sich bei einer Zulässigkeit der weiteren Datenverwendung erheblich reduzieren, weshalb der Autor sich gegen eine solche Verwendung ausspricht.

Einige Autoren sprechen sich hingegen für die Möglichkeit einer späteren Verwendung der gewonnenen Daten aus.[789] Sie begründen diese Ansicht damit, dass es widersprüchlich sei, einerseits den Arbeitgeber im Rahmen des BEM über den Gesundheitszustand und eine etwaig fehlende Weiterbeschäftigungsmöglichkeit in Kenntnis zu setzen, andererseits ihm die Möglichkeit zu verwehren, sich auf die gewonnenen Erkenntnisse zu berufen. Die gewonnenen Erkenntnisse seien mit Zustimmung des Arbeitnehmers erlangt worden. Dies sei unter Freiwilligkeitsvorbehalt geschehen. Der Arbeitnehmer hatte somit die Möglichkeit, seine Zustimmung zum BEM zu verweigern und dadurch die Preisgabe seiner Daten zu verhindern. Sinn und Zweck des BEM ist die Vermeidung krankheitsbedingter Kündigungen durch Auffinden geeigneter Beschäftigungsmöglichkeiten. Ein Verwertungsverbot der gewonnenen Daten sei dem Wortlaut des § 84 Abs. 3 S. 3 SGB IX nicht immanent.[790] Der Gesetzgeber habe bei seiner dortigen Formulierung die weitere Datenverwendung nicht erfassen wollen.[791] Diese

788 *Braun*, ZTR 2005, 630 (632).
789 *Gaul/ Kulejewski/ Süßbrich*, ArbRB 2004, 308.
790 *Gaul/ Kulejewski/ Süßbrich*, ArbRB 2004, 308.
791 *Gaul/ Kulejewski/ Süßbrich*, ArbRB 2004, 308.

Ansicht stützt sich insbesondere darauf, dass aus prozessökonomischer Sicht ein Verbot der Datenverwendung nicht sinnvoll wäre, da die gewonnenen Erkenntnisse im Rahmen eines erneuten Sachverständigengutachtens eingeholt werden müssten.[792]

Eine derartige Möglichkeit würde allerdings dazu führen, dass die Bereitschaft der Arbeitnehmer, sich auf das Institut des BEM einzulassen, erheblich sinken würde. Außerdem hat der Arbeitnehmer lediglich zur Datenverwendung im Rahmen der Durchführung des BEM zugestimmt. Eine weitere Verwendung der Daten, insbesondere zu seinen Lasten, kann nicht von dieser Zustimmung umfasst sein. Dies ergibt sich unstreitig aus dem Wortlaut des § 84 Abs. 2 S. 3 SGB IX, der die „betroffene Person […] zuvor auf Art und Umfang der hierfür erhobenen und verwendeten Daten hinzuweisen" hat. Die Vorschrift des § 84 Abs. 2 SGB IX soll insbesondere dem Arbeitnehmer zu Gute kommen, um seinen gefährdeten Arbeitsplatz zu erhalten. Somit kann die erteilte Einwilligung des Beschäftigten zur Datenverwendung iSd. § 84 Abs. 3 SGB IX lediglich im Rahmen der Durchführung des BEM gelten.[793] Versucht der Arbeitgeber hingegen dennoch, die im BEM gewonnenen Daten im Rahmen einer krankheitsbedingten Kündigung einzusetzen, würde dies zu einer Zweckänderung der Datenverwendung führen. Eine solche Zweckänderung ist ausschließlich unter den zusätzlichen Voraussetzungen des § 28 Abs. 8 BDSG zulässig.[794] Das Vorliegen der dort genannten Voraussetzungen wird jedoch in den meisten Fällen nicht gegeben sein, sodass eine Verwendung der Daten zur Begründung einer Kündigung nicht zulässig ist.

Dennoch stellt sich die Frage, wie der Arbeitgeber seiner Darlegungs- und Beweislast im Rahmen des Kündigungsschutzprozesses nachkommen soll, wenn er die aus dem BEM gewonnenen Ergebnisse und Feststellungen aufgrund einer fehlenden Zustimmung zur weiteren Datenverwendung nicht in den Prozess einbringen darf. Würde an einem derartigen Verwendungsverbot festgehalten, könne der Arbeitgeber seiner Darlegungs- und Beweislast im Prozess nicht nachkommen, was stets die Unwirksamkeit der Kündigung zur Folge hätte. Dass dies nicht gelten kann, ergibt sich bereits aufgrund der Tatsache, dass

792 *Hamann*, Die Kündigung wegen häufiger Kurzerkrankungen, S. 109.
793 *Kempter/ Steinat*, NZA 2015, 840 (843); *Deinert*, NZA 2010, 969 (973).
794 *Deinert*, NZA 2010, 969 (973).

das BEM nicht als Kündigungsverhinderung gelten, sondern vielmehr die beiderseitigen Interessen von Arbeitnehmer und Arbeitgeber berücksichtigen soll.

Es besteht das Problem, dass einerseits bei Zulässigkeit der weiteren Datenverwendung die Bereitschaft einer Teilnahme an einem BEM senken würde, andererseits ein Verbot der weiteren Datenverwendung den Arbeitgeber insoweit belasten würde, als er seiner Darlegungs- und Beweislast im Rahmen eines Kündigungsprozesses nicht mehr oder lediglich ungenügend nachkommen könnte. Es kann jedoch nicht dem Willen des Gesetzgebers entsprechen, den Arbeitgeber einerseits im Rahmen eines BEM über den Gesundheitszustand des Arbeitnehmers in Kenntnis zu setzen, andererseits ihm jedoch die Möglichkeit zu nehmen, sich auf diese Erkenntnisse im Rahmen eines Kündigungsprozesses zu berufen. Auch aus prozessökonomischer Sicht erscheint eine weitere Datenverwendung sinnvoll, selbst wenn diese nicht vom direkten Wortlaut des § 84 SGB IX erfasst ist. Fraglich ist hingegen, wie sich eine Datenverwendung im Hinblick auf die Arbeitnehmerinteressen rechtfertigen ließe. Bei der Einleitung eines BEM erteilt der Arbeitnehmer seine Zustimmung ausschließlich hinsichtlich der Datenverwendung im Rahmen der Durchführung des BEM. Eine Zweckänderung dahingehend, dass ebenso eine spätere Datenverwendung für andere Vorhaben zulässig wäre, bedarf einer erneuten Zustimmung. Da Sinn und Zweck der Vorschrift des § 84 Abs. 2 SGB IX insbesondere der starke Schutz des Arbeitnehmers ist, könnte davon ausgegangen werden, dass die erteilte Zustimmung ausschließlich im Rahmen der Durchführung des BEM gelten kann. Andererseits muss der Arbeitnehmer im Rahmen eines Kündigungsprozesses diese Daten ohnehin preisgeben, sodass es widersprüchlich wäre, den Arbeitgeber dafür auf ein erneutes Gutachten zu verweisen. Ein solches Vorgehen widerspricht der Prozessökonomie. Folglich ist der Arbeitgeber zur weiteren Verwendung der Daten ermächtigt, die er ohnehin mittels Sachverständigengutachten erneut einholen könnte.

4. Zwischenergebnis

Die Entgeltfortzahlungskosten können sowohl ohne Wertungswiderspruch als auch ohne Verstoß gegen § 612 a BGB als wirtschaftliche Belastung berücksichtigt werden. Eine Pflicht zur Freikündigung kommt nicht in Betracht, weil dadurch zum einen die von der Rechtsprechung anerkannte Dreischrittprüfung infrage gestellt würde, zum anderen eine Gleichstellung mit der betriebsbedingten Kündigung einhergehen würde.

Im Rahmen der Problematiken des BEM macht es keinen Unterschied, ob der Arbeitgeber die Durchführung pflichtwidrig oder aufgrund objektiver Nutzlosigkeit unterlassen hat. In beiden Fällen tritt eine Verschärfung der Darlegungs- und Beweislast für den Arbeitgeber ein, die deutlich über das sonst im Kündigungsrecht übliche Maß hinausgeht. Vor einem Verstoß gegen § 84 Abs. 2 SGB IX soll die Einführung einer Sanktionierung (z.B. Geldbußen) abschrecken. Eine solche soll durch die gezielte Erweiterung des Wortlauts erfolgen.

III. Interessenabwägung

1. Aktueller Stand

Rechtfertigen die Beeinträchtigungen des Arbeitgebers für sich genommen eine krankheitsbedingte Kündigung, muss abschließend eine einzelfallorientierte Interessenabwägung vorgenommen werden.[795] Diese Abwägung ist unabhängig von der negativen Gesundheitsprognose und der Feststellung der wirtschaftlichen und betrieblichen Beeinträchtigungen. Auf der dritten Stufe ist nach ständiger Rechtsprechung und überwiegender Auffassung innerhalb der Literatur eine personenbedingte Kündigung erst dann sozial gerechtfertigt, wenn durch eine umfassende Interessenabwägung eine unzumutbare Belastung des Arbeitgebers festgestellt wird.[796] In diesem Rahmen muss ein-

795 *Deinert*, in: KSchR Kommentar, § 1 KSchG, Rn 129.

796 BAG, Urt. v. 20.01.2000 – 2 AZR 378/99, in: NZA 2000, 768 (770); Urt. v. 23.04.2008 – 2 AZR 1012/06, in: BB 2008, 2409 (2410); *Schunder*, NZA-Beilage

zelfallbezogen geprüft werden, ob die ausgesprochene Kündigung sozial gerechtfertigt ist oder ob die Beeinträchtigungen dem Arbeitgeber weiterhin zumutbar sind.[797] Generelle Maßstäbe von Umständen, die dem Arbeitgeber noch zuzumuten sind, existieren nicht. Nach dem Wortlaut und Teilen der Ansichten innerhalb der Literatur wird eine Sozialauswahl iSd. § 1 Abs. 3 KSchG ausschließlich bei betriebsbedingten Kündigungen vorgenommen.[798] Die Interessenabwägung sei entgegen der Ansicht der Rechtsprechung kein Tatbestandsmerkmal des § 1 Abs. 2 S. 1 KSchG. Vielmehr liege es nicht im Aufgabenbereich des Richters, den gesetzgeberischen Willen durch sein eigenes Gerechtigkeitsempfinden zu überwinden.[799] Des Weiteren sei eine solche richterliche Abwägung dem Kündigungsschutzgesetz fremd und es generell nicht eindeutig, welche Faktoren berücksichtigungsfähig sind. Nach dieser Ansicht führe die Durchführung einer Interessenabwägung im Rahmen einer krankheitsbedingten Kündigung zur Verwischung der vom Gesetzgeber geschaffenen Grenzen zwischen den einzelnen Kündigungsvarianten.[800] Wenn sowohl eine negative Zukunftsprogose als auch erhebliche Beeinträchtigungen zu bejahen und keine Weiterbeschäftigungsmöglichkeit existiert, ist im Rahmen einer Interessenabwägung zu prüfen, ob die erheblichen Beeinträchtigungen der betrieblichen und wirtschaftlichen Interessen im Einzelfall zu einer für den Arbeitgeber unzumutbaren Belastung des Austauschverhältnisses führen, sodass dem Arbeitgeber eine Weiterbeschäftigung nicht zugemutet werden kann.[801] Das Interesse des Arbeitgebers an der Auflösung des Arbeitsverhältnisses muss im konkreten Einzelfall das Interesse des Arbeitnehmers am Bestand seines Arbeitsverhältnisses überwiegen.[802] Diese Interessenlage lässt sich darauf stützen, dass der

---

2015, 90 (94); *Nehring*, Die krankheitsbedingte Kündigung, S. 208; *Bauer/ Röder/ Lingemann*, Krankheit im Arbeitsverhältnis, S. 117.

797 *Roos*, NZA-RR 1999, 617 (618).

798 *Tschöpe*, DB 1987, 1042 (1044); *Herschel*, DB 1984, 197 (205).

799 *Hamann*, Die Kündigung wegen häufiger Kurzerkrankungen, S. 76.

800 *Tschöpe*, DB 1987, 1042 (1045); *Hamann*, Die Kündigung wegen häufiger Kurzerkrankungen, S. 76.

801 *Schunder*, NZA-Beilage 2015, 90 (94); *Deinert*, in: Kommentar Kündigungsschutzrecht, § 1 KSchG Rn 129; *Bauer/ Röder/ Lingemann*, Krankheit im Arbeitsverhältnis, S. 117.

802 Ständige Rechtsprechung seit BAG 20, 345.

krankheitsleidende Arbeitnehmer in einem besonderen Maße sozial schutzbedürftig und auf den weiteren Bestand des Arbeitsverhältnisses finanziell angewiesen ist.[803] Der Arbeitgeber hingegen möchte die wirtschaftliche Entwertung der Arbeitsleistung bzw. des Arbeitsverhältnisses verhindern. Grundsätzlich ist ein Arbeitsverhältnis primär auf den Austausch wirtschaftlicher Leistungen (Arbeit und Entgelt) fokussiert. Wenn sich zwei gleichwertige Rechtsgüter der Beteiligten gegenüberstehen, muss im Rahmen der Interessenabwägung geprüft werden, welches Rechtsgut einen geringeren Eingriff erfährt.[804] Diese Abwägung lässt sich nicht anhand festgelegter Prüfungspunkte führen, sondern bedarf vielmehr einer einzelfallorientierten Prüfung dahingehend, ob die Beeinträchtigungen des Arbeitgebers zu dulden sind oder ihn bereits überfordern.[805] In diesem Zusammenhang ist das Interesse des Arbeitgebers, sich von dem Arbeitsverhältnis zu lösen (Beendigungsinteresse) mit dem Bestandsschutzinteresse des Arbeitnehmers gegenüberzustellen.[806] Ein Katalog heranzuziehender Kriterien innerhalb der Abwägung ist nicht vorhanden, da es explizit auf die Umstände des Einzelfalls ankommen soll.[807] Die folgend aufgeführten Umstände sind geeignet, in die Interessenabwägung einzufließen.

a. Krankheitsursache

Wenn die Krankheit auf betriebsbedingten Umständen basiert, ist dies innerhalb der Abwägung zugunsten des Arbeitnehmers zu berücksichtigen.[808] Analog ist die Fehlzeitenquote vergleichbar belasteter Arbeitnehmer zu beachten.[809] Stellt sich die Fehlzeitenquote der Arbeitnehmer mit einer vergleichbaren Tätigkeit ebenso dar, kann dies ein Indiz

803 *Birkner-Kuschyk/ Tschöpe*, DB 1981, 264 (267).
804 *Lepke*, Kündigung bei Krankheit, Rn 202.
805 *Deinert*, in: Kommentar Kündigungsschutzrecht, § 1 KSchG Rn 129.
806 *Gallner/ Denecke*, in: HK Kündigungsschutzrecht, § 1 Teil E, Rn 573.
807 *Preis*, Prinzipien des Kündigungsrechts, S. 222; *Nehring*, Die krankheitsbedingte Kündigung, S. 208; *Hamann*, Die Kündigung wegen häufiger Kurzerkrankungen, S. 75; *Lepke*, Kündigung bei Krankheit, Rn 204.
808 *Plocher*, DB 2015, 2083 (2086).
809 *Hamann*, Die Kündigung wegen häufiger Kurzerkrankungen, S. 86.

für den betrieblichen Ursprung der Erkrankung sein.[810] Im Rahmen der Prüfung dieses Zusammenhangs obliegt dem Arbeitgeber die Darlegungs- und Beweislast. Zu Lasten des Arbeitgebers wird eine solche Krankheit angerechnet, die aus der betrieblichen Sphäre herrührt.[811] In diesem Zusammenhang muss eine Unterscheidung zwischen verschuldeten und unverschuldeten Unfällen erfolgen. Hat der Arbeitgeber den Betriebsunfall verschuldet, hat er jede darauf beruhende Erkrankung zu seinen Lasten anrechnen zu lassen.[812] Daraus folgt, dass dieser Umstand zugunsten des Arbeitnehmers wirken wird. Dem Arbeitgeber ist demnach bei einem von ihm verschuldeten Betriebsunfall eine längere Wartezeit zuzumuten, bis er den Arbeitnehmer entlassen könnte. Eine andersgeartete Sachlage ergibt sich jedoch dann, wenn die häufigen Erkrankungen zwar auf einer Arbeitsbedingung basieren, diese allerdings aufgrund einer besonderen Veranlagung des Arbeitnehmers eine Erkrankung auslösen.[813] Hingegen sind verschuldete Erkrankungen (z.B. Sportunfälle) zu Lasten des Arbeitnehmers in die Interessenabwägung einzubeziehen. Beruht eine Erkrankung auf dem allgemeinen Lebensrisiko, ist diese im Rahmen der Interessenabwägung weder zu Gunsten noch zu Lasten einer Partei anzurechnen.

Der Arbeitgeber hat darzulegen und zu beweisen, dass kein Zusammenhang zwischen den Fehlzeiten und den Arbeitsbedingungen besteht.[814] Basieren die Fehlzeiten allerdings auf einer chronischen Erkrankung des Arbeitnehmers, die dem Arbeitgeber zum Anstellungszeitpunkt bekannt war, sind dem Arbeitnehmer deutlich höhere Fehlzeiten zuzumuten als bei einer nicht chronischen Erkrankung.[815] Schließlich konnte sich der Arbeitgeber bereits zu Beginn des Arbeitsverhältnisses darauf einstellen, dass der Arbeitnehmer eine hohe Fehlzeitenquote aufweisen wird und für diese Fehlzeiten seinerseits Vorkehrungen treffen, was hingegen bei Kurzerkrankungen nicht sinnvollerweise möglich ist. Dieser Umstand ist zugunsten des Arbeitnehmers zu berücksichtigen, ändert allerdings nichts an der Annahme einer Be-

810 *Griebeling/ Rachor*, KR Gemeinschaftskommentar, § 1 KschG, Rn 348 a.
811 *Griebeling/ Rachor*, in: KR Gemeinschaftskommentar, § 1 KSchG, Rn 350.
812 *Griebeling/ Rachor*, in: KR Gemeinschaftskommentar, § 1 KSchG, Rn 350.
813 *Griebeling/ Rachor*, in: KR Gemeinschaftskommentar, § 1 KSchG, Rn 350.
814 *Griebeling/ Rachor*, in: KR Gemeinschaftskommentar, § 1 KSchG, Rn 350.
815 *Deinert*, in: Kommentar Kündigungsschutzrecht, § 1 KSchG, Rn 134.

triebsablaufstörung bzw. dem Vorliegen einer wirtschaftlichen Belastung. Zu Lasten des Arbeitnehmers muss hingegen berücksichtigt werden, wenn dieser die Erkrankung schuldhaft herbeigeführt hat.[816] Dies kann beispielsweise durch ein Verhalten im Privatleben des Arbeitnehmers geschehen sein. Dem Arbeitgeber steht trotzdem die Möglichkeit der personenbedingten Kündigung zu, da eine anderslautende Sichtweise die Einstellungsrate chronisch kranker Menschen rapide senken würde. Wären chronisch erkrankte Arbeitnehmer krankheitsbedingt unkündbar, hätten diese vermutlich allenfalls geringe Chancen auf dem Arbeitsmarkt. Das kann nicht Wille des Gesetzgebers sein.

b. Fehlzeitenquote

Die durchschnittliche Fehlzeitenquote aller im Betrieb beschäftigten Arbeitnehmer ist zusammenzustellen und mit der des konkret betroffenen Arbeitnehmers zu vergleichen.[817] Übersteigt die Fehlzeitenquote des betroffenen Arbeitnehmers die Durchschnittsquote lediglich in geringem Maße, ist dies ebenfalls zugunsten des Arbeitnehmers zu berücksichtigen.[818] Erst ein enormes Abweichen dieser Quote wird zu Lasten des Arbeitnehmers ausgelegt. Eine solche Abweichung könnte ab einem Überschreiten der Quote um 50% anzunehmen sein.

c. Bemühungen des Arbeitgebers

Die Bemühungen des Arbeitgebers sind ebenso innerhalb der Interessenabwägung zu berücksichtigen. Hat sich der Arbeitgeber darum bemüht, die Fehlzeiten des Arbeitnehmers durch zumutbare Maßnahmen zu verringern, ist dies innerhalb der Abwägung zu seinen Gunsten anzurechnen.[819] Je mehr Bemühungen der Arbeitgeber angestellt hat, desto geringere Beeinträchtigungen sind ihm zuzumuten.[820] Daraus folgt, dass der Arbeitgeber nach erheblichen erfolglosen Bemü-

816 *Nehring*, Die krankheitsbedingte Kündigung, S. 209.
817 *Hamann*, Die Kündigung wegen häufiger Kurzerkrankungen, S. 86.
818 BAG, Urt. v. 06.09.1989 – 2 AZR 224/89, in: NZA 1990, 434 (436).
819 *Hamann*, Die Kündigung wegen häufiger Kurzerkrankungen, S. 86.
820 *Berkowsky*, NZA-RR 2001, 393 (399).

hungen den Arbeitnehmer leichter kündigen kann als es ein Arbeitgeber tun könnte, der kaum bzw. keine Bemühungen zur Verringerung der Fehlzeiten angestellt hat. Solche Maßnahmen können zum einen Gespräche mit dem Arbeitnehmer, zum anderen ebenso ein BEM sein.[821]

d. Bisheriger Verlauf des Arbeitsverhältnisses

In diesem Zusammenhang ist zu beachten, über welchen Zeitraum das Austauschverhältnis reibungslos verlief. Wenn der Arbeitnehmer in der Vergangenheit selten bzw. nie krankheitsbedingt gefehlt hat, ist dies in der Abwägung zu seinen Gunsten anzurechnen, sodass der Arbeitgeber zukünftige Ausfallzeiten in größerem Ausmaß eher hinzunehmen hat als bei einem bis dato nicht reibungslos verlaufenen Arbeitsverhältnis.[822] Im Umkehrschluss ergibt sich daraus hingegen, dass bei einem von Anfang an mit Fehlzeiten belasteten oder auch kürzeren Arbeitsverhältnis eine weitaus geringere betriebliche oder wirtschaftliche Beeinträchtigung zur sozialen Rechtfertigung der Kündigung ausreicht.[823] In diesem Rahmen werden in die Berechnung sowohl Krankheitsphasen von unter sechs Wochen, als auch Krankheiten ohne Wiederholungsgefahr einbezogen, woraus sich folgern lässt, dass ein reibungsloser Verlauf des Arbeitsverhältnisses nicht bereits bei einer Fehlzeitenquote von unter sechs Wochen anzunehmen ist.[824] Nicht erfasst werden jedoch Krankheiten, die wegen ihrer Geringfügigkeit keine bzw. nur geringe Auswirkungen auf das Arbeitsverhältnis haben.[825]

---

821 *Berkowsky*, NZA-RR 2001, 393 (399).

822 *Weber/ Hoß*, DB 1993, 2429 (2433); *Bauer/ Röder/ Lingemann*, Krankheit im Arbeitsverhältnis, S. 118; *Schiefer*, BB 2015, 2613 (2618).

823 So auch BAG, Urt. v. 08.11.2007 – 2 AZR 292/06, in: BB 2008, 609 (611); *Schiefer*, BB 2015, 2613 (2618).

824 *Schiefer*, BB 2015, 2613 (2618); *Griebeling/ Rachor*, in: KR Gemeinschaftskommentar, § 1 KSchG, Rn 353.

825 *Griebeling/ Rachor*, in: KR Gemeinschaftskommentar, § 1 KSchG, Rn 353.

e. Alter des Arbeitnehmers und Dauer des Vertrages

Die Dauer des Arbeitsverhältnisses ist zu Gunsten des Arbeitnehmers zu berücksichtigen.[826] Je länger das Arbeitsverhältnis besteht, desto höhere Beeinträchtigungen durch Ausfallzeiten hat der Arbeitgeber hinzunehmen.[827] Die Fürsorgepflicht des Arbeitgebers wird durch eine längere Betriebszugehörigkeit erhöht und hat deshalb innerhalb der Interessenabwägung Berücksichtigung zu finden.[828] Dies lässt sich dadurch begründen, dass der Arbeitnehmer seine Arbeitskraft in den Betrieb des Arbeitgebers eingebracht hat. Es liegt nicht außerhalb völliger Lebenswahrscheinlichkeit, dass ein älterer Arbeitnehmer im Vergleich zu einem jüngeren Arbeitnehmer krankheitsanfälliger ist. Grundsätzlich ist davon auszugehen, dass ein älterer Arbeitnehmer im Vergleich zu einem jüngeren Arbeitnehmer höhere Fehlzeiten aufweisen wird.[829] Wenn ein sehr junger Arbeitnehmer eine große Anzahl von Fehlzeiten aufweist, beeinträchtigt dies den Arbeitgeber beispielsweise in Form von Entgeltfortzahlungsleistungen viel mehr als dies bei einem älteren, bereits länger dem Betrieb angehörenden Arbeitnehmer der Fall wäre, weil ein älterer Arbeitnehmer aufgrund des gesetzlichen Renteneintrittsalters ohnehin nicht mehr derart lang in dem Betrieb eingestellt sein wird wie der jüngere Arbeitnehmer.[830] Hohe Fehlzeiten bei einem jüngeren Arbeitnehmer weisen auf einen Anstieg der zukünftig zu erwartenden Beeinträchtigungen hin, da mit steigendem Alter die Krankheitsanfälligkeit generell zunimmt.[831] Demnach muss der Arbeitgeber bei einem älteren Arbeitnehmer höhere Fehlzeiten hinnehmen als bei einem jüngeren Arbeitnehmer.

Fraglich ist, wie die unterschiedliche Berücksichtigung innerhalb der Interessenabwägung als Diskriminierung der jüngeren Arbeitnehmer zu rechtfertigen ist. Nach Art. 6 Abs. 1 lit. a der Richtlinie RL 2000/78/EG liegt eine Rechtfertigung dieser Diskriminierung dann vor, wenn die Chancen der älteren Arbeitnehmer auf dem aktu-

826 *Plocher*, DB 2015, 2083 (2086).

827 *Lepke*, Kündigung bei Krankheit, Rn 214.

828 *Lepke*, Kündigung bei Krankheit, Rn 214.

829 *Schiefer*, BB 2015, 2613 (2618); *Nehring*, Die krankheitsbedingte Kündigung, S. 209.

830 *Lepke*, Kündigung bei Krankheit, Rn 214.

831 BAG, Urt. v. 06.09.1989 – 2 AZR 224/89, in: NZA 1990, 434 (437).

ellen Arbeitsmarkt tatsächlich schlechter sind als die vergleichbarer jüngerer Arbeitnehmer.[832] Auf dem aktuellen Arbeitsmarkt hat ein älterer Arbeitnehmer allenfalls eingeschränkte Möglichkeiten, einen neuen, seiner Qualifikation entsprechenden, Arbeitsplatz zu finden.[833] Dementsprechend sind die Chancen auf dem Arbeitsmarkt für ältere Arbeitnehmer tatsächlich schlechter als die jüngerer Arbeitnehmer. Wird ein älterer Arbeitnehmer krankheitsbedingt gekündigt, wird seine Existenz dadurch stärker gefährdet als dies bei einem jüngeren Arbeitnehmer der Fall wäre. Eine solch schwierige Arbeitsmarktlage ist folglich zugunsten des Arbeitnehmers zu erfassen. Damit liegt eine Rechtfertigung vor, weshalb die unterschiedliche Berücksichtigung innerhalb der Abwägung zulässig ist.

Fraglich ist hingegen, inwieweit das Alter eines Arbeitnehmers im Rahmen der Interessenabwägung Beachtung finden darf, da dieses für sich genommen keinen Bezug zum Arbeitsverhältnis aufweist.[834] Außer Frage steht die Berücksichtigung solcher Fälle, in denen ein Arbeitnehmer während seines Berufslebens ausschließlich bei einem Arbeitgeber beschäftigt war. In diesen Fällen kann eine Berücksichtigung im Rahmen der Interessenabwägung nicht sinnvoll abgelehnt werden. Daher kann dem Arbeitgeber bei einem solchen Sachverhalt eine höhere Fehlzeitenquote zugemutet werden. Handelt es sich jedoch um einen relativ jungen Arbeitnehmer in einem erst kurzzeitig bestehenden Arbeitsverhältnis, der bereits zu Beginn des Arbeitsverhältnisses überdurchschnittliche Krankheitszeiten aufweist, muss dies zu Lasten des Arbeitnehmers berücksichtigt werden.

f. Unterhaltspflichten

Hat der Arbeitnehmer Unterhaltspflichten zu leisten, ist dies innerhalb der Interessenabwägung lediglich bei einem sonst unklaren Abwägungsergebnis zu berücksichtigen, da es sich in dieser Angelegenheit allenfalls um die familiären Verhältnisse des Arbeitnehmers handelt und nicht, wie gefordert, ein konkreter Bezug zum Arbeitsverhältnis

832 *Deinert*, in: Kommentar Kündigungsschutzrecht, § 1 KSchG Rn 133.
833 *Lepke*, Kündigung bei Krankheit, Rn 214.
834 *Lepke*, Kündigung bei Krankheit, Rn 215.

aufgewiesen wird.[835] Je größer die Unterhaltsbelastung für den Arbeitnehmer ist, desto mehr Schutz ist ihm zu gewähren.[836]

Problematisch erscheint jedoch, dass das Kündigungsschutzgesetz soziale Faktoren wie beispielsweise Unterhaltspflichten ausschließlich dann berücksichtigt, wenn es sich um eine betriebsbedingte Kündigung handelt, da der Bezug zum Arbeitsverhältnis bei sozialen Faktoren zumeist fehle.[837] Soziale Faktoren betreffen vielmehr vom Arbeitsverhältnis völlig getrennte Umstände.[838] Dafür lässt sich zusätzlich anführen, das es nicht dem Aufgabenbereich des Arbeitgebers zuzuordnen ist, dass Einkommen bzw. die Existenzgrundlage einer Familie zu gewährleisten. Eine solche Sicherung des Einkommens kann insbesondere dann nicht angenommen werden, wenn der Arbeitnehmer aufgrund einer negativen Gesundheitsprognose zukünftig eine bestimmte Fehlzeitenquote aufweisen wird, die zu betrieblichen Störungen sowie wirtschaftlichen Belastungen des Arbeitgebers führen kann.[839] Des Weiteren entschied das Bundesarbeitsgericht in einer richtungsweisenden Entscheidung aus dem Jahr 2000, dass etwaige Unterhaltspflichten des Arbeitnehmers im Rahmen der Interessenabwägung nicht vollkommen unberücksichtigt bleiben dürften.[840] Hat der Arbeitnehmer bereits eine Familie gegründet und ist daher beispielsweise mehreren Kindern unterhaltspflichtig, dürfe dies nicht völlig unbeachtet bleiben. Aufgrund dieser familiären Unterhaltspflichten ist der Arbeitnehmer in sozialer Weise schutzbedürftiger, da der Arbeitsplatz größtenteils zur Finanzierung dieser Verpflichtungen angetreten wurde. Deshalb erscheint eine Berücksichtigung geboten.

g. Überbrückungsmaßnahmen

Innerhalb der Interessenabwägung sind alle zumutbaren Überbrückungsmaßnahmen auf Seite des Arbeitgebers zu berücksichtigen. In

835 *Gallner/ Denecke*, in: HK Kündigungsschutzrecht, § 1 KSchG Teil E, Rn 574.
836 *Gallner/ Denecke*, in: HK Kündigungsschutzrecht, § 1 KSchG Teil E, Rn 574.
837 *Nehring*, Die krankheitsbedingte Kündigung, S. 210.
838 *Lepke*, Kündigung bei Krankheit, Rn 216.
839 *Nehring*, Die krankheitsbedingte Kündigung, S. 210.
840 BAG, Urt. v. 20.01.2000 – 2 AZR 378/99, in: BB 2000, 1300 (1300); so auch BAG, Urt. v. 10.11.2005 – 2 AZR 44/05, in: NZA 2006, 655 (657).

diesem Rahmen ist beachtenswert, dass im Fall häufiger Kurzerkrankungen meist lediglich wenige Mittel in Betracht kommen, da ein Arbeitgeber aufgrund des plötzlichen Eintritts der Fehlzeiten nahezu keine Planungsmöglichkeit besitzt. Der Arbeitgeber darf die Kündigung ausschließlich als letztes mögliches Mittel aussprechen, sodass er prüfen muss, ob eine Um- oder Versetzung des Arbeitnehmers innerhalb des Betriebs zielführend ist.[841] Wenn die Prüfung eine solche Versetzungs- oder Umsetzungsmöglichkeit zum Vorschein bringt, führen die krankheitsbedingten Fehlzeiten zukünftig nicht mehr zu einer erheblichen Beeinträchtigung der betrieblichen Interessen des Arbeitgebers. Solche Maßnahmen dürfen allerdings ausschließlich dann ergriffen werden, wenn dadurch eine Verbesserung des Gesundheitszustandes des Arbeitnehmers wahrscheinlich wird.[842] Es ist hingegen nicht notwendig, dass für den Arbeitnehmer eigens ein geeigneter Arbeitsplatz erschaffen oder auf das Freiwerden eines solchen gewartet wird. Ein freiwerdender Arbeitsplatz kommt als Überbrückungsmaßnahme lediglich dann in Betracht, wenn das Freiwerden bis zum Ablauf der Kündigungsfrist ersichtlich ist.[843] Eine ausgesprochene Kündigung ist hingegen nicht bereits deshalb sozialwidrig, weil der Arbeitgeber vor Ausspruch keine Umsetzungs- oder Versetzungsmöglichkeiten geprüft hat. Ausschlaggebend für die Sozialwidrigkeit ist vielmehr die objektive Möglichkeit zu dieser Maßnahme. Besonders problematisch ist dieser Abwägungspunkt bei Kleinbetrieben, da diese durch hohe Ausfallzeiten der Arbeitnehmer relativ höhere wirtschaftliche Schäden davontragen.

Wenn der Arbeitgeber keine Personalreserve bereithält, dann müssen Beeinträchtigungen, die auf durchschnittlichen Fehlzeiten eines Arbeitnehmers beruhen, zu seinen Lasten berücksichtigt werden.[844] Hält der Arbeitgeber hingegen eine Personalreserve bereit, um Fehlzeiten der Arbeitnehmer spontan überbrücken zu können, ist dies zu Gunsten des Arbeitgebers anzurechnen. Für einen tendenziell niedrig gestellten Arbeitnehmer, der demnach leicht zu ersetzen wäre, ist dem

841 *Lepke*, Kündigung bei Krankheit, Rn 231.
842 *Lepke*, Kündigung bei Krankheit, Rn 234.
843 *Lepke*, Kündigung bei Krankheit, Rn 234.
844 BAG, Urt. v. 05.07.1990 – 2 AZR 154/90, in: BB 1990, 2265 (2267); *Deinert*, in: Kommentar Kündigungsschutzrecht, § 1 KSchG, Rn 134.

Arbeitgeber eine große Anzahl von Überbrückungsmaßnahmen zuzumuten.[845] Handelt es sich bei dem Arbeitnehmer jedoch um eine schwer ersetzbare qualifizierte Fachkraft, sind dem Arbeitgeber kaum Überbrückungsmaßnahmen zuzumuten, sodass die Kündigung leichter sozial gerechtfertigt ist.[846] Wenn trotz des Ergreifens zumutbarer Überbrückungsmaßnahmen betriebliche oder wirtschaftliche Beeinträchtigungen eintreten, ist dies innerhalb der Abwägung zu Gunsten des Arbeitgebers anzurechnen.[847]

h. Entgeltfortzahlungskosten

Zunächst ist zu untersuchen, ob eine solche Häufigkeit von Krankheitstagen ebenso bei einem Arbeitnehmer vorkommt, der eine vergleichbare Tätigkeit ausübt. Dadurch sollen die betrieblichen Risiken berücksichtigt und nicht zu Lasten des Arbeitnehmers angerechnet werden. Für die soziale Rechtfertigung einer Kündigung bedarf es zukünftig zu erwartender Kosten, die derart außerordentlich hoch sind, dass sie den Sechswochenzeitraum erheblich überschreiten.[848] Eine Weiterbeschäftigung des Arbeitnehmers muss für den Arbeitgeber aufgrund dieser Kosten unzumutbar sein. Nach der Rechtsprechung des Bundesarbeitsgerichts sind Entgeltfortzahlungskosten, die die Sechswochengrenze um 15 Tage überschreiten, als erheblich im Rahmen der Abwägung anzusehen.[849] Eine außerordentliche Höhe von Entgeltfortzahlungskosten ist bei einer hundertprozentigen Überschreitung des Sechswochenzeitraums, also bei 60 entgeltfortzahlungsberechtigten Fehltagen, anzunehmen.[850] Nach an dieser Stelle vertretener Auffassung sind außerordentlich hohe Entgeltfortzahlungskosten nicht schematisch bestimmbar, sondern vielmehr im Rahmen einer Einzelfallbe-

845 *Deinert*, in: Kommentar Kündigungsschutzrecht, § 1 KSchG, Rn 134.
846 *Deinert*, in: Kommentar Kündigungsschutzrecht, § 1 KSchG, Rn 134.
847 *Griebeling/ Rachor*, in: KR Gemeinschaftskommentar, § 1 KSchG, Rn 359.
848 BAG, Urt. v. 05.07.1990 – 2 AZR 154/90, in: BB 1990, 2265 (2266); *Schiefer*, BB 2015, 2613 (2617); *Hamann*, Die Kündigung wegen häufiger Kurzerkrankungen, S. 87.
849 BAG, Urt. v. 06.09.1989 – 2 AZR 19/89, in: BB 1990, 553 (555).
850 BAG, Urt. v. 05.07.1990 – 2 AZR 154/90, in: BB 1990, 2265 (2267).

trachtung festzulegen.[851] Jedoch scheint die grundsätzliche Annahme einer außerordentlichen Höhe ab einer Fehlzeitenanzahl von 45 Tagen sinnvoll. Dennoch lässt sich festhalten, dass bei einem jüngeren Arbeitnehmer eine hohe Belastung durch Entgeltfortzahlungskosten stärker ins Gewicht fällt als es dies bei einem älteren Arbeitnehmer der Fall ist. Besteht innerhalb des Betriebs generell eine erhöhte Fehlzeitenquote, kann die Kündigung allenfalls durch eine außerordentlich hohe Fehlzeitenquote gerechtfertigt werden.[852]

Fraglich ist hingegen, ob einer Berücksichtigung der Entgeltfortzahlungskosten der Sinn und Zweck dieser gesetzlich verankerten Schutzvorschriften entgegensteht. Nach überwiegender Auffassung wird die Entgeltfortzahlung als wirtschaftliche Belastung im Rahmen der Interessenabwägung zu Gunsten des Arbeitgebers berücksichtigt. Kritische Stimmen lehnen eine solche Berücksichtigung aufgrund des Sinn und Zwecks der kündigungsrechtlichen Schutzvorschriften ab.[853] Nach ihnen weisen die einschlägigen Vorschriften, beispielweise § 3 Abs. 1 EFZG, einen sozialen Schutzcharakter auf, der es verbiete, eine Kündigung aufgrund der Inanspruchnahme eines solchen Schutzgesetzes zu stützen. In diesem Zusammenhang verweisen die Kritiker, die sich gegen eine Berücksichtigung der Entgeltfortzahlungen aussprechen, auf die Vergleichbarkeit mit Fehlzeiten aufgrund des Mutterschutzgesetzes, da diese im Rahmen der Interessenabwägung keine Berücksichtigung finden dürfen.[854] Gegen diese Auffassung der Kritiker muss hingegen angeführt werden, dass die schwangerschaftsbedingten Fehlzeiten im Rahmen der Interessenabwägung keine Berücksichtigung finden, weil eine Schwangerschaft bei normalem Verlauf keine Krankheit darstellt.[855] Daraus folgt, dass die Herausnahme der schwangerschaftsbedingten Fehlzeiten nicht auf den sozialen Schutzcharakter der Vorschrift zu stützen ist, sondern ausschließlich auf der Tatsache beruht, dass eine Schwangerschaft keine Krankheit darstellt. Davon abgesehen verfolgt die Entgeltfortzahlung iSd. § 3 Abs. 1 EFZG den Zweck, eine finanzielle Absicherung des Arbeitnehmers im

851 *Deinert*, in: Kommentar Kündigungsschutzrecht, § 1 KSchG, Rn 133.
852 *Griebeling/ Rachor*, KR Gemeinschaftskommentar, § 1 KschG, Rn 361.
853 *Popp*, AuR 1979, 42 (43,46,48); *Ide*, AuR 1980, 225 (229).
854 *Birkner-Kuschyk/ Tschöpe*, DB 1981, 264 (270).
855 *Birkner-Kuschyk/ Tschöpe*, DB 1981, 264 (270).

Krankheitsfall für einen Zeitraum von mindestens sechs Wochen zu erreichen.[856] Aus dieser Absicherung kann jedoch nicht der Schluss gezogen werden, dass der Arbeitgeber die aus den Kosten erwachsende wirtschaftliche Belastung im Rahmen der Interessenabwägung nicht berücksichtigen dürfe.[857] Würde ein solcher Schluss zugelassen werden, würde dem Arbeitgeber nahezu jede Möglichkeit genommen, den Arbeitnehmer krankheitsbedingt zu kündigen. Da ein solcher Zweck nicht dem Willen des Gesetzgebers entsprechen kann, steht einer Berücksichtigung der Entgeltfortzahlungskosten nichts im Wege.

i. Darlegung durch den Arbeitgeber

Im Rahmen der Interessenabwägung haben beide Parteien zunächst die für sie günstigen Tatsachen darzulegen.[858] Der Arbeitgeber trägt jedoch die Beweislast für die Unzumutbarkeit (§ 1 Abs. 2 S. 4 KSchG).[859] Zu seiner Verteidigung muss der Arbeitnehmer entgegenstehende Tatsachen in die Verhandlung einbringen.

2. Kritik an der Interessenabwägung

a. Arbeitsverhältnisbezogene Abwägung

Kritiker fordern, dass die Interessenabwägung auf eine „auf das Arbeitsverhältnis bezogene Abwägung“ zu begrenzen ist und nicht, wie von der Rechtsprechung gefordert, eine Abwägung zwischen dem Bestandsschutzinteresse des Arbeitnehmers und dem Kündigungsinteresse des Arbeitgebers vorzunehmen ist.[860] Eine solche Formel würde zu weit reichen, da der Interessenkonflikt bereits einer bruchstückhaften

---

856 *Birkner-Kuschyk/ Tschöpe*, DB 1981, 264 (270).

857 *Birkner-Kuschyk/ Tschöpe*, DB 1981, 264 (270).

858 *Schunder*, NZA-Beilage 2015, 90 (94); *Bauer/ Röder/ Lingemann*, Krankheit im Arbeitsverhältnis, S. 123.

859 *Lepke*, Kündigung bei Krankheit, Rn 298; *Bauer/ Röder/ Lingemann*, Krankheit im Arbeitsverhältnis, S. 123.

860 *Dörner/ Vossen*, in: APS Kündigungsrecht, § 1 KSchG, Rn 184.

Bewertung innerhalb der vorherigen zwei Stufen unterzogen wurde.[861] Daraus lässt sich schließen, dass eine personenbedingte Kündigung dann sozial gerechtfertigt ist, wenn die Rechtspositionen des Arbeitnehmers durch eine schwerwiegende Beeinträchtigung der Interessen des Arbeitgebers überwogen werden.[862] Weiterhin existiere im gesamten Kündigungsschutzrecht unabhängig davon keine derartige Interessenabwägung, was ebenfalls gegen eine solche spricht.[863] Der Wortlaut des § 1 KSchG ist vielmehr abschließend formuliert und lasse daher keinen Raum für eine richterliche Interessenabwägung. Im Gegensatz dazu verlange § 1 Abs. 3 KSchG für die betriebsbedingte Kündigung eine Abwägung der Interessen.[864] Nach dieser Ansicht führt die Interessenabwägung im Rahmen der personenbedingten Kündigung zu einer Verwischung der Grenze zur betriebsbedingten Kündigung und ist somit abzulehnen.[865]

b. Strenge Voraussetzungen der Abwägung

Des Weiteren wird die Ansicht vertreten, dass die Interessenabwägung, im Gegensatz zur betriebsbedingten Kündigung, bei einer personenbedingten Kündigung allenfalls unter sehr strengen Voraussetzungen vorzunehmen sei.[866] Eine Krankheit ist ein Umstand, den der Arbeitnehmer in den meisten Fällen nicht zu verantworten hat, sondern der vielmehr durch äußere Einflüsse eingetreten ist. Auch im Fall eines Betriebsunfalls oder sonstigen vom Arbeitgeber zu vertretenen Umständen sei ein strenger Maßstab gerechtfertigt, da die Ursachen in der Sphäre des Arbeitgebers liegen und somit zu seinen Lasten berücksichtigt werden müssten.[867] Weiterhin müsse ein besonderer Schutz bzgl. eventueller gesundheitlicher Vorbelastungen des Arbeitnehmers gewährleistet sowie die grundlegenden Aussagen von Art. 1 Abs. 1 GG

861 *Dörner/ Vossen*, in: APS Kündigungsrecht, § 1 KSchG, Rn 184.
862 *Dörner/ Vossen*, in: APS Kündigungsrecht, § 1 KSchG, Rn 184.
863 *Hamann*, Die Kündigung wegen häufiger Kurzerkrankungen, S. 76.
864 *Hamann*, Die Kündigung wegen häufiger Kurzerkrankungen, S. 76.
865 *Tschöpe*, DB 1987, 1042 (1045).
866 *Preis*, Prinzipien des Kündigungsrechts, S. 433.
867 *Dörner/ Vossen*, in: APS Kündigungsrecht, § 1 KSchG, Rn 171.

und Art. 2 Abs. 1 GG beachtet werden.[868] Dem Interesse des Arbeitnehmers müsse ein hohes Gewicht zugestanden werden. Eine gegenteilige Ansicht würde dazu führen, dass der Arbeitnehmer wie ein „sachliches Betriebsmittel" behandelt werden würde.[869] Beruht die Krankheitsanfälligkeit eines Arbeitnehmers jedoch auf einer schuldhaften Herbeiführung, könnte dies andere Grundsätze hervorrufen.

c. Stellungnahme

Problematisch an dieser Sichtweise ist jedoch, dass die Literaten, die sich für strenge Abwägungsvoraussetzungen aussprechen, keinerlei Kriterien für die Abwägung benennen, sondern vielmehr lediglich auf die Rechtsprechung des Bundesarbeitsgerichts verweisen.[870] Darauf zu stützen, dass der Arbeitnehmer bei der personenbedingten Kündigung kein Verschulden trägt, ist ebenfalls nicht ausreichend, da es sicherlich in den meisten Fällen an einem Verschulden des Arbeitnehmers fehlen werde und ein Verschulden des Arbeitnehmers bei der betriebsbedingten Kündigung nicht in Frage kommt. Daher besteht keine Veranlassung die personenbedingte gegenüber der betriebsbedingten Kündigung zu bevorzugen. Die Interessenabwägung soll einen gerechten Ausgleich zwischen den Interessen des Arbeitnehmers und Arbeitgebers herbeiführen. Folglich kann sich nicht für einen strengeren Maßstab ausgesprochen werden. Weiterhin führt die Durchführung einer Interessenabwägung im Rahmen der krankheitsbedingten Kündigung zu keiner Verwischung der Grenzen zur betriebsbedingten Kündigung.

3. Vorschlag zur Vereinfachung der Interessenabwägung

a. Einführung eines Kriterienkatalogs

Die auf der dritten Stufe vorzunehmende Interessenabwägung bedarf der Einbeziehung von Kriterien, auf die sich die Abwägung stützen

868 *Dörner/ Vossen*, in: APS Kündigungsrecht, § 1 KSchG, Rn 171.
869 *Hamann*, Die Kündigung wegen häufiger Kurzerkrankungen, S. 78.
870 *Preis*, Prinzipien des Kündigungsrechts, S. 434 f.

kann. Die Vielzahl der im Rahmen der Interessenabwägung zu berücksichtigenden Faktoren verdeutlicht die Schwierigkeit der einzelfallbezogenen Beurteilung der Sozialwidrigkeit der krankheitsbedingten Kündigung.[871] Durch den Begriff der Sozialwidrigkeit als unbestimmten Rechtsbegriff hat sich der Gesetzgeber bewusst und gewollt dazu entschlossen, ein Spannungsverhältnis zwischen Rechtssicherheit und Einzelfallgerechtigkeit zu schaffen.[872] Im Rahmen der krankheitsbedingten Kündigung treffen persönliche Interessen des Arbeitnehmers mit betrieblichen und wirtschaftlichen Interessen des Arbeitgebers aufeinander. Im Laufe der Zeit hat sich eine Richtung durch Entscheidungen der Gerichte entwickelt, welche die Anforderungen an eine krankheitsbedingte Kündigung konkretisiert hat. Daraufhin etablierte sich eine breit gefächerte Kritik, welche die einzelfallorientierte Prüfung der Sozialwidrigkeit einer krankheitsbedingten Kündigung als unberechenbar sowie unkalkulierbar einstuft.[873] Fraglich ist jedoch, wie es sich auswirkt, dass kein allgemeiner Kriterienkatalog existiert, sondern die Kriterien einzelfallbedingt angewandt werden müssen. Es gibt weiterhin keinerlei Anhaltspunkte, welchem Kriterium wie viel Bedeutung innerhalb der Abwägung zukommt. Ohne eine solche Vorgabe erscheint es schwierig, ein gerechtes Abwägungsergebnis zu finden. Es existieren diverse unterschiedliche Kriterien, die, so scheint es, im Rahmen der Interessenabwägung zufällig ausgewählt und nach Belieben gewichtet werden. Um dieser Willkür entgegenzuwirken, käme eine Bündelung aller entscheidenden Kriterien in einem Katalog, wie bereits von *Hamann* vorgeschlagen, in Betracht.[874]

b. Eigener Ansatz: Implementierung eines Kriterienkatalogs mit Abwägungsgewichtung

Dieser Vorschlag bedarf jedoch einer weiteren Ausgestaltung und muss somit durch einige Punkte modifiziert und ergänzt werden, um

871 *Lepke*, Kündigung bei Krankheit, Rn 250.

872 *Lepke*, Kündigung bei Krankheit, Rn 250.

873 *Schukai*, DB 1976, 2015 (2015); *Weisemann*, BB 1977, 1767 (1768); *Tschöpe*, DB 1987, 1042 (1043); *Lepke*, Kündigung bei Krankheit, Rn 250.

874 So auch in Grundzügen *Hamann*, S. 77.

in jedem Einzelfall eine interessengerechte Anwendung sicherzustellen. Daher wird in der vorliegenden Arbeit die Implementierung eines Kriterienkatalogs mit verschiedenen Abstufungen vorgeschlagen. Selbstredend muss in diesem Zusammenhang berücksichtigt werden, dass eine Kündigung stets einzelfallorientiert betrachtet werden muss. Die Einführung eines Kriterienkataloges soll folglich lediglich als zusätzliche Hilfestellung fungieren und erhebt keinerlei Anspruch auf Vollständigkeit. Weiterhin soll dieser Katalog ausschließlich im Rahmen krankheitsbedingter Kündigungen von Bedeutung sein. Jedoch würde ein Kriterienkatalog nichts an der einzelfallbedingten Prüfung ändern, da ein solcher den Kündigungsprozess ausschließlich vereinfachen und generalisieren würde. Die betroffenen Parteien (Arbeitnehmer und Arbeitgeber) könnten somit bereits vor einem möglicherweise langwierigen Kündigungsschutzprozess überprüfen, ob die beabsichtigte Kündigung einer Interessenabwägung standhalten würde. Weiterhin würde ein solcher Katalog eine bestimmte Rechtssicherheit schaffen. Daher wäre es sinnvoll, das Kündigungsschutzgesetz in dem Sinne zu ergänzen, als ein genauer Kriterienkatalog für die Interessenabwägung zur Verfügung gestellt wird, in dem eine Gewichtung der einzelnen Kriterien vorgeschlagen wird.

In diesem Katalog sollen nicht nur die direkt auf das Arbeitsverhältnis bezogenen Faktoren beachtet werden, sondern vielmehr auch indirekte Faktoren, wie beispielsweise die aktuelle Lage des Arbeitsmarktes oder eventuell vorhandene Unterhaltspflichten. Kritische Stimmen innerhalb der Literatur sprechen sich allerdings gegen die Annahme der privaten Faktoren in den Kriterienkatalog aus, da sie der Ansicht sind, dass nach dem Wortlaut des § 1 Abs. 3 KSchG soziale Kriterien ausschließlich bei der betriebsbedingten Kündigung berücksichtigt werden dürften.[875] Dem ist zuzugeben, dass die Arbeitgeber dann generell präferiert Arbeitnehmer ohne Verpflichtungen im familiären Bereich einstellen würden. Damit würde der Schutz des Unterhaltspflichtigen völlig unterlaufen. Bezüglich der Arbeitsmarktsituation ergibt sich zudem die Problematik, dass ein Arbeitgeber nicht dazu genötigt werden könne, einen kranken Arbeitnehmer weiterhin zu be-

875 BAG, Urt. v. 20.01.2000 – 2 AZR 378/99, in: NZA 2000, 768 (768).

schäftigen, nur weil dieser auf dem Arbeitsmarkt geringe anderweitige Chancen hätte bzw. er familiären Verpflichtungen ausgesetzt ist.

Selbst wenn Unterhaltsverpflichtungen zwar grundsätzlich dem privaten Bereich zuzuordnen sind, hat der Arbeitnehmer den Arbeitsplatz zumindest auch mit dem Ansinnen angetreten, seinen familiären Verpflichtungen nachzukommen.[876] Bei der Abwägung ist ein Bild der Gesamtsituation von Arbeitgeber und Arbeitnehmer zu erstellen. Zu dieser Gesamtsituation zählen auch etwaige Unterhaltspflichten des Arbeitnehmers. Die Tatsache, dass der Arbeitnehmer das Arbeitsverhältnis u.a. zur Erfüllung seiner Unterhaltspflichten eingegangen ist, kann nicht außer Acht gelassen werden. In diesem Zusammenhang sollte allerdings beachtet werden, dass das Kriterium der Unterhaltsverpflichtung bei schwerwiegenden Kündigungsgründen zurückweichen müsse. Grundsätzlich erscheint es hingegen vernünftig, solche Faktoren in die Abwägung einfließen zu lassen. Daher sollte diesen dem privaten Bereich zuzuordnenden Faktoren innerhalb des Kriterienkatalogs eine geringere Bedeutung zugesprochen werden, in der Form, dass den privaten Kriterien lediglich dann Beachtung geschenkt wird, wenn bis dahin ein unklares Abwägungsergebnis vorliegt. [877]

Fraglich ist zudem, warum ein Arbeitgeber dann weniger belastet sein soll, wenn er mehrere vergleichbare Arbeitgeber beschäftigt, für die er Entgeltfortzahlungsleistungen zahlen muss. Dies könnte darauf gestützt werden, dass die Arbeitsbedingungen innerhalb des Betriebs fragwürdig sein könnten. Dagegen lässt sich jedoch anführen, dass aufgrund schlechter Bedingungen Ausfallzeiten in Höhe von sechs Wochen nicht verhältnismäßig erscheinen. Daher ist ein Arbeitgeber mit mehreren Arbeitnehmern, die alle vergleichbar hohe Fehlzeiten aufweisen, viel stärker belastet, als wenn er lediglich eine geringe Anzahl kranker Arbeitnehmer beschäftigt. Andererseits muss dies ebenso im Rahmen einer einzelfallorientierten Betrachtung bewertet werden. Folglich erscheint die Einführung eines Kriterienkatalogs durchaus sinnvoll und würde den Kündigungsprozess erleichtern.

---

876 So auch *Hamann*, S. 80.

877 So auch *Gallner/ Denecke*, in: HK Kündigungsschutzrecht, § 1 KSchG Teil E, Rn 574.

IV. Ausufernde Entgeltfortzahlungspflicht im Falle häufiger Kurzerkrankungen

1. Begrenzung in § 3 Abs. 1 EFZG enthalten

Fraglich ist, ob eine Begrenzung des Sechswochenzeitraums im Falle häufiger Kurzerkrankungen dem § 3 Abs. 1 EFZG entnommen werden kann, sodass es keiner Gesetzesänderung bedarf. Der § 3 EFZG soll dem Arbeitnehmer einen Anspruch auf Entgeltfortzahlung im Krankheitsfalle sichern. In diesem Zusammenhang spricht die Vorschrift davon, einem Arbeitnehmer, der durch eine krankheitsbedingte Arbeitsunfähigkeit an seiner Arbeitsleistung verhindert ist, eine Entgeltfortzahlung bis zur Dauer von sechs Wochen zu gewähren. Satz 2 der Vorschrift konkretisiert diesen Anspruch insoweit, als der Arbeitnehmer diesen Anspruch dann verliert, wenn er infolge derselben Krankheit erneut arbeitsunfähig wird. Der Entgeltfortzahlungsanspruch des § 3 Abs. 1 S. 1 EFZG geht hingegen dann nicht verloren, wenn bei Eintritt derselben Krankheit entweder sechs Monate seit dem letzten Krankheitseintritt vergangen sind oder eine Frist von zwölf Monaten seit Beginn der ersten Arbeitsunfähigkeit infolge derselben Krankheit abgelaufen ist. Häufige Kurzerkrankungen resultieren hingegen zumeist auf vielen verschiedenen Erkrankungen, sodass der Zeitraum des § 3 Abs. 1 EFZG fortwährend von neuem beginnen würde.

Man könnte allerdings der Ansicht sein, dass eine zeitliche Begrenzung der Entgeltfortzahlungspflicht bereits vom Willen des Gesetzgebers umfasst sein müsse und daher in den § 3 Abs. 1 EFZG hineingelesen werden müsste. Demnach könnte die Krankheitsanfälligkeit als eigenständige Krankheit angesehen werden, sodass der Sechswochenzeitraum des § 3 Abs. 1 EFZG bei wiederholtem Eintreten einer darauf beruhenden Erkrankung nicht mehr beginnen würde. Der Arbeitnehmer würde in diesem Fall innerhalb der Grenzen des Satz 2 keine Entgeltfortzahlungsleistungen mehr erhalten. Diese Annahme würde das Bedürfnis einer Gesetzesänderung vollkommen beseitigen.

Gegen diese Ansicht spricht jedoch, dass der Wortlaut der Vorschrift einer solchen Interpretation keinerlei Anhaltspunkte gewährt. Des Weiteren würde durch ein solches „Hineinlesen“ die Inkenntnissetzung juristischer Laien erheblich erschwert. Insbesondere im Bereich arbeitsrechtlicher Vorschriften ist es wichtig, dass sowohl Arbeitnehmer als auch Arbeitgeber durch die Gesetzeslektüre ein Grundverständnis erhalten können. Vor allem der Bereich des Entgeltfortzahlungsrechts stellt in diesem Zusammenhang für beide Parteien eines der wichtigsten das Arbeitsverhältnis prägende Gesetz dar, weil eine bestimmte Krankheitsquote jedem Arbeitsverhältnis immanent ist. Aus diesem Grund muss insbesondere die Vorschrift des § 3 EFZG die Rechtslage durch einen klaren und eindeutigen Wortlaut veranschaulichen. Wäre der oben genannten Ansicht Folge zu leisten, wüssten zwar Juristen über die Entgeltfortzahlungsleistungen im Falle häufiger Kurzerkrankungen Bescheid, Arbeitnehmer und Arbeitgeber würden jedoch erst bei Inanspruchnahme juristischen Rates davon fundierte Kenntnis erlangen. Da sich der Adressatenkreis der Vorschrift hingegen überwiegend aus Arbeitnehmern und Arbeitgebern zusammensetzt, kann dies nicht gelten. Aus diesem Grund entspricht es nicht Sinn und Zweck der Norm, dass der Zeitraum des § 3 Abs. 1 EFZG durch ein „Hereinlesen“ beschränkt wird.

2. Lösungsansätze für zeitlich unbegrenzte Entgeltfortzahlungskosten

Im Fall häufiger Kurzerkrankungen entsteht die Problematik, dass der Zeitraum des § 3 Abs. 1 EFZG stets dann von neuem beginnt, wenn es sich um verschiedene Krankheiten handelt und der Arbeitgeber dadurch erhebliche Kosten auferlegt bekommt. Dieser Situation hat der Gesetzgeber bislang keine Lösung zugeführt. Für die oben angeführte Problematik der zeitlich unbegrenzten Entgeltfortzahlungskosten bei häufigen Kurzerkrankungen werden im Folgenden zwei denkbare Lösungsansätze diskutiert, die den Arbeitgeber vor ausufernder Entgeltfortzahlungskosten schützen. An dieser Stelle soll diskutiert werden, inwieweit es zweckmäßiger wäre, den Zeitraum des § 3 Abs. 1 EFZG zu beschränken. Anschließend ist zu untersuchen, ob § 3 Abs. 1 EFZG in dieser Hinsicht zu ändern ist, dass dem Arbeitnehmer im Fall häufiger Kurzerkrankungen innerhalb eines Beschäftigungsjahrs lediglich ein bestimmtes Kontingent von Entgeltfortzahlungen gewährt wird.

a. Einführung einer zeitlichen Begrenzung des § 3 Abs. 1 EFZG de lege ferenda

Die soeben dargestellte Problematik könnte durch die Einführung einer zeitlichen Begrenzung (absolute Obergrenze) für Entgeltfortzahlungsleistungen pro Jahr eingedämmt werden.[878] Eine solche Begrenzung würde dem Fall entgegenwirken, dass der Zeitraum des § 3 Abs. 1 EFZG bei häufigen Kurzerkrankungen stets erneut beginnt und der Arbeitgeber dadurch deutlich stärker wirtschaftlich belastet wird als es dem Willen des Gesetzgebers entspricht. Durch eine Begrenzung des Zeitraums wäre eine genauere Kalkulation der Kosten gewährleistet. Die aktuelle Rechtslage ist den Vorstellungen des Gesetzgebers geschuldet, der darauf vertraute, dass durch Kurzerkrankungen regelmäßig keine Fehlzeitensumme von über sechs Wochen eintreten werde. Im Rahmen dieser Problematik besteht ein Dreiecksverhältnis zwischen Arbeitnehmer, Arbeitgeber und den gesetzlichen Krankenkassen. Durch das Entgeltfortzahlungsgesetz und das Krankenversicherungsgesetz sollte ein angemessener Interessenausgleich herbeigeführt werden, der jedoch aufgrund wirtschaftlicher Entwicklungen nicht mehr interessengerecht erscheint.[879] Um kein dauerhaftes Ungleichgewicht von Leistung und Gegenleistung zu erhalten und den Arbeitgeber vor hohen Kosten zu schützen, müsste zunächst ein Zeitraum für eine Begrenzung für die Entgeltfortzahlungspflicht geschaffen und der Arbeitnehmer im Übrigen auf die Inanspruchnahme von Krankengeld verwiesen werden.[880] In der momentanen Fassung des Gesetzes wird ein solcher Zeitraum nicht benannt. § 3 Abs. 1 EFZG spricht lediglich von der Dauer der Arbeitsunfähigkeit in Höhe von sechs Wochen. Es müsste für die Bestimmung dieses Zeitraums die Länge des bestehenden Arbeitsverhältnisses berücksichtigt werden. Bei einem Arbeitsverhältnis, das zum Zeitpunkt des Krankheitseintritts lediglich bis zu sechs Monaten besteht, sind Entgeltfortzahlungen von sechs Wochen zu hoch angesetzt. Eine sechswöchige Entgeltfortzahlung dürfte erst ab einem mindestens halbjährig bestehenden Beschäf-

878 So auch in Grundzügen *Popp*, DB 1986, 1461 (1468).

879 *Popp*, DB 1986, 1461 (1468).

880 *Popp*, DB 1986, 1461 (1466); nähere Ausführungen dazu siehe unten, S. 231 ff.

tigungsverhältnis gewährt werden. Daher wird an dieser Stelle für die Abstufung des Zeitraums je nach Betriebszugehörigkeit plädiert.

Bei häufigen Kurzerkrankungen beginnt der sechswöchige Zeitraum von neuem, sodass der Arbeitgeber endlos zahlen müsste, sofern es sich um ständig neue verschiedene Kurzerkrankungen handelt.[881] Dadurch können dem Arbeitgeber enorme Kosten für die Entgeltfortzahlung entstehen. Außerdem ist er durch die nicht kalkulierbaren Kurzerkrankungen ohnehin bereits wirtschaftlich sehr stark belastet. Um diesen Fall, der unter Umständen existenzvernichtende Folgen für den Arbeitgeber haben kann, zu entschärfen, könnte die Vorschrift des § 3 Abs. 1 EFZG insofern umformuliert bzw. ergänzt werden, als der Arbeitnehmer im Fall häufiger Kurzerkrankungen in Abhängigkeit von der Länge seines Beschäftigungsverhältnisses innerhalb von zwölf Monaten Entgeltfortzahlungen für maximal sechs Wochen erhält.[882] Dadurch würde der Zeitraum für die Gewährung auf sechs Wochen begrenzt. Die Fehlzeiten wegen Kurzerkrankungen werden zu einer Gesamtdauer (Gesamtzahl) addiert und wenn diese Fehlzeiten einen Zeitraum von sechs Wochen überschreiten, erhält der Arbeitnehmer für die überschrittene Dauer keine Fortzahlungsleistungen. Da eine solche Beschränkung der Entgeltfortzahlungsansprüche zu Lasten des Arbeitnehmers gehen, erscheint die Wahl der Sechswochengrenze in diesem Fall zu niedrig angesetzt. Um eine auf diesen Fall passende Summe der Beschränkung zu finden, könnte die von der Rechtsprechung festgestellte Fehlzeitenquote in Höhe von neun Wochen relevant werden.[883] Den Entgelfortzahlungsanspruch des Arbeitnehmers bereits bei einer Fehlzeitensumme von sechs Wochen zu beschränken erscheint im Hinblick auf einen angemessenen Ausgleich von Arbeitnehmer- und Arbeitgeberinteressen nicht zielführend. Aus diesem Grund stellen die von der Rechtsprechung festgelegten neun Wochen einen angemessenen Wert zur Beschränkung der Entgeltfortzahlungspflicht dar. Die Verwendung dieser Schwelle basiert auf dem Gedanken der Rechtsprechung, einem häufig kurzerkrankten Arbeitnehmer zwar einen gewissen Schutz zu gewähren, aber zugleich die Interessen des Arbeitgebers zu berücksichtigen.

---

881 *Nehring*, Die krankheitsbedingte Kündigung, S. 180.

882 So auch *Henssler/ Preis*, NZA 2007, Beilage 1.

883 Siehe hierzu oben, S. 82 ff.

Die weitere Vergütung ist dann in Form von Krankengeld durch die Krankenkassen auszugleichen. Inwieweit sich die Begrenzung auf die Krankenkassen auswirkt, wird im weiteren Verlauf der Arbeit behandelt.[884] Keine Änderungen sollten hingegen an dem Erfordernis der unverschuldeten Arbeitsunfähigkeit vorgenommen werden. Die Begrenzung soll jedoch ausschließlich auf die Fallgruppe der häufigen Kurzerkrankungen angewandt werden. Eine solche Änderung hätte zur Folge, dass der Arbeitgeber nach dem festgelegten Zeitraum von der Pflicht zur Entgeltfortzahlung befreit ist und somit keine wirtschaftliche Belastung aufweisen kann. Die Neuregelungen sollten allerdings mit einer Öffnungsklausel für den Fall versehen werden, dass die Kurzerkrankungen auf einem vom Arbeitgeber zu vertretenen Arbeitsunfall beruhen, denn der Arbeitgeber darf nicht auf Kosten des Arbeitnehmers bessergestellt werden.

Der § 3 Abs. 1 EFZG stellt sich aktuell wie folgt dar:[885]

> „(1) Wird ein Arbeitnehmer durch Arbeitsunfähigkeit infolge Krankheit an seiner Arbeitsleistung verhindert, ohne daß ihn ein Verschulden trifft, so hat er Anspruch auf Entgeltfortzahlung im Krankheitsfall durch den Arbeitgeber für die Zeit der Arbeitsunfähigkeit bis zur Dauer von sechs Wochen. Wird der Arbeitnehmer infolge derselben Krankheit erneut arbeitsunfähig, so verliert er wegen der erneuten Arbeitsunfähigkeit den Anspruch nach Satz 1 für einen weiteren Zeitraum von höchstens sechs Wochen nicht, wenn
> 1. er vor der erneuten Arbeitsunfähigkeit mindestens sechs Monate nicht infolge derselben Krankheit arbeitsunfähig war oder
> 2. seit Beginn der ersten Arbeitsunfähigkeit infolge derselben Krankheit eine Frist von zwölf Monaten abgelaufen ist.“

Absatz 1 dieser Vorschrift benennt den bereits genannten Sechswochenzeitraum. Bei langanhaltenden Erkrankungen erlischt die Entgeltfortzahlungspflicht unproblematisch nach diesen sechs Wochen. Im Rahmen häufiger Kurzerkrankungen, die sich aus unterschiedlichen Krankheiten zusammensetzen können, würde der Sechswochenzeitraum stets erneut beginnen. Da die Fallgruppe der häufigen Kurzerkrankungen grundsätzlich davon geprägt ist, dass sich die Zeiten der Arbeitsunfähigkeit zumeist aus wenigen Tagen oder Wochen zusam-

884 Siehe hierzu unten, S. 231 ff.

885 Vgl. § 3 EFZG.

mensetzen, würde der Sechswochenschwellenwert nahezu nie erreicht. Daraus ergibt sich, dass der Ausschluss der Entgeltfortzahlungspflicht nach sechs Wochen bei Kurzerkrankungen keinerlei Wirkung zeige. Aufgrund dessen muss § 3 Abs. 1 EFZG um eine aussagekräftige Passage ergänzt werden.

Dies könnte wie folgt aussehen:

> „Wird ein Arbeitnehmer durch Arbeitsunfähigkeit infolge Krankheit an seiner Arbeitsleistung verhindert, ohne daß ihn ein Verschulden trifft, so hat er Anspruch auf Entgeltfortzahlung im Krankheitsfall durch den Arbeitgeber für die Zeit der Arbeitsunfähigkeit bis zur Dauer von sechs Wochen. **Darüber hinaus darf dieser Zeitraum, abhängig von der Beschäftigungsdauer, bei häufigen Kurzerkrankungen, die auf einer Krankheitsanfälligkeit beruhen, innerhalb eines Beschäftigungsjahres in der Summe nicht mehr als neun Wochen betragen.**“

Durch den Hinweis auf die Dauer der Beschäftigung soll eine uneingeschränkte Inanspruchnahme durch erst kurzzeitig beschäftigte Arbeitnehmer verhindert werden. Wechselt ein Arbeitnehmer seinen Arbeitsplatz, hat der neue Arbeitgeber meist keine Kenntnis über die bisherige Fehlzeitentendenz. Durch die Ergänzung des § 3 Abs. 1 EFZG könnte die Problematik eines von Anfang an mit Fehlzeiten belasteten Arbeitsverhältnisses eingedämmt werden. Der dritte Absatz der Vorschrift widerspricht diesem Gesetzesvorschlag keineswegs, da ein krankheitsanfälliger Arbeitnehmer nicht zwangsläufig jeden Monat erkranken muss, sondern vielmehr das Ausmaß bzw. die Häufigkeit der Fehlzeiten ausschlaggebend ist.

Da es sich bei dem in dem Gesetzesvorschlag verwendeten Begriff der Krankheitsanfälligkeit um einen unbestimmten Rechtsbegriff handelt, bedarf es für eine ordnungsgemäße Rechtsanwendung der näheren Definition dieser Begrifflichkeit. Zunächst setzt der Begriff der Krankheitsanfälligkeit krankheitsbedingte Fehlzeiten voraus, die sich häufig wiederholen. Des Weiteren können verschiedene Erkrankungen einen Schluss auf eine vorliegende Krankheitsanfälligkeit dann zulassen, wenn aus dem Zusammenspiel der Vielfalt an Erkrankungen und der Anzahl der Fehlzeiten ein solcher Schluss geboten erscheint. Die

Vielzahl verschiedener Erkrankungen kann demnach zur Annahme einer Krankheitsanfälligkeit führen.[886] Eine Krankheitsanfälligkeit ergibt sich also insbesondere aus der Anzahl verschiedentlicher Erkrankungen. Ein solcher Entschluss kann allerdings lediglich im Rahmen einer einzelfallbedingten Betrachtung erfolgen. In diesem Zusammenhang kommt es entscheidend auf die im Rahmen des Beurteilungszeitraums aufgetretenen Fehlzeiten an. Erkrankt ein Arbeitnehmer in den letzten Jahren an einer Vielzahl unterschiedlicher Erkrankungen, kann dies die Annahme einer Krankheitsanfälligkeit stützen. Weist der Arbeitnehmer im Rahmen des Beurteilungszeitraums entsprechende Fehlzeitenquoten auf,[887] kann dies zur Annahme einer Krankheitsanfälligkeit führen. Die Krankheitsanfälligkeit resultiert vor allem daraus, dass die Fehlzeitenquote über mehrere Monate oder Jahre in ihrer Tendenz ansteigend oder zumindest gleichbleibend verläuft. Weist ein Arbeitnehmer beispielsweise über einen Zeitraum von drei Jahren Fehlzeiten in Höhe von etwa 50 Tagen pro Jahr auf, liegt die Annahme einer Krankheitsanfälligkeit nahe. Die Krankheitsanfälligkeit resultiert demzufolge aus einem Zusammenspiel von Art und Häufigkeit der Erkrankungen.

Wird § 3 Abs. 1 EFZG de lege ferenda dergestalt ergänzt, würde die zuvor aufgezeigte Problematik einer ausufernden Entgeltfortzahlungspflicht eingedämmt, indem eine Obergrenze hinsichtlich der entgeltfortzahlungsberechtigten Fehlzeiten eingerichtet wird. Des Weiteren erscheint eine stufenweise Erhöhung dieser Obergrenze abhängig von der gegenwärtigen Beschäftigungsdauer des Arbeitnehmers sinnvoll.

b. Einrichtung eines Spielbank-Troncs

Die Einrichtung eines „Spielbank-Troncs", bei dem der Arbeitgeber zu erbringende Entgeltfortzahlungskosten zum Teil auf andere Arbeitnehmer in Form einer Vergütungskürzung ablädt, führt nicht zu der Ablehnung einer erheblichen wirtschaftlichen Belastung des Arbeitge-

886 BAG, Urt. v. 10.11.2005 – 2 AZR 44/05, in: NZA 2006, 655 (657).
887 Siehe hierzu S. 88 ff.

bers, da dennoch eine Störung im Austauschverhältnis vorliegt.[888] Im Gegensatz zur Langzeiterkrankung tritt diese unzumutbare Belastung des Arbeitgebers bei häufigen Kurzerkrankungen sehr schnell ein, da der Zeitraum der Entgeltfortzahlung iSd. § 3 Abs. 1 EFZG bei jeder neuen andersartigen Erkrankung erneut zu laufen beginnt.[889] Erheblich ist eine solche Belastung dann, wenn der Arbeitgeber jährlich für einen Zeitraum von mehr als sechs Wochen Entgeltfortzahlungsleistungen an den erkrankten Arbeitnehmer zahlen muss.[890] Leistungen bis zu einem Zeitraum von sechs Wochen sind jedoch im Sinne des Gesetzes ohne weiteres zumutbar. Fehlzeiten, für die kein Anspruch nach § 3 Abs. 1 EFZG besteht, bleiben für die Bestimmung der zukünftig zu erwartenden Entgeltfortzahlungskosten außer Betracht.[891]

3. Ergebnis

Es wurde festgestellt, dass es sinnvoll erscheint, den § 3 Abs. 1 EFZG de lege ferenda insoweit umzuformulieren bzw. zu ergänzen, als der Arbeitnehmer innerhalb von 12 Monaten maximal Entgeltfortzahlungskosten für bis zu neun Wochen erhält. In diesem Zusammenhang werden alle Fehlzeiten der Kurzerkrankungen zu einer Gesamtzahl addiert. Dadurch wird die Problematik der unter Umständen unbegrenzt zu zahlenden Leistungen gelöst. Daher könnte die These aufgestellt werden, dass durch die Ergänzung des § 3 Abs. 1 EFZG die Zahl der Kündigungen wegen häufiger Kurzerkrankungen zurückgehe, da ein Arbeitgeber geringere Beeinträchtigungen aufgrund der Entgeltfortzahlungen geltend machen könnte.

888 LAG Hamm, Urt. v. 12.10.2005 – 2 Sa 82/04, in: BeckRS 2006, 41493; *Gallner/ Denecke*, in: HK Kündigungsschutzrecht, § 1 KSchG, Rn 569.
889 *Ludwig/ Lingemann*, ArbRAktuell 2010, 409 (410).
890 *Griebeling/ Rachor*, in: KR Gemeinschaftskommentar, § 1 KSchG, Rn 342.
891 *Griebeling/ Rachor*, in: KR Gemeinschaftskommentar, § 1 KSchG, Rn 344.

V. Auswirkung des § 3 Abs. 1 EFZG de lege ferenda auf die Kündigung wegen häufiger Kurzerkrankungen

In diesem Abschnitt wird die Frage geklärt, welche Auswirkungen die vorgeschlagene Gesetzesänderung des § 3 Abs. 1 EFZG de lege ferenda auf die Kündigung wegen häufiger Kurzerkrankungen mit sich bringen würde.

1. Folgen für die gesetzlichen Krankenversicherungen

Die gesetzlichen Krankenversicherungen gehören zum Sozialversicherungssystem und sollen insbesondere solche Fälle verhindern, in denen ein Erkrankter aus finanziellen Gründen eine ärztliche Behandlung nicht in Anspruch nehmen kann. Die Krankenkassen finanzieren sich hauptsächlich durch die Krankenversicherungsbeiträge, die gesetzlich Versicherte gemäß § 252 SGB V bezahlen müssen.[892] Der aktuelle Durchschnittsbeitragssatz für das Jahr 2017 liegt bei 15,7 Prozent vom Bruttomonatseinkommen.[893] Diesen Beitrag hat der Arbeitnehmer jedoch nicht alleinig zu tragen. Vielmehr übernimmt der Arbeitgeber 7,3 Prozent des Beitragssatzes, sodass der vom Arbeitnehmer zu tragende Anteil bei variablen 8,4 Prozent liegt. Dieser Gesamtbetrag setzt sich zum einen aus einem allgemeinen Beitragssatz (14,6 Prozent), zum anderen aber auch aus einem kassenindividuellen Zusatzbeitrag (ca. 1,1 Prozent) zusammen.[894]

Wenn ein häufig kurzerkrankter Arbeitnehmer bereits die Neunwochengrenze des § 3 Abs. 1 EFZG de lege ferenda überschritten hat, tritt ab diesem Zeitpunkt die Krankengeldzahlung durch die gesetzlichen Krankenkassen ein, d.h. der Arbeitgeber zahlt bis zu neun Wochen das Entgelt an den Arbeitnehmer fort, anschließend beginnt die Leistungspflicht der gesetzlichen Krankenkassen. Der Anspruch auf Zahlung von Krankengeld ist allerdings inaktiv, bis der Arbeitgeber die

892 *Schlegel*, in: Küttner Personalhandbuch, Krankenversicherungsbeiträge C, Rn 10.
893 *Sucker-Sket*, Ministerium legt GKV-Zusatzbeitrag fest, DAZ.Online v. 27.10.2016.
894 Vgl. § 241 SGB V.

Entgeltfortzahlung tatsächlich einstellt.[895] Es stellt sich die Frage, was unter dem Begriff Krankengeld zu verstehen ist.

Die Thematik des Krankengelds findet sich in den §§ 44 bis 51 SGB V. Krankengeld erhält grundsätzlich jeder, der gesetzlich versichert ist und darüber hinaus einen Anspruch auf Krankengeld hat.[896] Diese Gewährung erfolgt, um einen Ausgleich für das krankheitsbedingt entgangene Arbeitsentgelt zu erreichen.[897] Nach § 45 Abs. 3 SGB V besteht der Krankengeldanspruch ausschließlich für die Arbeitsunfähigkeitszeiten, für die keine Entgeltfortzahlungsleistungen iSd. § 3 Abs. 1 EFZG gewährt werden.[898] Der Krankengeldanspruch ist demnach subsidiär zum Entgeltfortzahlungsanspruch.[899] Krankengeld stellt eine Art Lohnersatzleistung dar.[900] Einen solchen Anspruch erhalten insbesondere diejenigen zugestanden, die arbeitsunfähig erkrankt sind und der Arbeitgeber nicht der Entgeltfortzahlungspflicht iSd. § 3 Abs. 1 EFZG unterliegt. Das von der Krankenkasse gezahlte Krankengeld ist verglichen mit dem letzten Monatsgehalt deutlich geringer, da verhindert werden soll, dass der Arbeitnehmer durch den Krankengeldbezug höhere Einkünfte erhält als tatsächlich vereinbart.[901] Die Höhe des Krankengelds ist gesetzlich in § 47 SGB V verankert. Demnach beträgt das Krankengeld 70 Prozent des Bruttomonatsgehalts, hingegen nicht mehr als 90 Prozent des Nettomonatsgehalts.[902] Das Nettomonatsgehalt ist das Entgelt, das nach Abrechnung der gesetzlichen Abzüge verbleibt. Dem auf dieser Basis hervorgehenden niedrigeren Wert müssen demnach die Arbeitnehmeranteile zur gesetzlichen Sozialversicherung in Abzug gebracht werden. Die verbleibende Summe wird bei Erfüllung dem Versicherten als Krankengeld ausbezahlt. Um die gesetzlichen Krankenkassen nicht ruinös zu belasten, wurde eine Beitragsbemessungsgrenze eingeführt. Dieser entsprechend darf aktuell ein Tagessatz von 101,50 Euro nicht über-

895 *Reifelsberger/ Hennig*, BB 2015, 1589 (1591).

896 Vgl. § 44 Abs. 1 SGB V.

897 *Just*, in: SGB V Kommentar, § 44, Rn 1.

898 Vgl. § 45 Abs. 3 SGB V.

899 *Henssler*, in: MüKo BGB, Bd.4, § 616 BGB, Rn 26.

900 *Reifelsberger/ Hennig*, BB 2015, 1589 (1591); *Just/ Schneider*, Leistungsrecht der GKV, Rn 720.

901 *Waltermann*, in: KKW Kommentar SozialR, § 47, Rn 10.

902 Vgl. § 47 Abs. 1 SGB V.

schritten werden, sodass ein monatlicher Höchstsatz von 2665,79 Euro netto erreicht werden kann. [903] Die Berechnung des Krankengelds erfolgt kalendertäglich, § 47 Abs. 1 S. 4 und 5 SGB V.[904]

Ist die Differenz zum letzten Nettogehalt übermäßig groß, kann sich der Arbeitnehmer mittels einer privaten Krankentagegeldversicherung absichern. Andererseits zahlen einige Arbeitgeber einen Zuschuss zum Krankengeld, um die aufkommende Differenz zum Nettomonatsgehalt zu minimieren. Ebenfalls möglich ist ein tariflicher Zuschuss zum Krankengeld. Einige Tarifverträge sprechen dem Arbeitnehmer nach einer bestimmten Betriebszugehörigkeit einen Zuschuss zum Krankengeld zu.[905] Dadurch wird der Arbeitnehmer derart gestellt, als hätte er seinen bisherigen Nettomonatslohn erhalten. Zusammenfassend soll der Arbeitnehmer nach dem Willen des Gesetzgebers allerdings nicht besser gestellt werden als er ohne Eintritt des Versicherungsfalls stünde.[906]

Grundsätzlich wird das Krankengeld durch die Krankenversicherungen 78 Wochen geleistet.[907] Diese zeitliche Begrenzung rührt auf dem Grundgedanken, dass die gesetzlichen Krankenversicherungen nicht das Risiko einer unüberschaubaren Krankheitsentwicklung tragen sollen.[908] Dieses Risiko obliege vielmehr der Rentenversicherung. Die regelnde Vorschrift des § 48 SGB V ist 1988 in Kraft getreten.[909] Diese Summe ist auf einen Zeitraum von drei Jahren begrenzt. Der Krankengeldanspruch beginnt gemäß § 46 SGB V mit dem Tag der Feststellung der Arbeitsunfähigkeit.[910] Von den 78 Wochen sind die Tage in Abzug zu bringen, an denen der Krankengeldanspruch geruht hat, weil beispielsweise der Arbeitgeber trotz fehlender Pflicht eine Entgeltfortzahlung vorgenommen hat. Demnach beginnt die Zeitberechnung an dem Tag, an dem die Arbeitsunfähigkeit begonnen hat, § 48 Abs. 1 S. 1 SGB V.[911] Bis zum 22. Juli 2015 verlangte die Rechts-

903 Vgl. § 47 Abs. 6 SGB V.
904 *Just/ Schneider*, Leistungsrecht der GKV, Rn 743.
905 *Linck*, in: Schaub Arbeitsrechts-Handbuch, § 98, Rn 158.
906 *Joussen*, in: Becker/ Kingreen, SGB V, § 47, Rn 3.
907 Vgl. § 48 Abs. 1 SGB V.
908 *Knittel*, in: Krauskopf, Soziale Krankenversicherung, § 48 SGB V, Rn 1.
909 *Knittel*, in: Krauskopf, Soziale Krankenversicherung, § 48 SGB V, Rn 1.
910 *Just/ Schneider*, Leistungsrecht der GKV, Rn 737.
911 *Reifelsberger/ Hennig*, BB 2015, 1589 (1590).

ordnung die Beachtung einer Wartefrist, sodass die Arbeitsunfähigkeit erst nach Verstreichen eines Karenztages nach der ärztlichen Feststellung berücksichtigt wurde.[912] Durch die geänderte Rechtslage entsteht der Krankengeldanspruch unmittelbar durch die ärztliche Feststellung der Arbeitsunfähigkeit, wodurch eine Lücke im Anspruchssystem geschlossen wurde.[913] Bei Umsetzung des Gesetzesvorschlags müssten somit lediglich noch 69 Wochen Krankengeld erbracht werden, da neun Wochen iSd. § 3 Abs. 1 EFZG de lege ferenda ohnehin der Entgeltfortzahlungspflicht unterliegen.[914] Die Leistungsdauer muss jedoch nicht an einem Stück abgelaufen sein, sondern vielmehr in der Summe vorliegen.[915] Einige Monate vor dem prognostizierten Ablauf der Krankengeldzahlungen wird der Arbeitnehmer von der gesetzlichen Krankenversicherung aufgefordert, einen Antrag auf medizinische Rehabilitation zu stellen.[916] Falls durch eine solche Rehabilitationsmaßnahme die uneingeschränkte Arbeitsfähigkeit nicht innerhalb weniger Monate wiederhergestellt werden kann, wird der Reha-Antrag in einen Antrag auf Erwerbsminderungsrente umgewandelt.[917] Liegt nach Ablauf der Leistungsdauer weiterhin ein Bedarf nach Krankengeldzahlungen vor, wird der Arbeitnehmer der Prüfung einer Erwerbsminderung unterzogen.[918]

Die Vorschrift des § 44 SGB V nennt die Voraussetzungen des Krankengeldanspruchs. In diesem Zusammenhang muss es sich zum einen um einen Versicherten handeln, zum anderen muss genau dieser Versicherte aufgrund einer oder mehrerer Erkrankungen arbeitsunfähig sein. Alternativ nennt der § 44 Abs. 1 SGB V ebenso die stationäre Behandlung in einem Krankenhaus oder einer Reha-Einrichtung. Im zweiten Absatz des § 44 SGB V wird jedoch im Zuge eines Regel-Ausnahme-Prinzips der Adressatenkreis wieder verkleinert.[919] Es kommt entscheidend darauf an, auf welcher Vorschrift die Mitgliedschaft in der gesetzlichen Krankenversicherung beruht. Beruht die Mitglied-

912 *Joussen*, in: Becker/ Kingreen, SGB V, § 46, Rn 4.
913 *Joussen*, in: Becker/ Kingreen, SGB V, § 46, Rn 4.
914 *Reifelsberger/ Hennig*, BB 2015, 1589 (1590).
915 *Reifelsberger/ Hennig*, BB 2015, 1589 (1590).
916 *Knittel*, in: Krauskopf, Soziale Krankenversicherung, § 48 SGB V, Rn 3.
917 *Ganz*, ArbRAktuell 2013, 438 (440).
918 *Ganz*, ArbRAktuell 2013, 438 (440).
919 Vgl. § 44 Abs. 2 SGB V.

schaft z.B. auf einer Familienversicherung iSd. § 10 SGB V, so besteht kein Anspruch auf Zahlung von Krankengeld an das familienversicherte Mitglied.[920] Daraus folgt, dass die Anspruchsvoraussetzung dahingehend konkretisiert sein muss, dass ein Versicherungsverhältnis bestehen muss, welches einen Anspruch auf Krankengeld vermittelt.[921]

Durch die vorgeschlagene Gesetzesänderung des § 3 Abs. 1 EFZG de lege ferenda könnte es zu einer Verlagerung der Kosten auf die gesetzlichen Krankenkassen kommen, da der Zeitraum des § 3 Abs. 1 EFZG de lege ferenda bei häufigen Kurzerkrankungen viel schneller erfüllt wäre als bei aktuell geltender Rechtslage. Durch diese vorzeitige Erfüllung wird der Arbeitgeber früher aus seiner Entgeltfortzahlungspflicht befreit, sodass der Arbeitnehmer als Mitglied einer gesetzlichen Krankenversicherung nun Krankengeld beziehen wird. Diese Krankengeldzahlungen könnten die gesetzlichen Krankenkassen insofern belasten, als die Ausgaben im Bereich des Krankengeldbezugs erheblich ansteigen werden. Infolge dessen könnte man sich die Frage stellen, ob die gesetzlichen Krankenversicherungen diese Mehrkosten wiederrum auf die Arbeitnehmer umlagern werden, indem sie den individuell festlegbaren Zusatzbeitrag erhöhen. Eine Begrenzung dieses Zusatzbeitrags ist durch den Gesetzgeber nicht vorgesehen. Die Höhe dieses Zusatzbeitrages wird von jeder Krankenkasse in ihrer Satzung festgelegt. Im Jahre 2017 liegt der durchschnittliche Zusatzbeitrag bei 1,1 Prozent.[922] Nach aktueller Rechtslage wird dieser Zusatzbeitrag ausschließlich vom Arbeitnehmer getragen. Sigmar Gabriel (Sozialdemokratische Partei Deutschlands) fordert die paritätische Finanzierung des Zusatzbeitrages durch Arbeitnehmer und Arbeitgeber.[923] Künftig, so fordert Gabriel, sollen auch die Zusatzbeiträge zur Hälfte vom Arbeitgeber übernommen werden.[924] Durch eine solche paritätische Finanzierung käme es zu einer Entlastung der Versicherten. Generell erfährt der Arbeitgeber durch den § 3 Abs. 1 EFZG de lege ferenda eine finanzielle Besserstellung, da die Pflicht Zahlungen zu leis-

920 *Reifelsberger/ Hennig*, BB 2015, 1589 (1591).

921 *Reifelsberger/ Hennig*, BB 2015, 1589 (1591).

922 Bundesministerium für Gesundheit, Meldung v. 27.10.2016, Durchschnittlicher Zusatzbeitragssatz bleibt 2017 stabil.

923 Zeit Online v. 17.08.2016, SPD will Rückkehr zur paritätischen Finanzierung.

924 Zeit Online v. 17.08.2016, SPD will Rückkehr zur paritätischen Finanzierung.

ten relativ zügig auf die Krankenkassen übergeht. Um den Arbeitnehmer nicht auch noch im Rahmen der Krankenversicherungsbeiträge eine zusätzliche Last aufzuerlegen, wäre eine paritätische Aufteilung des Zusatzbeitrages förderlich. Dagegen lässt sich nicht anführen, dass die vorgeschlagene Gesetzesänderung nur im Rahmen häufig kurzerkrankter Arbeitnehmer Auswirkungen zeigt, da die gesetzlichen Krankenversicherungen dem Solidaritätsprinzip folgen. Nach dem Solidaritätsprinzip ist ein Bürger (Versicherter) nicht für sich allein verantwortlich, sondern vielmehr bilden alle Versicherten eine Solidargemeinschaft.[925] Durch eine solche Solidargemeinschaft leisten sie sich gegenseitig Hilfe und Beistand. Eine Kostenübertragung nur im Bereich der Fallgruppe der Kurzerkrankungen widerspricht daher dem Solidaritätsprinzip. Vielmehr bilden alle Versicherten eine Solidargemeinschaft, weshalb der Zusatzbeitrag allumfassend angehoben und dementsprechend auch anteilig auf die Arbeitgeber abgewälzt werden kann. Würde man dem nicht Folge leisten, würden die erhöhten Zusatzbeiträge den Arbeitnehmern auferlegt werden. Da die Arbeitnehmer aber bereits durch die vorgeschlagene Begrenzung des Neunwochenzeitraums (§ 3 Abs. 1 EFZG de lege ferenda) belastet werden, kann eine weitere Belastung durch erhöhte Zusatzbeiträge zur Krankenversicherung nicht geltend gemacht werden. Eine mögliche Erhöhung der Zusatzbeiträge steht den gesetzlichen Krankenkassen aber von Rechtswegen offen.[926] Zusammenfassend spricht an sich nichts gegen eine Erhöhung der Zusatzbeiträge. Dennoch sollte der Vorschlag des Politikers Sigmar Gabriel zum Nachdenken anregen.

2. Folgen für die Kündigungsmöglichkeiten

Würde der § 3 Abs. 1 EFZG de lege ferenda dergestalt umgesetzt werden, stellt sich die Frage, welche Folgen diese Änderung sowohl für die ordentliche als auch für die außerordentliche Kündigung mit sich bringen würden. Durch die Einführung der zeitlichen Beschränkung auf neun Wochen tritt die Problematik der Berücksichtigung der Entgelt-

925 *Kluckert*, in: Sodan, Handbuch des Krankenversicherungsrecht, § 14, Rn 57.

926 *Mecke*, in: Becker/ Kingreen, SGB V, § 242 , Rn 2.

fortzahlungen als wirtschaftliche Belastung in den Hintergrund.[927] Dies ist deshalb der Fall, weil durch die Begrenzung der Entgeltfortzahlungen durch den § 3 Abs. 1 EFZG de lege ferenda eine Geltendmachung zu hoher Entgeltfortzahlungskosten kaum in Betracht kommt. Werden wirtschaftliche Belastungen im Rahmen der Geltendmachung betrieblicher Beeinträchtigungen ausgeblendet, verbleiben allein die Betriebsablaufstörungen, um eine Kündigung rechtfertigen zu können. Im Rahmen der Fallgruppe der häufigen Kurzerkrankungen erscheinen etwaige Überbrückungsmaßnahmen nicht sinnvoll, da aufgrund des stetigen Wechsels von Arbeitsfähigkeit und Arbeitsunfähigkeit der Einsatz einer Aushilfskraft oder eine befristete Besetzung der Arbeitsstelle nicht zielführend ist. Ein häufig für kurze Zeiträume erkrankter Arbeitnehmer lässt sich lediglich noch vor einem unsicheren Hintergrund in den Arbeitsalltag einplanen, sodass eine sinnvolle Einplanbarkeit in den Betriebsablauf folglich gefährdet sein kann. Im Rahmen der ordentlichen Kündigungsmöglichkeit genügen folglich Betriebsablaufstörungen zur sozialen Rechtfertigung einer Kündigung.

Die außerordentliche Kündigung wegen häufiger Kurzerkrankungen erfordert vielmehr die Sinnentleerung des Arbeitsverhältnisses. In diesem Zusammenhang wird demnach nicht auf etwaige Entgeltfortzahlungskosten Bezug genommen, sondern vielmehr auf die fehlende Einplanbarkeit in den Betrieb abgestellt.

Zusammenfassend ist festzuhalten, dass § 3 Abs. 1 EFZG de lege ferenda lediglich insoweit Veränderungen für die Kündigungsmöglichkeit mit sich bringt, als der Arbeitgeber die auszusprechende Kündigung nicht auf die wirtschaftliche Belastung durch hohe Entgeltfortzahlungskosten stützen kann, sondern vielmehr insbesondere auf Betriebsablaufstörungen abstellen muss.

927 Siehe hierzu oben S. 139 ff.

D. Die außerordentliche Kündigung wegen häufiger Kurzerkrankungen

Wird im Alltag der Begriff der Unkündbarkeit eines Arbeitnehmers vernommen, wird zunächst grundsätzlich an eine Besserstellung des Arbeitnehmers und die damit einhergehenden Belastungen auf Seite des Arbeitgebers gedacht. Bei genauer Betrachtung geht daraus jedoch hervor, dass die Begrifflichkeit der Unkündbarkeit irreführend gewählt wurde, da der Arbeitnehmer trotz dieser Unkündbarkeit außerordentlich gekündigt werden kann. Aus diesem Grund wird in der Rechtsprechung und der Literatur überwiegend von der ordentlichen Unkündbarkeit gesprochen. Krankheiten können allenfalls in besonderen Ausnahmefällen einen wichtigen Grund iSd. § 626 Abs. 1 BGB darstellen. Grundsätzlich kommt eine außerordentliche Kündigung wegen Krankheit nicht in Betracht, da dem Arbeitgeber zumeist eine ordentliche Kündigung zuzumuten ist.[928] Eine Ausnahme kann lediglich dann gelten, wenn der Arbeitnehmer aufgrund des Tarif- oder Arbeitsvertrags ordentlich unkündbar ist.[929] Dann ist die Fortsetzung des Arbeitsverhältnisses für den Arbeitgeber mit erheblichen Entgeltfortzahlungskosten sowie Störungen im Betriebsablauf verbunden, sodass die Weiterbeschäftigung dem Arbeitgeber nicht zugemutet werden kann. Welche Schwierigkeiten mit dem Ausschluss der ordentlichen Kündigungsmöglichkeit verbunden sind und welche Auswirkungen das auf die Fallgruppe der häufigen Kurzerkrankungen hat, wird im Folgenden untersucht.

---

928 *Däubler*, in: KSchR Kommentar, § 626 BGB, Rn 142; *Adam*, NZA 1999, 846 (846); BAG, Urt. v. 20.03.2014 – 2 AZR 288/13, in: NZA-RR 2015, 16 (17).

929 *Däubler*, in: KSchR Kommentar, § 626 BGB, Rn 142; *Adam*, NZA 1999, 846 (846); BAG, Urt. v. 20.03.2014 – 2 AZR 288/13, in: NZA-RR 2015, 16 (17).

I. Prüfung einer außerordentlichen Kündigung am Beispiel des Urteils des Bundesarbeitsgerichts vom 23. Januar 2014[930]

1. Überblick

Eine außerordentliche Kündigung wegen Krankheit des Arbeitnehmers ist grundsätzlich ausgeschlossen, da dem Arbeitgeber bei negativer Gesundheitsprognose der Ausspruch einer ordentlichen Kündigung zuzumuten ist.[931] Es wird nicht regelmäßig vorkommen, dass dem Arbeitgeber im Rahmen eines Krankheitsfalls die Fortsetzung des Arbeitsverhältnisses zumindest bis zum Ablauf der ordentlichen Kündigungsfrist nicht zugemutet werden kann. Unproblematisch können häufige Kurzerkrankungen zur sozialen Rechtfertigung einer ordentlichen Kündigung führen. Fraglich ist hingegen, wie ein solcher Fall zu behandeln ist, in dem der Arbeitnehmer tariflich oder einzelvertraglich ordentlich unkündbar ist. Zum aktuellen Zeitpunkt finden sich nicht selten individual- und kollektivrechtliche Regelungen, welche die ordentliche Kündigung ausschließen. Entsprechende Kündigungsausschlüsse sind generell zulässig.

Grundsätzlich kommt eine außerordentliche Kündigung wegen Krankheit nicht in Betracht, weil dem Arbeitgeber die Einhaltung der Kündigungsfrist zugemutet werden kann.[932] In einer Grundsatzentscheidung[933] des Bundesarbeitsgericht wurde klargestellt, dass eine außerordentliche krankheitsbedingte Kündigung unter Einhaltung einer notwendigen Auslauffrist ausschließlich in stark begrenzten Ausnahmefällen in Betracht kommt, wenn die Möglichkeit zur ordentlichen Kündigung tariflich oder vertraglich ausgeschlossen wurde und der Arbeitgeber wegen der ordentlichen Unkündbarkeit des Arbeitnehmers dazu gezwungen wäre, an dem Arbeitsverhältnis festzuhalten.[934]

---

930 BAG, Urt. v. 23.01.2014 – 2 AZR 582/13, in: NJW 2014, 3054.

931 *Däubler*, in: KSchR Kommentar, § 626 BGB, Rn 142; *Adam*, NZA 1999, 846 (846); BAG, Urt. v. 20.03.2014 – 2 AZR 288/13, in: NZA-RR 2015, 16 (17).

932 *Däubler*, in: KSchR Kommentar, § 626 BGB, Rn 142; *Adam*, NZA 1999, 846 (846); BAG, Urt. v. 20.03.2014 – 2 AZR 288/13, in: NZA-RR 2015, 16 (17).

933 BAG, Urt. v. 09.09.1992 – 2 AZR 190/92, in: NZA 1993, 598.

934 BAG, Urt. v. 20.03.2014 – 2 AZR 288/13, in: NZA-RR 2015, 16 (17); Urt. v. 20.12.2012 – 2 AZR 32/11, in: NZA-RR 2013, 627 (628); Urt. v. 12.01.2006 – 2 AZR 242/05, in: NJOZ 2006, 1690 (1694); Urt. v. 16.09.1999 – 2 AZR 123/99, in:

Die Zulässigkeit der außerordentlichen Kündigung darf jedoch allenfalls in begrenzten Sachverhaltskonstellationen Anwendung finden, nämlich dann, wenn dem Arbeitgeber die Fortführung des Arbeitsverhältnisses aufgrund der krankheitsbedingten Fehlzeiten des Arbeitnehmers nicht zugemutet werden kann.[935] In diesem Rahmen muss das Ausmaß der wirtschaftlichen oder betrieblichen Störungen in einem besonderen Maße über den Durchschnittsfall einer wirksamen ordentlichen Kündigung hinausgehen.[936] Die ordentliche Unkündbarkeit wird zumeist von Kriterien wie dem Lebensalter und der Betriebszugehörigkeit abhängig gemacht.[937] Die Zulässigkeit einer außerordentlichen Kündigung ist nicht abdingbar. Demnach kann die Fortsetzung eines Dauerschuldverhältnisses durch das Eintreten wichtiger Gründe für den Arbeitgeber unzumutbar werden. Diese Möglichkeit hat der Gesetzgeber eingeräumt, damit eine Partei nicht auf Dauer an ein unzumutbares Arbeitsverhältnis gebunden ist.[938] Insbesondere in der Fallgruppe der häufigen Kurzerkrankungen belasten diese häufigen kurzen Ausfälle den Arbeitgeber deutlich intensiver als langanhaltende Erkrankungen. In dieser Hinsicht ist speziell zu berücksichtigen, dass nach geltendem Recht die Entgeltfortzahlung wegen häufiger Kurzerkrankungen in der Summe unbegrenzt ist, solange eine Krankheitsphase die Dauer von sechs Wochen nicht überschreitet. Somit wird die Zulässigkeit der außerordentlichen Kündigung im Rahmen der Fallgruppe der häufigen Kurzerkrankungen auf die enorme Belastung der zu leistenden Entgeltfortzahlungskosten gestützt.[939] Die Auslauffrist wird dem Arbeitnehmer eingeräumt, um ihn nicht schlechter zu stellen als er im Falle einer ordentlichen Kündigung ohnehin stünde.[940] Außerdem kann das Recht zur außerordentlichen Kündigung

NZA 2000, 141 (142); *Aszmons/ Lackschewitz*, NJW 2016, 2070 (2076); *Weizenegger*, in: Kommentar BAT/BAT-O, §§ vor 53-55 BAT/-O, Rn 144.

935 BAG, Urt. v. 18.01.2001 – 2 AZR 616/99, in: NZA 2002, 455 (457); Urt. v. 16.09.1999 – 2 AZR 123/99, in: NZA 2000, 142 (142); Urt. v. 12.07.1995, in: NZA 1995, 1100 (1101).

936 LAG Köln, Urt. v. 04.09.2002 – 7 Sa 415/02, in: NZA-RR 2003, 360 (362).

937 *Kamann*, ArbRAktuell 2016, 491 (491).

938 *Bröhl*, Die außerordentliche Kündigung mit notwendiger Auslauffrist, S. 70.

939 *Adam*, MDR 2008, 605 (607).

940 *Bröhl*, RdA 2010, 170 (170).

nicht abbedungen werden.[941] Dahingehende Vereinbarungen sind unwirksam. Mit einer Entscheidung des Bundesarbeitsgerichts vom 05. Februar 1998 wurde die außerordentliche Kündigung unter Einhaltung einer Auslauffrist der ordentlichen Kündbarkeit gegenübergestellt, um auch für Ausnahmefälle eine Kündigungsmöglichkeit zu erschaffen. Die außerordentliche Kündbarkeit leitet sich zwar im Rahmen ihrer Tatbestandsvoraussetzungen generell aus § 626 BGB ab, entspricht ihrem Wesen und ihren Voraussetzungen nach jedoch zu einem großen Teil der ordentlichen Kündbarkeit (in der Literatur wird dafür der Begriff der „Orlando- Kündigung" verwendet).[942] Nach ständiger Rechtsprechung des Bundesarbeitsgerichts ist bei der krankheitsbedingten Kündigung mit notwendiger Auslauffrist der zweistufige Aufbau des § 626 Abs. 1 BGB anzuwenden. Zusätzlich ist die Prüfungsfolge der ordentlichen Kündigung (negative Zukunftsprognose, Beeinträchtigung der betrieblichen Interessen, Interessenabwägung) zu durchschreiten. In diesem Zusammenhang muss allerdings im Vergleich zur ordentlichen Kündigung ein strengerer Maßstab gelten. Der Übertragung der generell für die ordentliche Kündigung entwickelten Grundsätze auf die außerordentliche Kündigung mit notwendiger Auslauffrist steht nichts entgegen.[943] Der Gesetzgeber hat den § 626 BGB mit dem Ziel geschaffen, eine Beendigungsmöglichkeit von Dauerschuldverhältnissen bei Vorliegen einer Unzumutbarkeit der weiteren Fortführung zu bieten.[944] Der Arbeitgeber verpflichtet sich durch den Ausschluss der ordentlichen Kündbarkeit gegenüber dem Arbeitnehmer hinsichtlich des Inhalts und Bestands des Arbeitsverhältnisses.[945] Daher ist der Arbeitgeber dazu angehalten, den Ausschluss der ordentlichen Kündbarkeit im Rahmen seines unternehmerischen Konzepts von Anfang an zu berücksichtigen. In dieser Hinsicht wird die außerordentliche Kündigung ebenfalls in drei Stufen geprüft, mit dem Unterschied, dass auf allen drei Stufen den besonders strengen Anforderungen der außerordentlichen Kündigung entspro-

941 BAG, Urt. v. 20.6.2013 – 2 AZR 379/12, in: NZA 2014, 139 (140).
942 *Bröhl*, RdA 2010, 170 (170).
943 *Bröhl*, Die außerordentliche Kündigung mit notwendiger Auslauffrist, S. 164.
944 *Bröhl*, RdA 2010, 170 (175).
945 *Bröhl*, RdA 2010, 170 (175).

chen werden muss.[946] Auf der ersten Stufe müssen zum Zeitpunkt des Kündigungsausspruchs Tatsachen vorliegen, die weitere Fehlzeiten (Erkrankungen) im bisherigen Umfang erwarten lassen. Für die Feststellung stehen die Fehlzeiten der Vergangenheit als Indiz bereit. Des Weiteren muss auf der zweiten Stufe geprüft werden, ob die prognostizierte Fehlzeitenquote auf Seite des Arbeitgebers zu einer Beeinträchtigung betrieblicher Interessen führen kann. In dieser Hinsicht kommen zum einen betriebliche Belastungen, beispielsweise Störungen des Betriebsablaufs, zum anderen hingegen ebenso wirtschaftliche Belastungen (z.B. hohe Belastung durch Entgeltfortzahlungskosten) in Betracht. Auf der dritten und letzten Stufe muss im Rahmen einer Interessenabwägung geprüft werden, ob dem Arbeitgeber unter Abwägung mit den Arbeitnehmerinteressen eine Fortsetzung des Arbeitsverhältnisses zugemutet werden kann. Damit eine außerordentliche Kündigungsmöglichkeit jedoch in Betracht kommt, wird auf allen drei Stufen ein strenger Maßstab verlangt.[947] Die erstellte Prognose und die Beeinträchtigung der betrieblichen und wirtschaftlichen Interessen des Arbeitgebers müssen außergewöhnlich über den im Rahmen der ordentlichen Kündbarkeit angewandten Maßstab hinausgehen. Im Rahmen der Interessenabwägung bedarf es der Klärung, ob die Fortsetzung des Arbeitsverhältnisses dem Arbeitgeber weiterhin zumutbar ist. Liegt allerdings die Möglichkeit zur ordentlichen Kündbarkeit vor, scheidet selbst eine mit einer notwendigen Auslauffrist verbundene außerordentliche Kündigung direkt aus.[948] Diese notwendige Auslauffrist entspricht der Kündigungsfrist im Rahmen der ordentlichen Kündigung. Innerhalb der Fallgruppe der häufigen Kurzerkrankungen kann eine außerordentliche Kündigung ausschließlich dann ausnahmsweise gerechtfertigt sein, wenn für die Dauer der Bindung an das Arbeitsverhältnis mit weiteren beachtlichen Entgeltfortzahlungskosten zu rechnen ist und durch die fehlende Planbarkeit des Arbeitseinsatzes Betriebsablaufstörungen hervorgerufen werden.[949] In der an dieser Stelle zu besprechenden Entscheidung des Bundesarbeitsgerichts vom 23. Ja-

946 *Kerwer*, Gesamtes Arbeitsrecht, § 1 KSchG, Rn 450.

947 *Schulte Westenberg*, NZA-RR 2014, 225 (228).

948 BAG, Urt. v. 20.03.2014 – 2 AZR 288/13, in: NZA-RR 2015, 16 (19).

949 *Weizenegger*, in: Kommentar BAT/BAT-O, §§ vor 53-55 BAT/-O, Rn 145; BAG, Urt. v. 18.10.2000 – 2 AZR 627/99, in: NZA 2001, 219.

nuar 2014 liegt ein solch gelagerter Fall vor. Zunächst erfolgt eine Sachverhaltsdarstellung der besagten Entscheidung.

2. Darstellung des Sachverhalts

Die Klägerin (Arbeitnehmerin) ist im Jahr 1959 geboren und seit 1981 bei der Beklagten (Arbeitgeber) beschäftigt.[950] Ihre Tätigkeit besteht überwiegend als Hilfsgärtnerin auf einem Friedhof der Beklagten. Durch eine entsprechende tarifvertragliche Regelung ist die Klägerin ordentlich unkündbar. Die Beklagte beschäftigt regelmäßig mehr als zehn Arbeitnehmer. Ein Personalrat existiert. Folglich unterfallen die beschäftigten Arbeitnehmer dem Anwendungsbereich des Kündigungsschutzgesetzes. Die durchschnittliche Arbeitszeit der Klägerin liegt bei 31,59 Wochenstunden. Ihr durchschnittlicher Bruttomonatslohn liegt bei 2.076,34€. Im Jahr 2000 erlitt die Klägerin verschiedentliche Erkrankungen und erbrachte dementsprechend die Arbeitsleistung aufgrund ihrer attestierten Arbeitsunfähigkeit an diesen Tagen nicht. Es kam im Laufe der folgenden Jahre mehrfach zu einer Untersuchung durch den personalärztlichen Dienst, welcher der Klägerin jedoch stets erneut eine positive Gesundheitsprognose attestierte. Bei der Beklagten ist ein Personalrat gebildet, der an dem im Oktober 2011 durchgeführten BEM beteiligt war. Die letzte Erkrankung der Klägerin lag in der Zeit vom 16. November 2011 bis 19. Dezember 2011 vor. Seit dem 20. Dezember 2011 war die Klägerin bis zum Ablauf der Kündigungsfrist (30. September 2012) ausnahmslos arbeitsfähig und für die Beklagte tätig. In einem Schreiben vom 09. Dezember 2011 verkündete die Beklagte gegenüber der Klägerin ihre Entscheidung, das Arbeitsverhältnis in naher Zukunft kündigen zu wollen. Mit diesem Schreiben stellte die Beklagte gleichzeitig ein Angebot auf Abschluss eines Aufhebungsvertrags, das bis zum 06. Januar 2012 befristet war. Nach mehreren erfolglosen Gesprächen und der Nichtannahme des Angebots auf Abschluss eines Aufhebungsvertrages, beantragte die Beklagte am 16. Januar 2012 die Zustimmung des Personal-

950 Die vollständige Darstellung des Sachverhalts erfolgt anhand BAG, Urt. v. 23.01.2014 – 2 AZR 582/13, in: NZA 2014, 962.

rates zur außerordentlichen Kündigung mit notwendiger Auslauffrist. Trotz verweigerter Zustimmung seitens des Personalrats vom 18. Januar 2012 kündigte die Beklagte unter Beteiligung der Einigungsstelle (Ersetzung der Zustimmung zur Kündigung) am 28. März 2012 das seit 1981 bestehende Arbeitsverhältnis mit der Klägerin unter Einhaltung einer Auslauffrist von sechs Monaten iSd. § 34 Abs. 1 TV-AVH zum 30. September 2012 außerordentlich. Gegen diese Kündigung wehrte sich die Klägerin, indem sie unter Berufung auf die Unwirksamkeit der Kündigung eine Kündigungsschutzklage erhob. In diesem Zusammenhang berief sie sich insbesondere darauf, dass weder die Frist des § 626 Abs. 2 BGB gewahrt worden sei, noch das Vorliegen eines wichtigen Grundes iSd. § 626 Abs. 1 BGB existiere. Im Rahmen des Prozesses legte die Beklagte die krankheitsbedingten Fehlzeiten der Klägerin dar. In den Jahren 2000 bis 2011 blieb die Beklagte an durchschnittlich 75,25 Tagen ihrer Arbeitsstelle aufgrund etlicher Erkrankungen fern. Dies entspricht einer Fehlzeit von etwa 15 Wochen. Dadurch habe die Beklagte für die Jahre 2006 bis 2011 Entgeltfortzahlungskosten in Höhe von fast 34.500 Euro aufgewendet. Des Weiteren durfte die Beklagte nach ihrer Ansicht von einer negativen Zukunftsprognose ausgehen, woraus zudem weiterhin erhebliche wirtschaftliche und betriebliche Beeinträchtigungen resultieren würden. Die Vorinstanzen gaben der Kündigungsschutzklage statt.

3. Umgehung des Ausschlusses der ordentlichen Kündbarkeit

Die ordentliche Kündigung kann unzweifelhaft von den Vertragsparteien eines Arbeitsverhältnisses ausgeschlossen werden. Für die außerordentliche Kündigung besteht ein solches Recht jedoch nicht. Gerade durch die Zulässigkeit der außerordentlichen Kündigung versuchen die Rechtsprechung und die Literatur die mit dem Ausschluss der ordentlichen Kündbarkeit verbundenen Schwierigkeiten zu lösen. Einzel- oder tarifvertragliche Unkündbarkeitsklauseln richten sich zumeist an besonders schutzwürdige Arbeitnehmer.[951] Insbesondere werden Arbeitnehmer höheren Alters sowie solche mit einer längeren

951 *Kamann*, ArbRAktuell 2016, 491 (492).

Betriebszugehörigkeit erfasst.[952] Die Perspektiven auf dem Arbeitsmarkt sind aufgrund des fortgeschrittenen Alters ohnehin nicht optimal, weshalb es den Arbeitnehmern dieser Gruppe sehr schwer fallen wird, nach einer Kündigung einen neuen Arbeitsplatz zu finden, welcher der eigenen Qualifikation entspricht. Ein Arbeitnehmer, der bereits jahrelang dem Betrieb angehört, soll mit der ordentlichen Unkündbarkeit für seine Treue honoriert werden.[953] Des Weiteren liegt es in der Natur eines jeden Menschen, dass mit voranschreitendem Alter zum einen die Konzentrationsfähigkeit nachlässt, zum anderen hingegen ebenso mit einer höheren krankheitsbedingten Fehlzeitenquote zu rechnen ist.[954] Ein solch erhöhtes Auftreten von Krankheiten lässt sich durch eine altersbedingte Krankheitsanfälligkeit begründen. Um genau diese Arbeitnehmergruppe zu schützen, wird die ordentliche Kündigungsmöglichkeit häufig durch tarif- oder einzelvertragliche Regelungen ausgeschlossen. Ist ein Arbeitnehmer ordentlich unkündbar, kann er seinen Arbeitsplatz allenfalls in extremen Ausnahmefällen verlieren, sodass seine Rechtsposition besonders stark erscheint. Unkündbarkeitsklauseln schaffen somit einen besonders starken Bestandsschutz für Arbeitsverhältnisse mit schutzwürdigen Personengruppen. Doch genau dieser Schutz könnte einen Wertungswiderspruch darstellen, indem die Einräumung der Unkündbarkeit durch die Zulässigkeit der außerordentlichen Kündigung mit notwendiger Auslauffrist wieder beseitigt würde. Ein solcher Wertungswiderspruch könnte insbesondere durch die Tatsache gestützt werden, dass die außerordentliche Kündigung durch die Einräumung einer notwendigen Auslauffrist der ordentlichen Kündigung, insbesondere auf der Rechtsfolgenseite, angenähert wird.[955] Im Folgenden wird die Frage geklärt, ob die Zulässigkeit der außerordentlichen Kündigung bei Kurzerkrankungen dem Schutz des Arbeitnehmers zuwiderläuft.

Fraglich ist, ob durch die Zulässigkeit der außerordentlichen Kündigung der tarif- oder einzelvertragliche Ausschluss der ordentlichen Kündigungsmöglichkeit umgangen wird. Widersprüchlich erscheint die Tatsache, dass bei einem Ausschluss der ordentlichen Kündbarkeit

952 *Kamann*, ArbRAktuell 2016, 491 (492).
953 *Kamann*, ArbRAktuell 2016, 491 (493).
954 *Von Koppenfels*, Die außerordentliche arbeitgeberseitige Kündigung, S. 79.
955 *Adam*, NZA 1999, 846 (846).

keine ordentliche Kündigungsfrist existiert, die im Rahmen der Zumutbarkeit berücksichtigt werden könnte. Aus diesem Grund muss eine fiktive Kündigungsfrist herangezogen werden. Bei der Fallgruppe der häufigen Kurzerkrankungen könnte eine solche fiktive Kündigungsfrist allerdings insoweit nutzlos sein, als durch sie keine fristlose Kündigung gerechtfertigt werden könne. Dass dies nicht zum Ausschluss der außerordentlichen Kündigung führen kann, ist offensichtlich, da den Arbeitsvertragsparteien andernfalls jegliche Lösungsmöglichkeiten genommen werden würden. Folglich verbleiben zur Lösung dieses Widerspruchs zwei Möglichkeiten: Zum einen könnte im Rahmen der Zumutbarkeitsprüfung eine fiktive Kündigungsfrist berücksichtigt, zum anderen könnte auf das voraussichtliche Vertragsende (bei unbefristeten Verträgen der Zeitpunkt des Renteneintritts) als Bezugspunkt abgestellt werden. Mit dem Abstellen auf die voraussichtliche Vertragsdauer könnte es hingegen zu dem Problem kommen, dass bestimmte Gründe deutlich schneller kündigungsrechtlich relevant werden würden, da durch die lange Bindungsdauer die Schwelle generell schneller überschritten wird als bei kürzer gewählten Zeiträumen.[956] Die Folge wäre somit eine Zulässigkeit außerordentlicher Kündigungen bei Sachverhalten, die für sich genommen eine ordentliche Kündigung rechtfertigen würden. Also dort, wo grundsätzlich ein besonderer Schutz des Arbeitnehmers erreicht werden soll, würde dieser Kündigungsschutz zu gegenteiligem Ergebnis führen.[957] Dennoch muss auf das voraussichtliche Vertragsende abgestellt werden, da sich die Bindungsdauer sowohl zu Lasten als auch zu Gunsten des Arbeitnehmers auswirken kann.[958] Eine solche Einordnung kann nach Feststellung des Kündigungsgrundes erfolgen. Im Rahmen von krankheitsbedingten Fehlzeiten, für die eine Wiederholungsgefahr besteht, aber auch bei Dauertatbeständen, ist die durch den Ausschluss der ordentlichen Kündigungsmöglichkeit hervorgerufene Bindungsdauer an das Arbeitsverhältnis schneller unzumutbar als bei Fehlzeiten ohne Wiederholungsgefahr.[959] Dies wirkt zu Lasten des Arbeitnehmers. Im Umkehrschluss wirkt die Dauerbindung an das Arbeitsverhältnis bei Fehl-

956 *Kania/ Kramer*, RdA 1995, 287 (294); *Oetker*, ZfA 2001, 287 (330).
957 *Buse*, Die Unkündbarkeit im Arbeitsrecht, S. 61.
958 *Buse*, Die Unkündbarkeit im Arbeitsrecht, S. 66.
959 *Kania/ Kramer*, RdA 1995, 287 (294); *Oetker*, ZfA 2001, 287 (330).

zeiten ohne Wiederholungsgefahr zu Gunsten des Arbeitnehmers.[960] Wirkt sich die Bindungsdauer zu Lasten des Arbeitnehmers aus, versucht die Rechtsprechung den besonderen Schutzcharakter der Unkündbarkeit sowohl im Rahmen der Interessenabwägung als auch des Verhältnismäßigkeitsgrundsatzes zu berücksichtigen. Der Ausschluss der ordentlichen Kündigungsmöglichkeit wird durch die Unabdingbarkeit des Rechts zur außerordentlichen Kündigung neutralisiert, sodass die Möglichkeit, sich aus wichtigen Gründen von einem Dauerschuldverhältnis zu lösen stets gewahrt bleiben müsse. Die Vorschrift des § 626 BGB gewährt demnach sowohl dem Arbeitgeber, als auch dem Arbeitnehmer ein unabdingbares zwingendes Recht.

Selbst im Rahmen der Vertragsfreiheit darf die Rechtsordnung niemandem etwas Unzumutbares auferlegen.[961] Andernfalls käme es in der Praxis insoweit zu dem Problem, als das Arbeitsverhältnis nicht beendet werden könnte, obwohl die Fortsetzung dem Arbeitgeber nicht zumutbar ist. Somit muss ein Lösungsweg beschritten werden, der ebenso die Interessen des Arbeitnehmers angemessen beachtet. Problematisch ist in dieser Hinsicht jedoch, dass die durch den Ausschluss der ordentlichen Kündbarkeit eintretenden unerträglichen Folgen durch die Zulässigkeit einer außerordentlichen Kündigung unter Gewährung einer Auslauffrist zu beseitigen versucht werden sollten.[962] Durch diese Anpassung der Rechtsfolgen der außerordentlichen an die ordentliche Kündigung wird dieser Ausschluss hingegen in gewisser Weise zurückgenommen. Daher stellt sich die Frage, ob es sich beim Ausspruch einer außerordentlichen Kündigung mit Auslauffrist in ihrer Wirkung nicht doch um eine ordentliche Kündigung handelt. Der Ausschluss der ordentlichen Kündbarkeit wird durch die Einführung einer Auslauffrist erheblich beschränkt, weshalb diese Problematik im Folgenden behandelt wird.

Die ordentliche Unkündbarkeit des Arbeitnehmers genügt nicht, um einen Ausnahmefall der außerordentlichen fristgerechten Kündigung zuzulassen.[963] Vielmehr muss eine Situation vorliegen, durch die

960 *Buse*, Die Unkündbarkeit im Arbeitsrecht, S. 66.

961 *Buse*, Die Unkündbarkeit im Arbeitsrecht, S. 129.

962 *Kamann*, ArbRAktuell 2016, 491 (493).

963 *Däubler*, in: KSchR Kommentar, § 626 BGB, Rn 142; *Adam*, NZA 1999, 846 (846); BAG, Urt. v. 20.03.2014 – 2 AZR 288/13, in: NZA-RR 2015, 16 (17).

es dem Arbeitgeber nicht zuzumuten sei, den Arbeitnehmer weiterhin zu beschäftigen.[964] Wenn der Arbeitnehmer, mit Ausnahme der Krankheitszeiten, ansonsten seine Arbeit tadellos verrichtet und zudem keinerlei betriebsbedingte Gründe entgegenstehen, wäre der Arbeitgeber bis zum Renteneintritt an den kränkelnden Arbeitnehmer gebunden. In dieser Zeit könnte der Fortbestand des Arbeitsverhältnisses aufgrund erheblicher Entgeltfortzahlungen sowie betrieblicher Beeinträchtigungen für den Arbeitgeber unzumutbar sein. Der tariflich oder vertraglich durch den Ausschluss der ordentlichen Kündigungsmöglichkeit gewährte Schutz, könnte allerdings durch die Zulässigkeit der außerordentlichen Kündbarkeit mit Auslauffrist ausgehebelt werden.

Dazu muss zunächst festgestellt werden, woraus sich eine solche ordentliche Unkündbarkeit ergeben kann. Zum einen kann sich die ordentliche Unkündbarkeit aus gesetzlichen Vorschriften ergeben. In dieser Hinsicht regelt § 9 MuSchG das Kündigungsverbot von Frauen während und nach der Schwangerschaft.[965] Ebenfalls ordentlich unkündbar sind die Mitglieder des Betriebsrates während und ein Jahr nach ihrer Mitgliedschaft (§ 15 KSchG).[966] Auf kollektivrechtlicher Ebene kann die ordentliche Unkündbarkeit durch Abschluss eines Tarifvertrages oder einer Betriebsvereinbarung geregelt werden.[967] Im Unterschied zu gesetzlichen Kündigungsverboten sind die tarifvertraglichen Regelungen zur ordentlichen Unkündbarkeit in zeitlicher Hinsicht befristet.[968] Der überwiegende Teil dieser Vereinbarungen knüpft an das Erreichen eines bestimmten Lebensalters und einer bestimmten Betriebszugehörigkeit an.[969] Auch einzelvertragliche Regelungen zwischen Arbeitgeber und Arbeitnehmer sind möglich, jedoch eher selten. Die Vertragsfreiheit der Parteien wird lediglich dort eingeschränkt, wo der Vertragsinhalt sittenwidrig (§ 138 BGB) ist oder dem Grundsatz von Treu und Glauben (§ 242 BGB) widerspricht.[970]

964 *Buse*, Die Unkündbarkeit im Arbeitsrecht, S. 129.
965 Vgl. § 9 MuSchG.
966 Vgl. § 15 KSchG.
967 *Mauer/ Schüßler*, BB 2001, 466 (466).
968 *Buse*, Die Unkündbarkeit im Arbeitsrecht, S. 33.
969 Insbesondere in § 53 Abs. 3 BAT und § 34 Abs. 2 TVÖD angesprochen.
970 *Buse*, Die Unkündbarkeit im Arbeitsrecht, S. 129.

Der Ausschluss der ordentlichen Kündbarkeit macht sich insbesondere im Rahmen der Interessenabwägung bemerkbar, da sich dort, im Vergleich zur ordentlichen Kündigung, wesentlich stärker gewichtende Interessen gegenüberstehen. Auf Arbeitgeberseite ist insbesondere die Unternehmerfreiheit, die aus Art. 12 GG abgeleitet wird, von Bedeutung.[971] Möchte der Arbeitgeber aus altersbedingten Gründen den Betrieb (für den er keinen Nachfolger gefunden hat) stilllegen, wäre es nicht mit Art. 12 GG vereinbar, den Arbeitgeber dazu zu zwingen, die ordentlich unkündbaren Arbeitnehmer weiterhin zu beschäftigen.[972] Durch die Entziehung der Möglichkeit zur Auflösung eines Arbeitsverhältnisses würde in den Schutzbereich des Art. 12 Abs. 1 GG eingegriffen.[973] Ein solcher Ausschluss jeglicher Kündigungsmöglichkeiten betrifft zunächst ausschließlich den Arbeitgeber. Dieser kann insbesondere an dem Beispiel verdeutlicht werden, dass der Arbeitgeber bei Ausschluss jeglicher Kündigungsmöglichkeiten, selbst bei einer Betriebsstillegung, die bestehenden Arbeitsverhältnisse weiterführen müsste.[974] Aus diesem Grund muss ein solcher Verstoß gegen Art. 12 GG dann nicht vom Arbeitgeber hingenommen werden, wenn die Beendigung des Arbeitsverhältnisses zur Lösung des Interessenkonfliktes dienlich wäre.[975] Dies wird jedoch ausschließlich in Ausnahmefällen vorliegen. Auf der anderen Seite muss die Interessenlage betroffener Arbeitnehmer beleuchtet werden. Der Arbeitnehmer, der den ordentlichen Kündigungsschutz genießt, wird sein Leben in Kenntnis dieser ordentlichen Unkündbarkeit organisiert haben. Der Arbeitnehmer soll sich allerdings in Gesprächen o.Ä. nicht ausschließlich auf seine ordentliche Unkündbarkeit berufen, sondern ebenso Alternativangebote überdenken. Bietet der Arbeitgeber dem Arbeitnehmer eine zumutbare Beschäftigung an, um einen bestehenden Interessenkonflikt zu lösen, trifft den Arbeitnehmer die Obliegenheit, eine solche zumutbare Änderung anzunehmen.[976] Um auf diese Situation reagieren zu

971 *Bröhl*, RdA 2010, 170 (171).
972 *Bröhl*, RdA 2010, 170 (171).
973 *Papier*, RdA 1989, 137 (139).
974 *Bröhl*, Die außerordentliche Kündigung mit notwendiger Auslauffrist, S. 71; *Bröhl*, in: FS Schaub 1998, S. 55 (56).
975 *Papier*, RdA 1989, 137 (139).
976 *Bröhl*, RdA 2010, 170 (172).

können, hat das Bundesarbeitsgericht den Ausschluss der ordentlichen Unkündbarkeit bei Ablehnung eines zumutbaren Arbeitsplatzes entfallen lassen.[977] Leicht übersehen werden die Drittinteressen, also die Interessen der übrigen Arbeitnehmer eines Betriebes. Ist ein Arbeitnehmer ordentlich unkündbar, kann dies für die übrigen Arbeitnehmer bedeuten, dass einer von ihnen anstelle des ordentlich unkündbaren Arbeitnehmers entlassen wird.[978]

Insbesondere im öffentlichen Dienst genießen viele Arbeitnehmer einen ordentlichen Kündigungsschutz, weswegen die außerordentliche Kündigung mit notwendiger Auslauffrist eine große Rolle spielt. Der durch den Ausschluss der ordentlichen Kündbarkeit gewährte Schutz könnte sich hingegen bereits durch die Zulässigkeit der außerordentlichen Kündigung zu Lasten der Arbeitnehmer verwirklichen. Ist ein Arbeitnehmer ordentlich unkündbar, besteht auf Seite des Arbeitgebers nur die Möglichkeit zur außerordentlichen Kündigung unter Einhaltung einer notwendigen Auslauffrist. Daraus folgt, dass einem ordentlich unkündbaren Arbeitnehmer aufgrund dieses Ausschlusses wegen eines Sachverhalts, aufgrund dessen andere Arbeitgeber ausschließlich eine ordentliche Kündigung aussprechen würden, außerordentlich gekündigt werden wird. Ein besonderes Augenmerk muss auf die Tatsache gerichtet werden, dass an dieser Stelle derselbe Sachverhalt sowohl zum Ausspruch einer ordentlichen als auch einer außerordentlichen Kündigung führen kann.[979] Demzufolge führe ein generell lediglich zur ordentlichen Kündigung berechtigender Sachverhalt im Fall des tariflichen oder einzelvertraglichen Ausschlusses der ordentlichen Kündbarkeit zu einer Verwertung im Rahmen der außerordentlichen Kündigung, wodurch der vereinbarte Kündigungsschutz grundsätzlich verschlechtert wird. Eine solche Begründung hat sich in frühen Entscheidungen des Reichsarbeitsgerichts und des Bundesarbeitsgerichts gefunden.[980] Nach heutiger Rechtsauffassung wird sich dieser Begründung jedoch nicht mehr angeschlossen. Vielmehr schütze der Ausschluss der ordentlichen Kündbarkeit den Arbeitnehmer in beson-

977 *Bröhl*, RdA 2010, 170 (172).

978 *Bröhl*, RdA 2010, 170 (172).

979 *Bröhl*, Die außerordentliche Kündigung mit notwendiger Auslauffrist, S. 75.

980 BAG, Urt. v. 04.06.1964 – 2 AZR 346/63, in: AP GewO § 133 b Nr. 3;*Buse*, Die Unkündbarkeit im Arbeitsrecht, S. 79.

derer Art und Weise. Aufgrund dieses Schutzcharakters könne der Ausschluss der ordentlichen Kündbarkeit nicht zu der Argumentation führen, dass der ordentlich unkündbare Arbeitnehmer durch den Ausschluss deutlich schlechter gestellt würde als bei Zulässigkeit der ordentlichen Kündbarkeit.[981] Nach der Konzeption des Kündigungsschutzgesetzes können gemäß § 1 Abs. 2 KSchG verhaltens-, personen- und betriebsbedingte Kündigungsgründe lediglich zur Rechtfertigung einer ordentlichen Kündigung führen. Eine außerordentliche Kündigung kann ausschließlich dann wirksam sein, wenn im Rahmen des § 626 BGB weitere, den Sachverhalt zusätzlich verschärfende Voraussetzungen hinzukommen.[982] Auch eine tarifvertraglich vereinbarte ordentliche Unkündbarkeit aufgrund eines bestimmten Alters oder einer langen Betriebszugehörigkeit soll den Arbeitnehmer in seinem Schutz vor einer Kündigung stärken.

Nach ständiger Rechtsprechung des Bundesarbeitsgerichts stelle diese Situation der unterschiedlichen Verwendung der Kündigungsgründe einen Wertungswiderspruch dar, weil es nicht zum Nachteil des geschützten Arbeitnehmers laufen dürfe, dass seine ordentliche Kündbarkeit ausgeschlossen wurde.[983] Daraus folgt, dass bei einem Ausschluss der ordentlichen Kündbarkeit stets Fälle denkbar sind, in denen dieser Ausschluss zu einer dem Arbeitgeber nicht zuzumutenden Bindung an den einzelnen Arbeitnehmer führt.[984] Aus diesem Grund darf die Möglichkeit zur außerordentlichen Kündigung nicht entzogen werden. Dies entspricht zudem dem Willen des Gesetzgebers, der mit §§ 314, 626 BGB den Grundsatz statuieren wollte, stets eine Kündigungsmöglichkeit bei Dauerschuldverhältnissen einzuräumen.[985] Ein völliger Ausschluss jeglicher Kündigungsmöglichkeit auf Seite des Arbeitgebers führt zu einem Verfassungsverstoß durch Eingriff in die Berufsfreiheit gemäß Art. 12 Abs. 1 GG.

981 *Adam*, NZA 1999, 846 (847); *Bröhl*, Die außerordentliche Kündigung mit notwendiger Auslauffrist, S. 75.

982 *Bröhl*, Die außerordentliche Kündigung mit notwendiger Auslauffrist, S. 76.

983 Ständige Rechtsprechung seit BAG, Urt. v. 05.02.1998 – 2 AZR 227/97, in: NZA 1998, 771 (771).

984 *Bröhl*, Die außerordentliche Kündigung mit notwendiger Auslauffrist, S. 84.

985 *Bröhl*, Die außerordentliche Kündigung mit notwendiger Auslauffrist, S. 84.

Um die Problematik vollständig zu erfassen, bedarf es der Splittung einerseits in eine Tatbestandsseite und andererseits in eine Rechtsfolgenseite.[986] Die aufgrund des Ausschlusses der ordentlichen Kündbarkeit verbleibende Kündigungsmöglichkeit muss bestehen, damit der Arbeitgeber nicht in unzumutbarer Weise dauerhaft an einen Arbeitnehmer gebunden wird.[987] Der auf der Tatbestandsseite vorliegende Sachverhalt muss demzufolge überwiegend von der Unzumutbarkeit geprägt sein. Diese Unzumutbarkeit dient als grundlegendes Abgrenzungskriterium, bis zu welcher Grenze der Arbeitgeber an das Dauerschuldverhältnis gebunden sein soll.[988] Auf der Rechtsfolgenseite darf der Arbeitnehmer jedoch nicht aufgrund seines tariflich oder einzelvertraglich vereinbarten Ausschlusses schlechter stehen als ohne eine solche Vereinbarung.[989] Daher muss die Rechtsfolgenseite einer ordentlichen Kündigung angenähert werden.[990] Nach Betrachtung der Tatbestands- und Rechtsfolgenseite wird deutlich, dass zur Lösung dieses Problems allenfalls ein „Zwitterwesen“ beitragen kann, dessen Tatbestandsseite einer außerordentlichen Kündigung nahekommt und auf Rechtsfolgenseite der ordentlichen Kündbarkeit angenähert wird.[991] Innerhalb der Literatur wird eine solche Konstruktion als Orlando-Kündigung bezeichnet.[992] Diese Bezeichnung geht zurück auf einen Roman von der Autorin Virginia Woolf.[993] In diesem wird eine Figur beschrieben, die keinem Geschlecht eindeutig zugewiesen werden kann, sondern offensichtlich Merkmale beider Geschlechter aufweist.

a. Ansicht des Reichsarbeitsgerichts (fristlose Kündigung)

Frühe Entscheidungen des Reichsarbeitsgerichts hielten strikt an § 626 BGB fest und ließen lediglich eine außerordentliche fristlose

986 *Bröhl*, Die außerordentliche Kündigung mit notwendiger Auslauffrist, S. 85.
987 *Bröhl*, Die außerordentliche Kündigung mit notwendiger Auslauffrist, S. 85.
988 *Buse*, Die Unkündbarkeit im Arbeitsrecht, S. 81; *Bröhl*, Die außerordentliche Kündigung mit notwendiger Auslauffrist, S. 85.
989 *Bröhl*, Die außerordentliche Kündigung mit notwendiger Auslauffrist, S. 85.
990 *Bröhl*, Die außerordentliche Kündigung mit notwendiger Auslauffrist, S. 85.
991 *Bröhl*, Die außerordentliche Kündigung mit notwendiger Auslauffrist, S. 85.
992 *Bröhl*, Die außerordentliche Kündigung mit notwendiger Auslauffrist, S. 86.
993 *Bröhl*, Die außerordentliche Kündigung mit notwendiger Auslauffrist, S. 86.

Kündigung zu.[994] Nach mittlerweile einhelliger Ansicht wird diese Auffassung abgelehnt, da sie jeglichen Sinn und Zweck einer Unkündbarkeitsklausel verkennt und somit nicht mehr den Bestandsinteressen der Arbeitnehmer entspricht.[995] Vielmehr benachteiligt eine solche fristlose Kündigungsmöglichkeit den ordentlich unkündbaren Arbeitnehmer, dem andernfalls die Einhaltung einer ordentlichen Kündigungsfrist zustehen würde.

b. Eine Ansicht (außerordentlich ordentliche Kündigung)

Ein kleiner Teil der innerhalb der Literatur vertretenen Ansichten hat sich für die Einführung einer außerordentlich ordentlichen Kündigung ausgesprochen.[996] Dies ist eine von dieser Auffassung entwickelte neue Kündigungsform, welche die Abgrenzung zwischen ordentlicher und außerordentlicher Kündigung völlig ausblendet und eine eigenständige Form der Kündigung entwickelt.[997] Dieser Vorschlag ist jedoch einer kritischen Betrachtungsweise zu unterziehen. Die vom Gesetzgeber geschaffene Aufspaltung der Kündigungstatbestände in ordentliche und außerordentliche Kündigungen würde durch eine derart neu entwickelte dritte Kündigungsform entkräftet. Um eine solche dritte Form zu etablieren, müssten sowohl auf Tatbestands- als auch auf Rechtsfolgenseite vollkommen neu entwickelte Grundsätze gesetzt werden, ohne eine gesetzliche Grundlage dafür zu besitzen. Aus diesem Grund kann auch dieser Ansicht im Ergebnis nicht gefolgt werden.

994 RAG, Urt. v. 10.05.1929 – ARS 6,26; Urt. v. 13.06.1931 – RAGE 9, 32; Urt. v. 28.01.1933 – ARS 17, 257; BAG, Urt. v. 04.06.1964 – 2 AZR 346/63, in: AP GewO § 133 b Nr. 3;*Buse*, Die Unkündbarkeit im Arbeitsrecht, S. 79.

995 *Bröhl*, Die außerordentliche Kündigung mit notwendiger Auslauffrist, S. 91.

996 *Buse*, Die Unkündbarkeit im Arbeitsrecht, S. 80; *Bröhl*, Die außerordentliche Kündigung mit notwendiger Auslauffrist, S. 86; *Bröhl*, in: FS Schaub 1998, S. 55 (72 f.).

997 *Buse*, Die Unkündbarkeit im Arbeitsrecht, S. 80; *Bröhl*, Die außerordentliche Kündigung mit notwendiger Auslauffrist, S. 86; *Bröhl*, in: FS Schaub 1998, S. 55 (72 f.).

c. Andere Ansicht (ordentliche Kündigung)

Eine weitaus größere Anhängerzahl in der Literatur vertritt die Möglichkeit, den unzumutbaren Ausschluss der ordentlichen Kündbarkeit, der zu einer möglicherweise sogar verfassungswidrigen Dauerrechtsbindung des Arbeitgebers an den Arbeitnehmer führen kann, durch eine Reduktion des Geltungsbereichs der Ausschlussnorm einzuschränken, sodass der Arbeitgeber in solchen Fällen dennoch eine ordentliche Kündigung aussprechen kann.[998] Eine solche Unabdingbarkeit des ordentlichen Kündigungsrechts kann sich bereits aus der Tatsache ergeben, dass die ordentliche Kündigung iSd. § 1 KSchG einerseits als milderes Mittel zur außerordentlichen Kündigung gemäß § 626 BGB anzusehen ist, andererseits hingegen zudem zum Schutz des Arbeitnehmers der völlige Ausschluss des ordentlichen Kündigungsrechts für zulässig erachtet wird.[999] Durch die Einschränkung der die ordentliche Kündbarkeit ausschließenden Norm verliert diese ihre Geltung, sodass der Arbeitgeber gegenüber dem Arbeitnehmer ordentlich kündigen kann. Folglich ergeben sich auf der Rechtsfolgenseite keinerlei Probleme. Eine unzumutbare Ewigkeitsbindung führt zur Verletzung des Art. 12 GG auf Seite des Arbeitgebers, sodass insbesondere *Bröhl* bei einer unzumutbaren Bindung an das Arbeitsverhältnis von einer partiellen Rechtsunwirksamkeit ausgeht.[1000] Daher kann es nicht ohne weiteres ausgeschlossen sein, eine Unkündbarkeitsklausel für teilweise unwirksam zu halten oder sie zumindest verfassungskonform auszulegen, woraus sich eine partielle Zulässigkeit der ordentlichen Kündigung ergeben würde.[1001]

Dieser Lösungsweg ist insoweit vorteilhaft, als er keine Wertungswidersprüche aufkommen lässt. Da dem Arbeitnehmer über den Weg der ordentlichen Kündigung eine ordentliche Kündigungsfrist gewährt würde, ist zudem eine Schlechterstellung des ordentlich Unkündbaren nicht zu befürchten. Gegen die Annahme einer solchen Reduktion des

---

998 *Berkowsky*, Die betriebsbedingte Kündigung, S. 213; *Bröhl*, in: FS Schaub 1998, S. 55 (72 f.); *Oetker*, ZfA 2001, 287 (337); *Schleusener*, SAE 1998, 218 (222); *Bröhl*, Die außerordentliche Kündigung mit notwendiger Auslauffrist, S. 87; *Buse*, Die Unkündbarkeit im Arbeitsrecht, S. 81.

999 *Adam*, NZA 1999, 846 (847).

1000 *Bröhl*, in: FS Schaub 1998, S. 55.

1001 *Buse*, Die Unkündbarkeit im Arbeitsrecht, S. 82.

Geltungsbereichs der Ausschlussnorm könnte hingegen sprechen, dass die Tatbestandsseite nicht konkretisiert ist.[1002] Eine Heranziehung des § 626 BGB soll nach dieser Auffassung nicht in Betracht kommen, weshalb eine Grenzziehung innerhalb der einzelnen Kündigungssachverhalte ohne gesetzliche Dogmatik bzw. Grundlage kaum möglich erscheint, ohne auf eine rechtlich stabile Dogmatik zurückzugreifen. Aufgrund dieser fehlenden Dogmatik kann keine zuverlässige Bestimmung der Fälle vorgenommen werden, deren Ausnahmecharakter die Geltung der Ausschlussnorm einschränken soll.[1003] Ein weiteres Argument, durch welches sich diese Auffassung entkräften lässt, ist ihre verfassungsrechtliche Argumentation. Diese Ansicht stützt ihre Argumentation überwiegend auf einen verfassungsrechtlichen Boden. Allerdings wird verkannt, dass eine unzumutbare Dauerrechtsbindung nur bei einem privaten Arbeitgeber, jedoch nicht, wie von ihr angenommen, im gesamten öffentlichen Dienst einen Grundrechtseingriff in die Berufsfreiheit zur Folge hat.[1004] Auch scheitert eine Übertragung der Grundsätze der Reduktion des Geltungsbereichs in Bezug auf einzelvertragliche Vereinbarungen. Um diesen Grundsätzen zu entsprechen würde ein Rückgriff auf die Vorschriften der Störung der Geschäftsgrundlage erfolgen müssen.[1005] Für die Fälle der Störung der Geschäftsgrundlage wurde allerdings explizit der § 626 BGB geschaffen. Zusammenfassend kann dieser Auffassung demzufolge nicht gefolgt werden, da sie den besonderen Kündigungsschutz, der durch eine Unkündbarkeitsklausel erreicht werden soll, völlig verkennt und die generelle Dogmatik des Kündigungsrechts in Frage stellt.

d. Herrschende Lehre und Rechtsprechung

Ursprünglich sprach sich das Reichsarbeitsgericht aufgrund einer mangelnden Kündigungsfrist für eine ausschließlich fristlose Kündi-

1002 *Bitter/ Kiel*, in: FS Schwerdtner 2003, S. 13 (34).

1003 *Bitter/ Kiel*, in: FS Schwerdtner 2003, S. 13 (34); *Bröhl*, Die außerordentliche Kündigung mit notwendiger Auslauffrist, S. 87.

1004 *Bröhl*, Die außerordentliche Kündigung mit notwendiger Auslauffrist, S. 87.

1005 *Bitter/ Kiel*, in: FS Schwerdtner 2003, S. 13 (34); *Bröhl*, Die außerordentliche Kündigung mit notwendiger Auslauffrist, S. 87.

gung aus.[1006] Dementsprechend handelte es sich um einen ersten Versuch der Rechtsprechung, das Problem der ordentlichen Unkündbarkeit zu bewältigen. Dieser Ansatz wurde jedoch im Laufe der Zeit sowohl von der Rechtsprechung als auch innerhalb der Literatur kritisiert und nicht weiterhin verfolgt. Schließlich wurde durch die Anwendung dieser Grundsätze der Schutz der ordentlichen Unkündbarkeit völlig verfehlt. Richtigerweise finden heute sowohl die Rechtsprechung als auch die Literatur die Lösung dieses Problems in der Vorschrift des § 626 BGB.[1007] Die Vorschrift des § 626 BGB wurde eigens dafür geschaffen, den Vertragsparteien die Möglichkeit zu geben sich von einem unzumutbaren Dauerschuldverhältnis lösen zu können.[1008] Es ist allerdings festzuhalten, dass auf der Tatbestandsseite des § 626 BGB Korrekturen vonnöten sind, da die zeitliche Komponente der Unzumutbarkeitsprüfung dem Wortlaut der Norm im Rahmen eines Arbeitsverhältnisses nicht sinnvoll entsprechen kann.[1009] Der Wortlaut des § 626 BGB spricht vielmehr von einem „Ablauf der Kündigungsfrist", sowie der Passage „bis zur vereinbarten Beendigung".[1010] Eine solche Beschränkung passt nicht zu einem Arbeitsverhältnis, dessen ordentliche Kündbarkeit ausgeschlossen und kein konkretes Renten- oder Pensionseintrittsalter festgelegt wurde. Auf der Tatbestandsseite bedarf es vielmehr eines wichtigen Grundes. Ein solcher ist dann gegeben, wenn dem Arbeitgeber die Fortsetzung des Arbeitsverhältnisses nicht zumutbar ist.

Allerdings bedarf nicht nur die Tatbestandsseite einer Korrektur, sondern vielmehr ist die Rechtsfolgenseite ebenfalls einer solchen zu unterziehen.[1011] Wird die Rechtsfolge einer außerordentlichen Kündigung betrachtet, liegt diese in der fristlosen Beendigung des Arbeitsverhältnisses. Durch den sofortigen Eintritt der Rechtsfolge würde der ordentlich unkündbare Arbeitnehmer schlechter gestellt als bei Zuläs-

---

1006 RAG, Urt. v. 10.05.1929 – RAG 593/28, in: ARS 6, 26; *Bröhl*, Die außerordentliche Kündigung mit notwendiger Auslauffrist, S. 91.

1007 Seit BAG, Urt. v. 05.02.1998 – 2 AZR 227/97, in: BAGE 88,10; *Bröhl*, Die außerordentliche Kündigung mit notwendiger Auslauffrist, S. 88; *Von Koppenfels*, Die außerordentliche arbeitgeberseitige Kündigung, S. 230.

1008 *Bröhl*, Die außerordentliche Kündigung mit notwendiger Auslauffrist, S. 111.

1009 *Bröhl*, Die außerordentliche Kündigung mit notwendiger Auslauffrist, S. 88.

1010 Vgl. § 626 BGB.

1011 *Bröhl*, Die außerordentliche Kündigung mit notwendiger Auslauffrist, S. 88.

sigkeit der ordentlichen Kündigung, da der Arbeitgeber innerhalb dieser an Kündigungsfristen gebunden wäre. Nach neuer Rechtsprechung des Bundesarbeitsgericht muss im Rahmen der Rechtsfolgenseite geprüft werden, ob einem vergleichbaren Arbeitnehmer, der keinen besonderen Kündigungsschutz durch eine ordentliche Unkündbarkeit erhält, fristlos oder lediglich unter Einhaltung einer Frist gekündigt werden könnte.[1012] Ergibt diese Prüfung eine Kündigungsmöglichkeit unter Einhaltung einer Frist, kann gegenüber dem Arbeitnehmer allenfalls eine außerordentliche Kündigung unter Einhaltung einer notwendigen Auslauffrist ausgesprochen werden. In diesem Zusammenhang wird die Rechtsfolgenseite zudem im Hinblick auf die Betriebsratsanhörung, für welche die für die ordentliche Kündigung geltende Wochenfrist iSd. § 102 Abs. 2 S. 1 BetrVG, der ordentlichen Kündigung angepasst.[1013] Dies muss erfolgen, da dem geschützten Arbeitnehmer im Rahmen der für die außerordentliche Kündigung geltenden Regelungen gemäß § 102 Abs. 2 S. 3 BetrVG lediglich ein Anhörungszeitraum von drei Tagen gewährt würde. Die Anwendung dieser Regelung würde den geschützten Arbeitnehmer gegenüber den übrigen Arbeitnehmern benachteiligen.[1014] Nach der Rechtsprechung des Bundesarbeitsgerichts bedarf es gar einer eigenständigen Anhörung des Betriebsrats im Hinblick auf die Besonderheiten einer außerordentlichen Kündigung.[1015] Diese Parallelen zum Recht der ordentlichen Kündigung werden gezogen, um eine Schlechterstellung des ordentlich Unkündbaren zu verhindern. Eine solche Benachteiligung dieser Arbeitnehmergruppe könne und dürfe nicht hingenommen werden, weshalb die Rechtsfolgenseite einer erheblichen Korrektur unterzogen werden müsse.[1016] Aus diesem Grund haben sich sowohl die Rechtsprechung als auch der überwiegende Teil der in der Literatur vertretenen Ansichten für die Einführung einer notwendigen Auslauffrist ausgesprochen, welche die Benachteiligung der Arbeitnehmer auffangen und beseitigen solle.

1012 *Bröhl*, Die außerordentliche Kündigung mit notwendiger Auslauffrist, S. 95.

1013 BAG, Urt. v. 12.01.2006 – 2 AZR 242/05, in: NJOZ 2006, 1690 (1693); *Adam*, MDR 2008, 605 (608).

1014 *Adam*, MDR 2008, 605 (608).

1015 *Henssler*, in: MüKo BGB, Bd.4, § 626 BGB, Rn 118, 355.

1016 *Bröhl*, Die außerordentliche Kündigung mit notwendiger Auslauffrist, S. 88.

e. Eigene Stellungnahme

Zusammenfassend ergibt sich demnach auf der Tatbestandsseite die Annäherung an die außerordentliche Kündigung. Auf der Rechtsfolgenseite hingegen ist eine Anpassung an die ordentliche Kündigung sinnvoll. Aus diesem „Zwitterwesen“ lässt sich eine Vielzahl unterschiedlicher Ansätze begründen. Würde zusätzlich zur ordentlichen Kündbarkeit die Möglichkeit der außerordentlichen Kündigung versagt werden, käme es zu einer Ewigkeitsbindung an den Arbeitnehmer.[1017] Auch wenn die ordentliche Kündigungsmöglichkeit für disponibel erklärt wird, widerspricht dies jedoch der Tatsache, dass die ordentliche Kündigung im Vergleich zur außerordentlichen Kündigung zwar einerseits ein milderes Mittel darstellen soll, andererseits hingegen zum Wohl des Arbeitnehmers ein Ausschluss der ordentlichen Kündbarkeit möglich sein soll.[1018] Es erscheint nicht einleuchtend, weshalb der Ausschluss der ordentlichen Kündigung in einem Fall zu Gunsten des Arbeitnehmers, im anderen Fall allerdings zu seinen Lasten ausgelegt wird. Wie mit einem derartigen Wertungswiderspruch umzugehen ist, ist bislang ungeklärt. Die generelle Möglichkeit zum Ausschluss der ordentlichen Kündbarkeit muss in Frage gestellt werden, da diese Rechtsfigur im Rahmen der Verhältnismäßigkeitsprüfung mit Wiedersprüchen verbunden ist. Dem Verhältnismäßigkeitsgrundsatz kommt Verfassungsrang zu, sodass grundsätzlich die ordentliche Kündigung als milderes Mittel zur außerordentlichen Kündigung in Betracht kommen muss.[1019] Neben dem Verhältnismäßigkeitsgrundsatz führt auch der Ausschluss der ordentlichen Kündbarkeit bei einer Sozialauswahl im Rahmen des Kündigungsschutzgesetzes zu Problemen, da die Vorschriften dieses Gesetzes zwingend sind. Um die Rechtsfigur der ordentlichen Unkündbarkeit wertungsfrei zu verwirklichen, dürften diese Arbeitnehmer nicht in die Sozialauswahl einbezogen werden.[1020] Ein Wertungswiderspruch lässt sich vor allem an folgendem Beispiel verdeutlichen: Beschäftigt ein Betrieb u.a. einen 27-jährigen ledigen Arbeitnehmer mit kurzer Betriebszugehörigkeit

1017 *Howald*, öAT 2013, 1 (2).
1018 so auch der Grundgedanke von *Adam*, NZA 1999, 846 (847).
1019 *Adam*, NZA 1999, 846 (847).
1020 *Adam*, NZA 1999, 846 (848).

und einen über 50-jährigen verheirateten Familienvater, der bereits seit 30 Jahren in dem Betrieb tätig ist, könnte der 27-jährige Arbeitnehmer, bei ordentlicher Unkündbarkeit, einen stärkeren Schutz gewährt bekommen als der Familienvater.[1021] Durch die fehlende Einbeziehung Unkündbarer im Rahmen der Sozialauswahl wird der zwingenden Vorschrift des § 1 Abs. 3 KSchG widersprochen.[1022] § 626 BGB ist ohnehin generell für die verhaltensbedingte Kündigung entwickelt worden, da sich eine personenbedingte Kündigung allenfalls in Ausnahmefällen über den § 626 BGB rechtfertigen lässt. Die Vorschrift des § 626 BGB ist vielmehr eine Regelung zur sofortigen Beendigung eines Dienstverhältnisses, innerhalb welcher der wichtige Grund eine bestimmte Unzumutbarkeit der Fortführung des Arbeitsverhältnisses voraussetzt.[1023] Durch diese Voraussetzung kann es jedoch zu einer ausufernden Interessenabwägung kommen, da § 626 BGB keine Konkretisierung beinhaltet, sondern lediglich die Frage behandelt, ob das Vertragsverhältnis sofort beendet werden muss.[1024] Aus diesem Grund kann die Möglichkeit der Abdingbarkeit der ordentlichen Kündigung nicht aus § 626 BGB resultieren, sondern muss sich vielmehr aus den allgemeinen Vorschriften, wie beispielsweise § 138 Abs. 1 BGB ergeben.[1025] Insbesondere könnte in diesem Hinblick das Vorliegen einer wirtschaftlichen Unmöglichkeit vorauszusetzen sein.[1026] Im Rahmen des § 626 BGB lässt sich die Prüfung der Unkündbarkeit nicht sinnvoll begründen. Vielmehr obliegt die Konkretisierung der unbestimmten Rechtsbegriffe den Gerichten.[1027]

Demgegenüber lässt sich jedoch anführen, dass die außerordentliche Kündigung mit Elementen der ordentlichen Kündigung auf der Rechtsfolgenseite der Aushebelung der ordentlichen Unkündbarkeit grundsätzlich ausreichend entgegenwirkt. Weiterhin sind die Voraussetzungen, um eine solche außerordentliche Kündigung ordentlich unkündbarer Arbeitnehmer zu rechtfertigen, wesentlich strenger, woraus

1021 *Kramer*, Kündigungsvereinbarungen im Arbeitsvertrag, S. 29.
1022 *Adam*, NZA 1999, 846 (848).
1023 *Buse*, Die Unkündbarkeit im Arbeitsrecht, S. 87.
1024 *Adam*, NZA 1999, 846 (849).
1025 *Adam*, NZA 1999, 846 (849).
1026 *Adam*, NZA 1999, 846 (849).
1027 *Adam*, NZA 1999, 846 (849).

der durch die Unkündbarkeit gewährte Schutz gesichert wird.[1028] Um einer unzumutbaren Dauerbindung entgegenzuwirken, kommt die außerordentliche Kündigung mit notwendiger Auslauffrist in Betracht. In diesem Zusammenhang handelt es sich, wie vom Bundesarbeitsgericht mehrfach betont, nicht um eine dritte Kündigungsart, sondern vielmehr um eine dogmatische Einordnung solcher Sachverhalte über § 626 BGB. Allerdings sollen auf der Rechtsfolgenseite Elemente der ordentlichen Kündigung Anwendung finden.[1029] Dies geschieht durch eine Reduzierung der Rechtsfolgen des § 626 BGB, sodass im Ergebnis anstelle der fristlosen Kündigung die Einhaltung einer notwendigen Auslauffrist zu erfolgen hat.[1030] Durch diesen Lösungsweg werden alle essentiellen Widersprüchlichkeiten beseitigt, indem zum einen eine Dauerbindung an den Arbeitnehmer vermieden wird und zum anderen der ordentlich unkündbare Arbeitnehmer in den Rechtsfolgen der Kündigung nicht schlechter gestellt ist als ohne den Ausschluss der ordentlichen Kündbarkeit. Dennoch steht fest, dass die Zulässigkeit der außerordentlichen Kündigung für Sachverhalte, die für sich genommen lediglich eine ordentliche Kündigung rechtfertigen würden, sehr weitreichende Folgen mit sich bringt. Durch die aufgezeigten Korrekturen des § 626 BGB wird deutlich, dass diese Vorschrift andernfalls nicht ohne Wertungswidersprüche Anwendung finden könnte. Dies resultiert zum einen aus der teleologischen Reduktion der Rechtsfolge des § 626 BGB und zum anderen aus einer analogen Anwendung der Regelungen der ordentlichen Kündbarkeit, beispielsweise die Anhörung der Arbeitnehmervertretungen.[1031] Aus diesem Grund ist die Annahme eines „Zwittergebildes“ nicht ohne weiteres von der Hand zu weisen. Interessant könnte vor diesem Hintergrund vor allem die Einführung einer inhaltlichen Begrenzung der Unkündbarkeitsklausel sein.[1032] Dieser Vorschlag hat seinen Ursprung darin, dass grundsätzlich bei einem Dauerschuldverhältnis, für das eine Ewigkeitsbindung zu befürchten ist, sowohl ein Recht zur ordentlichen als auch zur au-

1028 *Kramer*, Kündigungsvereinbarungen im Arbeitsvertrag, S. 29.
1029 BAG, Urt. v. 13.04.2000 – 2 AZR 259/99, AP BGB § 626 Nr. 162.
1030 So auch *Buse*, Die Unkündbarkeit im Arbeitsrecht, S. 65.
1031 *Oetker*, ZfA 2001, 287 (337).
1032 So auch *Oetker*, ZfA 2001, 287 (337); *Mauer/ Schüßler*, BB 2001, 466 (470).

ßerordentlichen Kündigung bestehen müsse.[1033] Dies müsse bereits deshalb gelten, weil ein Verstoß gegen Art. 12 GG dann vorliegend wäre, wenn der Arbeitgeber durch eine Vereinbarung zur Fortführung eines unzumutbaren Arbeitsverhältnisses gezwungen würde. Egal, welchem Lösungsansatz gefolgt wird: Der Kern der Diskussion liegt trotz der unterschiedlichen Auffassungen vergleichsweise nah beieinander. Es wird versucht, ein Konstrukt zu entwickeln, das einerseits dem Arbeitgeber in Extremfällen eine Lösungsmöglichkeit zugesteht, andererseits hingegen auch der besonderen Schutzbedürftigkeit eines ordentlich unkündbaren Arbeitnehmers Beachtung schenkt. Gegen den Ausschluss der ordentlichen Kündigungsmöglichkeit könnten hingegen die gesetzlichen Kündigungsverbote, wie beispielsweise § 15 KSchG, sprechen.[1034] Allerdings muss beachtet werden, dass die gesetzlichen Kündigungsverbote keinen generellen Ausschluss bezwecken sollen, sondern lediglich Beschränkungen des ordentlichen Kündigungsrechts mit sich bringen. Folglich ist diese Argumentation nicht zielführend.

Im Folgenden wird der Auffassung der Rechtsprechung und herrschenden Lehre Folge geleistet, um einen ausreichenden Schutz der Arbeitnehmer zu garantieren. Ein zusätzlicher Ausschluss der außerordentlichen Kündigung würde dem Arbeitgeber den Grundsatz der Selbstbestimmung absprechen, da ihn eine Ewigkeitsbindung an ein Dauerschuldverhältnis unangemessen einschränken würde.[1035] Somit ist das Recht zur außerordentlichen Kündigung unentbehrlich. Die zuvor aufgeworfenen Bedenken, dass es zu einer Umgehung des Ausschlusses des ordentlichen Kündigungsrechts kommen könnte, haben sich nach eingehender Prüfung nicht bestätigt.

1033 *Buse*, Die Unkündbarkeit im Arbeitsrecht, S. 77.

1034 So auch *Adam*, NZA 1999, 846 (850).

1035 *Von Koppenfels*, Die außerordentliche arbeitgeberseitige Kündigung, S. 31.

4. Nachträglicher Entzug der Unkündbarkeit eines tariflich gewährten Kündigungsschutzes

Inhaltlich unterscheiden sich die Formulierungen der Unkündbarkeitsklauseln zumeist hinsichtlich des Lebensalters sowie der Dauer der Betriebszugehörigkeit. Unzulässig ist eine Klausel jedoch dann, wenn der Arbeitgeber durch sie gezwungen wäre, den Arbeitnehmer selbst bei Unzumutbarkeit weiterhin zu beschäftigen und dadurch eine außerordentliche Kündigung dauerhaft gesperrt wäre. Fraglich ist, wie mit einem nachträglichen Entzug der Unkündbarkeit des Arbeitnehmers durch den Arbeitgeber umgegangen wird. Primär ist in dieser Hinsicht die Fragestellung entscheidend, inwieweit die Tarifvertragsparteien die zuvor vereinbarte Unkündbarkeit durch einen neuen Tarifvertrag beseitigen können. Tarifverträge sind Vereinbarungen zwischen den Tarifvertragsparteien für eine gewisse Dauer. Durch die Tarifvertragsfreiheit iSd. Art. 9 Abs. 3 GG können die Tarifpartner grundsätzlich ohne besondere Ermächtigung den Geltungsbereich sowie dessen Beginn eigenständig bestimmen.[1036] Der Abschluss eines Tarifvertrages spiegelt demnach den aktuellen Stand zwischen den Parteien wider. Es muss jedoch festgehalten werden, dass ein Tarifvertrag die Parteien nicht für die Ewigkeit bindet, sondern für Novellierungen offensteht. Nach ständiger Rechtsprechung des Bundesarbeitsgerichts unterliegt ein Tarifvertrag dem Vorbehalt der Abänderbarkeit.[1037] Für Tarifverträge ist es charakteristisch, dass ein nachfolgender Tarifvertrag den vorherigen ablöst. Dies geschieht selbst dann, wenn die Änderungen für den Arbeitnehmer nachteilig sind.[1038] In diesem Zusammenhang kann die Argumentation, dass der Arbeitnehmer aufgrund des Vertrauens an die einmal gewährte ordentliche Unkündbarkeit bestimmte Dispositionen trifft und deshalb an einem Kündigungsschutz festgehalten werden müsse, nicht gefolgt werden.[1039] Schließlich wird ebenso solchen Rechten durch das Gesetz

1036 *Houben*, NZA 2007, 130 (130).

1037 BAG, Urt. v. 24.10.2007 – 10 AZR 878/06, in: NZA 2008, 131; Urt. v. 05.07.2006 – 4 AZR 381/05, in: BB 2007, 556 (557); Urt. v. 23.11.1994 – 4 AZR 879/93, in: NZA 1995, 844 (849).

1038 *Buse*, Die Unkündbarkeit im Arbeitsrecht, S. 248.

1039 *Buse*, Die Unkündbarkeit im Arbeitsrecht, S. 248.

keine gesonderte Behandlung eingeräumt, da insbesondere Tarifverträgen eine gewisse Vorbehaltswirkung anhaftet.[1040] Dennoch verlangt das Bundesarbeitsgericht in einer Grundsatzentscheidung, dass ein gewisser Bestandsschutz verbleiben müsse.[1041] In diesem Rahmen muss das Günstigkeitsprinzip zurücktreten. Dennoch unterliegen nicht alle vom Arbeitnehmer durch den Tarifvertrag gewonnenen Rechte und Ansprüche der Dispositionsbefugnis der Tarifvertragsparteien.[1042] Tarifverträge sind als Gesetze im materiellen Sinne überdies an den vom Bundesverfassungsgericht entwickelten Grundsätzen der Rückwirkung zu messen.[1043] Dementsprechend lässt sich diese Rückwirkung zum einen in eine echte Rückwirkung, also eine Rückbewirkung von Rechtsfolgen, zum anderen aber auch in eine unechte Rückwirkung aufteilen, welche die Rückbewirkung auch auf der Tatbestandsebene anwendet.[1044]

a. Echte Rückwirkung

Eine echte Rückwirkung ist dann gegeben, wenn eine Vorschrift nachträglich in einen bereits abgeschlossenen Tatbestand eingreift und diesen hinsichtlich seiner Rechtsfolge verändert.[1045] Die Rechtsfolgen der Regelung müssen demnach in der Vergangenheit eingetreten sein. In einem derartigen Fall greift die neue tarifvertragliche Regelung in bereits abgeschlossene Tatbestände ein, die hinsichtlich ihrer Voraussetzungen bereits vollständig erfüllt waren bzw. sind. Eine echte Rückwirkung ist wegen des Verstoßes gegen Art. 20 Abs. 3 GG in den meisten Fällen unzulässig. Allerdings müssen dementsprechende Fallgestaltungen, für die eine Ausnahmeregelung besteht, existieren.[1046] Von einer echten Rückwirkung kann demnach nur in äußerst extremen

1040 BAG, Urt. v. 02.02.2006 – 2 AZR 58/05, in: NZA 2006, 868 (869); *Adam*, MDR 2008, 605 (608).

1041 BAG, Urt. v. 02.02.2006 – 2 AZR 58/05, in: NZA 2006, 868 (869).

1042 *Buse*, Die Unkündbarkeit im Arbeitsrecht, S. 249.

1043 *Buse*, Die Unkündbarkeit im Arbeitsrecht, S. 249.

1044 *Buse*, Die Unkündbarkeit im Arbeitsrecht, S. 249.

1045 So auch LAG Düsseldorf, Urt. v. 14.07.2005 – 11 Sa 615/05, in: NZA-RR 2006, 34.

1046 *Houben*, AuR 2007, 239 (241).

Ausnahmefällen abgewichen werden, wenn ein schützenswertes Vertrauen nie bestehen durfte oder zwingende Gründe des Gemeinwohls entgegenstehen. Nicht schützenswert könnten dementsprechend die Arbeitnehmer sein, die die Voraussetzungen der Unkündbarkeit, beispielweise das Lebensalter und die Betriebszugehörigkeit, nicht erfüllen. Das Gemeinwohl richtet sich nach den kollektiven Interessen der Tarifvertragsparteien.[1047] Eine echte Rückwirkung liegt folglich dann vor, wenn im Zeitpunkt der Tarifänderung bereits alle Tatbestandsvoraussetzungen für den endgültigen Eintritt des Vereinbarten erfüllt waren.[1048]

b. Unechte Rückwirkung

Deutlich größere praktische Bedeutung erlangt die unechte Rückwirkung, die eine tatbestandliche Rückwirkung behandelt. Selbst das Bundesverfassungsgericht hat sich für die Zulässigkeit der unechten Rückwirkung ausgesprochen.[1049] Eine unechte Rückwirkung liegt dann vor, wenn die durch den neuen Tarifvertrag geschaffenen Rechtsfolgen in der Gegenwart oder Zukunft eintreten, obwohl der besagte Tatbestand bereits in der Vergangenheit liegt und grundsätzlich eine andere Rechtsfolge mit sich bringen würde.[1050] Begrenzt wird die Möglichkeit zur unechten Rückwirkung jedoch dann, wenn im Einzelfall das schutzwürdige Vertrauen eines Arbeitnehmers gegenüber dem mit der Regelung verfolgten Zweck überwiegt.[1051]

c. Nachträglicher Entzug bei einem krankheitsanfälligen ordentlich unkündbaren Arbeitnehmer

Wird davon ausgegangen, dass der Arbeitnehmer die für den Eintritt der ordentlichen Unkündbarkeit erforderlichen Voraussetzungen be-

1047 *Houben*, AuR 2007, 239 (241).
1048 BAG, Urt. v. 06.06.2007 – 4 AZR 382/06, AP TVG § 1 Tarifverträge: Lufthansa Nr. 39 Rn 25.
1049 BVerfG, Urt. v. 31.03.2006 – BVerfG 2/05, in: DÖV 2006, 1001.
1050 BVerfG, Urt. v. 31.03.2006 – BVerfG 2/05, in: DÖV 2006, 1001.
1051 *Houben*, AuR 2007, 239 (242).

reits erfüllt, indem er ein bestimmtes Lebensalter sowie eine bestimmte Betriebszugehörigkeit aufweisen kann, stellt sich die Frage, ob ihm diese Rechtsposition wieder entzogen werden kann. Seit Eintritt der Voraussetzungen ist der betroffene Arbeitnehmer ordentlich unkündbar. Unstreitig wird einem Arbeitnehmer, der nach Ablauf der Vertragslaufzeit die entsprechenden Voraussetzungen (Lebensalter, Betriebszugehörigkeit) nicht erfüllt, eine solche Rechtsposition nicht gewährt.[1052] Einem Arbeitnehmer, dem eine derart starke Rechtsposition bereits durch einen Tarifvertrag gewährt wurde, kann die ordentliche Unkündbarkeit lediglich dann wieder entzogen werden, wenn dies ausdrücklich geregelt wird.[1053] Der durch den Geltungsbereich eines nachfolgenden Tarifvertrags eintretende Entzug der ordentlichen Unkündbarkeit, stellt einen erheblichen Eingriff in eine bereits entstandene Rechtsposition dar.[1054] Wird einem krankheitsanfälligen Arbeitnehmer, der die Rechtsposition der ordentlichen Unkündbarkeit bereits in der Vergangenheit erlangt hat, diese erworbene Unkündbarkeitsposition durch den Eintritt eines neuen Tarifvertrags entzogen, handelt es sich um eine echte Rückwirkung.[1055] Eine solche liegt im vorliegenden Fall deshalb vor, weil die tarifliche Regelung in einen in der Vergangenheit liegenden Tatbestand eingreift, der bereits vor dem Inkrafttreten des neueren Tarifvertrags verwirklicht wurde. Fraglich ist deshalb, ob eine die echte Rückwirkung zulassende Ausnahmeregelung einschlägig ist, da ein Grundsatz der Unzulässigkeit der echten Rückwirkung besteht.[1056] Liegt eine derartige Ausnahme nicht vor, ist die neue tarifliche Regelung unwirksam.[1057] Nach Ansicht des Bundesarbeitsgerichts weist jedoch jede tarifliche Regelung einen Vorbehalt der späteren Abänderbarkeit auf.[1058] Allerdings muss festgestellt werden, dass

1052 *Houben*, AuR 2007, 239 (241); *Houben*, Die Rückwirkung von Tarifverträgen, S. 356.

1053 *Houben*, Die Rückwirkung von Tarifverträgen, S. 356.

1054 *Houben*, AuR 2007, 239 (241); *Houben*, Die Rückwirkung von Tarifverträgen, S. 356.

1055 *Houben*, Die Rückwirkung von Tarifverträgen, S. 356.

1056 BAG, Urt. v. 06.06.2007 – 4 AZR 382/06, AP TVG § 1 Tarifverträge: Lufthansa Nr. 39 Rn 16.

1057 BAG, Urt. v. 06.06.2007 – 4 AZR 382/06, AP TVG § 1 Tarifverträge: Lufthansa Nr. 39 Rn 16.

1058 *Löwisch/ Rieble*, in: Löwisch/Rieble, Tarifvertragsgesetz, § 1 TVG, Rn 882.

die tariflich gewährte ordentliche Unkündbarkeit keine vom Arbeitsverhältnis unabhängige Rechtsposition darstellt. Vielmehr stellt eine solche Unkündbarkeitsklausel lediglich eine Tarifregel dar, welche die Beendigung des Arbeitsverhältnisses regeln soll.[1059] Eine Änderung dieser Tarifregelungen ist hingegen nicht ausgeschlossen, sondern muss für die Zukunft möglich sein. Eine solche Änderung darf allerdings lediglich in den Grenzen des verfassungsrechtlich verankerten Rückwirkungsverbots erfolgen.[1060] Die aktuelle Rechtsprechung gewährt den Tarifvertragsparteien die Möglichkeit, den Sonderkündigungsschutz einzuschränken. Die ältere Rechtsprechung spricht hingegen bei einer völligen Abschaffung der ordentlichen Unkündbarkeit von Arbeitnehmern, die bereits durch Vorliegen der Tatbestandsvoraussetzungen den Unkündbarkeitsstatus erlangt haben, von einer unzulässigen Rückwirkung.[1061]

Fraglich ist, wo die Grenze zwischen der Einschränkung und der Abschaffung einer Tarifregelung zu ziehen ist. Die Arbeitnehmer könnten sich auf den Grundsatz des Vertrauensschutzes berufen. Dementsprechend ist allerdings fraglich, welchen Stellenwert diesem Vertrauensschutz im Verhältnis zu einer tariflichen Neuregelung beigemessen wird. Als solche muss eine tarifliche Neuregelung grundsätzlich dem Vertrauensschutz vorgehen.[1062] Eine alternative Auslegung kann lediglich in Ausnahmefällen gelten. Die Charakteristik einer tarifvertraglichen Regelung trägt den Änderungsvorbehalt in sich, sodass die Tarifvertragsparteien nach Ablauf der Vertragslaufzeit Änderungen vornehmen dürfen.[1063] Eine derartige Verfügungsgewalt ergibt sich bereits aus Art. 9 Abs. 3 GG, der den Tarifvertragsparteien eine Tarifautonomie zuspricht. Aus diesem Grund vertritt die heutige Rechtsprechung die Zulässigkeit der Änderung von Tarifverträgen, sodass die tariflich gewährte ordentliche Unkündbarkeit durch tarifliche Neuregelungen wiederum beseitigt werden kann. Jedoch darf dies aus-

1059 *Löwisch/ Rieble*, in: Löwisch/Rieble, Tarifvertragsgesetz, § 1 TVG, Rn 885.
1060 *Houben*, Die Rückwirkung von Tarifverträgen, S. 357.
1061 BAG, Urt. v. 16.02.1962 – 1 AZR 164/61, AP TVG § 4 Günstigkeitsprinzip Nr. 11.
1062 *Bröhl*, RdA 2010, 170 (177).
1063 *Bröhl*, RdA 2010, 170 (178).

schließlich innerhalb enger Grenzen erfolgen, worauf an dieser Stelle nicht eingegangen wird.

5. Notwendige Auslauffrist

Diese Auslauffrist wird alternativ als soziale Auslauffrist bezeichnet.[1064] Allerdings wurde diese Begrifflichkeit insoweit unglücklich gewählt, als sich durch den sozialen Aspekt eine Freiwilligkeit der Einräumung einer Auslauffrist ergeben könnte.[1065] Vielmehr handelt es sich bei der Auslauffrist hingegen um eine Wirksamkeitsvoraussetzung der Kündigung, sodass es sich um eine notwendige Auslauffrist handelt.[1066] Eine solche Notwendigkeit ergibt sich bereits aus dem Grund, dass der Arbeitgeber ausschließlich aufgrund des Ausschlusses des ordentlichen Kündigungsrechts den Weg der außerordentlichen Kündigung bestreiten muss bzw. kann. Daher wäre es widersprüchlich, den grundsätzlich durch den besonderen Kündigungsschutz begünstigten Arbeitnehmer durch die Vorenthaltung der gesetzlichen Kündigungsfrist zu bestrafen. Durch das Einräumen einer notwendigen Auslauffrist wird der außerordentlichen Kündigung nicht ihr Wesen als besonderer Ausnahmefall genommen.[1067] Dies wäre ausschließlich dann der Fall, wenn für den gekündigten Arbeitnehmer nicht erkennbar ist, dass ihm aus einem wichtigen Grund iSd. § 626 Abs. 1 BGB gekündigt wurde.[1068] Wenn ein wichtiger Grund vorliegt, muss auf der Rechtsfolgenseite geprüft werden, ob die Einhaltung einer notwendigen Auslauffrist als milderes Mittel zumutbar erscheint. Dementsprechend handelt es sich um eine zwingend einzuhaltende Frist, die eine Benachteiligung des Arbeitnehmers aufgrund seiner ordentlichen Unkündbarkeit vermeiden soll. Eine solche Auslauffrist widerspricht bereits deshalb nicht dem allgemeinen Sinn und Zweck der Unkündbarkeitsklausel, da bei personenbedingten Kündigungsgründen grundsätzlich kein Interesse an einer sofortigen Beendigung des Arbeitsver-

1064 *Fischermeier*, in: KR Gemeinschaftskommentar, § 626 BGB, Rn 30.
1065 *Mauer/ Schüßler*, BB 2001, 466 (468).
1066 *Mauer/ Schüßler*, BB 2001, 466 (468).
1067 *Müller-Glöge*, in: Erfurter Kommentar, § 626 BGB, Rn 188.
1068 *Müller-Glöge*, in: Erfurter Kommentar, § 626 BGB, Rn 188.

hältnisses besteht. Vielmehr soll es dem Arbeitgeber generell ermöglicht werden, entgegen der durch die Unkündbarkeitsklausel hervorgerufenen Ewigkeitsbindung an das Arbeitsverhältnis, eine Lösungsmöglichkeit zu erhalten.[1069] Würde im Rahmen der personenbedingten Kündigung auf die Fristlosigkeit der außerordentlichen Kündigung bestanden werden, käme es insoweit zu dem abstrusen Ergebnis, als die außerordentliche fristlose Kündigung durch eine ausgedehnte Bindungsdauer erleichtert werden würde. Da die außerordentliche krankheitsbedingte Kündigung durch einen Grund gerechtfertigt werden solle, der grundsätzlich ausschließlich zur ordentlichen Kündigung berechtigt, würde der unkündbare Arbeitnehmer im Vergleich zu ordentlich kündbaren Arbeitnehmern schlechter gestellt werden. Der Arbeitgeber wäre dann befugt, das Arbeitsverhältnis gemäß § 626 Abs. 1 BGB fristlos zu kündigen. Um einen solchen Widerspruch bzw. eine Schlechterstellung der unkündbaren Arbeitnehmer zu vermeiden, bedarf es der Einhaltung der notwendigen Auslauffrist. Dogmatisch kann dieses Ergebnis erreicht werden, indem durch eine teleologische Reduktion des § 626 BGB eine fiktive Kündigungsfrist eingeführt wird.[1070] Dies widerspricht keineswegs der Wertung der Vorschrift, da bei schweren Vertragsverletzungen eine fristlose Kündigung weiterhin möglich bleibt. Die Einführung einer Auslauffrist soll daher insbesondere den Arbeitnehmern zu Gute kommen, die andernfalls aufgrund ihrer ordentlichen Unkündbarkeit ausschließlich eine fristlose außerordentliche Kündigung erhalten könnten. Folglich zielt die Lösung des Bundesarbeitsgerichts darauf ab, eine Schlechterstellung der unkündbaren Arbeitnehmer zu vermeiden.

Ein ordentlich unkündbarer Arbeitnehmer kann ausschließlich dann gekündigt werden, wenn dem Arbeitgeber die Fortsetzung des Arbeitsverhältnisses bis zum Ablauf der ordentlichen Kündigungsfrist auch bei einem vergleichbaren, aber ordentlich kündbaren, Arbeitnehmer nicht zugemutet werden könnte.[1071] Eine solche Unzumutbarkeit wird insbesondere dann vorliegen, wenn der Arbeitgeber einerseits bis zum Renteneintrittsalter oder mehrere Jahre keine nennenswerte Ar-

1069 *Von Koppenfels*, Die außerordentliche arbeitgeberseitige Kündigung, S. 74.

1070 *Buse*, Die Unkündbarkeit im Arbeitsrecht, S. 69; *Bitter/ Kiel*, in: FS Schwerdtner 2003, S. 13 (16).

1071 *Henssler*, in: MüKo BGB, Bd.4, § 626 BGB, Rn 111.

beitsleistung erbracht bekommt, andererseits aber über Jahre hinweg eine erhebliche Summe an Entgeltfortzahlungsleistungen erbringen muss.[1072] Ein die fristlose Kündigung rechtfertigender Grund kann nur dann vorliegen, wenn die Abwägung ergibt, dass dem Arbeitgeber die Fortsetzung des Arbeitsverhältnisses bis zum Ablauf der fiktiv hinzugedachten Kündigungsfrist nicht mehr zugemutet werden kann.[1073] Ein solcher Fall wird jedoch bei personenbedingten Gründen kaum denkbar sein. Im Rahmen dieser Abwägung ist die ordentliche Unkündbarkeit jedoch nicht zu Gunsten des Arbeitnehmers zu berücksichtigen. Wenn diese Abwägung ergibt, dass dem Arbeitgeber kein Recht zum Ausspruch einer fristlosen Kündigung zusteht, ist zu prüfen, ob bei einem ordentlich kündbaren Arbeitnehmer aufgrund des vorliegenden Sachverhalts eine ordentliche Kündigung in Frage kommt. Liegt eine solche Kündigungsmöglichkeit vor, ist unter Hinzuziehung der Dauer der verbleibenden Vertragsbindung zu begutachten, ob sich der Sachverhalt für eine außerordentliche Kündigung unter Einhaltung einer Auslauffrist eignet.[1074] Ist dem Arbeitgeber die Fortsetzung des Arbeitsverhältnisses aufgrund der ordentlichen Unkündbarkeit unzumutbar und wäre bei einer fiktiv hinzugedachten ordentlichen Kündigung die Einhaltung einer Kündigungsfrist erforderlich, muss ebenso dem ordentlich Unkündbaren eine Auslauffrist zugestanden werden.[1075]

Die Länge der Auslauffrist lässt sich nach der fiktiv zu unterstellenden Kündigungsfrist im Fall einer ordentlichen Kündigung bestimmen.[1076] Wenn dem Arbeitgeber die Fortsetzung des Arbeitsverhältnisses bis zum Ablauf dieser ordentlichen Kündigungsfrist zuzumuten ist, kommt lediglich eine fristgemäße Kündigung in Betracht. Das Interesse des Arbeitnehmers liegt darin, nicht weitere Jahre an den Arbeitnehmer gebunden zu sein. Aus diesem Grund kann dem Arbeitgeber die Einhaltung einer Auslauffrist zugemutet werden. Dies muss

1072 BAG, Urt. v. 13.04.2000 – 2 AZR 259/99, in: AP BGB § 626 Nr. 162; *Buse*, Die Unkündbarkeit im Arbeitsrecht, S. 100.

1073 BAG, Urt. v. 13.04.2000 – 2 AZR 259/99, in: AP BGB § 626 Nr. 162; *Buse*, Die Unkündbarkeit im Arbeitsrecht, S. 100.

1074 *Henssler*, in: MüKo BGB, Bd.4, § 626 BGB, Rn 111.

1075 *Linck*, in: APS Großkommentar, § 622 BGB, Rn 31; *Henssler*, in: MüKo BGB, Bd.4, § 626 BGB, Rn 112; *Adam*, NZA 1999, 846 (846).

1076 *Von Koppenfels*, Die außerordentliche arbeitgeberseitige Kündigung, S. 75.

insbesondere bei krankheitsbedingten Kündigungsgründen gelten. Somit hat der Arbeitgeber, sofern der Sachverhalt keine fristlose Kündigung rechtfertigt, bei Ausspruch einer außerordentlichen Kündigung eines ordentlich unkündbaren Arbeitnehmers die bei einer ordentlichen Kündigung entsprechend geltende tarifliche oder gesetzliche Kündigungsfrist zu wahren. Würde dies abgelehnt werden, käme es zu einer Schlechterstellung des ordentlich unkündbaren Arbeitnehmers im Vergleich zu den ordentlich kündbaren Arbeitnehmern, die ausschließlich unter Einhaltung einer Frist gekündigt werden können.[1077] Krankheitsbedingte Kündigungsgründe kommen zwar regelmäßig aus der Sphäre des Arbeitnehmers, sind hingegen grundsätzlich nicht geeignet, eine fristlose Kündigung zu rechtfertigen.[1078] Folglich bedarf es der Einhaltung einer der ordentlichen Kündigungsfrist entsprechenden Auslauffrist.

6. Wichtiger Grund iSd. § 626 Abs. 1 BGB

Fraglich ist, ab wann ein wichtiger Grund iSd. § 626 BGB vorliegt. Die verbleibende Möglichkeit zur außerordentlichen Kündigung ist dem Arbeitgeber jedoch ausschließlich dann hilfreich, wenn tatsächlich ein wichtiger Grund vorliegt. Bis zum 31. August 1969 war § 626 Abs. 1 BGB wie folgt normiert: „Das Dienstverhältnis kann von jedem Teile ohne Einhaltung einer Kündigungsfrist gekündigt werden, wenn ein wichtiger Grund vorliegt".[1079] In diesem Zusammenhang existierte eine Fülle an Sondervorschriften, welche die allgemeine Regelung des § 626 BGB, die lediglich als Auffangtatbestand fungierte, ergänzten bzw. verdrängten.[1080] Eine außerordentliche Kündigung war nach dieser Rechtslage stets gerechtfertigt, selbst unter Nichtbeachtung des Sachverhalts, ob die Fortsetzung des Arbeitsverhältnisses zumutbar wäre.[1081] Durch das Inkrafttreten des ersten Arbeitsrechtsbereini-

1077 *Howald*, öAT 2013, 1 (2).
1078 BAG, Urt. v. 18.10.2000 – 2 AZR 627/99, in: NZA 2001, 219.
1079 Vgl. § 626 BGB a.F.; *Volz*, Die Kündbarkeit tariflich unkündbarer Arbeitnehmer, S. 70.
1080 *Volz*, Die Kündbarkeit tariflich unkündbarer Arbeitnehmer, S. 70.
1081 *Volz*, Die Kündbarkeit tariflich unkündbarer Arbeitnehmer, S. 70.

gungsgesetzes wurde die Ungleichbehandlung der Arbeitnehmer größtenteils beseitigt.[1082] Des Weiteren wurde das Recht zur außerordentlichen Kündigung mit der Vorschrift des § 626 BGB generalklauselartig eingefügt.[1083] Demzufolge war ein wichtiger Grund zur Kündigung eines Arbeitsverhältnisses dann vorliegend, wenn einer Vertragspartei nach Treu und Glauben und unter Berücksichtigung aller Umstände die Fortführung des Arbeitsverhältnisses für die Dauer der vorgesehenen Kündigungsfrist nicht zugemutet werden konnte.[1084] Durch diese Neufassung trat jedoch in sachlicher Hinsicht keinerlei Änderung ein.

Fraglich ist hingegen, wie der Rechtbegriff des wichtigen Grundes verstanden werden muss. Zum einen kann der wichtige Grund als einheitliches Rechtsgebilde verstanden werden. Daher müsse geprüft werden, ob die Fortsetzung des Arbeitsverhältnisses auf der Grundlage einer umfassenden Abwägung der beiderseitigen Interessen noch zumutbar erscheint.[1085] Zum anderen kann § 626 Abs. 1 S. 1 BGB zudem auf die Weise verstanden werden, dass zur Rechtfertigung eines wichtigen Grundes sowohl ein wichtiger Kündigungsgrund als auch eine Unzumutbarkeit der Fortsetzung des Arbeitsverhältnisses vorliegen muss.[1086] Dementsprechend könnte ein wichtiger Grund ausschließlich beim kumulativen Vorliegen dieser beiden Voraussetzungen gegeben sein. Im Rahmen dessen wird der § 626 Abs. 1 S. 1 Hs. 2 BGB als eigenständiger Prüfungspunkt angesehen. Im Wege der Auslegung ist festzustellen, welcher Struktur im Folgenden zu folgen ist. Die grammatikalische Auslegung bringt insofern kein zufriedenstellendes Ergebnis, als der Wortlaut beide Varianten tragen würde. Gleiches gilt für die systematische und teleologische Auslegungsmethode, durch die keine Lösung herbeigeführt werden kann. Die vorliegende Struktur könnte sich hingegen durch eine historische Betrachtungsweise erklären lassen. Demzufolge müssen die Absichten des Gesetzgebers beleuchtet werden. An dieser Stelle ist ein besonderes Augenmerk auf die Gesetzesmaterialien zu legen. Wird die Entstehungsgeschichte der

1082 *Volz*, Die Kündbarkeit tariflich unkündbarer Arbeitnehmer, S. 70.

1083 *Volz*, Die Kündbarkeit tariflich unkündbarer Arbeitnehmer, S. 70.

1084 BAG, Urt. v. 03.11.1955 – 2 AZR 39/54, in: BAGE 2, 214 (216); Urt. v. 04.06.1964 – 2 AZR 310/63, in: BAGE 16, 72 (75).

1085 vgl. § 626 Abs. 1 S. 1 BGB.

1086 *Volz*, Die Kündbarkeit tariflich unkündbarer Arbeitnehmer, S. 71.

Neufassung des § 626 BGB vom 01. September 1969 betrachtet, bei welcher der zweite Halbsatz des § 626 Abs. 1 S. 1 BGB eingefügt wurde, wird deutlich, dass der Gesetzgeber die von der Rechtsprechung entwickelte Begrifflichkeit des wichtigen Grundes einschränkungslos übernommen hat.[1087] Die Übernahme der Systematik durch den Gesetzgeber kann allenfalls auf eine zweistufige Strukturierung schließen lassen. Auch innerhalb einer verfassungskonformen Auslegung kann keine anderslautende Deutung gelten.[1088] Folglich führt die Auslegung zu dem Ergebnis, dass eine zweistufige Struktur zugrunde zu legen ist.

Bei personenbedingten Kündigungsgründen handelt es sich um persönliche Eigenschaften und Fähigkeiten des Arbeitnehmers. Der überwiegende Teil dieser personenbedingten Kündigungsgründe fällt auf Krankheiten. In diesem Zusammenhang stellt sich die Frage, ob Erkrankungen einen wichtigen Grund iSd. § 626 BGB darstellen können. Sowohl die in der Literatur vertretenen Ansichten als auch die Rechtsprechung stellen an die soziale Rechtfertigung einer krankheitsbedingten ordentlichen Kündigung hohe Anforderungen.[1089] Da die außerordentliche Kündigung in einem Stufenverhältnis zur ordentlichen Kündigung steht, müssen diese hohen Anforderungen ebenso an dieser Stelle Anwendung finden.[1090] Durch eine derartige Anwendung wird der Umfang einschlägiger Sachverhalte minimiert. Entgegen der Auffassung einiger Kritiker stellt sich die überwiegende Ansicht der Rechtsprechung und innerhalb der Literatur gegen den Ausschluss einer außerordentlichen Kündigung wegen krankheitsbedingter Fehlzeiten.[1091] Eine Erkrankung kann demnach grundsätzlich einen wichtigen Grund iSd. § 626 BGB darstellen, wird allerdings in dem Sinne eingeschränkt, dass die Unzumutbarkeit der Fortsetzung des Arbeitsverhältnisses ausschließlich in äußersten Ausnahmefällen einschlägig sein kann, wie beispielsweise dem Ausschluss der ordentlichen Kündbarkeit.[1092] Dementsprechend ist der Maßstab für diese Prüfung inso-

1087 *Volz*, Die Kündbarkeit tariflich unkündbarer Arbeitnehmer, S. 70.
1088 *Volz*, Die Kündbarkeit tariflich unkündbarer Arbeitnehmer, S. 74.
1089 *Preis*, Prinzipien des Kündigungsrechts, S. 477.
1090 *Preis*, Prinzipien des Kündigungsrechts, S. 477.
1091 *Volz*, Die Kündbarkeit tariflich unkündbarer Arbeitnehmer, S. 96.
1092 *Volz*, Die Kündbarkeit tariflich unkündbarer Arbeitnehmer, S. 96; *Conze*, ZTR 1987, 99 (102).

weit konkretisiert, als dem Arbeitgeber unter Berücksichtigung der Umstände des Einzelfalls eine Fortsetzung bis zum Ablauf der ordentlichen Kündigungsfrist nicht zuzumuten sein darf.[1093] Vereinfacht liegt ein die außerordentliche Kündigung mit Auslauffrist rechtfertigender wichtiger Grund dann vor, wenn dem Arbeitgeber zwar einerseits die Weiterbeschäftigung des Arbeitnehmers für die Dauer einer der ordentlichen Kündigung entsprechenden Auslauffrist, hingegen nicht darüber hinaus eine Bindung an das Arbeitsverhältnis, beispielsweise bis zum Renteneintrittsalter zugemutet werden kann.[1094] Der Weg über die Vorschrift des § 626 BGB führt einerseits zu einer angemessenen Interessenabwägung zwischen dem Schutz des Arbeitgebers vor einer Ewigkeitsbindung und andererseits dem Bestandsschutzinteresse des Arbeitnehmers.

Das Bundesarbeitsgericht hat einen revisionsrechtlichen Maßstab zur Nachprüfung des wichtigen Grundes entwickelt, nach dem ein bestimmter Sachverhalt ohne die besonderen Umstände des Einzelfalls grundsätzlich geeignet wäre, einen wichtigen Grund darzustellen. Weiterhin wird geprüft, ob im Rahmen dieser einzelfallbedingten Umstände und der Interessenabwägung alle in Betracht kommenden zumutbaren Möglichkeiten vollständig und widerspruchsfrei berücksichtigt wurden.[1095] Die Prüfung des wichtigen Grundes iSd. § 626 BGB stellt die Anwendung eines unbestimmten Rechtsbegriffes dar.

Folglich gliedert sich der Prüfungspunkt des wichtigen Grundes in zwei voneinander zu trennende Komplexe. Ein Arbeitsverhältnis kann gemäß § 626 Abs. 1 BGB dann gekündigt werden, wenn Tatsachen vorliegen, die es dem Arbeitgeber unzumutbar machen, das Arbeitsverhältnis bis zum Renteneintrittsalter oder dem vereinbarten Beendigungstermin fortzuführen.[1096] Häufig erkrankte Arbeitnehmer verursachen erhebliche Entgeltfortzahlungen und können langfristig keine nennenswerte Arbeitsleistung erwarten lassen, da der Arbeitgeber na-

---

1093 *Buse*, Die Unkündbarkeit im Arbeitsrecht, S. 46.

1094 BAG, Urt. v. 13.04.2000 – 2 AZR 259/99, in: AP BGB § 626 Nr. 162; *Buse*, Die Unkündbarkeit im Arbeitsrecht, S. 100.

1095 *Fischermeier*, in: KR Gemeinschaftskommentar, § 626 BGB, Rn 90.

1096 *Schulte Westenberg*, NZA-RR 2016, 337 (337); *Bröhl*, RdA 2010, 170 (176); *Henssler*, in: MüKo BGB, Bd.4, § 626 BGB, Rn 114; *Howald*, öAT 2013, 1 (2); BAG, Urt. v. 12.01.2006 – 2 AZR 242/05, in: NJOZ 2006, 1690 (1694).

hezu für jeden Tag mit dem Risiko einer plötzlichen Krankmeldung belastet ist.[1097] Die durch die Entgeltfortzahlungskosten entstandenen betrieblichen Belastungen fallen innerhalb der Prüfung des wichtigen Grundes in besonderer Weise ins Gewicht. In diesem Zusammenhang genügt es hingegen für die Unzumutbarkeit der Fortsetzung des Arbeitsverhältnisses, wenn der Arbeitgeber bis zum Ende des Arbeitsverhältnisses oder Renteneintrittszeitpunkt keine nennenswerte Arbeitsleistung durch den Arbeitnehmer mehr erwarten kann, der Arbeitgeber aber dennoch den Sechswochenzeitraum iSd. § 3 Abs. 1 EFZG erheblich übertreffende Zahlungen zu leisten hat.[1098] Nach § 626 Abs. 1 BGB hängt die Zumutbarkeit der Fortsetzung des Arbeitsverhältnisses von der Zeitdauer der voraussichtlichen weiteren Bindung an das Arbeitsverhältnis ab, sodass der Kündigungsgrund lediglich im Zusammenhang mit der Bindungsdauer als wichtig angesehen werden kann.[1099] Für die Annahme eines wichtigen Grundes bedarf es allerdings keines Verschuldens auf Seite des Arbeitnehmers. Folglich kann eine Arbeitsunfähigkeit in Folge häufiger Kurzerkrankungen einen wichtigen Grund iSd. § 626 Abs. 1 BGB darstellen, der eine außerordentliche Kündigung rechtfertigen kann. Als wichtiger Grund kommen die negative Zukunftsprognose und eine darauf beruhende Beeinträchtigung der betrieblichen und wirtschaftlichen Interessen des Arbeitgebers in Betracht.[1100] In diesem Zusammenhang ist allerdings zu beachten, dass bereits bei einer ordentlichen krankheitsbedingten Kündigung ein strenger Maßstab anzulegen ist, weshalb eine außerordentliche Kündigung ausschließlich in Ausnahmefällen in Betracht kommen kann. Die Gesundheitsprognose sowie die Beeinträchtigung der wirtschaftlichen und betrieblichen Interessen des Arbeitgebers müssen, im Vergleich zur ordentlichen Kündigung, über das dort geltende Maß unverkennbar hinausragen.[1101] Die außerordentliche Kündigung kommt insbesondere dann in Betracht, wenn der Arbeitgeber aufgrund der ordentlichen Unkündbarkeit des Arbeitnehmers mögli-

1097 *Howald*, öAT 2013, 1 (2).

1098 BAG, Urt. v. 12.01.2006 – 2 AZR 242/05, in: NJOZ 2006, 1690 (1695).

1099 *Bröhl*, Die außerordentliche Kündigung mit notwendiger Auslauffrist, S. 114.

1100 BAG, Urt. v. 23.01.2014 – 2 AZR582/13, in: NZA 2014, 962 (964); *Aszmons/Lackschewitz*, NJW 2016, 2070 (2076).

1101 *Preis*, Prinzipien des Kündigungsrechts, S. 477.

cherweise bis zu seinem Renteneintrittsalter weiterzahlen müsste und ihm dies unzumutbar wäre.[1102] Fehlzeiten, die eine ordentliche Kündigung rechtfertigen würden, reichen für die Rechtfertigung einer außerordentlichen Kündigung demnach nicht aus. Es bedarf vielmehr eines gravierenden Missverhältnisses zwischen der Arbeitsleistung und der Lohnzahlung. Eine außerordentliche Kündigung mit notwendiger Auslauffrist kommt folglich lediglich dann in Betracht, wenn der wichtige Grund des § 626 Abs. 1 BGB darin zu sehen ist, dass der Arbeitgeber aufgrund des Ausschlusses der ordentlichen Kündbarkeit dazu genötigt wäre, eventuell bis zum Renteneintrittsalter an einem sinnentleerten Arbeitsverhältnis festzuhalten.[1103] Aufgrund der Begrenzung des § 3 Abs. 1 EFZG für langanhaltende Erkrankungen kann gefolgert werden, dass dem Arbeitgeber im Umkehrschluss eine Entgeltfortzahlung für die Dauer von bis zu sechs Wochen wirtschaftlich zugemutet werden kann und diese nicht gegen den Verhältnismäßigkeitsgrundsatz verstößt. Diese grundsätzlich im Rahmen der krankheitsbedingten ordentlichen Kündigung geltenden Maßstäbe müssen jedoch ebenso bei einer außerordentlichen Kündigung berücksichtigt werden. Im Folgenden wird geklärt, welcher Maßstab für die Rechtfertigung einer außerordentlichen Kündigung wegen Krankheit genügt. In diesem Rahmen wird insbesondere auf die Sinnentleerung des Arbeitsverhältnisses eingegangen.

a. Sinnentleerung des Arbeitsverhältnisses

Ein Arbeitsverhältnis ist auf einen gegenseitigen Austausch von Leistungen gerichtet, sodass auch Fälle von häufigen Kurzerkrankungen geeignet sind, das Verhältnis zwischen Leistung und Gegenleistung nachhaltig zu stören.[1104] Eine solche Störung muss dazu führen, dass der Arbeitnehmer an den Tagen der Arbeitsfähigkeit nicht hinreichend in den Arbeitsalltag eingeplant werden kann.[1105] Für eine solche Störung bedarf es vielmehr eines krassen Missverhältnisses von zu erwar-

1102 BAG, Urt. v. 10.05.2007 – 2 AZR 626/05, in: NZA 2007, 1278 (1279).
1103 BAG, Urt. v. 20.03.2014 – 2 AZR 288/13, in: NZA-RR 2015, 16 (19).
1104 *Greiner*, RdA 2007, 22 (29).
1105 *Bröhl*, Die außerordentliche Kündigung mit notwendiger Auslauffrist, S. 164.

tender Leistung und Gegenleistung, sodass von einem sinnentleerten Arbeitsverhältnis gesprochen werden kann und dem Arbeitgeber aufgrund dieser Sinnentleerung die Fortsetzung des Arbeitsverhältnisses nicht mehr zumutbar ist.[1106] Auch im Rahmen der Fallgruppe der häufigen Kurzerkrankungen kann es in Ausnahmefällen dazu kommen, dass das Verhältnis von Leistung und Gegenleistung insbesondere deswegen gestört ist, weil der kränkelnde Arbeitnehmer nicht voraussehbar an den vereinbarten Tagen an dem Arbeitsplatz erscheint.[1107] Eine sinnvolle Planbarkeit sowie Einsetzbarkeit des Arbeitnehmers kann demnach ebenso im Bereich häufiger Kurzerkrankungen fehlen und somit zur Sinnentleerung des Arbeitsverhältnisses führen. Das Bundesarbeitsgericht nimmt ein solches sinnentleertes Arbeitsverhältnis dann an, wenn die Entgeltfortzahlungen dermaßen erheblich sind, dass ihr keine nennenswerte Arbeitsleistung gegenübersteht oder auch dann, wenn der Arbeitnehmer aufgrund der fehlenden Planbarkeit bezüglich der Einsatzfähigkeit nicht mehr zur Förderung des Betriebszwecks beiträgt.[1108] Insbesondere im Rahmen der Fallgruppe der häufigen Kurzerkrankungen weist der Kündigungsgrund ein prognostisches Element auf, sodass die zukünftige Entwicklung des Arbeitsverhältnisses zu beachten ist. Wenn also nach einer Zukunftsprognose zu erwarten ist, dass der Arbeitgeber bei unverändertem Bestand des Arbeitsverhältnisses, auch über mehrere Jahre, eine erhebliche Summe an Entgeltfortzahlung leisten müsste, ihm allerdings im Gegenzug keine beachtenswerte Arbeitsleistung (Gegenleistung) gegenübersteht, kann von einer Sinnentleerung ausgegangen werden.[1109] Muss der Arbeitgeber trotz keiner nennenswert zu erwartenden Erbringung der Arbeitsleistung dem Arbeitnehmer Entgeltfortzahlungsleistungen bis zur Dauer von sechs Wochen leisten, spricht dies für die Unzumutbarkeit

1106 *Däubler*, in: KSchR Kommentar, § 626 BGB, Rn 143; *Bröhl*, RdA 2010, 170 (176); *Howald*, öAT 2013, 1 (2); *Frahm*, Anm. zu LAG Berlin-Brandenburg, Urt. v. 27.08.2014 – 15 Sa 825/13, in: ArbRAktuell 2015, 53 (53); *Kamann*, ArbRAktuell 2016, 491 (492).

1107 BAG, Urt. v. 18.01.2001 – 2 AZR 616/99, in: AP LPVG Niedersachsen § 28 Nr. 1.

1108 Ständige Rechtsprechung seit BAG, Urt. v. 18.01.2001 – 2 AZR 616/99, in: NZA 2002, 455 (455); Urt. v. 23.01.2014 – 2 AZR582/13, in: NZA 2014, 962 (964); *Aszmons/ Lackschewitz*, NJW 2016, 2070 (2076); *Kerwer*, Gesamtes Arbeitsrecht, § 1 KSchG, Rn 450.

1109 *Kerwer*, in: Gesamtes Arbeitsrecht, § 1 KSchG, Rn 450.

der Fortführung des Arbeitsverhältnisses. Dies ergibt sich im Rahmen häufiger Kurzerkrankungen insbesondere daraus, dass aufgrund der Häufigkeit und Dauer der Fehlzeiten der Arbeitnehmer nicht sinnvollerweise in den Betriebsablauf eingeplant werden kann und ein Einsatz des Arbeitnehmers somit der Förderung des Betriebszweckes entgegensteht.[1110] Ergibt die Prüfung, dass das Arbeitsverhältnis vollkommen sinnentleert ist, kann dem Arbeitgeber ein weiteres Festhalten an diesem nicht zugemutet werden.[1111] Im Rahmen dieser Prüfung muss ein Zurückgehen der Fehlzeiten jedoch zu Gunsten des Arbeitnehmers berücksichtigt werden. Sind die Fehlzeiten innerhalb des Beurteilungszeitraums eindeutig zurückgegangen, kann darauf keine negative Gesundheitsprognose gestützt werden. Es muss jedoch beachtet werden, dass die ordentliche krankheitsbedingte Kündigung iSd. § 1 KSchG ohnehin schon hohe Anforderungen besitzt, sodass die mit zusätzlich erhöhten Anforderungen versehene außerordentliche Kündigung unter Gewährung einer Auslauffrist ausschließlich in Ausnahmefällen in Betracht kommen kann.[1112] Eine Sinnentleerung muss dann jedoch abgelehnt werden, wenn der Zeitraum bis zum Renteneintritt weniger als fünf Jahre beträgt.[1113] Klärungsbedürftig ist in dieser Hinsicht, ab welcher Höhe der prognostizierten Fehlzeiten von einer Sinnentleerung auszugehen ist. Voraussetzung dafür ist, dass der Arbeitgeber bei Fortführung des Arbeitsverhältnisses Entgeltfortzahlungen in beträchtlicher Höhe zu erbringen hätte, ohne dafür eine adäquate Gegenleistung zu erhalten.

aa. Ansicht der Rechtsprechung

Die Rechtsprechung lehnte eine solche Sinnentleerung des Arbeitsverhältnisses bei Fehlzeiten von etwa einem Drittel der Jahresarbeitszeit

1110 BAG, Urt. v. 20.03.2014 – 2 AZR 288/13, in: NZA-RR 2015, 16 (20).

1111 BAG, Urt. v. 23.01.2014 – 2 AZR582/13, in: NZA 2014, 962 (964); Urt. v. 12.01.2006 – 2 AZR 242/05, in: NZA 2006, 512 (512).

1112 *Bröhl*, RdA 2010, 170 (176).

1113 *Bröhl*, RdA 2010, 170 (176).

ab.[1114] In diesem Zusammenhang stellt sich hingegen die Frage, was unter der Jahresarbeitszeit zu verstehen ist. Grundsätzlich besteht ein Jahr aus 365 Tagen. Dass dieser Wert allerdings nicht als Jahresarbeitszeit angesehen werden kann, ist offensichtlich. Um einen realistischen Wert zu erhalten, müssen vielmehr Urlaubs- und Feiertage davon in Abzug gebracht werden. Nach dem Bundesurlaubsgesetz stehen den Arbeitnehmern mindestens 20 Urlaubstage zu. Deutsche Arbeitnehmer bekommen durchschnittlich 29 Urlaubtage jährlich gewährt.[1115] Demnach müssen von dem Anfangswert zunächst 29 Urlaubstage in Abzug gebracht werden. Von der verbleibenden Summe von 336 Tagen müssen nun zudem die gesetzlichen Feiertage in Abzug gebracht werden. Die gesetzlichen Feiertage weisen im Jahr durchschnittlich neun Tage auf. Folglich verbleibt eine bereinigte Summe von 327 Tagen, was dementsprechend die durchschnittliche Jahresarbeitszeit darstellt. Dies entspricht einer Jahresarbeitszeit von etwa 46,7 Wochen.[1116] In dieser Summe sind gezielt Wochenenden nicht herausgerechnet, da viele Arbeitsunfähigkeitsbescheinigungen Samstage und Sonntage beinhalten. Auch bei einem prognostizierten Umfang von jährlich 18,81 Wochen sah das Bundesarbeitsgericht noch keinen wichtigen Grund iSd. § 626 Abs. 1 BGB, da der Arbeitnehmer noch in der Lage wäre, seine jährliche Arbeitszeit zu zwei Dritteln zu erfüllen.[1117] Bei einer Fehlzeitenquote von einem Drittel ist der Arbeitnehmer folglich die überwiegende Zeit des Jahres arbeitsfähig. Nach Ansicht des Bundesarbeitsgerichts ist es nicht ungewöhnlich, dass Fehlzeiten der Arbeitnehmer zu wirtschaftlichen und betrieblichen Beeinträchtigungen des Arbeitgebers führen, weshalb eine bestimmte Fehlzeitenquote zuzumuten ist.[1118] Vielmehr liege dies in der Natur der Sache und ließe die Fortsetzung des Arbeitsverhältnisses für den Arbeitgeber weiterhin zumut-

1114 BAG, Urt. v. 23.01.2014 – 2 AZR 582/13, in: NZA 2014, 962 (963); LAG Baden-Württemberg, Urt. v. 27.01.2015 – 15 Sa 52/14, in: BeckRS 2015, 69660 Rn 68; *Kerwer*, in: Gesamtes Arbeitsrecht, § 1 KSchG, Rn 450.

1115 *Czycholl*, Die Welt v. 08.01.2015, Statistik zu den Urlaubstagen der Deutschen.

1116 Im Folgenden wird der Einfachheit halber von dem aufgerundeten Wert iHv. 47 Wochen ausgegangen.

1117 BAG, Urt. v. 23.01.2014 – 2 AZR 582/13, in: NZA 2014, 962 (963).

1118 BAG, Urt. v. 23.01.2014 – 2 AZR 582/13, in: NZA 2014, 962 (963).

bar verlaufen.[1119] Das Bundesarbeitsgericht setzt an dieser Stelle keine festgelegten Schwellenwerte, sondern prüft stets im Einzelfall. In einer Entscheidung vom 18. Januar 2001 nahm das Bundesarbeitsgericht eine solche Sinnentleerung des Arbeitsverhältnisses durch das Vorliegen von Arbeitsunfähigkeitszeiten von drei Viertel (35,2 Wochen) der Jahresarbeitszeit an.[1120] Bei einer derart hohen Fehlzeitenquote ist eine Fortführung des Arbeitsverhältnisses trotz der ordentlichen Unkündbarkeit des Arbeitnehmers unzumutbar. Zusammenfassend legt die Rechtsprechung keine Schwellenwerte für das Vorliegen einer Sinnentleerung fest, sondern verneint lediglich eine solche bei einer Fehlzeitenquote von 18,81 Wochen.

bb. Eigene Ansicht

Es ließe sich die Ansicht vertreten, dass eine Sinnentleerung des Arbeitsverhältnisses dann vorliegen muss, wenn der Arbeitnehmer die Hälfte seiner Jahresarbeitszeit krankheitsbedingt fehlt bzw. fehlen wird. Um eine solche Sinnentleerung zu charakterisieren, bedarf es des Vorliegens einer konkreten Schwelle der Fehlzeiten, ab der ein wichtiger Grund iSd. § 626 Abs. 1 BGB anzunehmen wäre. Bis dato hat sich eine solche Schwelle weder innerhalb der Literatur noch in der Rechtsprechung herausgebildet. Die Einräumung einer bestimmten Summe an krankheitsbedingter Fehlzeiten könnte sinnvoll sein, da der Arbeitnehmer zumindest bis zur Grenze dieser festzusetzenden Summe keiner außerordentlichen Beendigung seines Arbeitsverhältnisses ausgesetzt wäre. Dies könnte auf eine soziale Fürsorge des Arbeitgebers gestützt werden.[1121] Neben einer sozialen Fürsorge muss allerdings mit einer bestimmten menschlichen krankheitsbedingten Summe an Fehlzeiten gerechnet werden. Vor diesem Hintergrund lässt sich der Vergleich zu einer Maschine anführen, die nicht jederzeit funktionsfähig sein wird.[1122] Ebenso wie bei einer Maschine muss der Arbeitgeber mit

1119 LAG Baden-Württemberg, Urt. v. 27.01.2015 – 15 Sa 52/14, in: BeckRS 2015, 69660 Rn 68.
1120 LAG Köln, Urt. v. 04.09.2002 – 7 Sa 415/02, in: NZA-RR 2003, 360 (362).
1121 Die soziale Fürsorge bejahend *Volz*, Die Kündbarkeit tariflich unkündbarer Arbeitnehmer, S. 98.
1122 *Volz*, Die Kündbarkeit tariflich unkündbarer Arbeitnehmer, S. 98.

gewissen Ausfällen des Arbeitnehmers rechnen und diese einkalkulieren. Diese Kalkulierung ist bereits deshalb gerechtfertigt, da auch der maschinelle Ausfall der Risikosphäre des Arbeitgebers zugerechnet wird. Um der sozialen Fürsorgepflicht des Arbeitgebers gerecht zu werden, darf seine Belastung durch die krankheitsbedingten Fehlzeiten nicht überwiegen.[1123] Bis zum Erreichen der festzulegenden Schwelle kann dem Arbeitgeber die Fortführung des Arbeitsverhältnisses nicht unzumutbar werden. Dadurch wird der Arbeitnehmer während dieses Zeitraums vor einer außerordentlichen Kündigung geschützt. Durch die Einführung einer solchen Schwelle könnten Wertungswidersprüche vermieden werden und ein Schutz des Arbeitnehmers vor dem Ausspruch einer außerordentlichen Kündigung statuiert werden. Weiterhin schafft die Einführung einer Schwelle auch eine Transparenz für den Arbeitnehmer, die ihm frühzeitige Dispositionen ermöglicht. Eine Anlehnung an den Zeitraum des § 3 Abs. 1 EFZG erscheint in diesem Zusammenhang verfehlt, da dies tendenziell dem Rahmen einer ordentlichen Kündigung entsprechen würde. Wie bereits erläutert, bedarf es zur Rechtfertigung einer außerordentlichen Kündigung eines wichtigen Grundes iSd. § 626 Abs. 1 BGB. Die krankheitsbedingten Fehlzeiten müssen zu einem sinnentleerten Arbeitsverhältnis führen.

Die Einführung einer derartigen Schwelle führt nicht zur Einschränkung des § 626 BGB, da die festzulegende Schwelle nicht im Widerspruch dazu steht, ein Arbeitsverhältnis bei unzumutbarer Fortsetzung außerordentlich zu kündigen. Sie führt regelrecht dazu, dass binnen eines gewissen Zeitraums eine geforderte Unzumutbarkeit nicht eintreten kann. Somit schützt diese Schwelle zunächst den Arbeitnehmer, verschafft allerdings gleichzeitig dem Arbeitgeber die Sicherheit, bei Überschreiten dieser Schwelle eine Lösungsmöglichkeit vom Arbeitsverhältnis zu haben. Folglich ist bei krankheitsbedingten Fehlzeiten der Festlegung einer Schwelle beizupflichten, bis zu welcher der Arbeitnehmer vor dem Ausspruch einer außerordentlichen Kündigung geschützt werde. Eine solche Festlegung entspricht dem Arbeitnehmerinteresse, indem dieser einen expliziten Kenntnisstand darüber hat, inwieweit seine bisherigen Fehlzeiten einen außerordentlichen Kündigungsgrund darstellen könnten. Weiterhin muss sich für eine solche

1123 *Volz*, Die Kündbarkeit tariflich unkündbarer Arbeitnehmer, S. 98.

Fehlzeitensumme entschieden werden, die sich erheblich von der eine ordentliche Kündigung rechtfertigende Fehlzeitenquote abhebt. Im Rahmen der ordentlichen krankheitsbedingten Kündigung wurde im Rahmen dieser Arbeit festgelegt, dass eine explizit festgelegte Schwelle nicht umsetzbar ist, hingegen der Zeitraum von etwa 45 Tagen (neun Wochen) einem angemessen Interessenausgleich zwischen Arbeitnehmer und Arbeitgeber entspricht.[1124]

Insbesondere durch den Ausschluss der ordentlichen Kündigungsmöglichkeit bedarf der Arbeitnehmer eines besonderen Schutzes. Das Bundesarbeitsgericht lehnte selbst bei einer Fehlzeitenquote von jährlich 18,81 Wochen die Sinnentleerung des Arbeitsverhältnisses ab. Bei einer solchen Fehlzeitenquote ist der Arbeitnehmer demnach die überwiegende Zeit des Jahres noch arbeitsfähig. Das Bundesarbeitsgericht hält es nicht für ungewöhnlich, dass Fehlzeiten der Arbeitnehmer zu wirtschaftlichen und betrieblichen Beeinträchtigungen des Arbeitgebers führen.[1125] Vielmehr liegen solche krankheitsbedingten Fehlzeiten in der Natur der Sache und lassen die Fortsetzung des Arbeitsverhältnisses für den Arbeitgeber weiterhin zumutbar verlaufen. Wenn das Gericht bei einem Arbeitsverhältnis mit Fehlzeiten von einem Drittel der Jahresarbeitszeit dieses konsequent als nicht sinnentleert ansieht, müsste die Schwelle deutlich erweitert werden.

In einer Entscheidung des Bundesarbeitsgerichts aus dem Jahr 2001[1126] wurde ein wichtiger Grund bei einer zu erwartenden Fehlzeitenquote von etwa 75% der Jahresarbeitszeit angenommen, was einer Fehlzeitenanzahl von 35,2 Wochen entspricht. Weiterhin wurde in der neuen Entscheidung des Bundesarbeitsgerichts aus dem Jahr 2014 ein wichtiger Grund bei einer Fehlzeitenquote von einem Drittel der Jahresarbeitszeit als zu gering eingestuft. Aktuell bestehen folglich zwei Begrenzungen, in deren Rahmen eine wichtige iSd. § 626 Abs. 1 BGB rechtfertigende Fehlzeitenschwelle anzusiedeln ist. Die Annahme der Schwelle bei etwa einem Drittel der Jahresarbeitszeit würde den Arbeitnehmer insoweit unangemessen belasten, als eine außerordentliche krankheitsbedingte Kündigung lediglich in Ausnahmefällen einschlägig sein solle. Eine derartige Ausnahmesituation ist beim Vorliegen

1124 Siehe hierzu oben, S.82 ff.
1125 BAG, Urt. v. 23.01.2014 – 2 AZR 582/13, in: NZA 2014, 962 (963).
1126 BAG, Urt. v. 18.01.2001 – 2 AZR 616/99, in: NZA 2002, 455.

einer Fehlzeitenquote von einem Drittel (ca. 16 Wochen) nicht gegeben. Die Annahme eines wichtigen Grundes bei einer Fehlzeitenquote von 75 % (ca. 35 Wochen) erscheint im Hinblick auf einen angemessenen Interessenausgleich zwischen Arbeitnehmer und Arbeitgeber nötig. Fraglich ist allerdings, ob es tatsächlich einer derart hohen Quote bedarf, um einen wichtigen Grund iSd. § 626 BGB annehmen zu können. Eine derart hoch gewählte Fehlzeitenschwelle schützt zwar den Arbeitnehmer enorm, könnte hingegen den Arbeitgeber im Verfolgen seiner Interessen erheblich einschränken. Würde eine Fehlzeitenschwelle erst bei einer Quote von drei Vierteln der Jahresarbeitszeit angenommen werden, würde dadurch eine starke Bindung an das Arbeitsverhältnis bzw. an den Arbeitnehmer entstehen, da eine derart hohe Quote einen Ausnahmefall vom Ausnahmefall darstellen würde. Um einen angemessen Interessenausgleich zu schaffen, sollte vielmehr ein Mittelwert zwischen den beiden aufgefundenen Ober- und Untergrenzen geschaffen werden. Da eine außerordentliche Kündigung lediglich in extremen Ausnahmefällen in Betracht kommen soll, ist die Einführung einer Fehlzeitenschwelle von etwa der Hälfte der Jahresarbeitszeit (50%) sinnvoll. Somit ist die Fehlzeitenschwelle bei etwa 23 Wochen anzusetzen.

Erreichen die gegenwärtigen und zukünftig prognostizierten Fehlzeiten der Kurzerkrankungen diesen Schwellenwert, müsse dies im Rahmen des Prognosezeitraums zur Sinnentleerung des Arbeitsverhältnisses führen. Sowohl Arbeitnehmer als auch Arbeitgeber sind durch diese Schwelle nicht übermäßig stark belastet, da eine außerordentliche krankheitsbedingte Kündigung mit Auslauffrist ohnehin ausschließlich dann in Betracht kommt, wenn die ordentliche Kündigungsmöglichkeit tarif- oder einzelvertraglich ausgeschlossen wurde. Wenn die ordentliche Kündigungsmöglichkeit ausgeschlossen wurde, darf dem Arbeitnehmer selbstredend nicht wegen einer Fehlzeitenquote gekündigt werden, die bei einer ordentlichen krankheitsbedingten Kündigung zur sozialen Rechtfertigung führen würde. Durch die ordentliche Unkündbarkeit muss dem Arbeitgeber bewusst sein, dass er den Arbeitnehmer grundsätzlich bis zum Beendigungszeitpunkt (meist das Renteneintrittsalter) beschäftigen muss. Eine Loslösung von dem Arbeitsverhältnis insbesondere aufgrund krankheitsbedingter Fehlzeiten soll ausschließlich in Ausnahmefällen zulässig sein. Demnach sind die Arbeitgeberinteressen bei der Einführung der Schwelle in Höhe der Hälfte der Jahresarbeitszeit gewahrt. Folglich erscheint es sinnvoll, eine Sinnentleerung des Arbeitsverhältnisses bei krankheitsbedingten Fehlzeiten von etwa 23 Wochen der Jahresarbeitszeit anzunehmen. Dennoch darf dies lediglich als Richtwert angesehen werden, da das Bundesarbeitsgericht stets einzelfallbedingt prüfen muss.

b. Vereinbarkeit des Maßstabes mit der Dogmatik der außerordentlichen Kündigung

Wie bereits erläutert, bedarf es für die Rechtfertigung einer außerordentlichen Kündigung eines ordentlich unkündbaren Arbeitnehmers eines wichtigen Grundes, der an einem strengen Maßstab gemessen werden muss. Das Recht zur außerordentlichen Kündigung ist unabdingbar sowie uneinschränkbar und stellt somit zwingendes Recht dar.[1127] Insoweit könnte ein strenger Maßstab als Ausfluss des Ausschlusses der außerordentlichen Kündigung dem Arbeitgeber zumutbar sein. Dies muss bereits deshalb gelten, da durch die Unkündbarkeitsklausel dem Arbeitnehmer ein verstärkter Schutz gewährt werden soll. Aus diesem Grund ist die Erschwerung der Kündigung dem Arbeitgeber zumutbar. Des Weiteren stellt die Rechtsprechung bereits an die ordentliche krankheitsbedingte Kündigung einen strengen Maßstab, sodass im Rahmen einer außerordentlichen Kündigung ein strengerer Maßstab gelten muss.[1128] Der strenge Maßstab bedeutet, dass eine außerordentliche Kündigung lediglich dann gerechtfertigt sein kann, wenn eine erhebliche Beeinträchtigung der Arbeitgeberinteressen vorliegt, durch welche die Arbeitnehmerinteressen überwogen werden.[1129] Daraus folgt, dass unter dem Begriff strenger Maßstab nichts anderes als die Steigerung der Beeinträchtigungen der Arbeitgeberinteressen zu verstehen ist.[1130] Diese Beeinträchtigung kann sowohl wirtschaftlicher (Entgeltfortzahlungskosten) als auch betrieblicher (Betriebsablaufstörungen) Natur sein. Diese Beeinträchtigungen hän-

1127 *Von Koppenfels*, Die außerordentliche arbeitgeberseitige Kündigung, S. 87.
1128 *Von Koppenfels*, Die außerordentliche arbeitgeberseitige Kündigung, S. 84.
1129 *Von Koppenfels*, Die außerordentliche arbeitgeberseitige Kündigung, S. 91.
1130 *Von Koppenfels*, Die außerordentliche arbeitgeberseitige Kündigung, S. 91.

gen im Wesentlichen von der Länge und Dauer der krankheitsbedingten Fehlzeiten ab.[1131] Um dem besonderen Kündigungsschutz des ordentlich unkündbaren Arbeitnehmers nicht zu widersprechen, muss dem Arbeitgeber, bevor er das Recht der außerordentlichen Kündigung wahrnehmen darf, eine gewisse Fehlzeitenquote zugemutet werden. Eine derartige Quote ist im Rahmen häufiger Kurzerkrankungen bei 23 Wochen der Jahresarbeitszeit anzunehmen.[1132]

Jedoch könnte ein derart strenger Maßstab den Grundsätzen der Rechtfertigung der außerordentlichen Kündigung widersprechen. Der strenge Maßstab verlangt zur Rechtfertigung der außerordentlichen Kündigung eines ordentlich Unkündbaren einen besonders gewichtigen Kündigungssachverhalt, weshalb ein die ordentliche Kündigung rechtfertigender Kündigungsgrund nicht als wichtiger Grund iSd. § 626 Abs. 1 BGB genügen kann.[1133] Würde kein solch strenger Maßstab gefordert werden, würde das Institut der außerordentlichen Kündigung an die Stelle der ordentlichen Kündigung treten. Die Konsequenz daraus wäre eine Umgehung des besonderen Kündigungsschutzes der ordentlich unkündbaren Arbeitnehmer.[1134] Problematisch ist an dieser Stelle hingegen das Erfordernis von Kündigungssachverhalten mit besonderem Gewicht, da personenbedingte Kündigungsgründe, wie beispielsweise eine Krankheit, den Arbeitgeber grundsätzlich nur zu einer ordentlichen Kündigung berechtigen.[1135] Daraus folgt, dass es im Bereich der krankheitsbedingten Kündigung keine Unterteilung in ordentliche und außerordentliche Kündigungsgründe geben kann.

Des Weiteren muss untersucht werden, inwieweit durch die Umsetzung des strengen Maßstabes dem Prognoseprinzip Rechnung getragen wird. Nach dem Prognoseprinzip sind alle Kündigungsgründe zukunftsbezogen ausgestaltet.[1136] Dies entspricht dem Sinn und Zweck der krankheitsbedingten Kündigung, die nicht in der Sanktionierung des Arbeitnehmers liegt, sondern vielmehr den Arbeitgeber vor zu-

1131 *Von Koppenfels*, Die außerordentliche arbeitgeberseitige Kündigung, S. 91.
1132 Siehe hierzu oben, S. 280 f.
1133 *Von Koppenfels*, Die außerordentliche arbeitgeberseitige Kündigung, S. 92.
1134 Siehe hierzu oben, S. 245 ff.
1135 *Von Koppenfels*, Die außerordentliche arbeitgeberseitige Kündigung, S. 92.
1136 *Von Koppenfels*, Die außerordentliche arbeitgeberseitige Kündigung, S. 92.

künftigen Beeinträchtigungen wirtschaftlicher oder betrieblicher Art bewahren soll.[1137] Wird dem Arbeitnehmer jedoch eine höhere Fehlzeitenquote zugestanden, bevor der Arbeitgeber die außerordentliche Kündigung aussprechen kann, besteht die Gefahr, dass die Kündigung die eingetretenen Fehlzeiten sanktionieren wird.[1138] Eine solche Sanktionierung der Vergangenheit steht allerdings ausdrücklich im Widerspruch zum Prognoseprinzip. Die Begrifflichkeit des strengen Maßstabes soll hingegen lediglich dazu führen, dass es für die Zulässigkeit einer außerordentlichen Kündigung besonders schwerwiegende betriebliche und wirtschaftliche Beeinträchtigungen bedarf.[1139] Die Fehlzeiten der Vergangenheit sind folglich ein Indiz für künftige krankheitsbedingte Fehlzeiten. Um den Schutz des ordentlich unkündbaren Arbeitnehmers zu erreichen, bedarf es dem strengen Maßstab im Rahmen der Prüfung der Beeinträchtigungen des Arbeitgebers. Eine Widersprüchlichkeit des strengen Maßstabes zum Prognoseprinzip kann bereits deshalb nicht gelten, weil eine Gesundheitsprognose als Grundlage die Auswertung einzelner Fehlzeiten voraussetzt.[1140] Die Grundlage der Prognoseentscheidung liegt demnach ebenfalls in der Vergangenheit, da diese Fehlzeiten als Indiz angeführt werden können. Die zuvor entwickelte Fehlzeitenquote widerspricht dementsprechend nicht dem Prognoseprinzip. Folglich ist die Umsetzung des strengen Maßstabes mit dem Prognoseprinzip vereinbar.

c. Zumutbarkeit der Fortsetzung des Arbeitsverhältnisses

Ist das grundsätzliche Vorliegen eines wichtigen Grundes iSd. § 626 Abs. 1 BGB geklärt, bedarf es der weiteren Prüfung, ob der Sachverhalt unter Berücksichtigung und Abwägung der Umstände des Einzelfalls tatsächlich zur Unwirksamkeit führen kann. Vor diesem Hintergrund muss das Interesse des Arbeitgebers an einer vorzeitigen Beendigung des Arbeitsverhältnisses das Fortsetzungsinteresse des Ar-

1137 *Zöllner/ Loritz/ Hergenröder*, Arbeitsrecht, S. 365, Rn 12.
1138 *Zöllner/ Loritz/ Hergenröder*, Arbeitsrecht, S. 365, Rn 12.
1139 *Von Koppenfels*, Die außerordentliche arbeitgeberseitige Kündigung, S. 84.
1140 *Von Koppenfels*, Die außerordentliche arbeitgeberseitige Kündigung, S. 93.

beitnehmers überwiegen.[1141] Dem Begriff der Unzumutbarkeit steht im Rahmen des außerordentlichen Kündigungsrechts eine wichtige Funktion zu. Ein leichteres Verständnis für die Bedeutung dieses Begriffes ergibt sich dann, wenn sich vor Augen geführt wird, dass Willenserklärungen stets unter Vorbehalten sowie Einschränkungen stehen. In diesem Zusammenhang wird zum einen die Seite der Unmöglichkeit und zum anderen die Seite der Zumutbarkeit unterschieden.[1142] Vertragliche Bindungen wirken lediglich soweit, wie das Vereinbarte zumutbar ist. Sie enden vielmehr mit dem Unzumutbarwerden des Vereinbarten. Es wäre unbillig, eine Vertragspartei weiterhin an das Vertragsverhältnis zu binden, wenn damit schwerwiegende Belastungen persönlicher oder wirtschaftlicher Natur verbunden sind. Durch den Begriff der Zumutbarkeit wird ein Ausgleich der kollidierenden Interessen der Vertragspartner gefördert. Dementsprechend werden die Interessen des einen begrenzt, um die Interessen des anderen möglich zu machen.[1143] Liegt ein Ausschluss der ordentlichen Kündbarkeit vor, sind insbesondere zwei Gesichtspunkte von Bedeutung: Einerseits ist der Arbeitgeber wohl meist bis zum Renteneintrittsalter an den Arbeitnehmer gebunden, andererseits weist der Arbeitnehmer aufgrund dessen ein hohes Fortsetzungsinteresse auf. Der Ausschluss der ordentlichen Unkündbarkeit soll die Arbeitnehmer lediglich vor dem Ausspruch einer ordentlichen Kündigung schützen, hingegen nicht die Möglichkeit zur außerordentlichen Kündigung beeinträchtigen.[1144] Aus diesem Grund darf der Ausschluss der ordentlichen Kündbarkeit keinen Einfluss auf das Abwägungsergebnis mit sich bringen. Ebenso darf die lange Bindung an das Arbeitsverhältnis keine nachteiligen Auswirkungen im Rahmen der Abwägung haben. Dies muss deshalb gelten, da die Unzumutbarkeit der weiteren Fortsetzung des Arbeitsverhältnisses bereits begründet ist.[1145] Lässt sich aus dieser Abwägung keine Unzumutbarkeit ableiten, muss in Folge dessen die Dauer der Vertragsbindung sowie das Fortsetzungsinteresse des Ar-

1141 *Volz*, Die Kündbarkeit tariflich unkündbarer Arbeitnehmer, S. 106.
1142 *Von Koppenfels*, Die außerordentliche arbeitgeberseitige Kündigung, S. 40.
1143 *Von Koppenfels*, Die außerordentliche arbeitgeberseitige Kündigung, S. 43.
1144 *Buse*, Die Unkündbarkeit im Arbeitsrecht, S. 84.
1145 *Volz*, Die Kündbarkeit tariflich unkündbarer Arbeitnehmer, S. 107.

beitnehmers berücksichtigt werden.[1146] Da § 626 Abs. 1 BGB davon spricht, „alle vernünftigerweise in Betracht kommenden Umstände des Einzelfalls in die Interessenabwägung einzubeziehen", müssen ebenso tarifvertragliche Ausschlussregelungen des Kündigungsrechts (Fortsetzungsinteresse des Arbeitnehmers) Beachtung finden.[1147] Innerhalb der Interessenabwägung wird dem Fortsetzungsinteresse des Arbeitnehmers eine stärkere Gewichtung zugestanden, da die Folgen für den Arbeitnehmer eine enorme Belastung aufweisen würden. Ausschließlich durch eine derartig starke Gewichtung kann der durch den Ausschluss der ordentlichen Kündbarkeit hervorgerufenen Privilegierung des Arbeitnehmers Rechnung getragen und eine Benachteiligung des schützenswerten Arbeitnehmers vermieden werden. Dennoch muss eine Möglichkeit bestehen, von dem Verhältnis zwischen Vertragsbindung und Fortsetzungsinteresse abzuweichen. Dies ist dann der Fall, wenn besondere Umstände des Einzelfalls eine anderweitige Gewichtung gebieten.[1148] Ein solcher Fall liegt insbesondere dann vor, wenn die Berufung des Arbeitnehmers auf tariflich oder einzelvertraglich gewährten Bestandsschutz als Rechtsmissbrauch angesehen werden kann oder wenn sonstige durch Grundrechtsverstöße hervorgerufene Wertungswidersprüche vorliegen.

Fraglich ist, welcher Maßstab zur Bewertung der Zumutbarkeit sinnvoll erscheint. Die Rechtsprechung stellt innerhalb der Zumutbarkeitsprüfung auf die Dauer der tatsächlichen Vertragsbindung ab.[1149] Dies erfolgt in Abweichung zu § 626 BGB, da dort generell auf den Zeitraum bis zum Ablauf der ordentlichen Kündigungsfrist abgestellt wird. Daraus ergibt sich jedoch kein Widerspruch, da § 626 BGB sowohl den „Ablauf der Kündigungsfrist" als auch die Fortsetzung des Arbeitsverhältnisses „bis zu der vereinbarten Beendigung" nennt.[1150] Erstere Variante verliert bei Ausschluss der ordentlichen Kündigungsmöglichkeit jedoch an Geltung. Folglich kann der Bewertungsmaßstab

1146 *Volz*, Die Kündbarkeit tariflich unkündbarer Arbeitnehmer, S. 107.

1147 *Volz*, Die Kündbarkeit tariflich unkündbarer Arbeitnehmer, S. 107 f.

1148 *Volz*, Die Kündbarkeit tariflich unkündbarer Arbeitnehmer, S. 111.

1149 BAG, Urt. v. 14.11.1984 – EzA Nr. 93 zu § 626 BGB; Urt. v. 27.05.1983 – AP Nr. 12 zu § 12 SchwbG; so auch *Buse*, Die Unkündbarkeit im Arbeitsrecht, S. 98; *Bröhl*, Die außerordentliche Kündigung mit notwendiger Auslauffrist, S. 114.

1150 *Buse*, Die Unkündbarkeit im Arbeitsrecht, S. 98.

ausschließlich durch die Dauer bis zur Beendigung des Arbeitsverhältnisses geprägt sein. In diesem Zusammenhang darf jedoch der Wortlaut nicht übermäßig genau aufgefasst werden, weil ein Zeitpunkt der Beendigung des Arbeitsverhältnisses, beispielsweise das Renteneintrittsalter, nicht in jedem Fall vereinbart wurde.[1151] Insbesondere bei Dauertatbeständen und Fehlzeiten mit Wiederholungsgefahr kann die Unzumutbarkeit der weiteren Fortsetzung des Arbeitsverhältnisses für den Arbeitgeber eher gegeben sein. Dauertatbestände oder Fehlzeiten mit Wiederholungsgefahr werden zu Lasten des Arbeitnehmers berücksichtigt. Durch ein solches Vorliegen wird folglich die außerordentliche Kündigung erleichtert.

d. Verhältnismäßigkeitsgrundsatz

Auch bei einer außerordentlichen Kündigung mit notwendiger Auslauffrist hat der Arbeitgeber alle zumutbaren in Betracht kommenden Maßnahmen zu ergreifen, um die Kündigung zu vermeiden. Im Großen und Ganzen wird in diesem Zusammenhang auf die Ausführungen des vorherigen Kapitels verwiesen.[1152] Dementsprechend führt allerdings die Unkündbarkeit zu einer Verschärfung der Darlegungs- und Beweislast des Arbeitgebers.[1153] Nunmehr muss der Arbeitgeber beweisen, dass er alle Weiterbeschäftigungsmöglichkeiten ausgeschöpft hat, um die Entstehung eines sinnentleerten Arbeitsverhältnisses zu vermeiden. Insbesondere bei der arbeitgeberseitigen außerordentlichen Kündigung eines ordentlichen Unkündbaren muss der Arbeitgeber alle Mittel in Erwägung ziehen, die eine Fortsetzung des Arbeitsverhältnisses möglich machen würden. Erst wenn jegliche Maßnahmen gescheitert sind, kann ein wichtiger Grund iSd. § 626 BGB angenommen werden.[1154] Im Rahmen der arbeitgeberseitigen Vorschläge muss der Arbeitnehmer mitwirken. In diesem Zusammenhang stellen insbesondere unverschuldete Erkrankungen eines bereits älteren und längere Zeit beschäftigten Arbeitnehmers zu kalkulierende Er-

1151 *Bröhl*, Die außerordentliche Kündigung mit notwendiger Auslauffrist, S. 113.
1152 Siehe hierzu oben, S. 146 ff.
1153 *Howald*, öAT 2013, 1 (3).
1154 *Buse*, Die Unkündbarkeit im Arbeitsrecht, S. 214.

eignisse dar. Ist der Arbeitnehmer aufgrund eines Alterskündigungsschutzes ordentlich unkündbar, ist die Zumutbarkeitsgrenze deutlich zu Lasten des Arbeitgebers verschoben.[1155] Dies lässt sich dadurch begründen, dass der Alterskündigungsschutz lediglich bei älteren und erheblich lange Zeit beschäftigten Arbeitnehmern in Betracht kommt, weshalb dem Arbeitgeber ohnehin bereits eine höhere Fehlzeitenquote zuzumuten ist.[1156] Zu Lasten des Arbeitnehmers kann hingegen schon ein etwaiges Verweigern einer notwendigen Behandlung angerechnet werden.[1157] Bevor der Arbeitgeber den Weg der außerordentlichen Kündigung bestreiten kann, hat er jegliche in Betracht kommenden Maßnahmen zu versuchen, um das Arbeitsverhältnis des Arbeitnehmers sinnvoll fortzusetzen. In diesem Rahmen könnte der Arbeitgeber durch Versetzung oder die Umstrukturierung seines bisherigen Arbeitsplatzes einen leidensgerechten Arbeitsplatz erschaffen.[1158] Für das Fehlen von Weiterbeschäftigungsmöglichkeiten obliegt dem Arbeitgeber die Darlegungs- und Beweislast.

e. Interessenabwägung

Selbst wenn trotz des Ausschlusses der ordentlichen Kündigungsmöglichkeit eine außerordentliche Kündigung für zulässig erachtet wird, muss bei einer außerordentlichen krankheitsbedingten Kündigung im Rahmen der Interessenabwägung ein deutlich verschärfter Maßstab gelten. Des Weiteren ist in § 626 Abs. 1 BGB die Durchführung einer nach den aufgezeigten Grundsätzen vorzunehmende Interessenabwägung vorgeschrieben. Allerdings müssen besonders strenge Maßstäbe Anwendung finden. Die Fortsetzung des Arbeitsverhältnisses darf dem Arbeitgeber unter Berücksichtigung aller Umstände des Einzelfalls bis zum voraussichtlichen Ende nicht mehr zumutbar sein.[1159] Liegt ein Sachverhalt vor, bei dem feststeht, dass der Kündigungsgrund die Fortsetzung des Arbeitsverhältnisses für den Arbeitgeber unzumutbar

1155 *Buse*, Die Unkündbarkeit im Arbeitsrecht, S. 215; *Bröhl*, Die außerordentliche Kündigung mit notwendiger Auslauffrist, S. 166.
1156 *Bröhl*, Die außerordentliche Kündigung mit notwendiger Auslauffrist, S. 166.
1157 *Bröhl*, Die außerordentliche Kündigung mit notwendiger Auslauffrist, S. 167.
1158 *Bröhl*, Die außerordentliche Kündigung mit notwendiger Auslauffrist, S. 166.
1159 *Bröhl*, Die außerordentliche Kündigung mit notwendiger Auslauffrist, S. 164.

macht, muss die ordentliche Unkündbarkeit im Rahmen der Interessenabwägung an unterschiedlichen Stellen berücksichtigt werden. Die aufgrund der ordentlichen Unkündbarkeit in Betracht kommende jahrelange Fortsetzung des Arbeitsverhältnisses muss folglich sowohl auf Seite des Arbeitgebers als auch auf Seite des Arbeitnehmers zu berücksichtigen sein. Dementsprechend ist die ordentliche Unkündbarkeit nicht lediglich zu Lasten des Arbeitnehmers anzurechnen, sondern vielmehr auch zu Lasten des Arbeitgebers, da dieser das durch den Ausschluss hervorgerufene Wirtschaftsrisiko zu tragen hat.[1160] Auf Seite des Arbeitgebers ist zu berücksichtigen, dass eine unzumutbare Dauerrechtsbindung an ein Arbeitsverhältnis möglichst vermieden werden soll, da die Bindung an ein sinnlos gewordenes Arbeitsverhältnis nicht dem Schutz des Arbeitgebers entspricht.[1161] Zu Gunsten des Arbeitnehmers ist in der Abwägung jedoch zu berücksichtigen, dass der Ausschluss der ordentlichen Unkündbarkeit dem Arbeitsverhältnis einen Bestandsschutz verleiht.[1162] Aus diesem Grund soll der durch die ordentliche Unkündbarkeit gewährte Schutz des Arbeitnehmers ausschließlich in Ausnahmefällen zu einer Kündigung führen dürfen.[1163] In diesem Zusammenhang müssen die gegenseitigen Interessen im Rahmen der Interessenabwägung miteinander abgewogen werden. Speziell im Rahmen der Fallgruppe der häufigen Kurzerkrankungen kann es dazu kommen, dass der Arbeitgeber aufgrund häufig wechselnder Krankheitsbilder zu einer unbegrenzten Entgeltfortzahlung iSd. § 3 Abs. 1 EFZG verpflichtet ist. Diese Unbegrenztheit führt zumeist zu erheblichen Belastungen, denen keine nennenswerte Arbeitsleistung gegenübersteht.

Auf der zeitlichen Ebene ist insbesondere entscheidend, über welchen Zeitraum das sinnentleerte Arbeitsverhältnis weiterhin aufrechterhalten werden würde. Entscheidend sind an dieser Stelle insbesondere die Folgen für den Arbeitgeber.[1164] Im Rahmen der Fallgruppe häufiger Kurzerkrankungen ist der Arbeitgeber zumeist mit erheblichen Entgeltfortzahlungskosten belastet, ohne eine Gegenleistung in Form

1160 *Roos*, in: HK Arbeitsrecht, § 1 KSchG, Rn 198.
1161 *Bröhl*, Die außerordentliche Kündigung mit notwendiger Auslauffrist, S. 117.
1162 *Bröhl*, Die außerordentliche Kündigung mit notwendiger Auslauffrist, S. 117.
1163 *Bröhl*, Die außerordentliche Kündigung mit notwendiger Auslauffrist, S. 117.
1164 *Heidsiek*, BB 2001, 419 (419).

einer Arbeitsleistung durch den Arbeitnehmer zu erhalten. Speziell in einem solchen Fall ist das Gleichgewicht von Leistung und Gegenleistung nicht gegeben, sodass dem Arbeitgeber eine Fortsetzung des Arbeitsverhältnisses nicht zugemutet werden kann.[1165] Innerhalb der Fallgruppe der langanhaltenden Erkrankungen bringt die Fortsetzung des Arbeitsverhältnisses aufgrund ausbleibender erheblicher Entgeltfortzahlungskosten und der guten Planbarkeit etwaiger Aushilfskräfte keine essentiellen Nachteile.[1166] Bei langanhaltenden Krankheiten liegt die zeitliche Zumutbarkeitsgrenze dann vor, wenn ein weiteres Festhalten und Überbrücken des Arbeitsplatzes nicht mehr verlangt werden kann und daher der Arbeitsplatz neu zu besetzen ist.[1167] Des Weiteren darf die Verursachungsebene nicht außer Acht gelassen werden. An dieser Stelle ist entscheidend, aus wessen Sphäre der Kündigungsgrund stammt. Liegt eine Erkrankung vor, die auf einem Betriebsunfall beruht, verschiebt sich die Zumutbarkeitsgrenze zu Lasten des Arbeitgebers, sodass ihm folglich eine längere Wartezeit zumutbar ist.

aa. Ansicht der Literatur

Der überwiegende Teil der in der Literatur vertretenen Ansichten vertritt die Auffassung, dass die durch den Ausschluss der ordentlichen Kündigungsmöglichkeit hervorgerufene Dauerbindung zugunsten des Arbeitnehmers zu berücksichtigen ist.[1168] Eine vertragliche Vereinbarung soll, unabhängig von ihrer Art, den Arbeitnehmer schützen. Insbesondere geht es dabei um Gründe in der Person des Arbeitnehmers, die von diesem nicht beeinflusst werden können. Um diesen Schutz zu erreichen, wird im Rahmen der Prüfung des wichtigen Grundes ein strenger Maßstab angelegt. Ein besonderes Augenmerk muss in diesem Hinblick auf die Sphäre des Grundes gelegt werden. Stammt der wichtige Grund aus der Sphäre des Arbeitnehmers, müsse die Dauer der weiteren Vertragsbindung zu Lasten des Arbeitnehmers angerech-

1165 So auch BAG, Urt. v. 11.12.2003 – 2 AZR 667/02, in: NZA 2002, 784 (785).
1166 *Bitter/ Kiel*, in: FS Schwerdtner 2003, S. 13 (20).
1167 *Bitter/ Kiel*, in: FS Schwerdtner 2003, S. 13 (20).
1168 *Preis*, Prinzipien des Kündigungsrechts, S. 487 ff.; *Kania/ Kramer*, RdA 1995, 287 (295).

net werden.[1169] Dies muss zur Erfüllung des Schutzzweckes des Ausschlusses der ordentlichen Kündigungsmöglichkeit erfolgen. Um auf der Rechtsfolgenseite den ordentlich unkündbaren Arbeitnehmer nicht schlechter zu stellen als bei einer ordentlichen Kündbarkeit, darf bei personen- und betriebsbedingten Kündigungsgründen die außerordentliche Kündigung ausschließlich unter Einhaltung einer notwendigen Auslauffrist erfolgen.[1170] In diesem Zusammenhang stellt ein Teil der Ansichten gar auf die längste zu gewährende Kündigungsfrist ab, da der Ausschluss der ordentlichen Kündigungsmöglichkeit keine Gleichstellung mit anderen Arbeitnehmern, sondern vielmehr eine Besserstellung im Vergleich zu diesen erreichen soll.[1171] Um die Privilegierung der ordentlich unkündbaren Arbeitnehmer zu erreichen, müsse daher eine Frist gewählt werden, die sich von der der ordentlichen Kündigungsfrist unterscheidet.

bb. Stellungnahme

Der aufgezeigten Auffassung ist weitestgehend zuzustimmen, da Sinn und Zweck des Ausschlusses die Besserstellung bzw. Privilegierung des ordentlich Unkündbaren ist. Diesen Grundsätzen kann jedoch nur dann gefolgt werden, wenn es sich um Kündigungsgründe handelt, die nicht der Sphäre des Arbeitnehmers entstammen. Liegt ein solcher Fall vor, wird die Dauer der weiteren Vertragsbindung zu Gunsten des Arbeitnehmers berücksichtigt. In diesem Zusammenhang gewichtet die zuvor genannte Auffassung die Interessen des Arbeitgebers insoweit nicht angemessen, als die außerordentliche Kündigung ausschließlich in extremen Ausnahmefällen zulässig sein solle. Für derartige Ausnahmefälle wird versucht, dem Arbeitgeber eine Möglichkeit zu geben, sich durch den Ausspruch einer außerordentlichen Kündigung mit notwendiger Auslauffrist von dem kranken Arbeitnehmer loszusagen. Völlig unberücksichtigt bleibt jedoch die Tatsache, dass aufgrund der Krankheit bzw. der darauf beruhenden Fehlzeiten lediglich eine or-

1169 *Bröhl*, Die außerordentliche Kündigung mit notwendiger Auslauffrist, S. 164.

1170 *Von Koppenfels*, Die außerordentliche arbeitgeberseitige Kündigung, S. 71.

1171 *Kania/ Kramer*, RdA 1995, 287; *Von Koppenfels*, Die außerordentliche arbeitgeberseitige Kündigung, S. 71.

dentliche Kündigung gerechtfertigt wäre. Einzig aufgrund des Ausschlusses der ordentlichen Kündigungsmöglichkeit werden die krankheitsbedingten Fehlzeiten als wichtiger Grund konstruiert, um den Arbeitgeber nicht unzumutbar an den kranken Arbeitnehmer zu binden. Die außerordentliche Kündigung als Ersatz der ordentlichen Kündigung zu statuieren ist weder mit dem Stufenverhältnis zwischen den beiden Kündigungsarten, noch mit dem Ausschluss der ordentlichen Kündbarkeit verfolgtem Zweck zu vereinbaren. Der Ausschluss soll gerade zu einer Unkündbarkeit des Arbeitnehmers führen und nicht durch die Zulässigkeit der außerordentlichen Kündigung umgangen werden. Die Einhaltung einer notwendigen Auslauffrist verhindert das Auftreten von Wertungswidersprüchen und Ungerechtigkeiten im Hinblick auf die ordentliche Unkündbarkeit. Zur Länge dieser Auslauffrist muss gesagt werden, dass diese nicht bei der längsten zu gewährenden Frist anzusetzen, sondern vielmehr eine der ordentlichen Kündigungsfrist entsprechenden Dauer anzugleichen ist. Die Gewährung der längsten im Gesetz verankerten Kündigungsfrist findet keine dogmatische Grundlage, sodass diese Rechtsfolge dem aktuellen Recht unbekannt ist. Des Weiteren würde dem Arbeitnehmer dadurch ein Recht zugebilligt, das eine übermäßig starke Schutzwürdigkeit erschaffen würde, die den Arbeitgeber unzumutbar stark einschränkt. Somit ist die Dauer der Bindung an das Arbeitsverhältnis bei solchen Sachverhalten zu Gunsten des Arbeitnehmers zu berücksichtigen, da das Austauschverhältnis auf Dauer gestört ist. Außerdem ist zu beachten, dass die Unzumutbarkeit der Fortsetzung des Arbeitsverhältnisses wesentlich von der Dauer der weiteren Vertragsbindung abhängt. Problematisch ist allerdings, dass dadurch ein ordentlich unkündbarer Arbeitnehmer schlechter gestellt wäre als ein ordentlich kündbarer Arbeitnehmer, da der ordentlich Unkündbare mittels einer außerordentlichen Kündigung leichter kündbar wäre als ein ordentlich Kündbarer.[1172] Aus diesem Grund agiert das Bundesarbeitsgericht bei ordentlicher Unkündbarkeit eines Arbeitnehmers lediglich zurückhaltend. Des Weiteren ist eine außerordentliche Kündigung unter Einhaltung einer notwendigen Auslauffrist dann zulässig, wenn bei unterstellter

1172 BAG, Urt. v. 13.04.2000 – 2 AZR 259/99, in: NZA 2001, 277 (278).

ordentlicher Kündigung eine fristgerechte Kündigung statthaft wäre.[1173]

f. Ergebnis

Zusammenfassend lässt sich festhalten, dass der Kündigungssachverhalt generell zwei Anforderungen genügen muss: Zum einen muss vermieden werden, dass eine ordentliche Kündigung iSd. § 1 Abs. 2 KSchG im Gewand einer außerordentlichen Kündigung aufgrund der ordentlichen Unkündbarkeit des Arbeitnehmers auftritt. Zum anderen muss es dennoch eine Lösungsmöglichkeit von dem Arbeitsverhältnis geben, damit der Arbeitgeber im Ausnahmefall nicht unzumutbar an ein sinnentleertes Arbeitsverhältnis gebunden ist. Es wurde weiter festgestellt, dass grundsätzlich kein Arbeitnehmer völlig unkündbar ist. Durch den besonderen Schutz wird eine etwaige Kündigung durch den Arbeitgeber jedoch erschwert. Dem Arbeitgeber ist zu guter Letzt anzuraten, im Kündigungsschreiben direkt klarzustellen, dass eine außerordentliche Kündigung unter Einhaltung einer notwendigen Auslauffrist vorliegt. Schließlich könnte bei Formulierungen wie „Kündigung unter Einhaltung der ordentlichen Kündigungsfrist" die Auslegung zum Ausspruch einer ordentlichen Kündigung führen und somit leerlaufen. Von der Sinnentleerung des Arbeitsverhältnisses kann ab einer Fehlzeitenschwelle von etwa der Hälfte der Jahresarbeitszeit (ca. 23 Wochen) ausgegangen werden. Dieser Wert darf jedoch lediglich als Richtwert angesehen werden, da das Bundesarbeitsgericht stets einzelfallbedingt prüfen muss.

7. Verhältnis ordentliche zu außerordentlicher Kündigung

Fraglich ist, in welchem Verhältnis die ordentliche zur außerordentlichen Kündigung steht. Seit Inkrafttreten des Kündigungsschutzgesetzes bedarf es für die soziale Rechtfertigung der ordentlichen Kündigung des Vorliegens eines besonderen Grundes.[1174] Des Weiteren stellt

1173 *Roos*, in: HK Arbeitsrecht, § 1 KSchG, Rn 197.
1174 Vgl. § 1 KschG.

sich das Problem, dass die Kündigungsvoraussetzungen beider Kündigungsarten nahezu identisch sind und es dementsprechend zu erheblichen Abgrenzungsschwierigkeiten kommen kann.[1175] Danach besteht sowohl für die ordentliche als auch für die außerordentliche Kündigung der Ultima-Ratio-Gedanke.[1176] Folglich soll die Kündigung in beiden Fällen ausschließlich als letztes mögliches Mittel in Betracht kommen. Eine rechtliche Würdigung erfolgt weiterhin, ebenfalls für beide Kündigungsarten, durch eine umfassende Interessenabwägung und der Prüfung der Zumutbarkeit der Fortsetzung des Arbeitsverhältnisses. Nach *Nipperdey* liege der Unterschied insbesondere in der Rechtsfolge, da die ordentliche Kündigung im Vergleich zur außerordentlichen Kündigung die Einhaltung einer Kündigungsfrist voraussetze.[1177] Die außerordentliche Kündigung erfolgt hingegen in der Regel fristlos. Dieses Abgrenzungskriterium wird allerdings dadurch zunichte gemacht, dass ebenso die außerordentliche Kündigung im Fall einer ordentlichen Unkündbarkeit mit einer Auslauffrist verbunden werden kann. Ein wesentlicher Unterschied zwischen den beiden Kündigungsarten ist jedoch die Frage, welche Auswirkungen der Kündigungsgrund auf das Arbeitsverhältnis hat. Die Rechtfertigung einer ordentlichen Kündigung verlangt eine geringere Intensität als die einer außerordentlichen Kündigung.[1178] Folglich steht die ordentliche Kündigung in einem Stufenverhältnis zur außerordentlichen Kündigung. Fraglich ist allerdings, ob dies in gleichem Maße bei einem Ausschluss der ordentlichen Kündbarkeit gelten kann. Selbst bei einem Ausschluss der ordentlichen Kündigungsmöglichkeit bleibt das Stufenverhältnis bestehen.[1179] Diese Konstruktion hat zur Folge, dass grundsätzlich jeder außerordentliche Kündigungsgrund ebenso im Rahmen einer ordentlichen Kündigung zur Rechtfertigung beitragen kann. Im Gegensatz dazu kann allerdings nicht jeder ordentliche Kündigungsgrund zur Rechtfertigung einer außerordentlichen Kündigung führen, wo-

1175 *Von Koppenfels*, Die außerordentliche arbeitgeberseitige Kündigung, S. 51.
1176 *Buse*, Die Unkündbarkeit im Arbeitsrecht, S. 214.
1177 *Von Koppenfels*, Die außerordentliche arbeitgeberseitige Kündigung, S. 52.
1178 *Von Koppenfels*, Die außerordentliche arbeitgeberseitige Kündigung, S. 53.
1179 *Von Koppenfels*, Die außerordentliche arbeitgeberseitige Kündigung, S. 54; *Preis*, Prinzipien des Kündigungsrechts, S. 483.

durch die stärkere Intensität des Kündigungsgrundes deutlich wird.[1180] Nach einer Ansicht werden die ordentliche und außerordentliche Kündigung als zwei unterschiedliche Gestaltungsrechte angesehen.[1181] Nach dieser Auffassung könnte ein ordentlicher Kündigungsgrund aufgrund systematischer Erwägungen nicht zu einem außerordentlichen Kündigungsgrund erwachsen, sodass diese beiden Kündigungsarten strikt voneinander zu trennen sind.[1182] Ein ordentlicher Kündigungsgrund könne somit niemals zur Rechtfertigung einer außerordentlichen Kündigung beitragen. Die aktuell herrschende Auffassung sieht die außerordentliche Kündigung als „wesensgleiches Mehr" im Verhältnis zur ordentlichen Kündigung an und wählte ebenso den Begriff des Stufenverhältnisses.[1183] Daraus folgt, dass ein ordentlicher Kündigungsgrund nicht zur Rechtfertigung einer außerordentlichen Kündigung ausreicht, da für eine solche ein besonders schwerwiegender Kündigungssachverhalt benötigt wird. Folglich muss nach dieser Auffassung aufgrund der Systematik der Kündigungsgründe die Zulässigkeit der außerordentlichen Kündigung verneint werden.

Nach *Oetker* führe erst die Unzumutbarkeit der weiteren Fortsetzung des Arbeitsverhältnisses zur Berechtigung in Form einer außerordentlichen Kündigung.[1184] Nach ihm sei das „wesensgleiche Mehr" der außerordentlichen Kündigung erst dann gerechtfertigt, wenn die Fortsetzung des Vertragsverhältnisses unzumutbar ist.[1185] Daraus folgt, dass der Kündigungsgrund bei beiden Kündigungsarten derselbe sein kann, da nach dieser Ansicht für die Systematik lediglich die Prüfung der Zumutbarkeit relevant ist. Es müssen demnach derartig gravierende Umstände hinzutreten, die zur Unzumutbarkeit der Vertragsfortsetzung führen würden.[1186]

Die Zulässigkeit einer außerordentlichen Kündigung aufgrund eines ordentlichen Kündigungsgrundes widerspricht daher nicht dem Stufenverhältnis, da alleinig die Unzumutbarkeitsprüfung maßgeblich

---

1180 *Von Koppenfels*, Die außerordentliche arbeitgeberseitige Kündigung, S. 54.

1181 *Hueck/ Nipperdey*, Lehrbuch des Arbeitsrechts, Bd.1, § 56, X; *Aden*, RdA 1981, 280 (283); *Pieper*, Die Systematik des „wichtigen Grundes", S. 81 ff.

1182 *Von Koppenfels*, Die außerordentliche arbeitgeberseitige Kündigung, S. 54.

1183 *Galperin*, DB 1964, 1114 (1117); *Müller*, ZfA 1982, 475 (483).

1184 *Oetker*, Das Dauerschuldverhältnis und seine Beendigung, S. 359.

1185 *Oetker*, Das Dauerschuldverhältnis und seine Beendigung, S. 359.

1186 *Oetker*, Das Dauerschuldverhältnis und seine Beendigung, S. 359.

ist. Demnach stellt die Prüfung der Zumutbarkeit das entscheidende Abgrenzungskriterium dar, weshalb bei Vorliegen einer Unzumutbarkeit ebenso ein ordentlicher Kündigungsgrund zur Rechtfertigung einer außerordentlichen Kündigung beitragen kann.

8. Ausgleich für den ordentlich unkündbaren Arbeitnehmer

Der Arbeitsplatz eines tariflich- oder ordentlich unkündbaren Arbeitnehmers erscheint auf den ersten Blick sehr sicher. Wird den zuvor aufgezeigten Ausführungen gefolgt, muss die außerordentliche Kündigung selbst bei einem Ausschluss der ordentlichen Kündigungsmöglichkeit zulässig bleiben. Fraglich ist hingegen, ob der Arbeitnehmer dafür einen Ausgleich verlangen könnte. Der ordentlich unkündbare Arbeitnehmer könnte im Fall einer außerordentlichen Kündigung finanziell entschädigt werden. Aus arbeitsrechtlicher Sicht soll eine finanzielle Entschädigung (Abfindung) den Ausgleich für den Verlust des Arbeitsplatzes bewirken.[1187] Eine solche Entschädigung kann dem Arbeitnehmer insoweit nützlich sein, als es ihm die weitere Suche auf dem Arbeitsmarkt zumindest in finanzieller Hinsicht erleichtert. Einen gesetzlich verankerten Einschlag findet sich nach aktueller Rechtslage jedoch nicht. Vielmehr sehen die §§ 9, 10 KSchG und § 113 BetrVG eine Entschädigung lediglich bei rechtswidrigem Vorverhalten des Arbeitnehmers vor. Des Weiteren müsste entsprechend eine unwirksame Kündigung vorliegen. Folglich lässt sich die finanzielle Entschädigung für den Verlust des Arbeitsplatzes nicht auf gesetzliche Normen stützen und kann somit nicht eingeführt werden, um den gekündigten Arbeitnehmer trotz wirksamer Kündigung zu entschädigen.

Um einen Ausgleich für den außerordentlich gekündigten Arbeitnehmer herbeizuführen, ist die Beachtung der Kündigungsfristen, welche dem Arbeitnehmer auf zeitlicher Ebene einen Ausgleich verschaffen, sinnvoll.[1188] Eine Kündigungsfrist ist der Zeitraum zwischen Abgabe der Kündigungserklärung und der späteren Beendigung des Ar-

1187 *Gamillscheg*, in: FS Bosch 1976, S. 220.

1188 So auch von *Koppenfels*, Die außerordentliche arbeitgeberseitige Kündigung, S. 160.

beitsverhältnisses.[1189] Durch die Kündigungsfrist werden die rechtlichen Wirkungen der Kündigung in zeitlicher Hinsicht bis zum Ablauf der Frist aufgeschoben, sodass der Arbeitnehmer nicht ad hoc seinen Arbeitsplatz verliert. Dies begründet sich insbesondere damit, dass der Arbeitsplatz zumeist die Existenzgrundlage eines Menschen darstellt. Durch Gewährung einer Kündigungsfrist wird dem Arbeitnehmer die Möglichkeit gegeben, nahtlos eine neue Arbeitsstelle anzutreten bzw. sich auf Arbeitsplatzsuche zu begeben. Ist eine Kündigungsfrist aber länger als im Regelfall, kann es dadurch zu Beeinträchtigungen des Grundrechts des Arbeitnehmers auf freie Arbeitsplatzwahl iSd. Art. 12 GG kommen. Durch eine übermäßig lange Frist wird dem Arbeitgeber seine Flexibilität genommen. Zusammenfassend lässt sich eine finanzielle Entschädigung für den Verlust des Arbeitsplatzes nicht auf gesetzliche Normen stützen und kann demnach nicht eingeführt werden. Die Gewährung einer Auslauffrist entschädigt den Arbeitnehmer insoweit, als er dadurch die Möglichkeit erhält, sich bis zum Ablauf der Auslauffrist für eine neue Arbeitsstelle zu qualifizieren. Des Weiteren darf der Zeitraum der Auslauffrist nicht übermäßig lang gewählt werden, da es andernfalls zu keinem angemessenen Interessenausgleich zwischen Arbeitgeber und Arbeitnehmer kommen kann.

9. Begrifflichkeit der sozialen Auslauffrist

Wird die außerordentliche Kündigung mit Auflauffrist als Zwitterwesen angesehen, das auf der Tatbestandsebene einer außerordentlichen Kündigung, auf der Rechtsfolgenebene aber einer ordentlichen Kündigung angenähert wurde, bedarf es einer genauen Betrachtung der Auslauffrist.[1190] Zumeist wählt der Arbeitgeber auf der Rechtsfolgenseite eine Auslauffrist die der ordentlichen Kündigungsfrist entspricht.[1191] Wenn die Rechtsprechung eine Kündigung unter Einhaltung einer notwendigen Auslauffrist ausspricht, ist damit die Kündigung zum nächstmöglichen Zeitpunkt gemeint.[1192] Der nächstmögliche Zeit-

1189 *Von Koppenfels*, Die außerordentliche arbeitgeberseitige Kündigung, S. 167.
1190 *Buse*, Die Unkündbarkeit im Arbeitsrecht, S. 84.
1191 *Bröhl*, Die außerordentliche Kündigung mit notwendiger Auslauffrist, S. 245.
1192 *Bröhl*, Die außerordentliche Kündigung mit notwendiger Auslauffrist, S. 245.

punkt der Kündigung berechnet sich daher nach dem Ablauf der einschlägigen ordentlichen Kündigungsfrist.[1193]

Im Laufe der Zeit hat sich in der Praxis die Begrifflichkeit der sozialen Auslauffrist etabliert, da der Arbeitgeber die Auslauffrist ausschließlich aufgrund sozialer Aspekte gewährt. Grundsätzlich wäre der Arbeitgeber schließlich bei Vorliegen eines wichtigen Grundes zum Ausspruch einer außerordentlichen fristlosen Kündigung berechtigt. Dem steht jedoch entgegen, dass sich für das entscheidende Gericht aus der Weiterbeschäftigung bis zum Ablauf der ordentlichen Kündigungsfrist die Zumutbarkeit der Weiterbeschäftigung und die damit verbundene Unwirksamkeit der Kündigung ergeben.[1194] Aus diesem Grund sollten die sozialen Aspekte tendenziell in den Hintergrund gerückt werden. Der Hauptpanwendungsbereich der Auslauffrist wird jedoch der Fall sein, dass sich der Arbeitgeber von einem Arbeitnehmer lösen möchte, der tarif- oder einzelvertraglich ordentlich unkündbar ist und daher die außerordentliche Kündigungsmöglichkeit unter Einhaltung einer Auslauffrist die einzige ihm zur Verfügung stehende Möglichkeit sein wird, das Arbeitsverhältnis wirksam zu beenden. Folglich erscheint die Begrifflichkeit der notwendigen Auslauffrist sinnvoller gewählt zu sein.

10. Kündigungserklärungsfrist des § 626 Abs. 2 BGB

Gemäß § 626 Abs. 2 BGB kann eine außerordentliche Kündigung ausschließlich innerhalb von zwei Wochen nach Kenntniserlangung der kündigungsrelevanten Tatsachen erfolgen.[1195] In diesem Zusammenhang handelt es sich bei dem zweiten Absatz der Vorschrift um einen gesetzlich konkretisierten Verwirkungstatbestand, weshalb das Kündigungsrecht nach dem Ablauf verfristet ist.[1196] Diese Ausschlussfrist gilt

1193 *Bröhl*, Die außerordentliche Kündigung mit notwendiger Auslauffrist, S. 245.

1194 *Bröhl*, Die außerordentliche Kündigung mit notwendiger Auslauffrist, S. 245.

1195 Vgl. § 626 Abs. 2 BGB.

1196 *Müller-Glöge*, Erfurter Kommentar, § 626, Rn 200; *Eisemann*, in: Küttner Personalbuch, § 626 BGB, Rn 17; BAG, Urt. v. 02.02.2006 – 2 AZR 57/05, in: NZA-RR 2006, 440.

für jede außerordentliche Kündigung aus wichtigem Grund und ist weder ausschließ- noch abänderbar.[1197]

a. Sinn und Zweck des § 626 Abs. 2 BGB

Grundsätzlich soll § 626 Abs. 2 BGB bei Vorliegen eines wichtigen Grundes zum einen dem Arbeitnehmer schnelle Klarheit darüber verschaffen, ob der Arbeitgeber von seiner Kündigungsmöglichkeit innerhalb der zwei Wochen Gebrauch macht. Zum anderen soll die Kündigungserklärungsfrist des § 626 Abs. 2 BGB dem Arbeitgeber zu Gute kommen, indem er sich kurzfristig von dem Arbeitnehmer lösen kann. Des Weiteren soll mit § 626 Abs. 2 BGB verhindert werden, dass geraume Zeit zurückliegende Kündigungsgründe nach Ermessen des Arbeitgebers zur außerordentlichen Kündigung verwendet werden können.[1198] Auch soll ein Aufsparen von Kündigungsgründen vermieden werden, da andernfalls ein Verstoß gegen Art. 12 GG droht.[1199] Somit enthält § 626 Abs. 2 BGB eine materiell-rechtliche Ausschlussfrist und dient insbesondere dem Arbeitnehmer, da dieser nicht eine übermäßig lange Zeit mit der Sorge des Arbeitsplatzverlustes leben soll. Die Kündigungserklärungsfrist bestimmt den Zeitraum, innerhalb welchem der Kündigungsberechtigte auf ein Verhalten oder einen Zustand, der eine Beendigung des Arbeitsverhältnisses erfordert, reagieren muss.[1200] Folglich schafft § 626 Abs. 2 BGB eine gewisse Rechtssicherheit. Damit eine außerordentliche Kündigung rechtswirksam sein kann, bedarf es der Einhaltung der Kündigungserklärungsfrist des § 626 Abs. 2 BGB. Insbesondere im Bereich tarif- oder einzelvertraglicher ordentlich unkündbarer Arbeitnehmer bereitet diese Frist erhebliche Schwierigkeiten. Es muss festgestellt werden, dass die Kündigungserklärungsfrist in solchen Sachverhalten lediglich wegen der Ausschlussklausel eine Rolle spielt. Grundsätzlich berechtigt die Kün-

1197 *Fischermeier*, in: KR Gemeinschaftskommentar, § 626, Rn 336; *Eisemann*, in: Küttner Personalbuch, § 626 BGB, Rn 18.

1198 *Mansel*, in: Jauernig, Kommentar zum BGB, § 626 BGB, Rn 19.

1199 *Eisemann*, in: Küttner Personalbuch, § 626 BGB, Rn 17; *Junker*, Grundkurs Arbeitsrecht, Teil 2, Rn 413; BAG, Urt. v. 01.02.2007 – 2 AZR 333/06, in: NZA 2007, 744.

1200 *Buse*, Die Unkündbarkeit im Arbeitsrecht, S. 140.

digungserklärungsfrist des § 626 Abs. 2 BGB den Kündigungsberechtigten zum Ausspruch der außerordentlichen Kündigung innerhalb von zwei Wochen nach Kenntniserlangung der für den Kündigungsgrund maßgeblichen Tatsachen und Umstände.[1201] Diese Frist beginnt ab dem Zeitpunkt der Kenntniserlangung.

Liegt bei einem tarif- oder einzelvertraglich ordentlich unkündbaren Arbeitnehmer ein wichtiger Grund iSd. § 626 Abs. 1 BGB vor, wird der Arbeitgeber als Kündigungsberechtigter das Recht zum Ausspruch der außerordentlichen Kündigung unter Einhaltung einer notwendigen Auslauffrist wahrnehmen, um eine Präklusion der einzelnen Kündigungsgründe zu vermeiden.[1202] Der Arbeitgeber wird sozusagen zum Ausspruch der Kündigung gedrängt, da er im Vergleich zu ordentlich kündbaren Arbeitnehmern keine Möglichkeit zur späteren Ahndung besitzt. Lässt der kündigungsberechtigte Arbeitgeber die Zweiwochenfrist untätig verstreichen, tritt Präklusion ein. Präklusion meint den Ausschluss, die Tatsachen und Umstände des Kündigungsgrundes geltend zu machen.[1203] Durch Präklusion ist der Arbeitgeber nicht mehr zur Kündigung berechtigt, da ein Berufen auf kündigungsrelevante Tatsachen per Präklusion untersagt ist.

Das Festhalten an diesen Grundsätzen könnte hingegen eine deutlich höhere Kündigungsrate solcher Arbeitnehmer zur Folge haben, die einen ordentlichen Kündigungsschutz innehaben. Bei ordentlich kündbaren Arbeitnehmern ist der Arbeitgeber bei seiner Kündigungsentscheidung deutlich flexibler und nicht an starre Fristen gebunden. Dass dies dem Grundgedanken des durch die ordentliche Unkündbarkeit gewollten Kündigungsschutzes widerspricht, ist offensichtlich. Die ordentliche Unkündbarkeit soll den Arbeitnehmer eine möglichst sichere Arbeitsplatzperspektive bieten und eben keine vorschnelle Kündigung bezwecken. Wie sich diese Problematik bei der Fallgruppe der häufigen Kurzerkrankungen auswirkt, wird im Folgenden erläutert.

1201 *Volz*, Die Kündbarkeit tariflich unkündbarer Arbeitnehmer, S. 51.

1202 *Volz*, Die Kündbarkeit tariflich unkündbarer Arbeitnehmer, S. 51.

1203 *Müller-Glöge*, Erfurter Kommentar, § 626 BGB, Rn 239.

b. Auswirkungen auf die Fallgruppe der häufigen Kurzerkrankungen

aa. Die richtungsweisende Entscheidung des Bundesarbeitsgerichts[1204]

Das Bundesarbeitsgericht hat versucht, die obenstehende Problematik einer Lösung zuzuführen. Innerhalb der Fallgruppe der häufigen Kurzerkrankungen wurde den Arbeitgebern durch das Urteil vom 23. Januar 2014 eine Kündigungsmöglichkeit ohne Beachtung der Zweiwochenfrist des § 626 Abs. 2 BGB zugesprochen.[1205] Durch die Annahme des Bundesarbeitsgerichts, dass häufige Kurzerkrankungen bzw. die darauf gestützte negative Zukunftsprognose einen Dauertatbestand bilden, wird der § 626 Abs. 2 BGB zu Gunsten des Arbeitgebers ausgehebelt.[1206] Die Kündigungserklärungsfrist wurde durch die Entscheidung des Bundesarbeitsgerichts für die Fallgruppe der häufigen Kurzerkrankungen derart außer Kraft gesetzt, dass die Zweiwochenfrist erst dann abläuft, wenn der Gesundheitszustand des Arbeitnehmers eine negative Zukunftsprognose nicht mehr stützt.[1207] Diese Frist war innerhalb der außerordentlichen Kündigung vormals sehr von Bedeutung und muss nun von einem Arbeitgeber, der aufgrund häufiger Kurzerkrankungen kündigen möchte, praktisch nicht mehr eingehalten werden. Bei häufigen Kurzerkrankungen beginnt die Frist somit immer von neuem. Sie kann daher nicht ablaufen, solange eine negative Zukunftsprognose vorliegt.[1208] Welche Auswirkungen dies auf den Interessenausgleich zwischen Arbeitgeber und Arbeitnehmer mit sich bringt wird im Folgenden einer Lösung zugeführt.

Es kann grundsätzlich nicht dem Willen des Gesetzgebers entsprochen haben, die Vorschrift des § 626 Abs. 2 BGB derart auszuhebeln, dass diese zu Gunsten des Arbeitgebers ausgelegt wird. Der vom Bundesarbeitsgericht angenommene Dauertatbestand berechtigt den Arbeitgeber zur Kündigung zu einem willkürlich gewählten Zeitpunkt. Dies könnte dem Sinn und Zweck der Kündigungserklärungsfrist generell widersprechen. Einerseits wird dadurch zu Lasten des Arbeitnehmers der Zeitraum einer möglichen Kündigung in erheblichem

1204 BAG, Urt. v. 23.01.2014 – 2 AZR 582/13, in: NZA 2014, 962.
1205 BAG, Urt. v. 23.01.2014 – 2 AZR 582/13, in: NZA 2014, 962 (963).
1206 BAG, Urt. v. 23.01.2014 – 2 AZR 582/13, in: NZA 2014, 962 (963).
1207 BAG, Urt. v. 23.01.2014 – 2 AZR 582/13, in: NZA 2014, 962 (963).
1208 BAG, Urt. v. 23.01.2014 – 2 AZR 582/13, in: NZA 2014, 962 (963).

Maße ausgeweitet, andererseits wollte das Bundesarbeitsgericht damit zu Gunsten des Arbeitnehmers verhindern, dass der Arbeitgeber ihm sofort bei Vorliegen der entsprechenden Quote kündigt. Da diese Problematik bisweilen weder von der Rechtsprechung noch innerhalb der Literatur erfasst wurde, wird im Folgenden ein eigener Lösungsvorschlag erarbeitet.

bb. Fristbeginn

Die Zweiwochenfrist des § 626 Abs. 2 BGB beginnt mit Kenntniserlangung der maßgeblichen Tatsachen („Die Frist beginnt mit dem Zeitpunkt, in dem der Kündigungsberechtigte von den für die Kündigung maßgebenden Tatsachen Kenntnis erlangt.“).[1209] Für das Beginnen der Zweiwochenfrist genügt ausschließlich eine zuverlässige und nahezu vollständige positive Kenntnis der maßgebenden Tatsachen.[1210] Im Rahmen dieser Kenntnis muss zwischen zwei verschiedenen Sachverhalten unterschieden werden: Zum einen kann sich der Kündigungsgrund aus einem bereits vollständig abgeschlossenen Lebenssachverhalt herleiten, zum anderen kann aber auch ein Dauertatbestand vorliegen.[1211] Ein vollständig abgeschlossener Sachverhalt liegt dann vor, wenn der Tatbestand bereits abgeschlossen ist und er lediglich noch fortwirkt.[1212] Eine solche Fortwirkung könnte beispielsweise in einem durch etwaige Pflichtverletzungen hervorgerufenen Vertrauensverlust liegen. Dementsprechend liegt der Kündigungsgrund in der begangenen Pflichtverletzung, sodass der Tatbestand bereits abgeschlossen ist. Die Kündigungserklärungsfrist iSd. § 626 Abs. 2 BGB beginnt folglich mit dem Zeitpunkt des Abschlusses des Tatbestandes.[1213]

1209 Vgl. § 626 Abs. 2 BGB.

1210 *Mansel*, in: Jauernig, Kommentar zum BGB, § 626 BGB, Rn 19; *Eisemann*, in: Küttner Personalbuch, § 626 BGB, Rn 18; BAG, Urt. v. 12.11.2012 – 2 AZR 732/11, in: NZA 2013, 665.

1211 *Henssler*, in: MüKo BGB, § 626 BGB, Rn 307; *Stoffels*, in: Beck'scher Online-Kommentar Arbeitsrecht, § 626 BGB, Rn 188.

1212 *Henssler*, in: MüKo BGB, § 626 BGB, Rn 307; *Stoffels*, in: Beck'scher Online-Kommentar Arbeitsrecht, § 626 BGB, Rn 188.

1213 BAG, Urt. v. 23.01.2014 – 2 AZR 582/13, in: NZA 2014, 962 (963).

Um das Institut des Dauertatbestandes präzise erfassen zu können, ist es sinnvoll, eine grobe Unterteilung nach der Art des Kündigungsgrundes vorzunehmen. Im Rahmen verhaltensbedingter Kündigungsgründe könnte es zu einem fortwährend auftauchenden vertragswidrigen Verhalten des Arbeitnehmers kommen. In diesem Fall beginnt die Frist mit dem Zeitpunkt, zu dem das letzte vertragswidrige Ereignis terminiert war. Bereits abgeschlossene Tatbestände, die lediglich auf der Ebene des Vertrauensverlustes fortwirken, stellen keine Dauertatbestände dar. Auf der anderen Seite kann es sich zudem bei personenbedingten, insbesondere krankheitsbedingten Kündigungsgründen um einen Dauertatbestand handeln.[1214] Im Rahmen krankheitsbedingter Kündigungsgründe ist das Vorliegen des Zustands bis zwei Wochen vor der Kündigung erforderlich.[1215] Ein Dauertatbestand ist dann gegeben, wenn fortwährend neue kündigungsrelevante Tatsachen eintreten, die zur erneuten Störung des Arbeitsverhältnisses beitragen.[1216] Ein Dauertatbestand wird durch das fortlaufende Setzen neuer Kündigungsgründe auf Seite des potentiellen Kündigungsgegners hervorgerufen. Er beginnt demnach dann, wenn die Fehlzeiten der Vergangenheit den Schluss auf eine dauerhafte Krankheitsanfälligkeit das erste Mal zulassen.[1217] Eine eindeutige zeitliche Fixierung ist hingegen nicht hinreichend möglich.[1218] Demgegenüber lässt sich ein Dauertatbestand ebenso im Bereich von Krankheiten annehmen, bei denen ein noch nicht völlig abgeschlossener Krankheitszustand vorliegt.[1219] Handelt es sich um einen solchen Sachverhalt, bei dem der Arbeitnehmer häufig für kurze Zeiträume arbeitsunfähig erkrankt, tauchen kontinuierlich neue Tatsachen auf, die für eine Kündigung maßgebend sein können. In diesem Zusammenhang ist es erforderlich, dass die Kurzerkrankungen einen Schluss auf eine beständige Krankheitsanfälligkeit

1214 So auch das BAG, Urt. v. 23.01.2014 – 2 AZR 582/13, in: NZA 2014, 962 (963).

1215 *Howald*, öAT 2013, 1 (3); *Stoffels*, in: Beck'scher Online-Kommentar Arbeitsrecht, § 626 BGB, Rn 190.

1216 *Stoffels*, in: Beck'scher Online-Kommentar Arbeitsrecht, § 626 BGB, Rn 187; *Müller-Glöge*, Erfurter Kommentar, § 626 BGB, Rn 212; *Von Tiling*, ZTR 2013, 595 (596).

1217 *Schulte Westenberg*, NZA-RR 2016, 337 (339); *Linck*, in: Schaub Arbeitsrechts-Handbuch, § 127, Rn 26.

1218 BAG, Urt. v. 23.01.2014 – 2 AZR 582/13, in: NZA 2014, 962 (963).

1219 *Henssler*, in: MüKo BGB, § 626 BGB, Rn 307.

zulassen, wodurch eine negative Gesundheitsprognose begründet werden kann.[1220] Durch den Dauertatbestand wird die Kündigungserklärungsfrist ständig erneut in Gang gesetzt, sodass sich der Fristbeginn nicht eindeutig auf einen genauen Tag festlegen lässt.[1221] Dies ergibt sich auch aus der vom Bundesarbeitsgericht dargelegten Definition des Begriffs des Dauertatbestandes. Die Rechtsprechung und die Ansichten innerhalb der Literatur sprechen dann von einem Dauertatbestand. Allerdings reicht es zur Fristwahrung aus, dass die Störung zumindest noch in den letzten zwei Wochen vor Kündigungsausspruch vorgelegen hat und somit der Dauertatbestand nicht beendet war.[1222] Die Frist des § 626 Abs. 2 BGB kann somit nicht während einer Arbeitsunfähigkeitsphase verstreichen. Bei Dauertatbeständen beginnt die Kündigungserklärungsfrist nicht mit Kenntnis der kündigungsrelevanten Tatsachen, sondern vielmehr erst dann, wenn dieser bereits beendet ist.[1223] Typischerweise treten Kurzerkrankungen in einer besonderen Häufigkeit auf, sodass die Frist des § 626 Abs. 2 BGB lediglich dann eingehalten ist, wenn die Krankheitsanfälligkeit des Arbeitnehmers zumindest bis in die letzten beiden Wochen vor Kündigungsausspruch angedauert hat und fortlaufend neue Tatsachen eingetreten sind.[1224] Der Dauertatbestand muss nicht mit der letzten Krankheitsphase enden. Vielmehr besteht der Dauertatbestand solange fort, wie der Arbeitgeber aufgrund der Kenntnis von der Krankheitsanfälligkeit ständig mit der Arbeitsunfähigkeit seines Arbeitnehmers zu rechnen hat.[1225] Er endet vielmehr erst mit dem Zeitpunkt, zu dem der Arbeitnehmer eine ausreichend lange Zeitspanne nicht mehr arbeitsunfähig erkrankt ist.[1226] Folglich stellt die Krankheitsanfälligkeit den Kündi-

1220 *Schulte Westenberg*, NZA-RR 2016, 337 (339); *Kerwer*, Gesamtes Arbeitsrecht, § 1 KSchG, Rn 450; *Stoffels*, in: Beck'scher Online-Kommentar Arbeitsrecht, § 626 BGB, Rn 187; *Linck*, in: Schaub Arbeitsrechts-Handbuch, § 127, Rn 26; BAG, Urt. v. 23.01.2014 – 2 AZR 582/13, in: NZA 2014, 962 (963).

1221 *Von Tiling*, ZTR 2013, 595 (596).

1222 BAG, Urt. v. 26.11.2009 – 2 AZR 272/08, in: NZA 2010, 628 (629); Urt. v. 27.11.2003 – 2 AZR 601/02, ZTR 2004, 536; *Howald*, öAT 2013, 1 (3); *Kerwer*, Gesamtes Arbeitsrecht, § 1 KSchG, Rn 450.

1223 *Bröhl*, Die außerordentliche Kündigung mit notwendiger Auslauffrist, S. 187; *Fischermeier*, in: KR Gemeinschaftskommentar, § 626, Rn 341.

1224 BAG, Urt. v. 23.01.2014 – 2 AZR 582/13, in: NZA 2014, 962 (963).

1225 *Von Tiling*, ZTR 2013, 595 (598).

1226 BAG, Urt. v. 23.01.2014 – 2 AZR 582/13, in: NZA 2014, 962 (963).

gungssachverhalt dar, sodass zum Zeitpunkt des Kündigungsausspruches keine gegenwärtige Fehlzeitenphase bestehen muss. Im Gegensatz dazu kann sich der Arbeitgeber bei einer langandauernden Erkrankung auf personelle Umstrukturierungen einstellen, sodass die Ausschlussfrist bereits zu dem Zeitpunkt beginnt, zu dem der Arbeitgeber von der Langfristigkeit der Erkrankung Kenntnis erlangt.[1227]

Fraglich ist hingegen, ob ein solcher Dauertatbestand lediglich dann angenommen werden kann, wenn die krankheitsbedingten Fehlzeiten auf ein bestimmtes Grundleiden zurückzuführen sind, wie es das Landesarbeitsgericht Hamburg in seinem Urteil vom 16. April 2013 bestätigte.[1228] Auf den ersten Blick erscheint eine solche Begrenzung der Grundsätze des Dauertatbestands auf derjenigen Tatbestände, die überwiegend Fehlzeiten aufgrund eines Grundleidens hervorrufen, sinnvoll. Dies ergibt sich daraus, dass die Krankheitszeiten in diesem Fall einen gewissen Zusammenhang aufweisen und aufgrund des nicht ausgeheilten Grundleidens ein fortlaufendes Eintreten von Krankheiten zum Ergebnis haben.[1229] Dementsprechend muss eine Krankheitsanfälligkeit strikt von dem Vorliegen eines Grundleidens unterschieden werden. Eine Krankheitsanfälligkeit kann, muss aber nicht zwangsläufig auf einem Grundleiden beruhen. Die Begrenzung des Dauertatbestandes auf Fehlzeiten, die auf einem bestimmten Grundleiden basieren, scheint der arbeitsrechtlichen Praxis jedoch nicht zu Genüge zu entsprechen, da ein Arbeitnehmer ebenso ohne das Vorliegen eines Grundleidens hohe Fehlzeitenquoten aufweisen kann, beispielsweise durch das Vorliegen einer gewissen Krankheitsanfälligkeit. Außerdem hat das Landesarbeitsgericht Hamburg die grundlegende Entscheidung des Bundesarbeitsgerichts vom 18. Oktober 2000 falsch gewertet.[1230] Inhalt dieser Entscheidung war keines-

1227 *Fischermeier*, in: KR Gemeinschaftskommentar, § 626, Rn 341.

1228 LAG Hamburg, Urt. v. 16.04.2013 – 2 Sa 107/12, in: BeckRS 2014, 70851; zuvor auch schon BAG, Urt. v. 18. 10. 2000 – 2 AZR 627/99, in: NZA 2001, 219; ArbG Hamburg, Urt. v. 16.04.2013 – 2 Sa 107/12, in: BeckRS 2014, 70852; so auch *Von Tiling*, ZTR 2013, 595 (596).

1229 LAG Hamburg, Urt. v. 16.04.2013 – 2 Sa 107/12, in: BeckRS 2014, 70851; zuvor auch schon BAG, Urt. v. 18. 10. 2000 – 2 AZR 627/99, in: NZA 2001, 219; ArbG Hamburg, Urt. v. 16.04.2013 – 2 Sa 107/12, in: BeckRS 2014, 70852; so auch *Von Tiling*, ZTR 2013, 595 (596).

1230 *Von Tiling*, ZTR 2013, 595 (597).

wegs die Frage, ob ein Dauertatbestand nur bei Vorliegen eines Grundleidens in Betracht komme, sondern vielmehr, ob ein Grundleiden für die Feststellung eines Dauertatbestandes relevant ist.[1231] Das Bundesarbeitsgericht ist in dieser Entscheidung zu dem Ergebnis gekommen, dass das Vorliegen eines Grundleidens keine konstitutive Voraussetzung für die Annahme eines Dauertatbestandes ist.[1232]

Es könnte daher die Ansicht vertreten werden, dass ein Dauertatbestand selbst dann gegeben ist, wenn es unabhängig von einem Grundleiden zu häufigen krankheitsbedingten Ausfällen gekommen ist.[1233] Gegen diese Ansicht könnte hingegen der mit § 626 Abs. 2 BGB verfolgte Sinn und Zweck als gesetzlich konkretisierter Verwirkungstatbestand sprechen.[1234] Problematisch bezüglich dieses Arguments wird jedoch sein, dass der Kündigungsgrund nicht in der Erkrankung bzw. den krankheitsbedingten Fehlzeiten an sich zu sehen ist, sondern vielmehr zum einen die aufzustellende Zukunftsprognose, zum anderen eine daraus resultierende Beeinträchtigung betrieblicher und wirtschaftlicher Interessen des Arbeitgebers sein wird.[1235] Auch das Vorliegen vieler verschiedener Erkrankungen, unabhängig eines Grundleidens, kann zu einer negativen Gesundheitsprognose führen, weshalb sowohl eine als auch mehrere Krankheitsursachen als Dauertatbestand in Betracht kommen. Die Diskussion, die innerhalb der Literatur und der Rechtsprechung geführt wurde, brachte die Fragestellung zu Tage, ab wann bei einem Dauertatbestand, der auf unterschiedlichen Krankheitsursachen beruht, ein Fristbeginn angenommen werden kann.[1236] Die Kündigungserklärungsfrist könnte mit dem ersten Tag der Kurzerkrankung beginnen.[1237] Gegen einen derartigen Fristbeginn spricht allerdings Sinn und Zweck des § 626 Abs. 2 BGB als gesetzlicher Verwirkungstatbestand, da der Arbeitnehmer nach Verstreichen von 14 Tagen der krankheitsbedingten Arbeitsunfähigkeit eine außerordentliche

1231 *Von Tiling*, ZTR 2013, 595 (597).
1232 BAG, Urt. v. 18.10.2000 – 2 AZR 627/99, in: ZTR 2001, 279; aber auch bei Urt. v. 27.11.2003 – 2 AZR 601/02, in: ZTR 2004, 536.
1233 BAG, Urt. v. 23.01.2014 – 2 AZR 582/13, in: NZA 2014, 962 (963).
1234 ArbG Hamburg, Urt. v. 09.11.2012 – 14 Ca 214/12, in: BeckRS 2014, 80852; LAG Hamburg, Urt. v. 16.04.2013 – 2 Sa 107/12, in: BeckRS 2014, 70851.
1235 BAG, Urt. v. 23.01.2014 – 2 AZR 582/13, in: NZA 2014, 962 (963).
1236 *Von Tiling*, ZTR 2013, 595 (597).
1237 *Von Tiling*, ZTR 2013, 595 (597).

Kündigung nicht mehr befürchten müsste.[1238] Die Vorinstanzen des Bundesarbeitsgerichts sprachen sich bei fehlendem Grundleiden gegen die Annahme eines Dauertatbestandes aus. Sie stützten diese Auffassung darauf, dass die Kündigungserklärungsfrist zum einen ein Zeitmoment, zum anderen aber auch ein Umstandsmoment umfasst.[1239] Nach dem Zeitmoment dürfe der Arbeitnehmer zwei Wochen nach Kenntniserlangung des Arbeitgebers von dem kündigungsrelevanten Tatbestand darauf vertrauen, dass der Arbeitgeber im Sinne des Umstandsmomentes keine außerordentliche Kündigung mehr aussprechen wird.[1240] Eine solche Festlegung des Fristbeginns widerspricht hingegen völlig der arbeitsrechtlichen Lebenserfahrung, da eine Störung des Arbeitsverhältnisses zumeist im Verlaufe einer Erkrankung bedeutsamer wird als zu deren Beginn. Vielmehr verstärkt jeder weitere Tag der Arbeitsunfähigkeit diese Störung.[1241] Folglich kann diesem zunächst genannten Vorschlag nicht gefolgt werden. Ein weiterer Vorschlag, das Problem des Fristbeginns bei Vorliegen eines Dauertatbestandes zu lösen, ist die Einführung des Fristbeginns nicht zum Zeitpunkt des Vorliegens der Erkrankung, sondern vielmehr an deren letztem Tag.[1242] Gegen eine solche Festsetzung spricht jedoch die damit einhergehende Unübersichtlichkeit des Fristbeginns.

Sinnvoller und deutlich transparenter erscheint daher der Vorschlag, dass die Kündigungserklärungsfrist des § 626 Abs. 2 BGB aufgrund des stetigen Wechsels von Anwesen- und Abwesenheitszeiten der Arbeitnehmer der Fallgruppe der häufigen Kurzerkrankungen mit jedem Tag, der von einer negativen Gesundheitsprognose umfasst ist, erneut beginnt.[1243] Insgesamt komme es nicht explizit darauf an, ob die häufigen Fehlzeiten auf ein und demselben Grundleiden basieren, sondern vielmehr sei entscheidend, dass der Arbeitgeber aufgrund der häufigen Abwesenheitszeiten des Arbeitnehmers Planungs- und Orga-

1238 *Von Tiling*, ZTR 2013, 595 (597).

1239 ArbG Hamburg, Urt. v. 09.11.2012 – 14 Ca 214/12, in: BeckRS 2014, 80852; LAG Hamburg, Urt. v. 16.04.2013 - 2 Sa 107/12, in: BeckRS 2014, 70851.

1240 ArbG Hamburg, Urt. v. 09.11.2012 – 14 Ca 214/12, in: BeckRS 2014, 80852; LAG Hamburg, Urt. v. 16.04.2013 - 2 Sa 107/12, in: BeckRS 2014, 70851.

1241 BAG, Urt. v. 22.01.1998 – 2 ABR 19/97, in: ZTR 1998, 425.

1242 BAG, Urt. v. 22.01.1998 – 2 ABR 19/97, in: ZTR 1998, 425; *Von Tiling*, ZTR 2013, 595 (596).

1243 *Von Tiling*, ZTR 2013, 595 (597).

nisationsschwierigkeiten sowie eine hohe Belastung mit Entgeltfortzahlungskosten habe.[1244] Außerdem stellt diese Lockerung eine erhebliche Erleichterung auf Seite des Arbeitgebers dar, weil dieser die genauen Krankheitsursachen zumeist nicht kennen wird.[1245] Der Arbeitgeber ist somit in der Lage, durch Prüfung des Umfangs, der Häufigkeit sowie des zeitlichen Abstandes der einzelnen Krankheitsphasen eine dauernde Krankheitsanfälligkeit festzustellen.[1246] Dies widerspricht nicht der besonders schutzwürdigen Stellung des Arbeitnehmers im Rahmen des deutschen Arbeitsrechts, da dem Arbeitgeber innerhalb der Prüfung einer etwaigen Krankheitsanfälligkeit zahlreiche Schwierigkeiten obliegen. Aufgrund dieser genannten Aspekte müsse die Frage des Grundleidens zurückstehen und verliert folglich an Bedeutung, sodass sowohl einheitliche als auch verschiedentliche Krankheitsursachen zur Annahme eines Dauertatbestandes führen können. Die Kündigungserklärungsfrist iSd. § 626 Abs. 2 BGB beginnt an jedem Tag erneut, an dem die Fehlzeiten auf eine negative Gesundheitsprognose schließen lassen.

cc. Fristablauf

Grundsätzlich beginnt die Kündigungserklärungsfrist gemäß § 187 Abs. 1 BGB einen Tag, nachdem der Kündigungsberechtigte Kenntnis von den maßgebenden Tatsachen erlangt hat.[1247] Demnach beginnt die Frist einen Tag nach der Kenntniserlangung und endet nach Ablauf der Zweiwochenfrist gemäß § 188 Abs. 2 Hs. 1 BGB mit dem Ablauf des letzten Tages der Frist, also dem Wochentag der Kenntniserlangung in der übernächsten Woche. Erlangt der kündigungsberechtigte Arbeitgeber an einem Samstag, Sonntag oder gesetzlichem Feiertag Kenntnis der kündigungsrelevanten Fehlzeiten, läuft die Frist gemäß § 193 BGB erst am nächsten Werktag ab.[1248] Liegt ein Dauertatbestand vor, beginnt die Frist fortlaufend erneut, sodass es

1244 LAG Hamburg, Urt. v. 16.04.2013 – 2 Sa 107/12, in: BeckRS 2014, 70851; *Von Tiling*, ZTR 2013, 595 (598).
1245 *Pusch*, BB 2014, 2877 (2880).
1246 *Pusch*, BB 2014, 2877 (2880).
1247 Vgl. § 187 Abs. 1 BGB.
1248 Vgl. § 193 BGB.

nicht zum endgültigen Fristablauf kommen kann. Liegt die letzte krankheitsbedingte Ausfallzeit jedoch bereits derart lang zurück, dass von einer negativen Gesundheitsprognose nicht mehr auszugehen ist, läuft ab diesem Zeitpunkt die Ausschlussfrist des § 626 Abs. 2 BGB.[1249] Die Frist des § 626 Abs. 2 BGB beginnt demzufolge zu dem Zeitpunkt endgültig, in dem von einer dauerhaften Krankheitsanfälligkeit nicht mehr ausgegangen werden kann.[1250] Der Dauertatbestand endet folglich nicht mit dem Ende der letzten Arbeitsunfähigkeitsphase, sondern bedarf eines Zeitraums ausreichender Länge, sodass keine negative Zukunftsprognose gestellt werden kann.[1251] Beabsichtigt der Arbeitgeber, seinen Arbeitnehmer außerordentlich mit notwendiger Auslauffrist zu kündigen, muss er nicht warten, bis dieser erneut arbeitsunfähig wird. Vielmehr bedarf es lediglich des Vorliegens einer andauernden Krankheitsanfälligkeit, einer negativen Gesundheitsprognose und der Beeinträchtigung der Arbeitgeberinteressen bis mindestens zwei Wochen vor Kündigungszugang.[1252] Die Frist ist demnach ebenso dann gewahrt, wenn der Arbeitgeber die außerordentliche Kündigung auf solche Tatsachen stützt, die bis mindestens zwei Wochen vor Kündigungszugang vorgelegen haben.[1253] Innerhalb der Fallgruppe der häufigen Kurzerkrankungen ist der Kündigungsgrund nicht in den einzelnen Fehlzeiten bzw. den einzelnen Erkrankungen zu suchen, sondern bedarf einer negativen Gesundheitsprognose. Diese negative Gesundheitsprognose muss den Schluss auf eine dauerhafte Krankheitsanfälligkeit des Arbeitnehmers zulassen.[1254]

Problematisch könnte in dieser Hinsicht die praktische Umsetzung sein, da es für den Durchschnittsarbeitgeber schwierig zu erkennen sein wird, ab wann eine Zukunftsprognose nicht mehr negativ sein wird. Infolgedessen wird es vermutlich vermehrt zum Ausspruch un-

---

1249 BAG, Urt. v. 23.01.2014 – 2 AZR 582/13, in: NZA 2014, 962 (963).

1250 BAG, Urt. v. 23.01.2014 – 2 AZR 582/13, in: NZA 2014, 962 (963).

1251 *Schulte Westenberg*, NZA-RR 2016, 337 (339); *Linck*, in: Schaub Arbeitsrechts-Handbuch, § 127, Rn 26.

1252 BAG, Urt. v. 23.01.2014 – 2 AZR 582/13, in: NZA 2014, 962 (963); *Linck*, in: Schaub Arbeitsrechts-Handbuch, § 127, Rn 26.

1253 BAG, Urt. v. 23.01.2014 – 2 AZR 582/13, in: BeckRS 2014, 79847; *Eisemann*, in: Küttner Personalbuch, § 626 BGB, Rn 20.

1254 BAG, Urt. v. 23.01.2014 – 2 AZR 582/13, in: BeckRS 2014, 79847; *Eisemann*, in: Küttner Personalbuch, § 626 BGB, Rn 20..

wirksamer Kündigungen kommen, da eine Kündigung dann unwirksam ist, wenn der Arbeitnehmer nachweisen kann, dass seine Krankheitsanfälligkeit seit mehr als zwei Wochen nicht mehr bestand. Da in der Praxis extreme Unsicherheit dahingehend existiert, ab wann eine Krankheitsanfälligkeit nicht mehr besteht, sprechen die meisten Arbeitgeber Kündigungen, sicherheitshalber, bereits kurz nach Ende der letzten bekannten Krankheitsphase aus. Dies kann allerdings nicht Wille des Gesetzgebers gewesen sein, da dies die frühzeitige und vorschnelle Aussprache außerordentlicher krankheitsbedingter Kündigungen begünstigen würde. Mit der Möglichkeit zum Ausschluss der ordentlichen Kündbarkeit wollte der Gesetzgeber bzw. die Tarifvertragsparteien die Stellung des Arbeitnehmers insoweit verbessern, als ihm ein Bestandsschutz eingeräumt werde.[1255] Würde der Arbeitgeber die außerordentliche Kündigung aus Angst vor der Verwirkung des Kündigungsgrundes unmittelbar nach oder während der letzten Krankheitsphase aussprechen, würde dies dem ursprünglich eingeräumten Bestandsschutz des Arbeitnehmers zuwiderlaufen. Ein Widerspruch zu § 626 Abs. 2 BGB kann darin nicht gesehen werden, da bei Fällen krankheitsbedingter Fehlzeiten u.a. kein Interesse an einer zügigen Klärung des Sachverhalts besteht.[1256] Vielmehr ist es dem Arbeitnehmer dienlich, wenn der Arbeitgeber die Möglichkeit erhält, vor Ausspruch einer Kündigung eine bestimmte Zeit abzuwarten. Aus diesem Grund könnte die Einrichtung bestimmter Richtlinien, durch die der Arbeitgeber ohne weiteres erkennen kann, ob die Prognose eine solche Kündigung decken würde, sinnvoll sein. Vor diesem Hintergrund stellt sich zunächst die Frage, ab wann eine Krankheit bzw. Fehlzeit bereits derart lang zurück liegt, dass nicht mehr von einem Dauertatbestand ausgegangen werden kann. Grundsätzlich endet der Dauertatbestand zu dem Zeitpunkt, ab dem die vergangenen Fehlzeiten eine negative Zukunftsprognose nicht mehr decken. Aus diesem Grund kann das Ende des Dauertatbestandes nicht mit dem Ende der letzten Krankheitsphase gleichgesetzt werden. Vielmehr bedarf es eines hinreichend langen Zeitraums ohne krankheitsbedingte Fehlzeiten.[1257] Da

1255 BAG, Urt. v. 23.01.2014 – 2 AZR 582/13, in: NZA 2014, 962 (963).
1256 BAG, Urt. v. 23.01.2014 – 2 AZR 582/13, in: NZA 2014, 962 (963).
1257 So auch BAG, Urt. v. 23.01.2014 – 2 AZR 582/13, in: BeckRS 2014, 79847.

diese Länge weder von Rechtsprechung noch innerhalb der Literatur konkretisiert wurde, werden im Folgenden Grundsätze entwickelt:

Der endgültige Fristablauf beginnt erst dann, wenn die letzte krankheitsbedingte Ausfallzeit bereits lang zurückliegt. Dies ist dann der Fall, wenn von einer dauerhaften Krankheitsanfälligkeit nicht mehr ausgegangen werden kann.[1258] Diese Annahme kann hingegen nicht mit dem Ende der letzten Krankheitsphase gleichgesetzt werden, sondern bedarf vielmehr eines ausreichend langen Zeitraums der ununterbrochenen Arbeitsfähigkeit, sodass keine negative Gesundheitsprognose gestellt werden kann.[1259] Die richtungsweisende Entscheidung des Bundesarbeitsgerichts hat dazu geführt, dass die dauerhafte Krankheitsanfälligkeit als Dauertatbestand angesehen wird, sodass der Arbeitgeber im Fall häufiger Kurzerkrankungen nicht bis zur nächsten Arbeitsunfähigkeitsphase abwarten muss, bis er die Kündigung aussprechen darf.[1260] Die bislang vollkommen ungeklärte Frage ist, ab welchem Zeitraum ausbleibender Fehlzeiten die Zukunftsprognose nicht mehr negativ ist. Aktuell wird der Arbeitgeber aus Präventivgründen dem Arbeitnehmer möglichst zeitnah die außerordentliche Kündigung mit notwendiger Auslauffrist aussprechen, um die Einhaltung der Frist des § 626 Abs. 2 BGB nicht zu gefährden. Da dies allerdings nicht vom Willen des Gesetzgebers umfasst sein kann, ist die Einrichtung bestimmter Grundsätze ratsam.

dd. Eigener Lösungsvorschlag

Zusammenfassend geht es an dieser Stelle um die Herstellung des Interessenausgleiches zwischen Arbeitnehmer- und Arbeitgeberinteressen im Rahmen der außerordentlichen Kündigung. Durch die in Rede stehende Entscheidung des Bundesarbeitsgerichts erhält der Arbeitgeber insofern eine rechtliche Besserstellung, als der Ausspruch einer außerordentlichen Kündigung aufgrund häufiger Kurzerkrankungen nicht von einer Kündigungserklärungsfrist iSd. § 626 Abs. 2 BGB abhängig ist, sondern vielmehr die häufigen Kurzerkrankungen einen

1258 BAG, Urt. v. 23.01.2014 – 2 AZR 582/13, in: NZA 2014, 962 (963).
1259 BAG, Urt. v. 23.01.2014 – 2 AZR 582/13, in: NZA 2014, 962 (963).
1260 BAG, Urt. v. 23.01.2014 – 2 AZR 582/13, in: NZA 2014, 962 (963).

Dauertatbestand darstellen, der die Frist stets erneut beginnen lässt.[1261] Somit ist der Arbeitgeber solange zur außerordentlichen Kündigung berechtigt, wie eine negative Zukunftsprognose für den Arbeitnehmer besteht. Ab dem Tag, an dem die negative Prognose nicht mehr besteht, beginnt die Zweiwochenfrist endgültig. Nach ihrem Verstreichen ist der Arbeitgeber in diesem Fall nicht zur Kündigung berechtigt. Um auf der praxisbezogenen Ebene sinnvoll agieren zu können, muss die Kündigungserklärungsfrist des § 626 Abs. 2 BGB insbesondere bei Ausschluss der ordentlichen Kündigungsmöglichkeit gelockert werden, da andernfalls der kündigungsberechtigte Arbeitgeber dazu gezwungen wäre, dem Arbeitnehmer innerhalb von zwei Wochen nach Kenntniserlangung der kündigungsrelevanten Tatsachen zu kündigen.[1262] Würde der Arbeitgeber dies jedoch unterlassen, käme es bei wortlautgetreuer Auslegung des § 626 Abs. 2 BGB zu einer unzumutbaren Ewigkeitsbindung des Arbeitgebers an den Arbeitnehmer. Nach dem einmaligen Verstreichen der Zweiwochenfrist wäre der Arbeitgeber bis zum Eintritt eines erneuten wichtigen Grundes iSd. § 626 Abs. 1 BGB an den Arbeitnehmer gebunden. Somit wäre der Arbeitgeber dazu genötigt, gegenüber einem ordentlich unkündbaren Arbeitnehmer deutlich schneller die Lösungsmöglichkeit der Kündigung zu wählen als im Vergleich zu anderen Arbeitnehmern ohne besonderen Kündigungsschutz. Dies würde zu einer Schlechterstellung der ordentlich Unkündbaren führen, da der kündigungsberechtigte Arbeitgeber aufgrund der Kündigungserklärungsfrist unter einem enormen zeitlichen Druck stünde. Vielmehr könne es dem kündigungsberechtigten Arbeitgeber nicht zu dessen Nachteil ausgelegt werden, dass er eine bestimmte Zeit abwarten wollte, bevor er seinem Arbeitnehmer gegenüber die außerordentliche Kündigung ausspricht. Diese Zeit ist für den Arbeitnehmer insoweit vorteilhaft, als dieser nunmehr die Möglichkeit hat, eine Besserung der Fehlzeitenquote unter Beweis zu stellen. Würde dies nicht zugelassen werden, wäre der Sinn und Zweck der außerordentlichen Kündigung mit notwendiger Auslauffrist vollständig konterkariert. Wird dem Arbeitgeber jedoch eine längere Zeitspanne gewährt, kann daraus eine gesichertere Feststellung der Unzu-

1261 BAG, Urt. v. 23.01.2014 – 2 AZR 582/13, in: NZA 2014, 962 (963).

1262 So auch *Buse*, Die Unkündbarkeit im Arbeitsrecht, S. 140.

mutbarkeit der Weiterbeschäftigung resultieren. Das Landesarbeitsgericht Hamburg spricht jedoch in seinem Urteil vom 16. April 2013 von einer Entwertung der gesetzlichen Regelung des § 626 Abs. 2 BGB.[1263] Das Gericht begründet seine Annahme damit, dass der Arbeitgeber bei einer Lockerung des § 626 Abs. 2 BGB insbesondere im Fall einer ordentlichen Unkündbarkeit die außerordentliche Kündigung zu einem beliebigen Zeitpunkt aussprechen könne.[1264]

Um einen derartigen Wertungswiderspruch zu beseitigen, hat sich ein Teil der innerhalb der Literatur vertretenen Ansichten dafür ausgesprochen, die außerordentliche Kündigung eines ordentlich unkündbaren Arbeitnehmers ebenso nach Ablauf der Kündigungserklärungsfrist des § 626 Abs. 2 BGB zu ermöglichen.[1265] Dies müsse zugelassen werden, da sich die notwendige Auslauffrist der außerordentlichen Kündigung im Fall ordentlich unkündbarer Arbeitnehmer und die Kündigungserklärungsfrist des § 626 Abs. 2 BGB gegenseitig ausschließen würden.[1266] Aus diesem Grund müsse der notwendigen Auslauffrist insofern der Vorzug eingeräumt werden, als die Frist des § 626 Abs. 2 BGB im Fall einer ordentlichen Unkündbarkeit nicht zwingend einzuhalten ist. Argumentiert wird damit, dass ein ausgedehnteres Abwarten durch den Arbeitgeber vor Ausspruch der Kündigung nicht zu seinen Lasten gehen darf.[1267]

Gegen die Ansicht der Literatur spricht jedoch, dass die Einführung einer derartigen Konstruktion nicht erforderlich ist. Bei Dauertatbeständen beginnt der endgültige Lauf der Zweiwochenfrist ohnehin erst dann, wenn der Dauertatbestand beendet ist.[1268] Da es sich, wie jüngst vom Bundesarbeitsgericht entschieden, insbesondere im Falle häufiger Kurzerkrankungen um einen Dauertatbestand handelt, bedarf es keiner vorzugwürdigen Behandlung der notwendigen Auslauffrist gegenüber der zweiwöchigen Ausschlussfrist. Der Lauf der Zweiwochenfrist ist somit während des Vorliegens des Dauertatbestan-

1263 LAG Hamburg, Urt. v. 16.04.2013 – 2 Sa 107/12, in: BeckRS 2014, 70851.
1264 LAG Hamburg, Urt. v. 16.04.2013 – 2 Sa 107/12, in: BeckRS 2014, 70851.
1265 *Pape*, Die tarifvertragliche Unkündbarkeit, S. 247.
1266 *Pape*, Die tarifvertragliche Unkündbarkeit, S. 247.
1267 So auch *Kiel*, NZA-Sonderbeilage 01/2005, 18 (20).
1268 *Müller-Glöge*, Erfurter Kommentar, § 626 BGB, Rn 212.

des gehemmt.[1269] Speziell im Rahmen von Arbeitsverhältnissen wächst der Störtatbestand durch weitere Gehaltszahlungen ohne marginale Gegenleistung permanent an, sodass die Unzumutbarkeit der Fortsetzung des Arbeitsverhältnisses stets erkennbarer wird. Folglich muss festgestellt werden, dass die Frist des § 626 Abs. 2 BGB überdies auf die außerordentliche Kündigung tariflich oder einzelvertraglich geschützter Arbeitnehmer Anwendung finden muss, hingegen im Bereich betriebs- und krankheitsbedingter Kündigungsgründe aufgrund des Vorliegens eines Dauertatbestandes insofern ihre Problematik verliert, als die Frist stets erneut beginnt.

Die Bundesarbeitsgerichtsentscheidung vom 23. Januar 2014 stellte klar, dass eine zweiwöchige krankheitsfreie Phase für die Erschütterung der negativen Zukunftsprognose nicht ausreicht.[1270] Vielmehr bedürfe es eines „ausreichend langen Zeitraums" ohne krankheitsbedingte Fehlzeiten, um nicht mehr von einer dauerhaften Krankheitsanfälligkeit bzw. einer negativen Gesundheitsprognose auszugehen.[1271] Da sich die dauerhafte Krankheitsanfälligkeit zumeist über mehrere Monate oder gar Jahre hinweg zeigt, erscheint ein deutlich längerer Zeitraum als zwei Wochen angemessen. Um allerdings eine angemessene Zeitspanne festzulegen, bedarf es eines entsprechenden Interessenausgleichs zwischen Arbeitnehmer- und Arbeitgeberinteressen. Auf Arbeitnehmerseite besteht das Interesse einer möglichst kurzen Zeitspanne, damit eine negative Gesundheitsprognose zeitnah nicht mehr vorliegt. Im Gegensatz dazu besteht das grundsätzliche Arbeitgeberinteresse eines langen Zeitraum bis die negative Gesundheitsprognose nicht mehr getragen wird. Dass ein Zeitraum von zwei Wochen deutlich zu kurz gewählt ist, muss an dieser Stelle nicht näher erläutert werden. Fraglich ist hingegen, ob ein Zeitraum von einem Jahr zu lang erscheint. Ein solch langer Zeitraum würde den Arbeitnehmer übermäßig stark belasten. Da es bei dieser Fragestellung ausschließlich um die außerordentliche Kündigung mit notwendiger Auslauffrist geht, bei der ohnehin eine höhere Fehlzeitenquote erforderlich ist, liegt der Zeitraum eines Jahres nicht sinnvollerweise als Möglichkeit der Referenz vor. Eine solche Zeitspanne würde keinen angemessenen Interes-

1269 *Müller-Glöge*, Erfurter Kommentar, § 626 BGB, Rn 212.
1270 BAG, Urt. v. 23.01.2014 – 2 AZR 582/13, in: NZA 2014, 962 (963).
1271 BAG, Urt. v. 23.01.2014 – 2 AZR 582/13, in: NZA 2014, 962 (963).

senausgleich herbeiführen, da der Arbeitnehmer über einen derart langen Zeitraum mit einer Kündigung rechnen müsste, obwohl er sich eventuell bereits auf dem Weg der gesundheitlichen Besserung befindet. Aus diesem Grund könnte ein Zeitraum von etwa vier bis sechs Monaten sinnvoller gewählt sein, um weder den Arbeitnehmer noch den Arbeitgeber übermäßig zu belasten. Je nach dem, wie sich das Fehlzeitenbild des Arbeitnehmers in der Vergangenheit dargestellt hat, kann ein Zeitraum von vier bis sechs Monaten einen realistischen Ausblick auf die Zukunft geben. Fällt der Arbeitnehmer demnach vier bis sechs Monate nach Ende seiner letzten Krankheitsphase nicht aus, kann grundsätzlich nicht mehr von einer dauerhaften Krankheitsanfälligkeit ausgegangen werden. Stellt sich das Fehlzeitenbild des Arbeitnehmers in der Weise dar, dass er meist jeden Monat für mehrere Tage ausgefallen ist, erscheint ein viermonatiger Zeitraum angemessen. Bei einem Arbeitnehmer, dessen Krankheitsphasen größere Abstände aufweisen, wird der sechsmonatige Zeitraum sinnvoller gewählt sein. Demnach bedarf es der Betrachtung des Fehlzeitenbildes, um den Zeitraum angemessen bestimmen zu können. Ein Zeitraum von vier bis sechs Monaten ist sowohl dem Arbeitnehmer als auch dem Arbeitgeber zuzumuten, sodass erst nach Ablauf dieser Zeitspanne die dauerhafte Krankheitsanfälligkeit nicht mehr vorliegt. Ein längerer Zeitraum kann im Hinblick auf den starken Arbeitnehmerschutz als Intention des Arbeitsrechts nicht gelten. Folglich muss der angemessen lange Zeitraum etwa vier bis sechs Monate betragen. Nach Verstreichen dieser Zeit ohne Arbeitsunfähigkeitszeiten kann nicht mehr von einer dauerhaften Krankheitsanfälligkeit ausgegangen werden. Die Einführung dieser Zeitspanne hat überdies positive Auswirkungen auf die Arbeitnehmerinteressen, da der Arbeitgeber nun nicht mehr, unter Druck des § 626 Abs. 2 BGB, ohne Zeitverzug den Weg der Kündigung bestreiten muss, sondern vielmehr diesen Zeitraum abwarten kann, wie sich der Gesundheitszustand des Arbeitnehmers entwickelt. Andererseits sollte der Zeitraum die Sechsmonatsgrenze nicht überschreiten, da der Arbeitnehmer während dieses Zeitraums ständig in der Ungewissheit bezüglich der Sicherheit seines Arbeitsplatzes stehen würde. Das Argument, dass sich der Arbeitnehmer trotz Erkrankung zur Arbeit gedrängt fühlen könnte, kann insoweit entkräftet werden, als er bei Vorliegen einschlägiger Fehlzeitenquoten ohnehin mit einer Kündigung rechnen müsste. Somit erscheint die Festlegung des angemessen langen Zeitraums in Höhe von vier bis sechs Monaten geboten.

ee. Darlegungs- und Beweislast

Der Kündigungsberechtigte muss darlegen und beweisen, dass er die kündigungsrelevanten Tatsachen erst innerhalb der letzten zwei Wochen vor Kündigungsausspruch erkannt hat.[1272] Dementsprechend muss er den genauen Tag der Kenntniserlangung bezeichnen. Folglich ist der Kündigende für die Einhaltung der Kündigungserklärungsfrist darlegungs- und beweislastpflichtig.

c. Ergebnis

Durch eine richtungsweisende Entscheidung des Bundesarbeitsgericht wurden häufige Kurzerkrankungen als Dauertatbestand anerkannt, wodurch es zu einer Entwertung der in § 626 Abs. 2 BGB verankerten Kündigungserklärungsfrist gekommen ist. Ein Dauertatbestand ist dann gegeben, wenn fortwährend neue kündigungsrelevante Tatsachen eintreten, die zur erneuten Störung des Arbeitsverhältnisses beitragen. Er beginnt demnach dann, wenn die Fehlzeiten der Vergangenheit den Schluss auf eine dauerhafte Krankheitsanfälligkeit das erste Mal zulassen. Zur Fristwahrung genügt es, dass die Störung zumindest noch in den letzten zwei Wochen vor Kündigungsausspruch vorgelegen hat und somit der Dauertatbestand nicht beendet war. Die Kündigungserklärungsfrist des § 626 Abs. 2 BGB beginnt an jedem Tag erneut, an dem die Fehlzeiten auf eine negative Gesundheitsprognose schließen lassen.

11. Häufige Kurzerkrankungen als Dauertatbestand

Wird der Sinn und Zweck des § 626 Abs. 2 BGB betrachtet, wird deutlich, dass der Wille des Gesetzgebers darin liegt, dass der Arbeitneh-

1272 *Fischermeier*, in: KR Gemeinschaftskommentar, § 626, Rn 401.

mer nach Ablauf von zwei Wochen auf das Ausbleiben einer etwaigen Kündigung vertrauen dürfe. Wird nun, der Rechtsprechung folgend, bei Vorliegen häufiger Kurzerkrankungen ein Dauertatbestand angenommen, könnten dadurch die Interessen des Arbeitnehmers beeinträchtigt werden. Würde im Rahmen der Fallgruppe der häufigen Kurzerkrankungen das Vorliegen eines Dauertatbestandes verneint werden, würde der Arbeitgeber dazu gedrängt werden, sich innerhalb weniger Tage für oder gegen den Arbeitnehmer zu entscheiden. Wird sich also gegen die Annahme eines Dauertatbestandes ausgesprochen, muss der Arbeitgeber eine außerordentliche Kündigung mit notwendiger Auslauffrist innerhalb der Frist des § 626 Abs. 2 BGB aussprechen. Handelt der Arbeitgeber innerhalb dieser zwei Wochen nicht, tritt Verwirkung des Kündigungsgrundes ein.[1273] Bei Ablehnung eines Dauertatbestandes innerhalb besagter Fallgruppe wird der Arbeitgeber zu einer frühzeitigen Kündigung gedrängt. Dogmatisch ist der § 626 Abs. 2 BGB allerdings im Bereich des Kündigungsschutzrechts einzuordnen, sodass dem Arbeitnehmer ein besonderer Schutz gewährt werden soll.[1274] Die Annahme eines Dauertatbestandes hat daher positive Auswirkungen auf die Interessen der Arbeitnehmer, da diese auf ein geregeltes und sicheres monatliches Einkommen gerichtet sind.[1275] Werden häufige Kurzerkrankungen als Dauertatbestand verstanden, hat der Arbeitgeber ausgiebiger Zeit, sich für oder gegen eine Kündigung zu entscheiden, was dem Arbeitnehmer im Hinblick auf sein Einkommen einige Zeit verschaffen kann. Ein etwaiger Verlust der Arbeitsstelle tritt somit deutlich später ein. Daher wird die Annahme eines Dauertatbestandes im Interesse der Arbeitnehmer liegen. Gerade weil die Kündigungserklärungsfrist des § 626 Abs. 2 BGB, bei wortlautgenauer Anwendung, besonders in der Fallgruppe der häufigen Kurzerkrankungen mehr Nachteile als Vorteile mit sich bringt, wurde der Dauertatbestand für solche Sachverhalte entwickelt.[1276] Nach dieser Rechtslage wird der Arbeitgeber nicht zu einer möglichst

1273 *Von Tiling*, ZTR 2013, 595 (597).
1274 *Von Tiling*, ZTR 2013, 595 (598).
1275 So auch Von Tiling, ZTR 2013, 595 (598).
1276 *Von Tiling*, ZTR 2013, 595 (598).

frühzeitigen Kündigung getrieben, sodass das Bestandsinteresse des Arbeitnehmers deutlich verbessert wurde.[1277]

12. Anhörung des Betriebs- oder Personalrats

Gemäß § 102 BetrVG muss der kündigungsberechtigte Arbeitgeber vor Ausspruch einer außerordentlichen Kündigung eines Arbeitnehmers den für seinen Betrieb gewählten Betriebsrat anhören.[1278] Dieselben Grundsätze gelten im Bereich des öffentlichen Dienstes für den Personalrat. Diese Anhörung ist allerdings zeitlich vor dem Ablauf der Ausschlussfrist des § 626 Abs. 2 BGB durchzuführen. Die Anhörungsfrist beträgt im Bereich einer außerordentlichen Kündigung bei ordentlicher Unkündbarkeit eine Woche.

1277 Grundlegende Entscheidung des BAG, Urt. v. 21.03.1996 – 2 AZR 455/95, in: ZTR 1996, 565.

1278 *Fischermeier*, in: KR Gemeinschaftskommentar, § 626, Rn 350.

E. Zusammenfassung in Thesen

1. Nach dem arbeitsrechtlichen Krankheitsbegriff ist eine Krankheit ein regelwidriger körperlicher oder geistiger Zustand, der einer Heilbehandlung bedarf und als Folge die Arbeitsunfähigkeit verursacht.[1279]

2. Die Implementierung einer nach Art der Erkrankung abgestuften Behandlungsbedürftigkeit basiert auf einem Dreistufenmodell. Innerhalb dieser wird für schwere Erkrankungen (1.Stufe) eine Behandlungsbedürftigkeit stets angenommen. Erkrankungen mittlerer Intensität (2.Stufe) erfordern teilweise eine Behandlungsbedürftigkeit, wohingegen eine Behandlungsbedürftigkeit bei Standarderkrankungen (3.Stufe) abgelehnt wird. Gegen die Einführung eines solchen Systems spricht jedoch, dass weder Arbeitgeber noch Arbeitnehmer ein derart umfangreiches medizinisches Wissen besitzen, um die einzelnen Erkrankungen in die jeweilige Stufe einzuordnen. Aus diesem Grund ist das Dreistufenmodell praktisch nicht umsetzbar. [1280]

3. Die Krankheitsanfälligkeit kann nicht als Unzuverlässigkeit im Sinne einer verhaltensbedingten Kündigung deklariert werden, da es dadurch zu einer Verwischung der Grenzen zur krankheitsbedingten Kündigung käme.[1281]

4. Im Rahmen der Verhältnismäßigkeitsprüfung ist die Einführung eines Hinweiserfordernisses vor Ausspruch einer Kündigung sinnvoll. Dadurch wird dem Arbeitnehmer die Chance gegeben, das Arbeitsverhältnis möglichst lange zu sichern. [1282]

1279 Siehe hierzu oben, S. 7 ff.
1280 Siehe hierzu oben, S. 17 ff.
1281 Siehe hierzu oben, S. 33 ff.
1282 Siehe hierzu oben, S. 43 ff.

5. Im Arbeitsrecht existiert keine Verschuldensvermutung iSd. § 280 Abs. 1 BGB, vielmehr muss das Verschulden gemäß § 619 a BGB positiv festgestellt werden. Im Rahmen von Betriebsunfällen stellt sich häufig die Frage, wie sich ein Verschulden von Arbeitgeber oder Arbeitnehmer auswirkt. Um einen angemessenen Interessenausgleich zwischen Arbeitgeber und Arbeitnehmer zu erreichen, erscheint die Übertragung der Grundsätze des innerbetrieblichen Schadensausgleichs auf das Kündigungsrecht sinnvoll. In diesem Rahmen muss die Quotelung in modifizierter Weise auf die Berücksichtigung der Fehlzeiten aufgrund von Betriebsunfällen angewendet werden.[1283]

6. Die Einführung einer Erkundigungs- und Auskunftsobliegenheit kommt sowohl dem Arbeitnehmer als auch dem Arbeitgeber zu Gute. Der Arbeitgeber wird meist keine Kenntnis von dem Gesundheitszustand des Arbeitnehmers haben, sodass es für ihn schwierig zu beurteilen ist, welche Fehlzeiten für die Prognose berücksichtigungsfähig sind. Durch die Auskunft des Arbeitnehmers würde sich das Risiko einer Fehlprognose verringern. Diese Einführung hat allerdings nicht nur positive Auswirkungen auf die Interessen des Arbeitgebers, sondern trägt auch dazu bei, dass der Arbeitnehmer aufgrund einer Unkenntnis bzw. eines Missverständnisses bezüglich des Gesundheitszustandes dem Ausspruch einer Kündigung entgehen kann.[1284]

7. Der Beobachtungszeitraum liegt generell zwischen 15 und 24 Monaten. Entsprechend der Dauer des Beschäftigungsverhältnisses des Arbeitnehmers erhöht sich die Länge des Beobachtungszeitraums. Mindestens wird jedoch ein Zeitraum von 15 Monaten gefordert, um das Risiko einer Fehlprognose durch das zufällige Auftreten häufiger Kurzerkrankungen zu verringern. Ein längerer Zeitraums als die hier geforderten 24 Monate würde die Arbeitnehmerinteressen einseitig berücksichtigen, da der Arbeitgeber mehrere Jahre an das Arbeitsverhältnis gebun-

1283 Siehe hierzu oben, S. 74 ff.

1284 Siehe hierzu oben, S. 77 ff.

den wäre, bis er es krankheitsbedingt kündigen könnte. Insgesamt handelt es sich an dieser Stelle jedoch lediglich um Richtwerte, die für den jeweiligen Einzelfall modifiziert werden müssen. Eine fallende Fehlzeitentendenz muss allerdings im Sinne einer Öffnungsklausel zu Gunsten des Arbeitnehmers berücksichtigt werden.[1285]

8. Die Implementierung einer Gesamtprognose ist insoweit hilfreich, als es insbesondere beim Vorliegen häufiger (verschiedener) Kurzerkrankungen zu einer Vielzahl zu erstellender Gesundheitsprognosen kommen würde. Dementsprechend wird der gesamte Umfang der Fehlzeiten als ein einheitliches Gebilde betrachtet, woraus sich die Gesundheitsprognose ergibt. Es kommt demnach zu keiner konkreten Unterscheidung der Fehlzeiten nach der Gefahr ihrer Wiederholung, sondern die Fehlzeiten werden trotz einer Ausheilung in der Gesundheitsprognose berücksichtigt. Einmalige Erkrankungen, beispielsweise Unfälle, müssen jedoch weiterhin unberücksichtigt bleiben. Die verbleibende Summe stellt die Fehlzeitenanzahl aufgrund der Krankheitsanfälligkeit dar. Einer solchen Krankheitsanfälligkeit ist ein prognostiziertes Andauern in der Zukunft immanent, da sich durch die Krankheitsanfälligkeit eine Wiederholungsgefahr indiziert. Um also ein der Wirklichkeit entsprechendes Krankheitsbild zu erhalten, bedarf es der Berücksichtigung aller Fehlzeiten, da es wiederkehrend zu unvorhersehbaren Erkrankungen aufgrund einer gesundheitlichen Schwäche kommen kann.[1286]

9. Eine Prognosekorrektur ist nicht zulässig, da andernfalls die Prüfung der Rechtmäßigkeit der Kündigung nicht möglich wäre. Später eintretende Umstände, sowohl positiver als auch negativer Natur, sind innerhalb der Gesundheitsprognose nicht von Bedeutung. Dies soll einer hohen Rechtssicherheit Rechnung tragen. Eine Korrektur der Prognose ist ausnahmsweise

1285 Siehe hierzu oben, S. 88 ff.

1286 Siehe hierzu oben, S. 96 ff.

dann zulässig, wenn die Umstände bereits zum Zeitpunkt des Kündigungszugangs, jedoch unentdeckt bzw. falsch ausgewertet, vorlagen.[1287]

10. Aus dem Beibringungsgrundsatz ergibt sich eine abgestufte Darlegungs- und Beweislast bei der krankheitsbedingten Kündigung. Das Bundesarbeitsgericht sieht in den häufigen Fehlzeiten der Vergangenheit ein Indiz für das zukünftige Auftreten von Fehlzeiten. Der Arbeitnehmer kann allerdings gemäß § 138 Abs. 2 ZPO diese Indizwirkung erschüttern, indem er darlegt, dass ihm aus ärztlicher Sicht eine positive Gesundheitsprognose gestellt wurde. Gegen die Einführung einer Beweislastumkehr zu Lasten des Arbeitnehmers spricht jedoch, dass der Arbeitgeber grundsätzlich eine stärkere wirtschaftliche Position innehat. Würde eine Beweislastumkehr zu Lasten des ohnehin schon schwächeren Arbeitnehmers eingeführt werden, könnte dies existenzbedrohliche Folgen mit sich bringen.[1288]

11. Eine Prognose ist allenfalls die Vorhersage von Zuständen in der Zukunft. Dementsprechend genügt ein bestimmtes Maß an Sicherheit. Die komplette Vernichtung des Risikos einer Fehlprognose ist hingegen nicht möglich, da eine Prognose einer sicheren Erkenntnis nicht gleichstehen kann, sondern nur eine Vermutung über zukünftig zu erwartende Ereignisse darstellt.[1289]

12. Der Adressatenkreis des BEM erfasst alle im Betrieb Beschäftigten, also auch Arbeitnehmer. Eine anderslautende Auslegung der Vorschrift des § 84 Abs. 2 SGB IX wäre insoweit widersprüchlich, da eine explizite Erwähnung der Schwerbehinderten in § 84 Abs. 2 S. 1,4 und 6 SGB IX die Beschränkung des Adressatenkreises verbietet. Außerdem wurde durch die Neufassung

1287 Siehe hierzu oben, S. 108 ff.
1288 Siehe hierzu oben, S. 112 ff.
1289 Siehe hierzu oben, S. 116 ff.

der Vorschrift die Begrifflichkeit bewusst abstrakt formuliert.[1290]

13. Das BEM muss auch bei Kleinbetrieben, die nicht dem Anwendungsbereich des Kündigungsschutzgesetzes unterfallen, durchgeführt werden. Dies muss gelten, da dem Arbeitnehmer, insbesondere beim Fehlen einer Interessenvertretung, ein besonderer Schutz gewährt werden muss.[1291]

14. Der Wortlaut des § 84 Abs. 2 SGB IX nennt für einen Verstoß gegen die Durchführungspflicht des BEM keinerlei Konsequenzen. Für die Annahme eines Verbotsgesetzes lässt sich der § 84 Abs. 2 S. 7 SGB IX anführen, der von einer Verpflichtung spricht. Die Erfüllung dieser Pflicht darf nicht im Ermessen des Arbeitgebers liegen, da sonst Sinn und Zweck des BEM konterkariert würde. Aus diesem Grund muss eine Sanktion eingeführt werden, die zur Durchführung eines ordnungsgemäßen BEM anhält. Um die Gesetzeslücke des § 84 Abs. 2 SGB IX zu schließen, muss die Rechtsfolge in § 1 KSchG gesucht werden. Durch die Erweiterung des Gesetzeswortlauts soll es zur Einführung einer Sanktion, im Falle eines unterlassenen oder schlecht durchgeführten BEM kommen.[1292]

15. Die Durchführung eines BEM stellt keine formelle Wirksamkeitsvoraussetzung dar, sondern lediglich eine Konkretisierung des Verhältnismäßigkeitsgrundsatzes. Unterlässt der Arbeitgeber die Durchführung vollkommen, hat dies Auswirkungen auf die ihm obliegende Darlegungs- und Beweislast. Diese verschärfte Darlegungs- und Beweislast erfordert demnach eine genaue Begründung der nicht in Betracht kommenden milderen Maßnahmen. Ein unterlassenes BEM hat dann keine Auswirkungen, wenn die Kündigung durch das BEM nicht hätte verhindert werden können, es also keinen objektiven Nutzen gehabt hätte. Entgegen einiger Kritiker, die Bedenken dahinge-

1290 Siehe hierzu oben, S. 158 ff.
1291 Siehe hierzu oben, S. 168 ff.
1292 Siehe hierzu oben, S. 174 ff.

hend geäußert haben, dass die Verschärfung der Darlegungs- und Beweislast die Durchführung eines BEM zu einer Wirksamkeitsvoraussetzung konstruiert, ist dem Arbeitgeber diese Verschärfung zuzumuten, da er sich durch die unterlassene Durchführung einen tatsächlichen Vorteil verschafft hat.[1293]

16. Aufgrund eines flexibleren Arbeitslebens sind die Arbeitsunfähigkeitszeiten zusätzlich an arbeitsfreien Tagen zu Grunde zu legen und in die Berechnung des Sechswochenzeitraums einfließen zu lassen. Die Summe der Arbeitsunfähigkeitszeiten muss also mindestens 42 Tage betragen, damit dem Arbeitgeber eine Durchführungspflicht obliegt.[1294]

17. Das Androhen einer Kündigung darf erst in einer auf die Ersteinladung zum BEM folgenden Mitteilung erfolgen, weil es sich bei dem BEM grundsätzlich um ein ergebnisoffenes Verfahren handeln soll.[1295]

18. Bei krankheitsbedingter Absage des BEM-Termins obliegt dem Arbeitnehmer eine gewisse Initiativlast, durch die er sich nach seiner Genesung eigenständig zurückmelden muss.[1296]

19. Die Durchführung eines BEM ist dann entbehrlich, wenn sie offensichtlich objektiv nutzlos ist.[1297]

20. Um einem durch die verschärfte Darlegungs- und Beweislast hervorgerufenen prozessualen Ungleichgewicht zwischen Arbeitnehmer und Arbeitgeber entgegenzuwirken, müssen im Rahmen des BEM allenfalls vernünftigerweise in Betracht kommende Weiterbeschäftigungsmöglichkeiten geprüft werden. Entsprechend müssen sie in einem Zusammenhang mit dem konkreten Lebenssachverhalt stehen, einen Bezug zu diesem

1293 Siehe hierzu oben, S. 180 ff.
1294 Siehe hierzu oben, S. 188 ff.
1295 Siehe hierzu oben, S. 191 f.
1296 Siehe hierzu oben, S. 194.
1297 Siehe hierzu oben, S. 195 ff.

aufweisen und auch tatsächlich umsetzbar sein. Eine solche Begrenzung muss erfolgen, um den Arbeitgeber nicht ausufernd zu belasten und dennoch einen angemessenen Interessenausgleich herzustellen.[1298]

21. Rechtsprechung und Literatur müssen sich den ursprünglichen Regelungsgehalt des § 84 Abs. 2 SGB IX erinnern, nach dem der Arbeitgeber lediglich zur Darlegung solcher Maßnahmen verpflichtet ist, die einen betrieblichen Bezug zum Arbeitsverhältnis aufweisen. Eine erweitere Prüfungspflicht ist daher abzulehnen.[1299]

22. Generell hat der Arbeitnehmer seine Zustimmung ausschließlich zur Datenverwendung im Rahmen des BEM erteilt, § 84 Abs. 2 S. 3 SGB IX. Eine Zweckänderung wäre lediglich unter den zusätzlichen Voraussetzungen des § 28 Abs. 8 BDSG zulässig. Aufgrund der Prozessökonomie muss eine weitere Datenverwendung in den Grenzen einer ohnehin möglichen Beschaffungsmöglichkeit zulässig sein, damit der Arbeitgeber seiner Darlegungs- und Beweislast überhaupt nachkommen kann.[1300]

23. Dem Arbeitnehmer obliegende Unterhaltspflichten sind ausschließlich bei einem sonst unklaren Abwägungsergebnis in der Interessenabwägung zu berücksichtigen, da für sich genommen kein konkreter Bezug zum Arbeitsverhältnis besteht und soziale Faktoren lediglich bei der betriebsbedingten Kündigung von Bedeutung sind.[1301]

24. Um die Interessenabwägung zu vereinfachen, bedarf es der Einführung eines Kriterienkataloges, in dem alle entscheidenden Kriterien mit einer Gewichtung gebündelt zusammengefasst sind. Durch diesen Katalog wird der Kündigungsprozess er-

1298 Siehe hierzu oben, S. 197 ff.
1299 Siehe hierzu oben, S. 199 ff.
1300 Siehe hierzu oben, S. 202 ff.
1301 Siehe hierzu oben, S. 212.

leichtert, wobei zudem indirekte Faktoren Bestandteil des Kataloges sind. Eine solche Erleichterung verfolgt den Zweck die meist schwierige Interessenabwägung zu vereinfachen. Diese indirekten Faktoren müssen hingegen bei schwerwiegenden Kündigungsgründen zurücktreten und bekommen generell eine geringere Gewichtung zugesprochen. Entscheidungserheblich werden sie lediglich bei einem sonst unklaren Abwägungsergebnis.[1302]

25. Eine Begrenzung des Entgeltfortzahlungszeitraums im Fall häufiger Kurzerkrankungen kann nicht in den § 3 Abs. 1 EFZG hineingelesen werden, da der Wortlaut des § 3 Abs. 1 EFZG keinerlei Anhaltspunkte dafür bietet. Des Weiteren hätte ein juristischer Laie kaum eine Möglichkeit, durch die bloße Lektüre des Gesetzestexts ihm aufgeworfene Rechtsfragen zu beantworten.

26. Der in § 3 Abs. 1 EFZG de lege lata enthaltende Sechswochenzeitraum beginnt stets von neuem, wenn es sich um verschiedene Kurzerkrankungen handelt. Dadurch kann es zu einer sehr starken wirtschaftlichen Belastung des Arbeitgebers kommen. Um diese Belastung zu minimieren, wird für die Ergänzung des § 3 Abs. 1 EFZG insoweit plädiert, als innerhalb eines Beschäftigungsjahres maximal Entgeltfortzahlungen für bis zu neun Wochen gewährt werden. In diesem Zusammenhang muss die Dauer der Kurzerkrankungen zu einer Gesamtzahl addiert werden. Die Summe von neun Wochen darf hingegen nicht überschritten werden. Liegt dennoch eine höhere Summe als die angegebenen neun Wochen vor, erfolgt die weitere Vergütung in Form von Krankengeld. Weiterhin muss der Zeitraum eine Abstufung je nach Dauer der Betriebszugehörigkeit erfahren.[1303]

27. Um den Arbeitgeber keiner Besserstellung zu unterziehen, muss der von den gesetzlichen Krankenkassen individuell festzulegende Zusatzbeitrag paritätisch auf Arbeitnehmer und Arbeit-

1302 Siehe hierzu oben, S. 219 ff.
1303 Siehe hierzu oben, S. 225 ff.

geber aufgeteilt werden, da der Arbeitgeber durch die Gesetzeserweiterung des § 3 Abs. 1 EFZG de lege ferenda nach neun Wochen aus der Entgeltfortzahlungspflicht entlassen und der Arbeitnehmer auf die Inanspruchnahme von Krankengeld verwiesen wird. Durch diesen Verweis werden die gesetzlichen Krankenkassen von ihrem Recht zur Erhöhung des Zusatzbeitrages Gebrauch machen.[1304]

28. In Folge der Gesetzeserweiterung des § 3 Abs. 1 EFZG de lege ferenda kann der Arbeitgeber eine Kündigung nicht auf wirtschaftliche Belastungen in Form von außerordentlich hohen Entgeltfortzahlungen stützen, sondern ausschließlich noch eine Beeinträchtigung aufgrund von Betriebsablaufstörungen geltend machen. Dies stellt im Rahmen der Fallgruppe der häufigen Kurzerkrankungen jedoch kein Problem dar, weil die Häufigkeit der Kurzerkrankungen charakteristisch mit einer fehlenden Einplanbarkeit in den Betriebsablauf einhergeht.[1305]

29. Die außerordentliche Kündigung mit Elementen der ordentlichen Kündigung auf der Rechtsfolgenseite wirkt der Aushebelung der ordentlichen Unkündbarkeit ausreichend entgegen. Dies geschieht durch eine Reduzierung der Rechtsfolgen des § 626 BGB, sodass im Ergebnis anstelle der fristlosen Kündigung die Einhaltung einer notwendigen Auslauffrist zu erfolgen hat. Durch die Zulässigkeit der außerordentlichen Kündigung unter Einhaltung einer notwendigen Auslauffrist wird einerseits die Dauerbindung an den Arbeitnehmer vermieden, andererseits ein ordentlich unkündbarer Arbeitnehmer im Vergleich zu einem ordentlich Kündbaren nicht schlechter gestellt.[1306]

30. Der Arbeitgeber hat bei Ausspruch der außerordentlichen Kündigung eines ordentlich unkündbaren Arbeitnehmers die bei einer ordentlichen Kündigung entsprechend geltende tarifliche oder gesetzliche Kündigungsfrist zu wahren, da es andernfalls

1304 Siehe hierzu oben, S. 231 ff.
1305 Siehe hierzu oben, S. 236 f.
1306 Siehe hierzu oben, S. 245 ff.

zu einer Schlechterstellung des ordentlich unkündbaren Arbeitnehmers im Vergleich zu einem ordentlich Unkündbaren, der ausschließlich unter Einhaltung einer Frist gekündigt werden kann, käme.[1307]

31. Ein die außerordentliche Kündigung eines ordentlich unkündbaren Arbeitnehmers rechtfertigender wichtiger Grund liegt dann vor, wenn das Arbeitsverhältnis aufgrund der hohen Fehlzeiten sinnentleert ist. Eine Sinnentleerung des Arbeitsverhältnisses kann bei Fehlzeiten in Höhe von etwa der Hälfte der Jahresarbeitszeit (ca. 23 Wochen) angenommen werden. Entsprechend errechnet sich die Jahresarbeitszeit insoweit, als Urlaubs- und Feiertage in Abzug gebracht werden müssen, sodass eine bereinigte Summe iHv. etwa 46 Wochen der Berechnung zugrunde gelegt werden muss. Die Einführung einer derartigen Schwelle gewährt dem Arbeitnehmer einen ausreichenden Schutz, da binnen dieses Zeitraums die von § 626 BGB geforderte Unzumutbarkeit der weiteren Fortführung des Arbeitsverhältnisses nicht eintreten kann. Die Annahme der Schwelle bei der Hälfte der Jahresarbeitszeit rechtfertigt sich insoweit, dass sich die Schwelle erheblich von der einer ordentlichen Kündigung rechtfertigenden Fehlzeitenquote abheben muss. Der aufgefundene Wert fungiert jedoch lediglich als Richtwert und kann einzelfallbedingt abweichen.[1308]

32. Die Unzumutbarkeit der Fortsetzung des Arbeitsverhältnisses hängt wesentlich von der Dauer der weiteren Vertragsbindung ab.[1309]

33. Durch eine richtungsweisende Entscheidung des Bundesarbeitsgerichts wurden häufige Kurzerkrankungen als Dauertatbestand anerkannt, wodurch es zu einer Entwertung der in § 626 Abs. 2 BGB verankerten Kündigungserklärungsfrist gekommen ist. Ein Dauertatbestand ist dann gegeben, wenn fort-

1307 Siehe hierzu oben, S. 268 ff.
1308 Siehe hierzu oben, S. 276 ff.
1309 Siehe hierzu oben, S. 286 ff.

während neue kündigungsrelevante Tatsachen eintreten, die zur erneuten Störung des Arbeitsverhältnisses beitragen. Er beginnt also dann, wenn die Fehlzeiten der Vergangenheit den Schluss auf eine dauerhafte Krankheitsanfälligkeit das erste Mal zulassen. Zur Fristwahrung genügt es, wenn die Störung zumindest in den letzten zwei Wochen vor Kündigungsausspruch vorgelegen hat und somit der Dauertatbestand nicht beendet war. Die Kündigungserklärungsfrist des § 626 Abs. 2 BGB beginnt an jedem Tag erneut, an dem die Fehlzeiten auf eine negative Gesundheitsprognose schließen lassen.[1310]

34. Die Kündigungserklärungsfrist des § 626 Abs. 2 BGB beginnt endgültig ab dem Zeitpunkt, ab dem von einer dauerhaften Krankheitsanfälligkeit bzw. dem Vorliegen eines Dauertatbestandes nicht mehr ausgegangen werden kann. Der Dauertatbestand endet allerdings nicht mit dem Schluss der letzten Arbeitsunfähigkeitsphase, sondern vielmehr erst dann, wenn der Arbeitnehmer eine ausreichend lange Zeitspanne keine Arbeitsunfähigkeitszeiten aufweist, sodass eine negative Gesundheitsprognose nicht mehr gestellt werden kann. Weil in der Praxis eine große Unsicherheit dahingehend besteht, ab wann eine Krankheitsanfälligkeit nicht mehr besteht, sprechen die meisten Arbeitgeber die außerordentliche Kündigung zur Sicherheit bereits kurz nach Ende der letzten Krankheitsphase aus. Dies kann allerdings nicht der Wille des Gesetzgebers gewesen sein, da es den vorzeitigen Ausspruch von Kündigungen begünstigen würde. Da der erforderliche ausreichend lange Zeitraum ohne krankheitsbedingte Ausfallzeiten weder von Rechtsprechung noch Literatur konkretisiert wurde, wird in dieser Arbeit ein Zeitraum von vier bis sechs Monaten vertreten, der sich in seiner Länge an dem Fehlzeitenbild des Arbeitnehmers orientiert. Eine solche Einführung der zeitlichen Grenzen führt zu einem angemessenen Interessenausgleich, da sowohl das Arbeitnehmerinteresse, nämlich die Annahme eines möglichst kurzen Zeitraums, als auch das Arbeitgeberinteresse bezüglich eines

1310 Siehe hierzu oben, S. 304 ff.

möglichst langen Zeitraums, gewahrt sind. Nach Verstreichen dieser Zeitspanne ohne krankheitsbedingte Fehlzeiten kann nicht mehr von einer dauerhaften Krankheitsanfälligkeit ausgegangen werden. Durch diese Festlegung wird der Arbeitgeber nicht mehr, unter dem Druck des § 626 Abs. 2 BGB, zum vorzeitigen Ausspruch einer außerordentlichen Kündigung gedrängt.[1311]

1311 Siehe hierzu oben, S. 310 ff.

Kolibri 360 GmbH
Ferdinand-Jühlke-Straße 7
99095 Erfurt, Deutschland
produktsicherheit@kolibri360.de